O MITO E A REALIDADE NO ENFRENTAMENTO À POBREZA NA AMÉRICA LATINA

estudo comparado de Programas de Transferência de Renda no Brasil, Argentina e Uruguai

Coordenadora do Conselho Editorial de Serviço Social
Maria Liduína de Oliveira e Silva

Conselho Editorial de Serviço Social
Ademir Alves da Silva
Dilséa Adeodata Bonetti (Conselheira Honorífica)
Elaine Rossetti Behring
Ivete Simionatto
Maria Lúcia Carvalho da Silva *(in memoriam)*
Maria Lucia Silva Barroco

Dados Internacionais de Catalogação na Publicação (CIP)
(Câmara Brasileira do Livro, SP, Brasil)

O Mito e a realidade no enfrentamento à pobreza na América Latina : estudo comparado de programas de transferência de renda no Brasil, Argentina e Uruguai / Maria Ozanira da Silva e Silva , (coord.). — São Paulo : Cortez, 2016.

Vários autores.
Bibliografia.
ISBN 978-85-249-2510-8

1. América Latina - Política social 2. Pobreza - América Latina 3. Problemas sociais - América Latina 4. Programa Bolsa Família 5. Renda (Economia) 6. Serviço social I. Silva, Maria Ozanira da Silva e.

16-08488 CDD-361

Índices para catálogo sistemático:

1. Programas sociais : América Latina : Bem-estar social   361

MARIA OZANIRA DA SILVA E SILVA (COORD.)

O MITO E A REALIDADE NO ENFRENTAMENTO À POBREZA NA AMÉRICA LATINA

ESTUDO COMPARADO DE PROGRAMAS DE TRANSFERÊNCIA DE RENDA NO BRASIL, ARGENTINA E URUGUAI

O MITO E A REALIDADE NO ENFRENTAMENTO À POBREZA NA AMÉRICA LATINA:
estudo comparado de Programas de Transferência de Renda no Brasil, Argentina e Uruguai
Maria Ozanira da Silva e Silva (Coord.)

Capa: de Sign Arte Visual
Preparação de originais: Ana Paula Luccisano
Revisão: Maria de Lourdes de Almeida
Composição: Linea Editora Ltda.
Assessoria Editorial de Serviço Social: Maria Liduína de Oliveira e Silva
Editora-assistente: Priscila F. Augusto
Coordenação editorial: Danilo A. Q. Morales

Nenhuma parte desta obra pode ser reproduzida ou duplicada sem autorização expressa do autor e do editor.

© 2016 by Autora

CORTEZ EDITORA
Rua Monte Alegre, 1074 – Perdizes
05014-001 – São Paulo – SP
Tels. 11 3864-0111 / 3611-9616
e-mail: cortez@cortezeditora.com.br
www.cortezeditora.com.br

Impresso no Brasil – novembro de 2016

AUTORES

Alejandro Mariatti
Ana Laura Cafaro
Analé Barrera
Berenice Rojas Couto
Carola Carbajal Arregui
Fátima Otormín
Jorge Daniel Tripiana
José Pablo Bentura
Laura Paulo Bevilacqua
Maria Carmelita Yazbek
Maria Laura Vecinday Garrido
Maria Ozanira da Silva e Silva
Ximena Baráibar Ribeiro
Mariela Pereira
Paula Ignacia Rodriguez Traiani
Raquel Raichelis
Salviana de Maria Pastor Santos Sousa
Silvia Fernández Soto
Valéria Ferreira Santos de Almada Lima
Yoana Carballo

SUMÁRIO

LISTA DE QUADROS 16

LISTA DE TABELAS 17

LISTA DE ABREVIATURAS E SIGLAS 19

PREFÁCIO
Potyara Amazoneida P. Pereira 25

1. INTRODUÇÃO: EIXO TEMÁTICO, PROPOSTA METODOLÓGICA E CONTEÚDO DO LIVRO
   Maria Ozanira da Silva e Silva 31

   1.1 Eixos temáticos 31
   1.2 Proposta metodológica 35
   1.3 Conteúdo do livro 40
   Referências 46

2. TRANSFORMAÇÕES DO SISTEMA DE PROTEÇÃO SOCIAL
NO CONTEXTO LATINO-AMERICANO E ANTECEDENTES
POLÍTICOS E INSTITUCIONAIS DOS PROGRAMAS DE
TRANSFERÊNCIA DE RENDA CONDICIONADA [PTRC]
*Silvia Fernández Soto • Valéria Ferreira Santos de Almada Lima
Jorge Daniel Tripiana* 47

    2.1   Crise capitalista e transformações dos sistemas de proteção social no contexto latino-americano 48

    2.2   Antecedentes dos PTRC: BF (Brasil), AFAM-PE (Uruguai) e AUH (Argentina) 54

        2.2.1   Antecedentes do AFAM-PE (Uruguai) 54

        2.2.2   Antecedentes do BF (Brasil) 62

        2.2.3   Antecedentes da AUH (Argentina) 73

    2.3   Reconstruindo aspectos centrais da emergência, desenvolvimento e institucionalização dos PTRC em análise 81

Referências 84

3. POBREZA COMO CATEGORIA TEÓRICA E ANÁLISE
DAS MATRIZES QUE FUNDAMENTAM O DESENHO E
IMPLEMENTAÇÃO DOS PTRC
*Maria Ozanira da Silva e Silva • Maria Carmelita Yazbek •
Berenice Rojas Couto* 91

    3.1   A categoria teórica pobreza como referência para análise e problematização da dimensão pobreza no estudo dos PTRC Bolsa Família (BF) do Brasil, Nuevo Régimen de Asignaciones Familiares (AFAM-PE) do Uruguai e Asignación Universal por Hijo para Protección Social (AUH) da Argentina ... 92

3.2 Qualificação da categoria teórica de fundamentação dos PTRC na América Latina a partir das formulações de Amartya Sen 98

3.3 Expressão da concepção de pobreza nas propostas e na implementação dos PTRC objetos do estudo comparado 102

    3.3.1 A concepção de pobreza que fundamenta o PTRC AFAM-PE 102

    3.3.2 Concepção de pobreza que fundamenta o PTRC AUH 105

    3.3.3 Concepção de pobreza que fundamenta o PTRC BF 108

3.4 Analisando e construindo uma perspectiva comparada sobre a categoria pobreza de fundamentação dos PTRC: BF, AFAM-PE E AUH 112

Referências 114

4. FOCALIZAÇÃO E UNIVERSALIZAÇÃO DO ACESSO: AMBIGUIDADES E REALIDADES TEÓRICAS
Maria Ozanira da Silva e Silva 119

4.1 Contexto do surgimento e do debate sobre focalização 120

4.2 A categoria teórica focalização e universalização 124

4.3 Formas de expressão da focalização nos PTRC da Argentina, Uruguai e Brasil 128

4.4 Analisando e construindo uma perspectiva comparada sobre a focalização dos PTRC: BF, AFAM-PE e AUH 136

Referências 143

5. EXIGÊNCIA DE CONDICIONALIDADES: SIGNIFICADOS, ALCANCES E CONTROVÉRSIAS NO DEBATE

José Pablo Bentura • Maria Laura Vecinday Garrido • Ximena Baráibar Ribeiro • Fátima Otormín • Mariela Pereira • Alejandro Mariatti • Yoana Carballo 147

5.1 Que são as condicionalidades? 148
5.2 Debates e controvérsias sobre a exigência de condicionalidades 150
5.3 Formas de expressão, acompanhamento e sanções por descumprimento das condicionalidades nos PTRC da Argentina, Brasil e Uruguai 160
5.4 Analisando e construindo uma perspectiva comparada sobre as condicionalidades dos PTRC: BF, AFAM-PE e AUH 167

Referências 170

6. CENTRALIDADE DA FAMÍLIA E DA INFÂNCIA NOS PROGRAMAS DE TRANSFERÊNCIA DE RENDA

Maria Ozanira da Silva e Silva • José Pablo Bentura • Maria Laura Vecinday Garrido • Laura Paulo Bevilacqua • Ana Laura Cafaro • Alejandro Mariatti 173

6.1 Acerca das famílias como construção sócio-histórica ... 174
6.2 Famílias ou infância? 179
6.3 A família no contexto dos PTRC do Brasil, Uruguai e Argentina: o papel atribuído à mulher-mãe 181
6.4 Perfil das famílias beneficiárias 184

Referências 191

7. BENEFÍCIOS MONETÁRIOS E BENEFÍCIOS NÃO MONETÁRIOS: ENTRE O COMPENSATÓRIO E A EFETIVAÇÃO DE DIREITOS
Maria Ozanira da Silva e Silva • Silvia Fernández Soto • Jorge Daniel Tripiana • Salviana de Maria Pastor Santos Sousa • Paula Ignacia Rodriguez Traiani • Analé Barrera 195

    7.1 Os Benefícios Monetários como eixo central de configuração dos PTRC na América Latina: as experiências das AFAM-PE, da AUH e do BF 196

        7.1.1 Benefícios Monetários nas AFAM-PE 196

        7.1.2 Benefícios Monetários da AUH 200

        7.1.3 Benefícios Monetários do BF 205

    7.2 Os Benefícios não Monetários e seu significado no processo de enfrentamento à pobreza nos PTRC BF, AFAM-PE e AUH 210

        7.2.1 Apresentação e análise dos Benefícios não Monetários no BF 210

        7.2.2 Apresentação e análise dos Benefícios não Monetários nas AFAM-PE 213

        7.2.3 Apresentação e análise dos Benefícios não Monetários da AUH 215

    7.3 Estabelecendo comparações sobre Benefícios Monetários e não Monetários nos PTRC BF, AFAM-PE E AUH 217

    Referências 221

8. DEMOCRATIZAÇÃO OU TECNIFICAÇÃO DO PROCESSO DE GESTÃO?
   Carola Carbajal Arregui • Maria Ozanira da Silva e Silva 223

   8.1 Ponto de partida: referenciais comuns de análise 223

   8.2 Mudanças de conjuntura política e novas configurações na gestão dos PTRC do Brasil, da Argentina e do Uruguai 229

   8.3 Critérios de inclusão, permanência e desligamento das famílias beneficiárias 234

   8.4 Centralidade dos mecanismos e estratégias da gestão: controle das informações e acompanhamento e controle das famílias 238

   8.5 Impactos da tecnificação nos processos de gestão e na dimensão sociotécnica do trabalho 243

   Referências 245

9. O TRABALHO COMO CATEGORIA CENTRAL E A DIVISÃO SOCIOTÉCNICA DO TRABALHO INSTITUCIONAL NAS POLÍTICAS SOCIAIS
   Raquel Raichelis • Silvia Fernández Soto • Jorge Daniel Tripiana 249

   9.1 A centralidade da categoria trabalho na conformação do ser social 250

   9.2 As transformações recentes no capitalismo e o mercado de trabalho 253

   9.3 O trabalho das equipes profissionais dos PTRC: aproximações e especificidades 261

   9.4 Indicações para construção de uma perspectiva comparada sobre o trabalho profissional nos PTRC: BF, AFAM-PE e AUH 269

   Referências 275

10. AVALIAÇÃO E IMPACTOS DOS PROGRAMAS DE TRANSFERÊNCIA DE RENDA: ALCANCES, PERCURSOS E DIMENSÕES AINDA POUCO EXPLORADAS
Maria Ozanira da Silva e Silva •
Valéria Ferreira Santos de Almada Lima 279

10.1 A categoria teórica avaliação de impacto no contexto da pesquisa avaliativa como referência para análise de possíveis impactos dos PTRC do Uruguai, Brasil e Argentina 280

10.2 O lugar da avaliação nos PTRC BF, AFAM-PE e AUH 287

10.3 Cobertura da população-alvo e percepção dos beneficiários sobre os PTRC BF, AFAM-PE e AUH 291

10.4 Pontuando e comparando possíveis impactos dos PTRC BF, AFAM-PE e AUH sobre a população beneficiária e sobre a realidade social 299

    10.4.1 Pontuando e comparando possíveis impactos na redução de indicadores de pobreza e de desigualdade 300

    10.4.2 Pontuando e comparando possíveis impactos em indicadores de capacidade humana: educação, saúde e segurança alimentar e nutricional 303

    10.4.3 Pontuando e comparando possíveis impactos sobre o trabalho de adultos e trabalho infantil 307

    10.4.4 Pontuando e comparando possíveis impactos sobre a autonomia das mulheres 310

    10.4.5 Pontuando e comparando possíveis impactos na dinâmica econômica e social dos municípios 312

Referências 315

11. O BAIXO CUSTO DA TRANSFERÊNCIA DE RENDA COMO MECANISMO DE REDISTRIBUIÇÃO DA RIQUEZA SOCIAL

Maria Ozanira da Silva e Silva • Valéria Ferreira Santos de Almada Lima 327

11.1 As categorias teóricas fundo público e orçamento como referências para análise dos orçamentos do BF, AFAM-PE e AUH 328

11.2 Apresentação e análise dos orçamentos dos PTRC: BF, AUH e AFAM-PE 332

11.3 Estabelecendo uma perspectiva comparada do desenvolvimento histórico dos orçamentos dos PTRC BF, AFAM-PE e AUH: da criação dos programas a 2015 345

    11.3.1 Composição e evolução do Financiamento Público Social 346

    11.3.2 Evolução do financiamento dos programas BF, AFAM-PE e AUH e sua relação com o PIB 347

Referências 350

12. CONCLUSÃO

Maria Ozanira da Silva e Silva • Valéria Ferreira Santos de Almada Lima • Raquel Raichelis • Carola Carbajal Arregui 353

12.1 Eixo temático contextualização e antecedentes dos PTRC 356

12.2 Eixo temático categoria teórica pobreza e sua expressão nos PTRC 357

12.3 Eixo temático focalização e universalização 359

12.4 Eixo temático condicionalidades 361

12.5	Eixo temático família	362
12.6	Eixo temático benefícios monetários e benefícios não monetários	363
12.7	Eixo temático gestão	364
12.8	Eixo temático trabalho	365
12.9	Eixo temático impactos	367
12.10	Eixo temático orçamento	369
Referências		371

SOBRE OS AUTORES 373

LISTA DE QUADROS

Quadro 1   Indicação dos conteúdos comuns prevalecentes nos PTRC BF do Brasil, AUH da Argentina e AFAM-PE do Uruguai 218

Quadro 2   Indicação de conteúdos específicos nos PTRC BF do Brasil, AUH da Argentina e AFAM-PE do Uruguai... 219

LISTA DE TABELAS

Tabela 1	Evolução dos valores totais dos benefícios das AFAM-PE no período 2008-2015 em pesos uruguaios	197
Tabela 2	Evolução dos Benefícios Monetários das AFAM-PE em pesos uruguaios ($) e em dólar americano (US$) e sua correspondência em relação ao salário mínimo (SM) em dólar — 2008 a 2015	199
Tabela 3	Evolução do valor total dos Benefícios Monetários: AUH, AUE, AUD, valor em pesos argentinos e em dólar (US$)	201
Tabela 4	Evolução do valor mensal do Benefício da AUH destinado a crianças e adolescentes e sua correspondência em relação ao Salário Mínimo Vital e Móvel, ao peso argentino ($) e ao dólar (US$) — 2009 a 2015	203
Tabela 5	Evolução do valor mensal do Benefício da AUH para pessoas com deficiências (AUD) e sua correspondência em relação ao peso argentino ($), ao dólar americano (US$) e em % do SMVM — 2009 a 2015	204
Tabela 6	Evolução do Benefício do BF, valores constantes, 2004 a 2015 em R$ e US$	207
Tabela 7	Evolução do benefício médio do BF, valores constantes em R$ e em US$ e sua correspondência em relação ao salário mínimo — 2004 a 2015	209

Tabela 8	Evolução do Financiamento Público Social no Brasil, valores constantes em R$ bilhão e em % do PIB — 1995 a 2015 333
Tabela 9	Evolução do Financiamento da Saúde, da Previdência Social e da Assistência Social, valores constantes em R$ bilhão e em % do PIB — 1995 a 2015 335
Tabela 10	Evolução do Financiamento da Assistência Social, do Bolsa Família e do BPC, valores constantes em R$ bilhão e em % do PIB — 1995 a 2015 336
Tabela 11	Bolsa Família: total de famílias atendidas e recursos orçamentários — 2004 a 2015 338
Tabela 12	Benefício de Prestação Continuada: total de famílias atendidas e recursos orçamentários — 2004 a 2015 ... 339
Tabela 13	Participação do orçamento da AUH em relação ao orçamento total da seguridade social — 2011 a 2015 ... 341
Tabela 14	Gastos com a AUH em relação ao Produto Interno Bruto (PIB) e ao Gasto Público Social (GPS), em milhões de pesos — 2010 a 2013 342
Tabela 15	Relação do gasto em AFAM-PE com o Produto Interno Bruto, o Gasto Público Total e o Gasto Público Social — 2008 a 2014 344

LISTA DE ABREVIATURAS E SIGLAS

ADP	Administración de Datos de Personas
AF	Asignaciones Familiares
AFAM-PE	Nuevo Régimen de Asignaciones Familiares
AFC	Atribuições Familiares Contributivas
AFDC	Aid for Families with Dependent Children
ANSES	Administración Nacional de la Seguridad Social
AUD	*Asignación Universal* por Deficiencia
AUE	*Asignación Universal* por Embarazo
AUH	Asignación Universal por Hijo para Protección Social
BCB	Banco Central do Brasil
BF	Bolsa Família
BID	Banco Interamericano de Desenvolvimento
BM	Banco Mundial
BNH	Banco Nacional de Habitação
BPC	Benefício de Prestação Continuada
BPS	Banco de Previsión Social
BSM	Brasil Sem Miséria
BSP	Benefício Variável para Superação da Extrema Pobreza
BVG	Benefício Variável Gestante
BVJ	Benefício Variável Jovem
BVN	Benefício Variável Nutriz

CadÚnico	Cadastro Único
CAP	Caixas de Aposentadoria e Pensões
CASFPI	Caja de Asignaciones Familiares para el Personal de la Industria
CEF	Caixa Econômica Federal
CEPAL	Comisión Económica para América Latina y el Caribe
CF	Constituição Federal
CGU	Controladoria Geral da União
CLT	Consolidação das Leis do Trabalho
CMAS	Conselhos Municipais de Assistência Social
CNAS	Conselho Nacional de Assistência Social
CRAS	Centros de Referência de Assistência Social
CS	Consejo del Salario
DF	Distrito Federal
DIEESE	Departamento Intersindical de Estatística e Estudos Socioeconômicos
DINEM	Dirección Nacional de Evaluación y Monitoreo
DISEDE	Direção de Seguros de Desemprego
DNU	Decreto de Necessidade e Urgência
ECH	Encuesta Continua de Hogares
EITC	Eamed Income Tax Credit
EPH	Encuesta Permanente de Hogares
ESF	Estratégia Saúde da Família
FCH	Facultad de Ciencias Humanas
FCS	Faculdad de Ciencias Sociales
FHC	Fernando Henrique Cardoso
FNE	Fundo Constitucional de Financiamento do Nordeste
FPM	Fundo de Participação dos Municípios
FPS	Financiamento Público Social
FUNRURAL	Fundo de Apoio ao Trabalhador Rural
GPS	Gasto Público Social
GPT	Gasto Público Total
IAPM	Instituto de Aposentadoria e Pensões dos Marítimos

IBGE	Instituto Brasileiro de Geografia e Estatística
IC	Ingreso Ciudadano
ICC	Índice de Carências Críticas
ICMS	Imposto sobre Circulação de Mercadorias e Prestação de Serviços
ICS	Instância de Controle Social
IGD	Índice de Gestão Descentralizada
INAU	Instituto del Niño y Adolescent del Uruguay
INDEC	Instituto Nacional de Estadística y Censos
INE	Instituto Nacional de Estatística
INPS	Instituto Nacional da Previdência Social
IPC	Índice de Preços ao Consumidor
IPCA	Índice Nacional de Preços ao Consumidor Amplo
IPEA	Instituto de Pesquisa Econômica Aplicada
IVA	Impuesto al Valor Agregado
LBA	Legião Brasileira de Assistência
LDO	Lei de Diretrizes Orçamentárias
MDS	Ministério de Desenvolvimento Social e Combate à Fome
MDSA	Ministério de Desenvolvimento Social e Agrário
MEC	Ministério de Educação e Cultura
MESA	Ministério Extraordinário de Segurança Alimentar
MET	Ministério do Trabalho e Emprego
MIDES	Ministerio de Desarrollo Social
MME	Ministério de Minas e Energia
MP	Ministerio de Planificación
MPAS	Ministério da Previdência e Assistência Social
MS	Ministério de Saúde
MTEySS	Ministerio de Trabajo, Empleo y Seguridad Social
NEA	Nordeste argentino
NOA	Noroeste argentino
NOB-RH/SUAS	Norma Operacional Básica de Recursos Humanos do SUAS
OIT	Organização Internacional do Trabalho

OSC	Organizações da Sociedade Civil
PAC-Brasil	Programa de Aceleração do Crescimento
PAC-Uruguai	Programa Aulas Comunitarias
PAIF	Serviço de Proteção e Atendimento Integral à Família
PANES	Plan de Atención Nacional de la Emergencia Social
PE	Plan de Equidad
PEA	População Economicamente Ativa
PETI	Programa de Erradicação do Trabalho Infantil
PGRM	Programa de Garantia de Renda Mínima
PIB	Produto Interno Bruto
PIDESC	Pacto Internacional de Derechos Económicos, Sociales y Culturales
PJyJHD	Plan Jefes y Jefas de Hogares Desocupados
PLANSEQ	Plano Setorial de Qualificação
PMAS	Política Municipal de Assistência Social
PMC	Programa Maestros Comunitarios
PMCMV	Programa Minha Casa, Minha Vida
PMDB	Partido do Movimento Democrático Brasileiro
PNAD	Pesquisa Nacional por Amostra de Domicílios
PNAD-CONTÍNUA	Pesquisa Nacional por Amostra de Domicílios Contínua
PNAS	Política Nacional de Assistência Social
PNUD	Programa das Nações Unidas para o Desenvolvimento
PPGPP	Programa de Pós-graduação em Políticas Públicas
PPGSS	Programa de Pós-graduação em Serviço Social
PPS	Piso de Proteção Social
PRONAF	Programa Nacional de Fortalecimento da Agricultura Familiar
PRONATEC	Programa Nacional de Acesso ao Ensino Técnico e Emprego
PRORURAL	Programa de Assistência ao Trabalhador Rural
PROUNI	Programa Universidade para Todos

PT	Partido dos Trabalhadores
PTR	Programas de Transferência de Renda
PTRC	Programas de Transferência de Renda Condicionada
PUC-RS	Pontifícia Universidade Católica do Rio Grande do Sul
PUC-SP	Pontifícia Universidade Católica de São Paulo
RAIS	Red de Asistencia e Integración Social
RAIS/MET	Relação Anual de Informações Sociais
RBMA	*Revista Brasileira de Monitoramento e Avaliação*
SAGI	Secretaria de Avaliação e Gestão da Informação
SEADE	Fundação Sistema Estadual de Análise de Dados
SENAC	Serviço Nacional do Comércio
SENAI	Serviço Nacional de Aprendizagem Industrial
SENARC	Secretaria Nacional de Renda de Cidadania
SESI	Serviço Social da Indústria
SICON	Sistema de Gestão de Condicionalidades
SIPA	Sistema Integrado Previsional Argentino
SM	Salário Mínimo
SMVM	Salário Mínimo Vital e Móvel
SNAS	Secretaria Nacional de Assistência Social
SOF	Secretaria de Orçamento Federal
STN	Secretaria do Tesouro Nacional
SUAS	Sistema Único de Assistência Social
SUS	Sistema Único de Saúde
TCU	Tribunal de Contas da União
TICs	Tecnologias de Informação e Comunicação
TUS	Tarjeta Uruguay Social
UDELAR	Universidad de la República
UFMA	Universidade Federal do Maranhão
UNICEN	Universidad Nacional del Centro de la Provincia de Buenos Aires
USP	Unidade de Seguimento de Programas

PREFÁCIO

Os Programas de Transferência de Renda (PTRs) discutidos nesta Coletânea, à luz de uma perspectiva crítica e de um contexto desfavorável a essa abordagem — posto que contemporâneos do mais destrutivo estágio de desenvolvimento capitalista — continuam controversos. O próprio título da publicação assim sugere ao contrapor *mito* e *realidade* como termos antitéticos na análise de um problema ingente — a pobreza de massa — que recrudesce com o aumento planetário das desigualdades sociais.

O lócus geopolítico analisado pelos(as) autores(as) dos textos integrantes deste compêndio, resultante de investigação coletiva no âmbito do Mercosul, revela-se emblemático em matéria de controvérsia: a América Latina, uma região com imensas discrepâncias sociais alimentadas, mais recentemente, por governos neoliberais/conservadores exercidos nas modalidades mais retrógradas e truculentas. Que o diga a secular submissão latino-americana à dominação colonialista, sob o jugo de novas forças imperiais, particularmente dos Estados Unidos. Que o diga, também, a infausta experiência de penetração pioneira do neoliberalismo neste continente, nos anos 1970, pelo general Pinochet, que compatibilizou o golpe de Estado por ele desferido no Chile com um novo liberalismo em ascensão. Tanto foi assim que esse ditador colocou em prática a prédica do "pai" do neoliberalismo, Friedrich Hayek, para quem *um bom liberal deve saber sacrificar a democracia no altar do mercado*.

Efetivamente, a sucessão de regimes ditatoriais que durante anos se mantiveram em países da América Latina, incluindo o Brasil, e ameaçam retornar, demonstra a aquiescência desses países com o ataque hayekiano à democracia. E mais, revela a incapacidade das encruadas plutocracias nacionais de perceberem a *política* como algo positivo, que pode contribuir para conquistas civilizatórias, a partir do fortalecimento da cidadania. Por outro lado, observa-se, no continente, uma baixa preferência pela democracia por parte de significativas parcelas da população. Entre estas, sobressaem muitos dos que não têm direitos sociais ou os têm, contraditoriamente, pela sua condição de destituição de bens e serviços básicos. Tal estrato social faz parte dos 30% de latino-americanos, que equivalem a 180 milhões de um conjunto constituído de 600 milhões de habitantes.

Em 2004, pesquisa de opinião realizada pelo PNUD, nesta região, revelou — mesmo nos países que, a duras penas, conquistaram a redemocratização — a existência de dúvidas quanto à preferência populacional entre o crescimento econômico e a democracia. Lamentavelmente, esta última saiu perdendo: um número majoritário de entrevistados de baixa renda atribuiu mais importância à resolução de seus problemas de consumo material, não importando se por vias autoritárias, do que a uma governança democrática incapaz de debelar a pobreza.

Diante desse cenário cabe indagar: como Programas de Transferência de Renda podem constituir uma estratégia minimamente exitosa de combate às iniquidades sociais? E que possibilidades esses Programas possuem de contribuir com o resgate da credibilidade da democracia que, em tese, se orienta pelos princípios da liberdade e igualdade reais?

Essas indagações ganham relevo na contemporaneidade porque, diferentemente de épocas pretéritas, em que as organizações societárias se pautavam pela tradição ou por leis divinas, o mundo atual requer formas de regulação que resultem de decisões engendradas por discussões públicas. Até porque, entre os séculos XVIII e XX, a humanidade presenciou o surgimento dos direitos de cidadania, que significaram, para as classes subalternas, conquistas e usufrutos de *status* sociais formalmente salvaguardados de prepotências e arbítrios.

Entretanto, tais conquistas — de inegável contribuição à ampliação da democracia, a despeito de suas limitações transformadoras — vêm sendo ameaçadas por uma nova ofensiva burguesa que emperra e reverte o avanço do processo civilizatório; um avanço que permitiu a elevação, de tais direitos, da dimensão individual para a social e, mais recentemente, para um espectro totalizante e difuso. Isso quer dizer que, dos direitos individuais — civis e políticos, guiados por uma liberdade negadora de intervenções públicas sobre a vida privada —, a cidadania alcançou a dimensão social, regida pelo princípio da igualdade e, portanto, aberta à provisão estatal de bens e serviços de escopo coletivo; e, indo mais além, tornou-se global, visando abarcar a humanidade inteira, no intento de garantir direitos supranacionais, referenciados no princípio da solidariedade entre os povos. Os Programas de Transferência de Renda, como os tratados neste livro, inscrevem-se, particularmente, na categoria dos direitos sociais, consistindo numa provisão com objetivos distributivos, ou idealmente redistributivos, sob a forma de renda associada a prestações de atendimentos que propiciem segurança social.

Contudo, tal inscrição tem-se revelado problemática. Desde o advento da chamada "revolução conservadora" — propiciada pela crise de superprodução do final dos anos 1970 e levada a cabo pela ex-primeira-ministra Margaret Thatcher, da Grã-Bretanha, e pelo ex-presidente dos Estados Unidos, Ronald Reagan —, predominam ataques radicais às políticas públicas. A sustentá-los proliferaram argumentos há anos fomentados pelo pensamento neoliberal, defensor do individualismo possessivo e da concepção neoclássica de autorregulação do mercado, que, entre outras preleções, condena o protagonismo do Estado na distribuição do bem-estar social.

Não à toa ganhou força um agressivo movimento de liberalização comercial, financeira e de investimentos, calçado em uma concepção de bem-estar que reservava ao Estado papel coadjuvante à liderança do mercado, seguido por instituições filantrópicas ou solidárias como a família. Revigorou-se, ademais, a retomada da proposta de bem-estar misto ou plural, porém não público, que passou a esvaziar o Estado daquilo que mais o dignificava no ambiente capitalista: ser *garante* legal e legítimo de direitos. E, consequentemente, robusteceram-se os adeptos da economia da oferta e dos mercados desregulados e flexíveis, cujas virtudes difundidas à maneira de evangelização transformaram-se em dogmas. Com isso, o neoliberalismo tornou-se um credo, com pautas homogeneizadas seguidas inclusive por seitas religiosas fundamentalistas, que não escondem o seu fascínio pelo poder neoliberalizante do dinheiro. Portanto, para os teóricos, políticos, *think tanks* e formadores de opinião neoliberais, era preciso sepultar definitivamente qualquer pretensão de ressuscitar a economia da demanda, de extração keynesiana, e qualquer controle sobre as forças livres do mercado.

Tal credo talvez não tivesse alcançado o êxito obtido se não contasse com o reforço das forças neoconservadoras que se mantiveram, desde o imediato segundo pós-guerra até o final dos anos 1970, em refluxo conspiratório; e não tivesse estabelecido, com estas mesmas forças, uma aliança estratégica que culminou na constituição de uma "nova direita", no seio da qual neoliberalismo e conservadorismo uniram-se com o propósito de desmontar direitos sociais secularmente conquistados.

Isso explica o retorno de antigos valores e práticas típicos do moralismo burguês, entre os quais a rígida divisão hierárquica entre ricos e pobres, o fundamentalismo ideológico, a louvação da família tradicional e o discurso da meritocracia. Além disso, intolerâncias radicais contra pobres, negros, índios, mulheres, segmentos LGBTs e adversários políticos ressuscitaram sem retoques. E quanto mais essa manifestação de afronta conservadora à democracia ganhava força, mais os neoliberais valiam-se dela para impor, em escala ampliada, o seu projeto de privatização e desregulamentação da economia e do próprio Estado. Afinal, há tempos os interesses do grande capital e de seus agentes empresariais e financeiros não encontravam aliados tão oportunos; e há tempos não contavam com condições políticas tão favoráveis à afirmação de seu projeto de poder, tais como: (i) o contexto de crise estrutural do capitalismo, que lhes permitiu ganhos econômicos estratosféricos à custa de penosos sacrifícios da classe trabalhadora; (ii) e a *débâcle* da União Soviética, que desobstruiu o caminho para o domínio dos Estados Unidos como a única potência imperial.

Este é, em linhas gerais, o quadro da realidade capitalista em curso, que responde pela constância da controvérsia subjacente às analises questionadoras desta publicação; controvérsia cuja compreensão não prescinde de aportes teóricos críticos que concebem a pobreza, no modo de produção burguês, como resultado da mesma dinâmica que produz e concentra a riqueza. Logo, por essa perspectiva, a pobreza, identificada como a face mais severa da desigualdade, afigura-se funcional à reprodução do sistema do capital movido pela busca incessante de lucros. Porém, nem por isso o empobrecimento das massas deve ficar fora de controle e atendimento; até porque a forma como ele vem sendo mitigado por programas sociais, como os PTRs, privilegia necessidades de consumo a serem supridas por valores monetários que também revertem em benefício da economia de mercado.

Não à toa, estudos sobre esse mecanismo de alívio da pobreza, instituído na América Latina, a partir dos anos 1990, mostram a seguinte tendência dialeticamente contraditória: ao mesmo tempo que propicia melhoria relativa às condições de sobrevivência dos beneficiários de rendas transferidas e garante recursos certos para o custeio de despesas vitais, também aquece consideráveis fatias da economia comercial e financeira. Para citar apenas um exemplo pouco veiculado, no Brasil a "bancarização" de milhões de famílias pobres que abriram contas simplificadas na Caixa Econômica para, por meio desse banco público, acessarem seu benefício em dinheiro, representa um importante fomento de externalidade positiva (para usar o jargão econômico) à movimentação do capital financeiro.

Há, portanto, evidentes funcionalidades dos Programas de Transferências de Renda à eficiência da circulação do capital em suas diferentes modalidades; embora, com muito pouco, eles criem em seu público-alvo o sentimento de ascensão a uma vida melhor e de maior pertencimento à sociedade da qual se sentiam excluídos.

Para tratar direta ou indiretamente dessas questões e de outras correlatas ou centrais à proposta comum de três PTRs analisados em países diferentes (Brasil, Argentina e Uruguai), o livro articula ideias, concepções e experiências particulares de forma comparada. Dessa feita, também são alvos de discussão: a focalização dos Programas nos segmentos mais pobres da população para possibilitar à política maior eficácia; o uso de condicionalidades com vista a induzir o acesso das famílias beneficiadas a serviços complementares de saúde e educação; e a ativação dos beneficiários ou de membros de sua família para o mercado de trabalho, ou atividades produtivas, considerando o pretenso potencial do dinheiro recebido de multiplicar a aquisição de maiores rendas.

Eis, em linhas gerais, mais um importante contributo acadêmico que, sob a profícua direção da incansável pesquisadora maranhense Maria Ozanira da Siva e Silva, o livro oferece a quem queira continuar aprendendo ou se informando a respeito da saga dos PTRs na "nossa América".

Península Norte (Brasília/DF), 25 de agosto de 2016

Potyara Amazoneida P. Pereira
Universidade de Brasília/UnB

1
Introdução: eixo temático, proposta metodológica e conteúdo do livro

Maria Ozanira da Silva e Silva

1.1 Eixos temáticos

O mito e a realidade no enfrentamento à pobreza na América Latina: estudo comparado de Programas de Transferência de Renda no Brasil, Argentina e Uruguai, objeto de análise e problematização do presente livro que ora apresentamos à comunidade acadêmica, aos profissionais das políticas sociais, à população usuária desses programas e interessados nas questões sociais em geral, aos estudiosos da proteção social, e, com especial atenção, aos que atuam e que se utilizam dos Programas de Transferência de Renda Condicionada (PTRC), é produto de um longo processo de investigação construído num coletivo de uma cooperação acadêmica internacional, aprovada e financiada pela Coordenação de Aperfeiçoamento de Pessoal de Nível Superior (CAPES) e pelo Conselho Nacional de Desenvolvimento Científico e Tecnológico (CNPq).[1] Foi uma cooperação acadêmica desenvolvida no contexto de ações do Mercosul, contando com a participação de três programas de pós-graduação no Brasil: Programa de Pós-graduação em Políticas Públicas (PPGPP) da Universidade Federal do Maranhão (UFMA) (coordenador geral do projeto), Programa de Pós-graduação em Serviço Social (PPGSS) da Pontifícia Universidade Católica de São Paulo (PUC-SP) e PPGSS da Pontifícia Universidade Católica do Rio Grande do Sul (PUC-RS). Associando-se aos programas brasileiros, tivemos a participação do Programa de Doctorado en Ciencias Sociales de la Faculdad de Ciencias Sociales (FCS) da Universidad de La Republica (UDELAR)/Uruguay e o Mestrado en Ciencias Sociales de la Facultad de Ciencias Humanas (FCH) da Universidad Nacional del Centro de la Provincia de Buenos Aires (UNICEN) da Argentina.[2]

A proposta de intercâmbio foi desenvolvida no período de julho de 2011 a julho de 2016, agrupando atividades de pesquisa, de ensino e de formação de recursos humanos em nível de pós-graduação, tendo como eixo temático os Programas de Transferência de Renda (PTR), considerados estratégia fundamental de proteção social

---

1. Trata-se do projeto de pesquisa denominado: Programas de Transferência de Renda Condicionada na América Latina: Estudo Comparado — Bolsa Família (Brasil), Nuevo Régimen de Asignaciones Familiares — AFAM-PE (Uruguai) e Asignación Universal por Hijo (Argentina) que foi submetido e aprovado aos seguintes editais: Programa CAPES PPCP — Edital CGCI n. 072/2010 — Mercosul e Edital Universal CNPq n. 14/2011.

2. Além da equipe permanente de pesquisadores indicada a seguir, o projeto contou com outras participações temporárias, principalmente de alunos de pós-graduação, alguns, inclusive, elaboraram suas teses e dissertações no âmbito da temática do projeto. A equipe permanente que participou do projeto teve a seguinte composição: Pesquisadores do Brasil — *UFMA*: Maria Ozanira da Silva e Silva (coordenadora geral do projeto), Valéria Ferreira Santos de Almada Lima, Salviana de Maria Pastor Santos Sousa, Annova Miriam Ferreira Carneiro, Maria Eunice Ferreira Damasceno Pereira, Cleonice Correia Araújo, Talita de Sousa Nascimento e Margarete Cutrim Vieira; *PUC-SP*: Maria Carmelita Yazbek (coordenadora da equipe), Raquel Raichelis Degenszajn, Carola Carbajal Arregui, Valter Martins e Evelyn Secco Furquin; *PUC-RS*: Berenice Rojas Couto (coordenadora da equipe), Carlos Nelson dos Reis, Dilceane Carraro e Roselaine Guilherme Coradine; Pesquisadores do Uruguai — *Programa de Doctorado en Ciencias Sociales de la FCS de la UDELAR*: José Pablo Bentura (coordenador da equipe); Ximena Baráibar, Laura Cafaro, Yoana Carballo, Alejandro Mariatti, Laura Paulo Bevilacqua, Mariela Pereira, María Laura Vecinday e Fátima Otormín; Pesquisadores da Argentina — *Mestrado en Ciencias Sociales de la FCH de la UNICEN*: Silvia Fernández Soto (coordenadora da equipe), Jorge Tripiana, Paula Rodríguez, Cynthia Terenzio, María Escurra, Veronica de Avila, Analé Barrera.

utilizada nos países da América Latina e Caribe, destacadamente a partir dos anos 1990.[3]

Considerando o eixo temático dos PTR, em termos internacionais, podemos verificar que esses programas integram a agenda da proteção social de diversos países. Na realidade da proteção social, desde 1930, vários países da Europa introduziram programas de garantia de uma renda mínima. Entre estes, destacaram-se programas com garantia de benefícios a crianças, de auxílios a famílias com crianças dependentes, de suporte de renda aos idosos, aos inválidos, aos considerados de baixa renda, programas de seguro-desemprego, de renda mínima de inserção ou de complexos sistemas de seguridade social (Suplicy, 2002). Paugam (1999) destaca a introdução de sistemas de renda mínima garantida sob condições de inserção profissional ou social em países como Dinamarca (1933); Reino Unido (1948); Alemanha Federal (1961); Países Baixos (1963); Bélgica (1974); Irlanda (1977); Luxemburgo (1986); França (1988) e em diversas províncias da Espanha — Andaluzia, Aragón, Astúrias, Catalunha, Galícia, Múrcia, Navarra e no País Basco (1990) e em Portugal (1996).

Adentrando a realidade dos Estados Unidos, Franklin Roosevelt criou, em 1935, o Social Security Act (Ato de Seguridade Social), incluindo o Aid for Families with Dependent Children (AFDC — Programa de Auxílio às Famílias com Crianças Dependentes). Essa medida protetiva destinava-se a complementar a renda de famílias com mães viúvas com dificuldades de cuidar de seus filhos e oferecer-lhes

---

3. Entre os produtos da pesquisa, foram publicados diversos artigos, capítulos de livros, apresentados e publicados vários trabalhos em anais de eventos científicos nacionais e internacionais, com maior destaque à publicação do livro coordenado por Maria Ozanira da Silva e Silva, intitulado *Programas de transferência de renda na América Latina e Caribe* (2014); elaboração da presente coletânea com os produtos de um estudo comparado e do livro: Silva, Maria Ozanira da Silva e. *Bolsa Família: verso e reverso.* Campinas: Papel Social, 2016. Quanto à formação de recursos humanos, diversos alunos de mestrado e doutorado dos programas de pós-graduação integrantes do projeto participaram ao longo de sua implementação desenvolvendo suas dissertações e teses no âmbito da temática dos programas de transferência de renda, e vários estiveram nos programas brasileiros realizando bolsas de pós-doutorado e bolsas sanduíches de mestrado. É relevante também destacar a consolidação de uma rede internacional de pesquisadores que tende a continuar desenvolvendo trabalhos acadêmicos de pesquisa e de ensino em articulação para realização de outros projetos.

educação. Nesse mesmo país, em 1974, foi criado o Earned Income Tax Credit (EITC — Crédito Fiscal por Remuneração Recebida), benefício destinado a famílias de baixa renda com dependentes. No Reino Unido, o primeiro-ministro Tony Blair criou o Family Tax Credit (Crédito Fiscal para Família), cujo objetivo era complementar a renda de trabalhadores que recebessem 800 libras por mês, mediante crédito fiscal (Suplicy, 2002).

Todavia, há de se considerar que o debate sobre PTR passa a se ampliar no contexto internacional, bem como a instituir práticas de abrangência nacional a partir dos anos 1980, quando as políticas de proteção social sofrem maiores impactos da crise estrutural do capitalismo e da reestruturação produtiva em decorrência do ajuste econômico que atinge os países desenvolvidos e os países em desenvolvimento, registrando-se a hegemonia do capital financeiro. Institui-se o que passa a se denominar globalização ou mundialização do capital. A marcha rumo à universalização da proteção social cede lugar à focalização na pobreza e na extrema pobreza, e os programas sociais universais são progressivamente substituídos por programas focalizados, com larga prevalência de Programas de Transferência de Renda que passam a ser considerados mecanismos para o enfrentamento do desemprego e da pobreza ampliada na sua dimensão estrutural e conjuntural (Atkinson, 1995; Brittan, 1995; Bresson, 1993; Lo Vuolo, 1995; Gorz, 1991; Silva, 1997).

Na América Latina e no Caribe, esses programas, via de regra, associados a condicionalidades no campo da educação e saúde, são apresentados como condição para superar a pobreza intergeracional, mediante formação do capital humano. Vivenciam grande expansão nos anos 1990, tornando-se prevalentes no campo da seguridade social não contributiva nos Sistemas de Proteção Social no Continente como mecanismos centrais de política social para os pobres, que são individualizados e responsabilizados pela sua situação e pela superação da pobreza que é desconsiderada na sua dimensão estrutural.[4]

---

4. Um amplo estudo sobre contextualização e caracterização dos Programas de Transferência de Renda na América Latina e Caribe encontra-se em Silva (2014).

1.2 Proposta metodológica

O conteúdo apresentado neste livro é produto de um estudo comparado entre três significativos PTRC em implementação no Brasil (Bolsa Família — BF); na Argentina (Asignación Universal por Hijo — AUH) e no Uruguai (Nuevo Régimen de Asignaciones Familiares — AFAM-PE).[5]

Do ponto de vista metodológico, a realização de um estudo comparado exige, pela configuração do seu objeto, construir um percurso metodológico de comparação que, ao abordar o continente latino-americano, considere as configurações históricas próprias de cada país, as características dos processos de acumulação/legitimação e as heterogeneidades nacionais concretas (Lima et al., 2014). Nesse sentido, não se trata de uma comparação mecânica, classificatória ou de transposição entre realidades e contextos que são impossíveis de serem traduzidos, compreendidos ou conduzidos como um conjunto homogêneo.

Dessa forma, para o desenvolvimento de um estudo comparado sobre Programas de Transferência de Renda na América Latina, tivemos de considerar inicialmente dois níveis de reflexão como pressupostos fundamentais.

A primeira reflexão tomada como pressuposto foi que a América Latina é uma região que mantém traços da sua longa história de colonização, lutas pela independência, modos de produção, formas de dependência, níveis de desenvolvimento, tipos de Estado, políticas sociais etc. (Wanderley, 2011). Portanto, falar sobre a realidade latino-americana requer "[...] muita cautela na formulação de hipóteses e generalizações que sejam aplicáveis à realidade dessa parte da América, tendo em vista a diversidade de espaços, tempos e forças sociais em cada Estado-Nação" (Wanderley, 2011, p. 56). Precisamos considerar que a América Latina é, ao mesmo tempo, una e diversa por

---

[5]. Os três programas são devidamente caracterizados, analisados e problematizados nos textos que compõem a presente coletânea. Cada texto aborda uma dimensão selecionada para o desenvolvimento do estudo comparado.

apresentar características comuns e heterogêneas, produtos de diferenciações que decorrem das diversidades territoriais, étnicas, demográficas e culturais, o que faz de cada país uma formação social única, peculiar, cujo traço unificador pode ser encontrado na elevada desigualdade e nos altos índices de pobreza que marcam todo o continente, produto das relações de exploração econômica e dominação política (Wanderley, 2011).

A segunda reflexão refere-se, especificamente, à realização de um estudo numa perspectiva comparada entre três PTR, conforme já mencionado (BF do Brasil, AFAM-PE do Uruguai e AUH da Argentina). Entendemos que desenvolver um estudo comparado no caso específico dos três programas em foco implica considerar que estamos abordando um conteúdo temático complexo e diversificado, porque falamos de programas instituídos em tempos diferenciados,[6] implementados em países de formações econômico-sociais peculiares, de dimensões territoriais e quantitativos de população e de público atendido pelos programas diversos e com aplicação de recursos orçamentários de diferentes níveis, embora os três programas sejam de abrangência nacional e se direcionem essencialmente para famílias pobres, extremamente pobres e vulneráveis e apresentem outros traços comuns, como adoção de condicionalidades nos campos da educação e da saúde.[7]

Partindo dessas reflexões e pressupostos, o que orientou a realização do estudo sobre os PTRC na América Latina foi a verificação de que, mesmo que as especificidades históricas e contextuais da realidade de cada país imprimam um caráter peculiar a cada experiência, no geral, alguns elementos comuns podem ser identificados, como a focalização na pobreza e na extrema pobreza; a inclusão de condicionalidades; e a concessão de benefícios monetários e não

---

6. O Programa BF foi criado e começou a ser implementado em outubro de 2003; o AFAM-PE entra em vigência em janeiro de 2008, no contexto do Plan de Equidad, e o AUH começa a ser implementado em novembro de 2009.

7. Todos esses aspectos são devidamente apresentados e analisados nos textos que compõem este livro.

monetários presentes nos três programas. Portanto, procurou-se dimensionar e aprofundar o conhecimento das dimensões comuns e das especificidades e similaridades desses programas para buscar uma compreensão contextualizada na realidade econômica, política e cultural da proteção social na América Latina na atualidade.

Em linhas gerais, entendemos comparação como um esforço para cotejar, confrontar, igualar, equiparar a fim de conhecer semelhanças e diferenças, conhecer relações, buscando compreender cada programa em si, em confronto com o outro (Carvalho, 2008). Procuramos construir um conhecimento pelo confronto de realidades, buscando similaridades, diferenças, contraposições e igualdades entre realidades comparadas, procurando alargar a nossa visão e o nosso conhecimento.

Um momento inicial importante para realizarmos o estudo comparado foi marcado pela elaboração de um amplo estudo para caracterização geral de cada um dos três PTR selecionados como objeto para realização da pesquisa comparada: o BF do Brasil, a AUH da Argentina e o AFAM-PE do Uruguai. Para realização do estudo específico de cada programa, foi constituída uma equipe base de pesquisadores de cada país que seguiu, cuidadosamente, os mesmos eixos temáticos a seguir especificados que foram definidos para orientar, posteriormente, o estudo comparado em relação aos três programas, conforme apresentados no item seguinte desta introdução que indica o conteúdo do livro, assim definidos:

a) Configuração do contexto socioeconômico e político que determinou o surgimento e o desenvolvimento dos PTRC em cada país e na América Latina; e identificação, análise e problematização das ações de proteção social que antecederam o surgimento de cada um dos três programas selecionados para o estudo comparado.

b) Construção da categoria teórica pobreza na perspectiva crítico-dialética para orientar as análises e problematizações no decorrer da pesquisa; e identificação, comparação e problematização das concepções de pobreza que fundamentam os três programas.

c) Construção da categoria teórica focalização/universalização para orientar as análises e problematizações no decorrer da pesquisa; e identificação, comparação e problematização das concepções e práticas de focalização adotadas pelos três programas.

d) Construção da categoria teórica sobre condicionalidades para orientar as análises e problematizações no decorrer da pesquisa; e identificação, comparação e problematização das concepções e práticas de condicionalidades que orientam os três programas.

e) Análise e problematização da família como sujeito destinatário dos PTRC, considerada na sua construção histórica, seu perfil e seu papel no contexto dos três PTRC.

f) Identificação, análise e problematização dos Benefícios Monetários como eixo central dos três PTRC voltados para os objetivos imediatos de alívio à pobreza; e Benefícios não Monetários, programas e ações complementares, voltados para a formação do denominado capital social como condição para superação da pobreza intergeracional.

g) Construção da categoria teórica Impacto para orientar as análises e as problematizações no decorrer da pesquisa; e identificação, comparação e problematização de possíveis impactos dos três PTRC na população beneficiária e nas comunidades a partir de estudos avaliativos desenvolvidos, destacando seu alcance em termos imediatos e de longo prazo.

h) Construção da categoria Trabalho na sua conformação do ser social para orientar as análises e problematizações no decorrer da pesquisa sobre as equipes de profissionais que atuam nos três PTRC, situando a análise no contexto do trabalho na contemporaneidade.

i) Identificação e análise de mecanismos e processos de gestão adotados pelos três programas, destacando a compreensão de cada programa sobre o que seja gestão, sua prática de inclusão, permanência e desligamento do público usuário e as formas de controle de informação e das famílias.

j) Identificação e análise do orçamento anual total e fontes de recursos dos três programas desde a criação até 2015, estabelecendo relação com os gastos sociais públicos e com o SM e o PIB de cada país.

Procuramos situar o estudo desenvolvido no campo do pensamento crítico, sob a orientação dos seguintes pressupostos teórico-metodológicos:

a) A realidade social é complexa e só se deixa compreender a partir de movimentos conscientes, sistemáticos e demorados, numa busca de desvendar a sua essência, expressa pelas suas determinações e contradições.

b) As produções anteriores sobre a realidade estudada devem ser consideradas como ponto de partida do conhecimento, mas o avanço desse conhecimento requer uma aproximação sistemática com a realidade a ser conhecida.

c) A objetivação exigida pelo processo de conhecimento é produto de esforço consciente e deliberado e da utilização de procedimentos metodológicos adequados ao estudo das diferentes realidades.

d) O desenvolvimento de qualquer processo de investigação social gera compromisso com mudanças na realidade em foco.

Em relação aos procedimentos de pesquisa, o estudo comparado entre os três programas selecionados orientou-se pelo seguinte processo:

a) Detalhamento de cada eixo temático, conforme mencionado anteriormente, com indicação de referências documentais e bibliográficas básicas e complementares.

b) Elaboração da uma categoria teórica básica para orientar a análise de cada eixo temático em consideração no desenvolvimento do estudo comparado (exemplo: pobreza, condicionalidades, gestão, impactos, trabalho etc.).

c) Constituição de uma comissão composta por pesquisadores integrantes das equipes dos três países envolvidos na pesquisa para elaboração do estudo comparado entre os três programas, tomando como material básico de referência os textos elaborados sobre cada programa, tendo sido as informações complementadas com outras fontes documentais e bibliográficas. Em síntese, o estudo comparado entre os três programas procurou ter como referência central a identificação, análise e problematização de similaridades, diferenças e especificidades, considerando os eixos temáticos configurativos do objeto do estudo especificados anteriormente.

Enfim, os textos produzidos por cada grupo e subgrupo de cada país foram apresentados e discutidos de forma coletiva em missões de pesquisa realizadas semestralmente, de modo alternado em cada país, com a duração média de sete dias, constituindo-se num importante espaço coletivo de construção do conhecimento que permitiu que o produto da pesquisa consolidado na presente coletânea apresente sobretudo a marca da contribuição de todos, mesmo que cada texto traga assinatura de determinados autores.

1.3 Conteúdo do livro

O livro *O mito e a realidade no enfrentamento à pobreza na América Latina: estudo comparado de Programas de Transferência de Renda no Brasil, Argentina e Uruguai* é estruturado em dez capítulos, além desta Introdução e da Conclusão. Cada capítulo aborda um dos eixos temáticos selecionados para compor o estudo, conforme indicado na proposta metodológica, sendo cada um iniciado com a abordagem de uma categoria teórica pertinente para fundamentar a análise do respectivo eixo, prosseguindo com o desenvolvimento da análise da temática objeto de cada um dos três programas, concluindo o capítulo com um esforço de análise comparativa em relação aos três programas sobre o eixo temático em consideração.

Seguindo-se essa lógica de análise, inicia-se com a apresentação do capítulo de autoria de *Silvia Fernández Soto, Valéria Ferreira Santos de Almada Lima* e *Jorge Daniel Tripiana*, que abordam o contexto de emergência e a trajetória de desenvolvimento dos PTRC objeto do estudo comparado: BF do Brasil, AUH da Argentina e AFAM-PE do Uruguai. Nesse capítulo, os autores constroem suas reflexões orientados pelas seguintes questões: quais são os elementos contextuais e as transformações sociais gerais da sociedade capitalista e da realidade específica de cada país que fundamentam, em termos históricos concretos, a emergência dos PTRC na América Latina? Quais são os antecedentes políticos e institucionais dos programas em foco, e suas continuidades e rupturas ao longo do tempo em cada experiência nacional?

O terceiro capítulo, de autoria de *Maria Ozanira da Silva e Silva, Maria Carmelita Yazbek* e *Berenice Rojas Couto*, centra-se na abordagem da pobreza como categoria teórica e sua expressão no desenho e na implementação do BF do Brasil, do AFAM-PE do Uruguai e da AUH da Argentina. As autoras procuram responder essencialmente a duas questões: qual a concepção de pobreza que fundamenta os PTRC na América Latina? Como essa concepção se expressa nos três PTRC selecionados para o presente estudo comparado?

A abordagem desenvolvida parte da categoria teórica pobreza concebida numa perspectiva teórica crítico-dialética utilizada como referência para as análises desenvolvidas ao longo do texto. Segue identificando em Amarty Sen a principal matriz teórica que fundamenta a concepção de pobreza dos PTRC na América Latina. Traçado esse caminho, as autoras procuram identificar a expressão da categoria pobreza que perpassa o desenho, ou a formulação e a implementação de cada um dos três programas, finalizando o estudo do eixo da temática pobreza estabelecendo uma perspectiva comparada entre os conteúdos abordados em cada programa, ressaltando os indícios de vinculação desses conteúdos com as formulações de Sen, com destaque às limitações analíticas e práticas das formulações identificadas e analisadas em relação à determinação estrutural explicativa da pobreza.

O quarto capítulo de autoria de *Maria Ozanira da Silva e Silva* é dedicado ao estudo do eixo temático focalização e universalização como categorias teóricas e expressões identificadas no desenho e na implementação do BF do Brasil, nas AFAM-PE do Uruguai e na AUH da Argentina. No âmbito das análises desenvolvidas, focalização é considerada uma dimensão central na configuração dos PTRC na América Latina.

A análise desenvolvida é situada no contexto socioeconômico e político do surgimento e desenvolvimento do neoliberalismo em contraponto à universalização da proteção social. A autora segue apresentando um esforço de construção das categorias teóricas focalização/universalização, situando-as no debate latino-americano, para então identificar e analisar as expressões concretas da focalização no desenho e na implementação dos PTRC da Argentina, Uruguai e Brasil. A abordagem do tema é finalizada com o levantando de evidências de natureza comparativa considerando o conteúdo abordado, com destaque a possíveis convergências, divergências e especificidades entre as realidades dos programas.

O capítulo seguinte da coletânea, de autoria dos pesquisadores *José Pablo Bentura, Maria Laura Vecinday Garrido, Ximena Baráibar Ribeiro, Fátima Otormín, Mariela Pereira, Alejandro Mariatti* e *Yoana Carballo*, aborda o eixo temático condicionalidades como expressões no desenho e na implementação do BF do Brasil, das AFAM-PE do Uruguai e da AUH da Argentina. Os autores desenvolvem suas reflexões considerando as condicionalidades como um dos qualificadores fundamentais dos PTRC na América Latina, por estarem presentes em todos os programas do continente. Desenvolvem o texto abordando inicialmente concepções gerais de condicionalidades, para seguir com uma rica reflexão crítico-analítica sobre controvérsias construídas por diversos autores nos três países dos programas em foco, destacando seu alcance e significado. Seguem apresentando e analisando as condicionalidades dos três programas, as exigências de gestão e do acompanhamento, e concluem estabelecendo confronto comparativo entre as condicionalidades adotadas pelos três programas.

O sexto capítulo, de autoria de *Maria Ozanira da Silva e Silva, José Pablo Bentura, Maria Laura Vecinday Garrido, Laura Paulo Bevilacqua, Ana Laura Cafaro e Alejandro Mariatti* aborda o eixo temático família e infância como sujeitos destinatários dos PTR BF do Brasil, AUH da Argentina e AFAM-PE do Uruguai. Nesse capítulo, os autores consideram que a maioria dos PTRC implementados na América Latina é dirigida à infância e à adolescência, sendo, porém a família a depositária e a responsável pelo recebimento e administração do benefício. Destacam o papel da mulher como titular e administradora da transferência e responsável pelo cumprimento das condicionalidades. A família é analisada na sua construção sócio-histórica, pluralidade e diversidade de configurações, sendo ainda considerado o perfil das famílias nos três programas.

O sétimo capítulo, de autoria de *Maria Ozanira da Silva e Silva, Silvia Fernández Soto, Jorge Daniel Tripiana, Salviana de Maria Pastor Santos Sousa, Paula Ignacia Rodriguez Traiani e Analé Barrera*, desenvolve uma abordagem sobre os Benefícios Monetários e não Monetários numa perspectiva comparada considerando os três PTRC em foco: BF do Brasil, AUH da Argentina e AFAM-PE do Uruguai. O eixo temático é apresentado e problematizado destacando os critérios de formulação, os tipos de benefícios e as experiências dos três programas. Considera a centralidade, significado, tanto dos Benefícios Monetários como dos Benefícios não Monetários para os beneficiários, alcances e limites no contexto da implementação e da realidade social de cada programa. Os autores procuram ainda comparar as duas categorias de Benefícios, destacando similaridades, especificidades e divergências no conteúdo das propostas e no processo de implementação dos programas.

O outro capítulo, de autoria de *Carola Carbajal Arregui e Maria Ozanira da Silva e Silva* tem como objeto de análise os Mecanismos e Processos de Gestão adotados pelo BF do Brasil, AFAM-PE do Uruguai e AUH da Argentina. O objetivo do capítulo é analisar os elementos e processos vinculados à gestão dos PTRC, com destaque aos desenhos e às articulações institucionais, mecanismos e processos de gestão adotados, critérios e formas de acesso, acompanhamento e controle dos beneficiários, além da utilização e da função dos sistemas de informação de cada programa.

O capítulo seguinte tem como eixo temático o Trabalho como Categoria Central e os Trabalhadores dos três PTRC focalizados no estudo comparado: BF do Brasil, AUH da Argentina e AFAM-PE do Uruguai, de autoria de *Raquel Raichelis, Silvia Fernández Soto* e *Jorge Daniel Tripiana*. Os autores iniciam o texto apresentando a categoria Trabalho, procurando destacar sua centralidade na configuração do ser social, e as características do trabalho assalariado e suas implicações na sociedade capitalista. Seguem desenvolvendo uma análise das transformações recentes no funcionamento do capitalismo, destacando as características dos mercados de trabalho nos países objeto do estudo comparado. Por último, apresentam e problematizam o trabalho das equipes profissionais envolvidas nos PTRC objeto do estudo comparado.

O capítulo dez, de autoria de *Maria Ozanira da Silva e Silva* e *Valéria Ferreira Santos de Almada Lima,* centra sua análise e problematização nos possíveis impactos decorrentes dos três programas. As autoras consideram tratar-se de um conteúdo temático complexo e diversificado, visto que os possíveis impactos considerados decorrem de programas criados em tempos diferenciados, com recursos orçamentários de níveis distintos; de abrangência geográfica e de público atendido também muito diverso. Nas suas análises, as autoras procuram se distanciar da perspectiva teórica que considera a possibilidade de relações causais diretas entre programas sociais e mudanças ocorridas num espaço geográfico determinado ou em dada população. Entendem que os programas sociais são implementados em espaços abertos, marcados por determinações estruturais e conjunturais. Nesse aspecto, avaliar impactos significa buscar identificar os efeitos positivos ou negativos de uma política ou programa e as determinações desses resultados sobre a realidade na qual ocorre a intervenção. Consideram ainda que os programas sociais, ao mesmo tempo que impactam sobre a realidade social, também recebem impacto da mesma realidade, não se autonomizando dos contextos históricos onde são implementados.

O conteúdo do capítulo inicia abordando a categoria teórica Avaliação de Impacto, construída como referência teórica para as análises desenvolvidas. Segue apresentando reflexões sobre o lugar que ocupa a avaliação de impactos nos PTRC objeto do estudo comparado para prosseguir considerando a cobertura e percepção dos beneficiários e da população em geral sobre os programas. Apresenta no último item do capítulo a indicação e a problematização de possíveis impactos dos três programas, considerando os indicadores de pobreza e desigualdade social; de capacidade humana (educação, saúde, e segurança alimentar e nutricional), trabalho de adultos e trabalho infantil, autonomia das mulheres e dinâmica econômico-social dos municípios. Finaliza desenvolvendo um esforço de análise comparada entre os possíveis impactos destacados nos três programas.

O capítulo onze do livro aborda os Orçamentos dos PTRC: BF do Brasil, AFAM-PE do Uruguai e AUH da Argentina. As autoras *Maria Ozanira da Silva e Silva* e *Valéria Ferreira Santos de Almada Lima* desenvolvem uma discussão e problematização dos orçamentos dos programas, considerando seu desenvolvimento histórico, desde a criação de cada programa até o ano de 2015. Iniciam o texto apresentando as categorias teóricas Fundo Público e Orçamento como referências para as análises apresentadas no decorrer do texto. Seguem com a apresentação e a análise dos orçamentos dos três programas, destacando a evolução do financiamento público social em relação ao Produto Interno Bruto (PIB) de cada país; a evolução do financiamento de setores sociais específicos como saúde, previdência social e assistência social, em cujo contexto é também apresentada a evolução do financiamento específico dos programas. Por último, procuram estabelecer uma perspectiva de comparação na dinâmica histórica dos orçamentos dos PTRC BF, AFAM-PE e AUH, desde a criação dos programas até o ano de 2015.

Por fim, é apresentada uma Conclusão que procura destacar elementos fundamentais identificados no esforço de comparação entre os três programas selecionados para a pesquisa considerando similaridades, convergências e divergências em relação aos dez eixos temáticos selecionados para o desenvolvimento do estudo comparado.

Referências

ATKINSON, A. B. *Public economics in action*: the basic income/flat tax proposal. Oxford: Oxford University Press, 1995.

BRESSON, Y. *L'aprés salarial*: une nouvelle approche de l'économie. 2. ed. Paris: Econômica, 1993.

BRITTAN, S. *Capitalism with a human face*. Aldershot: Edward Elgar, 1995.

CARVALHO, E. J. G. de. Novas perspectivas para os estudos comparados em educação. In: ENCONTRO INTERNACIONAL DA SOCIEDADE BRASILEIRA DE EDUCAÇÃO COMPARADA, 4., 2008, Porto Alegre. *Anais eletrônicos...*, Porto Alegre: SBEC, 2008. Disponível em: <www.sbec.org.br/avt2008/tra/11.pdf>. Acesso em: 14 maio 2016.

GORZ, A. *Métamorphose du travail*: quête du sense. Paris: Galelé, 1991.

LIMA, V. F. S. de A. et al. Contextualização socioeconômica e política dos PTRC na América Latina e Caribe. In: SILVA, M. O. da S. e (Coord.). *Programas de transferência de renda na América Latina e Caribe*. São Paulo: Cortez, 2014.

LO VUOLO, R. (Comp.). *Contra la exclusión*: a proposta del ingreso ciudadano. Buenos Aires: CIEEP/Miño y Dávila Editores, 1995.

PAUGAM, S. *L'Europe face à la Pauvreté*: les expériences nationales de revenu minimum. Paris: Ministère de l'Employ et la Solidarité, 1999.

SILVA, M. O. da S e. *Renda mínima e reestruturação produtiva*. São Paulo: Cortez; São Luis: EDUFMA, 1997.

_____ (Coord.). *Programas de transferência de renda na América Latina e Caribe*. São Paulo: Cortez, 2014.

SUPLICY, E. M. *Renda de cidadania*: a saída é pela porta. São Paulo: Cortez, 2002.

WANDERLEY, L. E. W. A questão social no contexto da globalização. In: _____; CASTEL, R.; BELFORE-WANDERLEY, M. *Desigualdade e a questão social*. São Paulo: EDUC, 2011.

2

Transformações do sistema de proteção social no contexto latino-americano e antecedentes políticos e institucionais dos Programas de Transferência de Renda Condicionada (PTRC)

Silvia Fernández Soto
Valéria Ferreira Santos de Almada Lima
Jorge Daniel Tripiana

Iniciamos nosso estudo comparado realizando uma *contextualização socioeconômica e política* dos PTRC analisados: BF (Brasil), AFAM-PE (Uruguai) e AUH (Argentina), no marco da realidade latino-americana. As perguntas centrais que orientam a análise comparada em relação a esta seção são as seguintes:

Qual é o significado sócio-histórico desses programas, ou seja, quais são os elementos contextuais, transformações sociais gerais da sociedade capitalista que fundamentam em termos histórico-concretos a emergência dos PTRC na região? Para avançar na resposta, identificamos as transformações globais do movimento do capital nas últimas décadas, para logo observar as transformações socioeconômicas particulares na região latino-americana e em cada caso nacional que integra o estudo.

Em seguida, caracterizaremos os antecedentes políticos institucionais dos PTRC: BF (Brasil), AFAM-PE (Uruguai) e AUH (Argentina), tendo como objetivo observar as continuidades e rupturas ao longo do tempo nos sistemas de proteção social de cada experiência nacional.

2.1 Crise capitalista e transformações dos sistemas de proteção social no contexto latino-americano

A crise capitalista, iniciada entre o final da década 1960 e início da década de 1970, desencadeou uma ofensiva geral do capital e do Estado contra a classe trabalhadora e contra as condições vigentes durante a fase de apogeu do *fordismo*, dando origem a um período na história do capital em que se dá, de forma exacerbada, a destruição das forças produtivas, da natureza e do meio ambiente e, também, da força humana do trabalho[1] (Fernández Soto et al., 2014). Foi no contexto de *acumulação fordista* que se expandiram os modelos de desenvolvimento de inspiração keynesiana[2] em grande parte da região

---

1. Sobre este processo, Antunes (2009, p. 19) afirma: "No meio de tanta destruição de forças produtivas, da natureza e do meio ambiente, existe também uma ação destrutiva contra a força humana de trabalho que tem enormes contingentes precarizados ou à margem do processo produtivo, elevando a intensidade dos níveis de desemprego estrutural".

2. Uma forma específica de política keynesiana configurou os modelos de desenvolvimento na América Latina entre 1930 e 1970-1980, desenvolvendo-se o modelo substitutivo de importações, no qual o Estado assume um papel central nos processos de planificação econômico e social. O Estado financia o crescimento de indústrias orientadas à produção para o consumo interno, através de uma política de subsídios e diversas medidas protecionistas sobre a base

latino-americana entre 1930 e 1970-1980, onde o Estado assumiu um papel central no desenvolvimento econômico e na construção dos sistemas de proteção social.

A resposta capitalista a essa crise implica a alteração desses modelos de desenvolvimento e das correlações de força que os sustentam. Nesse sentido, os formatos de proteção social nos diferentes países sofrem transformações radicais em relação a seus princípios organizadores, desenhos de implementação e alcances. Essas transformações estão em relação com as exigências de classe colocadas ao Estado na fase atual de acumulação capitalista sob o predomínio do capital financeiro. Acumulação e legitimação se recriam em relação à correlação de forças resultantes do desenvolvimento da sociedade (Fernández Soto, 2013).

As propostas e as tendências centrais que se impõem sob a hegemonia da ideologia neoliberal se orientaram na modificação das políticas de proteção social na região em direção a uma perspectiva residual-liberal, tanto nos países que lograram desenvolvimentos significativos sob esquemas centralistas com aspirações de universalidade, como naqueles que tiveram baixo ou nulo desenvolvimento dos sistemas de proteção social. A focalização do gasto, a descentralização/desconcentração na gestão e administração dos programas sociais, a indefinição da perspectiva setorial das políticas sociais, o avanço da noção de redes mínimas de assistência à pobreza como alternativa e a expansão da mercantilização de certas funções sociais constituem os pilares das *reformas* e *novos* modelos propostos desde a década de 1980 e, sobretudo, a partir da década de 1990. Em suma, resguardadas as particularidades das diferentes experiências nacionais, os sistemas de proteção social, em geral, centralizados, setorializados, com aspiração de universalidade e administrados estatalmente com a predominância do esquema do seguro configurados no marco das *formas particulares* de substituição de importações, são desestruturados

---

da riqueza gerada por produtos primários de exportação. Ao mesmo tempo, o Estado incorpora mão de obra excedente, participando da construção de obras básicas de infraestrutura econômica e social.

e *reformados* por modelos de políticas sociais descentralizados, *integrais*, focalizados e com a ampliação de processos de privatização (Fernández Soto, 2013).

Esses modelos de perspectiva liberal se apoiam na ideia de que é *o mercado*, através do crescimento econômico, que propiciará o papel fundamental de *incorporação social*. Expressam uma das reações político-econômicas à classe trabalhadora, que sofreu múltiplos embates por meio de processos de *reestruturação produtiva*, repressão política e crises econômicas no último quarto do século XX.[3]

---

3. Na Argentina, em um processo histórico que se manifesta claramente por volta de 1975/1976, com a irrupção da última ditadura militar, se verifica a imposição por parte do capital de que as Forças Armadas tomem o controle do Estado com o objetivo de garantir uma mudança na correlação de forças sociais que permita a imposição de um novo projeto de sociedade. Este se concretiza mediante o início da desarticulação do padrão de acumulação/legitimação do segundo pós-guerra, com base na denominada *Industrialização Substitutiva de Importações*. Esse processo de desarticulação, que tem seu início com a última ditadura militar em 1976, terá um momento significativo na década de 1990 com a adoção das políticas *neoliberais*, o que leva à culminação da forma de organização social centrada no capital industrial, e sua substituição pela forma de organização social que expande o capital financeiro. Impõe-se, pela força, uma mudança fundamental nas condições gerais de produção, significando que a sociedade argentina atual é qualitativamente distinta da que chega até a década de 1970 (Fernández Soto; Tripiana, 2014a).

No Uruguai, a ditadura cívico-militar (1973-1985) reacionária e conservadora implica um processo de abertura econômica, liberalização e desregulamentação, constituindo o período *pós-batllista* do Estado uruguaio. Vários autores identificam fases deste processo de liberalização e desregulamentação (Faroppa, 1982; Astori, 1989; Cancela e Melgar, 1986; Olesker, 2001). Os governos posteriores conservadores da restauração democrática (Sanguinetti 1985-1990 e 1995-2000, Lacalle 1990-1995 e Batlle 2000-2005) dão continuidade e profundidade a essas políticas de abertura econômica, *racionalização* e *ajuste* do gasto público. Esse contexto de reformas se enquadrava nas recomendações dos organismos internacionais, como Fundo Monetário Internacional (FMI) e Banco Mundial. Na primeira metade da década de 1980, vêm à tona os traços estruturais que o modo de crescimento do período anterior levava implícitos (déficit comercial, déficit em conta corrente, crescente endividamento externo e interno, alta inflação e deterioração dos rendimentos reais de assalariados e beneficiários da seguridade social). As tendências liberalizadoras se estenderão durante toda a década de 1980 e se aprofundarão na década de 1990. Isso provocará profundas mudanças dos sistemas de proteção social historicamente construídos sob a noção do universalismo estratificado que mencionamos. Ao mesmo tempo é necessário destacar, para o caso uruguaio, o papel dos plebiscitos e *referendum* como mecanismos da democracia que tentaram frear as propostas neoliberais impulsionadas pelos governos conservadores, fazendo com que as reformas não fossem tão profundas e dramáticas como na experiência da Argentina e Brasil.

No Brasil, no transcurso de democratização, após 21 anos de ditadura militar, as políticas públicas de inspiração neoliberal iniciadas no governo de Fernando Collor de Melo (1990-92),

Observar esses processos mais amplos do movimento da sociedade e a lógica de acumulação que se desenvolve nos permite compreender as atuais características socioeconômicas e o sentido que adquirem os programas de transferência de renda analisados neste contexto.

Entre o final da década de 1990 e o início dos anos 2000, a combinação de um ciclo ascendente de lutas com as sequelas de um novo momento recessivo e de crise econômica gerou a impugnação generalizada ao neoliberalismo na América Latina. Nesse contexto, são questionadas as políticas neoliberais inspiradas no *Consenso de Washington*, organizando uma agenda de intervenção que impugna os componentes principais da programática neoliberal e promove a emergência de novos princípios organizadores: a predominância do público, a desmercantilização dos bens e serviços sociais, a aspiração de garantias universais através do reconhecimento de direitos historicamente conquistados, entre outros. Ainda que longe de se concretizar e de promover a ruptura com o padrão de regulação econômica e social vigente na atual fase de desenvolvimento capitalista, essas reivindicações no início do século XXI, de qualquer forma, interpelam a hegemonia neoliberal, expressando questionamentos à subalternização estendida ao fim do século XX. Nesse marco, a América Latina se coloca como um dos territórios de resistências e buscas de alternativas ao capitalismo neoliberal em âmbito global (Fernández Soto, 2013).

A crise, como traço específico da fase capitalista expressa desde o último quarto do século XX, manifesta claramente a tendência crescente à centralização da propriedade e da riqueza na mão de poucos, a existência de crescentes massas de população excedente para o capital e o aprofundamento dos processos de pauperização e de proletarização de diversas parcelas sociais, com a consequente violação

---

entre elas a brusca e indiscriminada abertura da economia, promoverão o aprofundamento da concorrência intercapitalista, gerando um processo de reestruturação produtiva, com base, principalmente, nas estratégias empresariais de redução e de flexibilização dos custos do trabalho. Estas foram reforçadas por um amplo conjunto de medidas voltadas para a desregulamentação e flexibilização das relações de trabalho implementadas durante os governos de Fernando Henrique Cardoso (FHC) (1995-2002).

sistemática das garantias sociais conquistadas. Esses processos trazem implícito um processo de *des-cidadanização*, e uma de suas manifestações é a crise das mediações políticas existentes. Essas tendências, tal como indicamos, convertem o problema das garantias materiais dos direitos sociais em uma questão central nas últimas décadas e base das reivindicações desenvolvidas (Fernández Soto, 2013).

A primeira década do século XXI mostra os esforços para recompor a legitimidade da ordem burguesa, inaugurando um novo ciclo de crescimento econômico regional, que expressa aspectos comuns e uma diversidade de experiências em função das particularidades históricas e das correlações de força que vão sendo construídas em cada experiência nacional.[4] Essas experiências se desenvolvem com a permanência de processos estruturais nodais que subsistem do projeto neoliberal e gravitam na base organizativa da sociedade. Observando essas continuidades e inflexões, é possível advertir os limites estruturais dos modelos propostos e o *teto* que representam para o avanço das conquistas populares, assim como suas possibilidades (Fernández Soto, 2013).

A taxa de pobreza da América Latina em 2013 foi de 28,1% da população e a indigência ou a pobreza extrema atingiram 11,7%. Essas porcentagens equivalem a 165 milhões de pessoas em situação de pobreza, dos quais 69 milhões estão em situação de pobreza extrema (Comisión Económica para América Latina y el Caribe, 2013). Esses valores indicam que a taxa de pobreza manteve-se sem diferenças significativas no que se refere aos níveis observados em 2012 (28,1%). A pobreza extrema, por sua vez, também permaneceu sem mudanças estatisticamente significativas, em razão de o valor observado em 2013

---

4. Observando a dinâmica do capitalismo na região, parte da literatura especializada tem conceitualizado a pugna de três projetos societários, *neoliberalismo de guerra* (México e Colômbia), o *neodesenvolvimento* (Argentina, Brasil) e os modelos sociais de *mudança constituinte* (Venezuela, Bolívia, Equador). Além da preponderância que é possível observar nas realidades nacionais, estes projetos, no marco da dinâmica capitalista, expressam interesses de distintos grupos de força e blocos de classe, expressando tensões e disputas em uma mesma realidade nacional (González Casanova, 2002; Boron, 2010; Seoane, Taddei e Algranati, 2010, 2013).

ser somente 0,4 ponto porcentual superior ao de 2012 (11,3%) (Comisión Económica para América Latina y el Caribe, 2012).

Apesar das variações mínimas observadas em termo de taxas, as novas estimativas permitem estabelecer que a pobreza extrema tem alcançado valores similares aos de 2011, o que representa um retrocesso em relação ao sucesso alcançado na primeira década do século XXI. Essa situação não é nova, pois os dados apresentados em edições anteriores do Panorama Social da CEPAL revelaram tendências similares. Com efeito, as estimativas regionais mostram que a tendência à queda das taxas de pobreza e pobreza extrema tem se desacelerado e, inclusive, revertido nos primeiros anos da segunda década do século XXI, fato que, associado ao crescimento demográfico, deixa como saldo um maior número de pessoas em situação de pobreza extrema em 2013 (Comisión Económica para América Latina y el Caribe, 2014).

Em comparação com as cifras de 2002, período em que se registrou o valor mais alto dos últimos 15 anos, a queda acumulada da pobreza é de quase 16 pontos porcentuais, dos quais 10,4 pontos porcentuais correspondem à diminuição conseguida até 2008, correspondendo a uma taxa média anual de 1,7%. Entre 2008 e 2013, o ritmo de declínio foi mais modesto e a queda acumulada foi de 5,4 pontos porcentuais, o que equivale a uma taxa média anual de 1,0%. De 2011 em diante, observou-se um estancamento da taxa de pobreza regional em torno de 28% (Id., ibid.).

No que se refere à população em pobreza extrema, registrou-se uma trajetória similar: houve uma queda de 6,4 pontos porcentuais entre 2002 e 2008 e de 1,2 ponto percentual, a partir deste último ano até 2013. De forma semelhante ao ocorrido com a taxa de pobreza, a porcentagem de pessoas em situação de pobreza extrema se manteve entre 11% e 12% durante o último triênio (Id., ibid.).

Acompanha esse processo o progressivo grau de concentração e estrangeirização da economia na região.

Em síntese, o crescimento sustentado da economia nos primeiros anos da década de 2000 mantém os traços estruturais dominantes da concentração dos rendimentos e riquezas, sob um esquema estrangeirizado da economia e sem lograr reverter a lógica de um padrão distributivo regressivo. É nesse contexto de transformações estruturais e conflito social que se inscrevem a emergência, expansão e consolidação dos PTRC, que se colocam como estratégias políticas que *atendem* à crescente desproteção imanente às transformações do mundo do trabalho e das redes históricas de seguridade construídas sob o esquema do seguro contributivo, ao mesmo tempo que expressam a ampliação da assistência *não contributiva*, sob tratamento individualizado, estabelecendo mínimos de subsistência ao contingente de trabalhadores informais, precários, desempregados e empobrecidos (Fernández Soto, 2013).

2.2 Antecedentes dos PTRC: BF (Brasil), AFAM-PE (Uruguai) e AUH (Argentina)

Nesta seção, recuperamos os antecedentes político-institucionais dos PTRC objetos do presente estudo, assim como a trajetória histórica de desenvolvimento desses programas no contexto dos Sistemas de Proteção Social de cada experiência nacional.

2.2.1 Antecedentes do AFAM-PE (Uruguai)

O Uruguai definiu seu sistema de proteção social, na primeira metade do século XX, integrado por um conjunto institucionalizado de políticas sociais de caráter universalista e de ampla cobertura no campo educativo, laboral e da saúde, incluindo centralmente a população urbana e, posteriormente, os trabalhadores rurais (Filgueira, 1998). Nesse esquema, o Estado adquiriu centralidade na provisão de bens sociais e na arquitetura de bem-estar definida. O sistema de Asignaciones Familiares (AFAM) é criado em 1943 e constituirá a base institucional que sofrerá modificações e dará lugar ao denominado *Nuevo Régimen de Asignaciones Familiares* no Uruguai.

As transformações qualitativas das contribuições familiares (AFAM) são produzidas em relação às transformações do mundo do trabalho.[5] Ao mesmo tempo, o perfil que assumem atualmente como um mecanismo de combate à pobreza se dá em correspondência às indicações formuladas pelos organismos internacionais (Baráibar, De Martino e Vecinday, 2014).

Historicamente, as AFAM incluíam aquelas famílias em cujo seio houvesse membros vinculados à seguridade social. As transformações desenvolvidas no mundo do trabalho têm sido o pano de fundo sobre o qual se processam as alterações no sistema de proteção social: a incerteza e a flexibilidade nas trajetórias ocupacionais tornam necessário repensar os mecanismos do seguro e da assistência. Ante o crescimento da pobreza e indigência observado em décadas passadas, a resposta privilegiada tem sido apelar aos PTRC a partir de mecanismos preexistentes como as AFAM, entendidos agora como *programas de combate à pobreza* promovidos pelos organismos internacionais de crédito, centralmente (BM) e Banco Interamericano de Desenvolvimento (BID) (Mirza, 2010).

As primeiras AFAM datam do ano de 1943 quando, através da Lei n. 10.449, de 12 de novembro de 1943, instalam-se os Conselhos de Salários e, ao mesmo tempo, se declara obrigatório o regime de compensação para pagamento de Contribuições Familiares para o setor privado (artigo 21). O beneficiário direto era o filho a cargo do empregado, até a idade de 14 anos e até os 16 anos, no caso de estar estudando (Baráibar, De Martino e Vecinday, 2014).

Esta primeira proposta de Contribuições Familiares do Uruguai será modificada até chegar ao desenho atual das AFAM-PE, que integra o esquema contributivo e não contributivo. Entre os principais marcos

---

5. Centralmente, as modificações observadas na América Latina na década 1990 são: extensão do desemprego, subocupação, precarização laboral e informalidade. Ver o capítulo 9 desta obra de Raichelis, Fernández Soto e Tripiana, "O trabalho como categoria central e a divisão sociotécnica do trabalho institucional nas políticas sociais", que integra este estudo comparado, em que na primeira parte se analisam as transformações quali-quantitativas do mundo do trabalho na região latino-americana em geral e nos casos de estudo, em particular.

históricos indicadores de modificações das AFAM no documento do Uruguai, a partir da década de 1980 até a atualidade, podemos sinalizar a trajetória examinada a seguir.

No ano de 1980, através do Decreto-lei n. 15.084 de 28 de novembro de 1980, surge, no Uruguai, uma nova modalidade de AFAM, cuja população beneficiária era constituída pelos dependentes menores de idade dos trabalhadores do setor privado formal e de desempregados que se encontrassem recebendo os benefícios do regime de desemprego. Foram incluídos também dependentes de empregados de serviços domésticos, vendedores de jornais e pequenos produtores rurais, cuja renda fosse superior a 8% do salário mínimo nacional. O pagamento do benefício era estendido até os dependentes completarem 18 anos, desde que estivessem fazendo curso de nível superior aos de Educação Primária (Uruguay, 1980). Essa modalidade de AFAM oferecia também uma contribuição familiar, no caso de gravidez, mediante a comprovação de controles periódicos de pré-natal.

Em 1999, modifica-se o Decreto-lei n. 15.084/1980 através da Lei n. 17.139, de 16 de julho de 1999, que prevê uma extensão do benefício da lei anterior para domicílios de menores recursos, cujos membros tenham esgotado sua cobertura pela Direção de Seguros de Desemprego (DISEDE) sem obter novo emprego ou naqueles em que a mulher é o único sustento (Uruguay, 1980, 1999). Esse benefício, de maneira diferente dos anteriores, deixa de ser contributivo, já que é outorgado independentemente da vinculação de seus membros ao mercado de trabalho.

No ano de 2004, foi aprovada a Lei n. 17.775, de 20 de maio de 2004, que estende o benefício da contribuição familiar a todos os domicílios com rendimentos de qualquer natureza, inferiores a três salários mínimos nacionais, que não estivessem compreendidos dentro dos alcances dos Decretos-lei mencionados anteriormente (Uruguay, 2004). O montante fica estabelecido em um equivalente a 16% do salário mínimo nacional por cada filho ou menor a cargo; no caso de beneficiários incapacitados, o montante do benefício é fixado em dobro. A última modificação ocorreu no marco do Plan de Equidad, conforme se pode verificar a seguir.

No ano de 2005, assume pela primeira vez o governo nacional a Frente Ampla, e em resposta à situação de emergência social gerada pela crise econômica de 2002 e expressa em níveis históricos de desemprego, pobreza e indigência, implementa (mediante a Lei n. 17.869, de 20 de maio de 2005) o *Plan de Atención Nacional a la Emergencia Social* (PANES). Da mesma forma, cria o *Ministerio de Desarrollo Social* (MIDES) com o objetivo de coordenar as políticas sociais até então dispersas e desenvolver o PANES (Uruguay, [20--?]).

O PANES foi concebido como um programa de emergência de dois anos de duração (2005-2007) que em relação à campanha *Uruguay social* se constitui na primeira resposta estratégica de emergência social (nutricional e sanitária) (Uruguay, [20--?]). Inscreve-se institucionalmente no MIDES (criado também em 2005) tendo como componente fundamental o programa de transferência de renda condicionada e focalizado na extrema pobreza, denominado Ingreso Ciudadano (IC).[6]

No que se refere aos lares beneficiados, foram no total 76.988, dos quais 19.138 correspondem a Montevidéu e 57.850 ao interior do país.[7] Se forem consideradas as pessoas beneficiárias, a cifra chega a um total de 337.233. O programa alcançou aproximadamente 10% dos domicílios e 14% das pessoas residentes no país (Amarante e Vigorito, 2010).[8]

---

6. No que se refere ao Ingreso Ciudadano e de acordo com o artigo sexto da Lei que estabelece sua criação, a população objetivo do PANES consistiu no primeiro quintil de domicílios abaixo da linha de pobreza (8%) (Amarante, Arim e Vigorito, 2005). Particularmente, os domicílios cujos rendimentos, por todo conceito, excetuando-se as contribuições familiares e benefícios por invalidez e velhice, não superaram (a março de 2005), os $1.300 por pessoa e, ademais, apresentaram carências críticas em suas condições de vida (Amarante et al., 2007). Esse montante significa 64,4% do salário mínimo definido nessa data, $ 2.050.

7. Uma característica que chama a atenção na distribuição dos postulantes e beneficiários do PANES, de acordo com critérios territoriais, consiste em que ambos os grupos se concentram no interior do país, considerando zonas urbanas e áreas rurais (75%). Conforme o registro administrativo do MIDES, foram 131.354 os domicílios postulantes, dos quais 34.888 correspondem a Montevidéu e 96.466 se encontram localizados no interior.

8. A estratégia de postulação ao plano foi mista. Por um lado, os lares que desejavam solicitar benefício ao PANES se apresentavam às dependências habilitadas para a inscrição. Por

O IC, um benefício monetário do PANES, consistiu em uma transferência monetária de $U 1.360 mensais (USD 54) independentemente do número de integrantes do domicílio, ajustado de forma quadrimestral, de acordo com a evolução do Índice de Preços ao consumo (IPC).[9] Em 2006, essa cifra representava 45% do valor da linha de pobreza e seu pagamento foi administrado através do *Banco de Previsión Social* (BPS), sendo seu recebimento efetuado pelas agências privadas, descentralizadas (Baráibar, De Martino e Vecinday, 2014).

De acordo com a Lei 17.869, mediante a qual se cria o benefício, a transferência era condicional a que o domicílio cumprisse com alguns requisitos, tais como: a inscrição e assistência regular dos menores ao sistema educativo formal, os controles médicos periódicos de crianças, adolescentes e mulheres grávidas, a participação em atividades comunitárias e, em geral e em cada caso, as ações específicas exigidas para cada programa (Uruguay, 2005, art. 8). Essas condicionalidades não foram monitoradas rigorosamente, devido a dificuldades de coordenação interinstitucional (Amarante e Vigorito, 2010).

De acordo com o artigo 2 da lei de criação do PANES, compõem o Plano, além da Renda Cidadã, um conjunto de programas não monetários: programas de emprego transitório, programa rotas de saída, apoio alimentar, programa de emergência sanitária, atenção a pessoas em situação de rua, apoio educativo, melhoramento da habitação.

O gasto público associado ao IC alcançou aproximadamente uns 100 milhões de dólares anuais, que representaram 0,3% do PIB (Arim, Cruces e Vigorito, 2009), valor similar a outras experiências da América Latina. A Renda Cidadã focalizou nos lares mais pobres do país, impactando o escasso montante transmitido centralmente

---

outro, o MIDES concorreu para algumas zonas críticas, em variados pontos do país, e visitou os domicílios para que se inscrevessem no plano. Portanto, uma parte dos erros de focalização pode ser atribuída a que lares pertencentes à população objeto não tenham solicitado sua inscrição no PANES, o que poderia indicar uma falha na estratégia de implementação da intervenção (Amarante e Vigorito, 2010).

9. Dados extraídos de relatório apresentado em maio de 2012 pelo Instituto Cuesta Duarte. (Disponível em: <www.cuestadurate.org.uy/portal/index.php?option=com>. Acesso em: 4 set. 2012).

na indigência.[10] Diferentes avaliações realizadas sobre o programa mostram que ele teve uma *adequada focalização*, ou seja, teve capacidade de chegar ao público-alvo.[11]

A partir de 2006 começa o processo de desenho, formulação e elaboração definitiva do Plano de Equidade, o qual entra em vigência a partir de 1º de janeiro de 2008. O referido Plano é composto por dois pilares: o primeiro é denominado *Componentes Estructurales de la Matriz de Protección Social* (reforma tributária, reforma da saúde, políticas de emprego, política de moradia, reforma educativa etc.) e o segundo é de caráter não contributivo, integrado pela Red de Asistencia e Integración Social (transferência de renda, segurança alimentar, ações socioeducativas para a infância e adolescentes, empreendimentos produtivos e economia social, inclusão social etc.) (Uruguay, 2008).

Entre os componentes do polo não contributivo e considerados estratégicos dentro do Plan de Equidad figura o AFAM, que se

---

10. O Banco Mundial (2007, p. 73) indica: "[...] se bem que a cobertura e o montante das transferências tenham aumentado, os benefícios não são suficientes para colocar as pessoas acima da linha de pobreza; aumentar o bem-estar de pessoas que continuam sendo pobres". Da análise do impacto do IC sobre alguns indicadores distributivos surge que o benefício incidia significativamente na indigência: se a transferência não houvesse existido em 2006, sua incidência teria sido uns 30% maior. Estavam em situação de indigência, em 2004, 4,1% dos domicílios, e com o PANES, esta cifra declina a 2,1% (Arim, Cruces e Vigorito, 2009). Entretanto, devido à alta focalização do programa e ao montante mensal da transferência, seu efeito sobre o alívio da pobreza foi muito escasso (os domicílios pobres representam 26,3% antes das reformas; com o PANES, caem para 25,8%), sendo seu efeito consideravelmente maior na brecha e na severidade da pobreza (Amarante e Vigorito, 2010). Em similar sentido, o BM aponta que somente quando se considera o impacto da indigência, o Ingreso Ciudadano se torna relevante. Seu impacto sobre a pobreza é menor, devido ao montante de seus benefícios. De sua parte, e no que se refere à desigualdade a redução é mínima. O índice de Gini antes das reformas é de 0,47, baixando para 0,46 com o PANES (Arim, Cruces e Vigorito, 2009; Baráibar, De Martino e Vecinday, 2014).

11. Assinalam Amarante e Vigorito (2010) que 80% dos beneficiários do PANES se colocam no primeiro quintil de rendimentos. De acordo com os autores, a comparação com a distribuição dos postulantes indica que, se bem que os postulantes se autosselecionaram, o instrumento da focalização funcionou adequadamente. Os 96% dos benefícios se encontram localizados em 40% da população de menores rendimentos. No que tange à cobertura, se detecta que uma porcentagem significativa da população-alvo não foi incluída no plano, o que obedece, em parte, a erros de focalização e, também, a que ditos lares não solicitaram sua inclusão no plano. Para as características sociodemográficas dos domicílios, ver Amarante et al. (2007).

constitui no programa de transferência de renda condicionada, inscrita em um clássico instrumento do sistema de proteção social uruguaio, reformulado no marco da nova estratégia desenvolvida pelo governo e aprovado na Lei n. 18.227, de 22 de dezembro de 2007 (Midaglia e Silveira, 2011).

Nessa nova matriz resultante, ganha protagonismo a denominada rede de assistência e integração social, destacando-se os PTRC, em particular as AFAM-PE. Dessa maneira, consolida-se no Uruguai uma estratégia política de atenção mínima aos setores mais pobres da população, deixando para trás o sistema de proteção social construído na primeira metade do século XX, que através da inserção ao trabalho conseguiu universalizar a proteção da população do país. A lógica que se institucionaliza e consolida é a proteção mínima não contributiva condicionada e individualizada, mediada pela demonstração das carências.

O novo regime AFAM-PE coloca suas prestações como um direito de crianças e adolescentes, ainda que tal concepção se dilua nas formas de conceber a pobreza e na tenção direitos/condicionalidades a ser analisada posteriormente. Trata-se de uma prestação de seguridade social que o Estado, através do *Plan de Equidad*, utiliza para estimular a permanência no sistema de ensino, principalmente secundário, e melhorar os controles de saúde das grávidas, assim como de crianças e adolescentes. O titular da AFAM, pai, mãe ou tutor, recebe um montante de dinheiro por cada criança ou adolescente que vive no lar (Baráibar, De Martino e Vecinday, 2014).

O processo de transição do PANES ao Plan Equidad implicou uma ampliação dos beneficiários.

O novo sistema de Asignaciones Familiares não eliminou o anterior nem discrimina trabalhadores formais daqueles informais ou desempregados, sendo os elementos vinculados à vulnerabilidade social do lar que geram o direito de receber o benefício. Em 2012 a cobertura AFAM aumentou em quase 30 mil prestações a mais, ascendendo para 545.245 beneficiários. As AFAM deram cobertura por conceito de pré-natal, pré-escolar e escolar a um total de 434.254 beneficiários, dos quais 341.425 são domicílios integrantes do Plan de Equidad (Banco de Previsión Social, 2012). Se somarmos à informação precedente, cobertura do ciclo educativo primário das AFAM-PE aos dados das AFAM-PE destinadas ao nível secundário de ensino, em um universo de 110.991, é muito relevante o número de beneficiários do Plan de Equidad, constituindo um total de 70.116 jovens; dessa maneira predomina a cobertura AFAM-PE, reforçando a tese de que os domicílios mais pobres apresentam uma integração maior de crianças e jovens (Baráibar, De Martino e Vecinday, 2014).

> El PANES[12] no se perpetuó tras haber cumplido con su objetivo, sino que fue la base para la expansión del sistema de protección social tradicional, más allá de la situación de emergencia que le dio origen. De esta manera, en lugar de extender los beneficios y las prestaciones diferenciadas para quienes no contaban con capacidad contributiva creando sistemas asistenciales paralelos, se propició una expansión de la cobertura de la protección social de base contributiva mediante la incorporación de los grupos tradicionalmente excluidos (Arim, Cruces e Vigorito, 2009, p. 36).

Em sentido similar, assinalam Midaglia e Silveira (2011) que uma das contribuições mais significativas do desenho das AFAM foi o uso de um mecanismo de transferência já existente na tradição de proteção social uruguaia (Asignaciones Familiares), legitimado socialmente, que foi ajustado às particularidades da população, privilegiando as sequelas estigmatizantes da focalização. Incorpora-se a experiência regional desenvolvida nos últimos anos de promoção de programas de transferência de renda condicionada, sobre os instru-

---

12. O PANES foi um programa de *dotação pura*, desenhado e implementado na emergência, muito eficiente para alcançar a população mais pobre e assim reduzir a incidência da indigência, ainda que sem estratégia para amoldar os benefícios de acordo com as necessidades e as condições dos lares (Banco Mundial, 2007). Assinalam Amarante e Vigorito (2010) que se detecta uma brecha entre a magnitude dos objetivos do PANES, o caráter temporário do programa e os dispositivos extensíveis.

mentos clássicos de seguridade social construídos ao longo de sua história (Baráibar, De Martino e Vecinday, 2014).

2.2.2 Antecedentes do BF (Brasil)

No Brasil, conforme destacam Silva e Lima (2014), os marcos históricos iniciais de constituição de um Sistema de Proteção Social situam-se no período de 1930 a 1943, no qual se instituiu um novo momento no desenvolvimento do capitalismo no país, marcado pela passagem do modelo agroexportador para o urbano-industrial. Nesse processo, o Estado Nacional passou a assumir funções de caráter intervencionista, criando condições para atender às exigências da estruturação do capitalismo industrial.

Ao mesmo tempo, o Estado brasileiro voltou-se para propiciar a proteção social necessária para o desenvolvimento de um novo segmento de trabalhadores — o operariado urbano —, passando a assumir a regulação e a provisão da educação, saúde, previdência social, alimentação e nutrição, habitação popular, saneamento e transporte coletivo (Silva e Lima, 2014). Segundo as autoras, além de promotor do desenvolvimento econômico, o Estado passou a se responsabilizar pela criação das condições legais e protetivas para garantir a emergência e a consolidação da classe operária numa conjuntura de avanço do processo de industrialização sob a égide do modelo de substituição de importações.

Todavia, durante as primeiras décadas do desenvolvimento da proteção social no Brasil, a cidadania emergente foi sustentada por medidas de política social voltadas para os trabalhadores inseridos no mercado de trabalho formal. Essas medidas foram objeto de forte regulamentação amparada na ampla legislação trabalhista instituída na época, com densa produção no campo previdenciário, trabalhista e sindical e com algumas medidas de Políticas de Saúde e Educação. Especificamente no âmbito da Política de Trabalho, destaca-se, em

1931, a criação do Ministério do Trabalho, Indústria e Comércio, seguida da instituição do Salário Mínimo (SM) em 1940 e da promulgação da Consolidação das Leis do Trabalho (CLT), em 1943.

A Previdência Social no Brasil registrou seu marco inicial em 1923, quando foi instituída a Lei Eloy Chaves, criando a Caixa de Aposentadoria e Pensão dos Ferroviários, seguida da criação de outras Caixas de Aposentadoria e Pensões (CAP), direcionadas para outras categorias profissionais. Essas CAP foram, progressivamente, substituídas a partir de 1933, com a criação do Instituto de Aposentadoria e Pensões dos Marítimos (IAPM), seguido de outros Institutos direcionados para outras categorias profissionais. A unificação dos benefícios dos diversos Institutos deu-se em 1960 pela Lei Orgânica da Previdência Social. Todavia, a unificação geral de todos os Institutos só ocorreu em 1966, com a criação do Instituto Nacional da Previdência Social (INPS).

Ainda em 1942 foi criado o Serviço Nacional de Aprendizagem Industrial (SENAI) e, em 1943, criou-se o Serviço Social da Indústria (SESI), seguido do Serviço Nacional do Comércio (SENAC). O foco da ação protetiva desse período era a qualificação da mão de obra para inserção qualificada no processo de industrialização. A primeira instituição de assistência social, a Legião Brasileira de Assistência (LBA), foi criada em 1943, voltada, inicialmente, para a proteção dos pracinhas brasileiros que participaram da Segunda Guerra Mundial, transformando-se, posteriormente, na maior instituição de assistência social voltada para os pobres, tendo sido fechada somente em 1995.

Nesse contexto, prevaleceu até os anos 1970 uma proteção social fortemente marcada pela meritocracia por se direcionar, predominantemente, para os trabalhadores formais, fazendo da Carteira de Trabalho assinada o critério para alcançar o que Santos (1987) denominou de *Cidadania Regulada*, restrita aos trabalhadores urbanos.

O primeiro indício de extensão da Previdência Social para o meio rural deu-se em 1963, com a criação do Estatuto do Trabalhador Rural, embora não tenham sido garantidos meios materiais e financeiros para sua implantação. Registra-se que os primeiros anos da década de 1960 foram marcados por grande mobilização social que chegou fortemente a alcançar o meio rural com a instituição de sindicatos rurais e Ligas Camponesas, sendo essa efervescência política interrompida com o Golpe Militar de 1964.

Durante o período da Ditadura Militar, que se estendeu até 1985, a política social no Brasil apresentou significativo desenvolvimento como forma de atenuar a repressão política e a política econômica de forte arrocho salarial (Silva e Lima, 2014).

Nesse contexto, logo em 1964, foi criado o Banco Nacional de Habitação (BNH), inicialmente voltado para atender à habitação popular, principalmente dos moradores de favelas que apresentavam um forte nível de organização política e consequente poder de pressão. Todavia, o BNH logo se transformou numa instituição que se voltou para o atendimento do significativo déficit habitacional da classe média, então, fortemente demandada para inserir-se no modelo de desenvolvimento voltado para o capitalismo monopolista internacional.

Ainda no contexto da Ditadura Militar, em 1974, criou-se o Ministério da Previdência e Assistência Social (MPAS) e em 1971 ocorreu a extensão inicial da Previdência Social ao meio rural com a criação do Programa de Assistência ao Trabalhador Rural (PRO-RURAL), executado pelo Fundo de Apoio ao Trabalhador Rural (FUNRURAL), sem, porém, ter alcançado resultados concretos significativos. Ademais, em 1972, os empregados domésticos foram incluídos na Previdência Social, o mesmo ocorrendo com os trabalhadores autônomos, em 1973.

No campo da Assistência Social, durante todo o período da Ditadura Militar, a LBA desenvolveu diversas ações assistencialistas, descontínuas, com marcas do clientelismo, direcionadas para os pobres marginalizados do mercado de trabalho formal.

Por conseguinte, ainda segundo Silva e Lima (2014), o Sistema de Proteção Social no Brasil prossegue sua institucionalização, consolidação e expansão dos anos 1970 a 1980, embora orientado pelo autoritarismo da Ditadura Militar (1964-1985), que promoveu a ampliação de programas e serviços sociais como forma de compensação à repressão e aos arbítrios praticados contra os movimentos sociais e sindical.

Todavia, as autoras ressaltam que o controle social, via programas sociais, não impediu a rearticulação da sociedade civil, que emergiu a partir da segunda metade dos anos 1970 dos subterrâneos das igrejas e da clandestinidade, cujas maiores expressões foram os *novos movimentos sociais* e o *sindicalismo autêntico* em oposição ao sindicalismo controlado pelo Estado. Nesse período, os partidos políticos, submersos na clandestinidade, também ressurgiram, além de terem sido criados novos partidos, cujo maior destaque foi o Partido dos Trabalhadores (PT), registrando-se também a articulação do movimento autêntico do Partido do Movimento Democrático Brasileiro (PMDB), único partido político de oposição. Somou-se ao movimento político da sociedade e dos partidos políticos a atuação da Igreja Católica orientada pela emergente Teologia da Libertação, que destacava o protagonismo dos pobres como segmento preferencial da Igreja. Essa conjuntura colocou na ordem do dia novas demandas sociais voltadas para o resgate da dívida social, que se agravava com a política de arrocho salarial promovida pelos governos militares, demandando a ampliação de direitos sociais e de cidadania. Instituiu-se, então, o Movimento por Eleições Diretas Já, culminando com a derrocada da Ditadura Militar em 1985 e com a eleição de Tancredo Neves, que não assumiu o cargo em virtude de seu falecimento, dando espaço para a instituição da denominada *Nova República*, tendo como presidente José Sarney.

As lutas sociais continuaram avançando com grande destaque ao movimento por uma nova Constituição, culminando com a promulgação da Constituição Federal (CF) de 1988, inaugurando-se um processo de ampliação de direitos sociais rumo à universalização. O maior avanço no campo da proteção social deu-se pela inclusão na CF de 1988 da Seguridade Social, constituída por uma Política Contributiva, a Previdência Social; uma Política Universal, a Política de Saúde e uma política não contributiva, a Política de Assistência Social.

Entre os novos direitos conquistados, merecem destaque: a instituição da licença-maternidade de 120 dias extensiva a trabalhadores rurais e a trabalhadores domésticos; direito à pensão para maridos e companheiros; redução do limite de idade para aposentadoria: homens com 60 e mulheres com 55; aposentadoria proporcional para mulheres aos 25 anos de serviço; direito de contribuição independentemente do exercício de atividade; recomposição de aposentadorias e pensões pelo número de salários mínimos da época da concessão; integralidade do 13º salário e correção das últimas 36 contribuições para efeito de cálculo do salário de benefício; licença-paternidade; unificação do menor benefício num salário mínimo e instituição da Previdência Social Rural, para homens e mulheres trabalhadores rurais sem exigência de fluxo de contribuição contínuo, além da criação de um benefício assistencial, Benefício de Prestação Continuada (BPC) em implementação desde 1996, direcionado a idosos a partir de 65 anos de idade e a pessoas com deficiências severas que lhes impeçam ter uma vida independente, ambos vivendo em famílias com renda *per capita* familiar de até ¼ do salário mínimo, cujo benefício corresponde a um salário mínimo.

Entretanto, o processo de introdução de novos direitos sociais passou a ser fortemente combatido e interrompido durante toda a década de 1990, num contexto em que o governo brasileiro passou a adotar, tardiamente, um projeto de desenvolvimento sob a orientação da ideologia neoliberal. Como uma das exigências do modelo econômico adotado foi, então, imposta uma contrarreforma do Estado, marcada pelo impedimento e retardo da regulamentação dos direitos sociais definidos na Constituição de 1988 e pela introdução de reformas da Previdência Social, restringindo direitos sociais conquistados (Silva e Lima, 2014).

Portanto, contraditoriamente, tinha-se, de um lado, o avanço no plano político-institucional, definido na CF de 1988, que estabeleceu a Seguridade Social e instituiu os princípios de descentralização e de participação social (Brasil, 1988). De outro, a intervenção estatal no campo social era marcada por um movimento restritivo em direção à privatização e à mercantilização de serviços sociais básicos como alguns dos princípios orientadores da Reforma do Estado, em um contexto marcado pelo crescimento da pobreza e maior demanda dirigida ao Estado por serviços de atendimento às necessidades coletivas da população trabalhadora (Id., ibid.).

Todavia, prosseguindo suas reflexões, Silva e Lima (2014) apontam uma inflexão na realidade da proteção social no Brasil que prevaleceu nos anos 1990 e até começo dos anos 2000, quando, a partir de 2003, ao se iniciar o primeiro mandato do presidente Luiz Inácio Lula da Silva, o Sistema de Proteção Social retomou uma trajetória de avanço na articulação entre políticas contributivas ou semicontributivas e políticas assistenciais não contributivas que se consolidam e se ampliam no campo da Política de Assistência Social, com destaque aos programas de transferência de renda, passando de versões locais (municipais e estaduais) para programas nacionais, cujo maior exemplo é o Bolsa Família, instituído em 2003, mediado por um processo de unificação de outros programas de transferência de renda em implementação desde 1995.

Uma análise do desenvolvimento histórico dos programas de transferência de renda no Brasil vem sendo desenvolvida em diversos estudos, situando esse processo em diferentes momentos da conjuntura brasileira (Silva, 2002a; 2002b; 2013; Silva et al., 2007; Silva, Yazbek e Di Giovanni, 2012).

Nessa sistematização, os estudos destacam o ano de 1991 como o início de um *primeiro momento* do mencionado processo, marcado pela inclusão na agenda pública brasileira do que atualmente denominamos Programas de Transferência de Renda, quando foi aprovado pelo senado federal o Projeto de Lei n. 80, de 16 de abril de 1991, de autoria do senador Eduardo Suplicy, do Partido dos Trabalhadores de São Paulo, propondo a criação do Programa de Garantia de Renda Mínima (PGRM), em âmbito nacional.

Esse momento ocorreu numa conjuntura econômica de crise recessiva, talvez a maior desde os anos 1930. A grande preocupação era o combate à inflação e o enfrentamento dos problemas decorrentes do endividamento externo. Buscava-se, para superação da crise, o crescimento econômico, com uma política de incremento da exportação. Apesar dos índices crescentes de pobreza, as políticas sociais eram colocadas em segundo plano, o que se agravava com a forte concentração de renda e com o declínio do poder de compra dos trabalhadores.

A conjuntura política desse período era marcada pela instituição do Movimento Ética na Política, criado em 1992, que introduziu na agenda pública brasileira a temática da fome e da pobreza, culminando com o *impeachment* do presidente Fernando Collor de Melo. Nesse contexto, destacou-se a Campanha Nacional da Ação da Cidadania contra a Fome, a Miséria e pela Vida, sob a liderança do sociólogo Herbert de Sousa, o Betinho, incorporada pelo governo do presidente Itamar Franco, em 1993, sob a denominação de Plano de Combate à Fome e à Miséria (Silva e Lima, 2014).

Na nova agenda política, o debate brasileiro sobre renda mínima começou a ganhar impulso, ainda em 1991, dando início a um *segundo momento*, quando Camargo (1991; 1993; 1995) passou a defender uma proposta de renda mínima que articulasse a renda familiar com a escolarização de filhos e dependentes em idade escolar. Propunha uma transferência monetária equivalente a um salário mínimo a toda família com filhos ou dependentes de 7 a 14 anos, desde que frequentassem regularmente a escola pública, independentemente da renda familiar. Assim, dada a dificuldade de comprovação de renda por parte do grande contingente de trabalhadores informais, o vínculo com a escola pública era a referência para focalização do programa nos estratos de menor renda, instituindo-se uma proposta de política social para, a curto prazo, amenizar a pobreza e, a longo prazo, evitar sua reprodução (Silva, 2002a; 2002b; 2013; Silva et al., 2007; Silva, Yazbek e Di Giovanni, 2012).

A inovação introduzida no debate por Camargo influenciou fortemente as experiências municipais que começaram a ser implantadas em 1995, dando início ao que é considerado o *terceiro momento* no desenvolvimento histórico dos programas de transferência de renda no Brasil. Foram, então, estabelecidas as primeiras experiências municipais de programas de renda mínima em Campinas, Ribeirão Preto e Santos, em São Paulo, e o primeiro programa Bolsa Escola, em Brasília. Todos esses programas consideravam a família como unidade de atendimento e incluíam como condicionalidade a obrigatoriedade de frequência escolar de crianças e adolescentes das famílias beneficiárias, além da introdução de outras condicionalidades na área da saúde (Silva, 2002a; 2002b; 2013; Silva et al., 2007; Silva, Yazbek e Di Giovanni, 2012).

A partir de 1995, assistiu-se a uma grande expansão de programas municipais e à criação de outros programas por iniciativa de alguns estados brasileiros. Os primeiros programas de transferência de renda no âmbito federal tiveram início em 1996, ano em que começaram a ser implementados o BPC e o Programa de Erradicação do Trabalho Infantil (PETI).[13]

Nessa conjuntura, com a implantação do Plano Real, em 1994, iniciava-se um processo de estabilização da moeda nacional, considerada a principal prioridade do governo de FHC, no seu primeiro mandato iniciado em 1995. Era uma conjuntura voltada para a inserção do Brasil no processo de mundialização do capital, cujo principal requisito era a estabilização da economia. Assim, o Brasil assumiu uma política econômica orientada pela ideologia neoliberal, imprimindo novos rumos para o trato da questão social, especificamente da pobreza. O Plano de Combate à Fome e à Miséria, de Itamar Franco, em articulação com a sociedade, foi substituído pelo Programa Comunidade Solidária, orientado por uma focalização conservadora para o combate à pobreza em municípios selecionados, considerados os mais miseráveis.[14]

A partir de 2001, penúltimo ano do segundo mandato do governo de Fernando Henrique Cardoso (1999-2002), iniciou-se o que os

---

13. Uma caracterização geral desses programas é apresentada em Silva, Yazbek e Giovanni (2012).

14. Uma análise sobre o Programa Comunidade Solidária encontra-se em Silva (2001a).

estudos referenciados indicam como o *quarto momento* no desenvolvimento histórico dos programas de transferência de renda no Brasil, marcado por significativa expansão dos programas de transferência de renda federais, todos implementados de modo descentralizado nos municípios. Entre as iniciativas, destacam-se a transformação do PGRM, *para toda criança na escola*, em Programa Nacional de Renda Mínima vinculado à Educação, conhecido como *Bolsa Escola*, e a criação do Programa Bolsa Alimentação,[15] além da expansão dos programas, também nacionais, implementados desde 1996 — PETI e BPC. Nesse *quarto momento* ocorreu ainda a introdução, no debate nacional, da possibilidade de instituição de uma Renda de Cidadania para todos os brasileiros, sem qualquer restrição. Esse debate é defendido pelo senador Suplicy no seu livro *Renda de cidadania: a saída é pela porta*, publicado em 2002, culminando com a apresentação ao Congresso Nacional, pelo referido senador, do Projeto de Lei n. 266, de 4 de dezembro de 2001, com a proposta de criação de uma Renda Básica de Cidadania para todos os brasileiros e para estrangeiros residentes no Brasil por cinco anos ou mais (Silva, 2002a; 2002b; 2013; Silva et al., 2007; Silva, Yazbek e Di Giovanni, 2012).

O processo de desenvolvimento de programas de transferência de renda no Brasil foi marcado, até 2003, por uma diversidade de programas, experiências municipais e estaduais e vários programas federais implementados de modo descentralizado nos municípios, integrando o que o então governo de Fernando Henrique Cardoso denominava *rede de proteção social*.[16] Essa diversidade de programas

---

15. Uma caracterização geral desses programas também é apresentada em Silva, Yazbek e Giovanni (2012).

16. Entre os programas federais de transferência de renda, destacam-se: BPC; PETI; Programa Agente Jovem de Desenvolvimento Humano Social, todos do Ministério de Assistência Social; Programa Nacional de Renda Mínima vinculado à Educação — Bolsa Escola, do Ministério de Educação e Cultura (MEC); Programa Bolsa Alimentação do Ministério da Saúde; Auxílio Gás, do Ministério de Minas e Energia (MME); e Cartão Alimentação do então Ministério Extraordinário de Segurança Alimentar (MESA), incorporado em 2004 pelo Ministério de Desenvolvimento Social e Combate à Fome (MDS). Uma caracterização geral desses programas encontra-se em Silva, Yazbek e Di Giovanni (2012).

de transferência de renda implementados nos três níveis de governo e vinculados a diferentes instituições ensejou um debate sobre a necessidade de unificação desses programas, culminando com a criação do Bolsa Família, em 2003, a partir da justificativa de um diagnóstico sobre os programas sociais em desenvolvimento no Brasil, elaborado durante a transição do governo de Fernando Henrique Cardoso para o governo de Luiz Inácio Lula da Silva, no terceiro trimestre de 2002.

Assim, com o início do primeiro mandato do presidente Luiz Inácio Lula da Silva, em 2003, os referidos estudos (Silva, 2002a; 2002b; 2013; Silva et al., 2007; Silva, Yazbek e Di Giovanni, 2012) demarcam o *quinto momento* do desenvolvimento histórico dos programas de transferência de renda no Brasil, registrando-se grandes mudanças quantitativas e qualitativas no debate e nas experiências desses programas e, especificamente, do BF.[17]

De 2003 a 2004, teve-se o período de implantação do BF, iniciando-se o processo de migração dos programas federais unificados para o novo programa, a partir do que ocorreu um período inicial de incremento da cobertura, chegando a alcançar todos os municípios brasileiros, atualmente 5.570, atendendo a 11 milhões de famílias, já em 2006.

Já no primeiro ano do governo da presidenta Dilma Rousseff, em 2011, os estudos citados apontam o surgimento do *sexto momento* no desenvolvimento histórico dos programas de transferência de renda no Brasil, cujo foco da prioridade social era erradicar a miséria ainda existente no país. Nesse momento conjuntural, já vinha se consolidando um processo de redução da pobreza e da desigualdade social no Brasil, esta última com menor intensidade, além da expansão de uma classe média em um contexto de redução do desemprego, incremento do emprego formal com carteira de trabalho assinada,

---

[17]. O conteúdo, as mudanças e as especificidades do BF são apresentados nos demais textos que compõem este estudo comparado dos PTRC na América Latina.

elevação da renda do trabalho e consequente ampliação do número de trabalhadores e de outros segmentos da população, como donas de casa, na previdência social.[18] Entretanto, o Censo realizado em 2010, pelo Instituto Brasileiro de Geografia e Estatística (IBGE), registrava ainda 16,2 milhões de brasileiros vivendo em extrema pobreza. Essa população passou, então, a ser o foco de prioridade da presidenta Dilma que, ainda em 2011, criou a estratégia Brasil Sem Miséria (BSM), que articula três eixos programáticos: transferência de renda; inclusão produtiva; e prestação de serviços sociais básicos. No âmbito do BSM, o Bolsa Família tornou-se o principal programa do eixo transferência de renda, utilizado como mecanismo para superação da miséria, sendo ampliado o público atendido, alcançando 14 milhões de famílias logo no início de 2014. Além disso, foi efetuada a atualização dos benefícios em até 45%, ampliado o número de filhos e dependentes para recebimento do benefício variável, de três para cinco, e criado o Benefício Variável para Superação da Extrema Pobreza (BSP), estendido em 2013 para todas as famílias com renda *per capita* familiar inferior a R$ 70,00,[19] tendo como meta a erradicação da miséria em todo o país. Os valores dos benefícios foram novamente atualizados em junho de 2014, de modo que o teto para classificar as famílias em extrema pobreza elevou-se para R$ 77,00, todavia, a atualização mais recente passou a vigorar em julho de 2016, passando a Linha de Extrema Pobreza para R$ 85,00. Por conseguinte, o Bolsa Família é, na atualidade, o maior programa de transferência de renda da América Latina, articulando benefício monetário e disponibilizando um conjunto de ações e programas sociais, denominados benefícios não monetários.[20]

---

18. Sobre a conjuntura econômica no Brasil no período 2001-2013, veja neste trabalho o capítulo 10 que trata dos possíveis impactos do BF no Brasil, de Silva e Lima, intitulado "Avaliação e impactos dos Programas de Transferência de Renda: alcances, percursos e dimensões ainda pouco exploradas".

19. As informações sobre a dinâmica de evolução do BF são referenciadas em Capello (2013 apud Paiva, Falcão e Bartholo, 2013).

20. Sobre benefícios monetários e não monetários, veja o capítulo 7: Silva et al. Benefícios monetários e benefícios não monetários: entre o compensatório e a efetivação de direitos.

2.2.3 Antecedentes da AUH (Argentina)

No fim de 2009, se estabelece na Argentina a expansão do programa de atribuições familiares contributivas, organizado historicamente sob o esquema do seguro social aos filhos dos trabalhadores informais e dos desempregados. Esta expansão dos benefícios se desenvolve sob um programa não contributivo, denominado AUH, que se soma às atribuições familiares contributivas (AFC), desenvolvidas a partir de meados do século, o que implica uma mudança nos princípios organizadores do esquema institucional do seguro, que vinha sendo fortemente interpelado nas últimas décadas pelas transformações do processo de acumulação, e juntamente com estas, pelas mudanças no mundo do trabalho.

A emergência da AUH incorpora a experiência regional de PTRC e implica uma extensão da cobertura das atribuições mediante um esquema assistencial não contributivo associando instituições e lógicas diferentes de política social. A assistência é organizada sobre o esquema clássico do seguro e se amalgama uma política que combina distintas fontes de financiamento e integra no mesmo esquema institucional benefícios para diferentes parcelas da classe trabalhadora. Como atribuição familiar não contributiva, expressa a transição de intervenções transitórias e pontuais dirigidas à pobreza, definidas no contexto de *emergência econômico-social* de inícios do século XXI, a um processo de institucionalização que se legitima com outros argumentos, associados à noção de direitos e a um caráter *permanente*, outorgando certas garantias mínimas regulares a toda a infância.[21] Dessa

---

21. A AUH se enquadra na Lei n. 26.061, de 21 de outubro de 2005, que tem como meta a Proteção Integral dos Direitos de Crianças e Adolescentes que se encontrem no território da República Argentina, "[...] para garantir o exercício e desfrute pleno, efetivo e permanente daqueles reconhecidos no ordenamento jurídico nacional e nos Tratados Internacionais dos quais a Nação faça parte" (Argentina, 2009b). O decreto da AUH considera o artigo 3º de dita norma, no qual se assinala o *interesse superior da criança*, entendendo-se por "[...] interesse superior daqueles a quem protege a máxima satisfação, integral e simultânea dos direitos e garantias reconhecidos, entre os quais se encontram o direito à obtenção a uma boa qualidade de vida, à educação e a obter os benefícios da Seguridade Social" (Id., ibid.). Cita também, nos

maneira, fica configurado na Argentina um sistema de apoio aos rendimentos das famílias com filhos, com três componentes, que atendem a três grupos populacionais distintos, segundo a situação de trabalho dos adultos a cargo das crianças e segundo os níveis de renda que geram.[22]

A configuração desse sistema expressa a sedimentação institucional dos três componentes, em relação aos processos de organização do trabalho e às formas de proteção social resultantes da correlação de forças existente em cada contexto histórico específico. Portanto, os antecedentes institucionais da AUH se observam tanto no sistema de atribuições familiares que se implementou na Argentina a partir de meados do século XX, como, posteriormente, nos antecedentes imediatos dos PTRC ensaiados no país desde fins do século XX, de caráter não contributivo, no marco das estratégias de *combate à pobreza* impulsionadas pelos organismos internacionais.

As contribuições familiares, como um instrumento de política social de caráter contributivo,[23] complementam as rendas das

---

considerandos, o artigo 26 desta Lei n. 26.061/2005, em que se "[...] dispõe que os organismos do Estado deverão estabelecer políticas e programas para a inclusão de crianças e adolescentes, que considerem a situação dos mesmos, assim como das pessoas que sejam responsáveis por sua manutenção" (Id., ibid.). No ano de sua criação (2009), 78,5% dos menores recebiam algum tipo de rendimento formal, seja por estarem alcançados pelo regime de contribuições a familiares, porque seus pais podiam deduzir um montante em conceito de cargas de famílias do pagamento do imposto aos ganhos ou porque recebiam algum tipo de assistência social. "Entretanto, os rendimentos destes últimos apresentavam fortes assimetrias em relação aos menores cujos pais pertenciam ao mercado de trabalho registrado. Neste sentido, a AUH foi desenhada com a intenção de atingir e equiparar o rendimento de 51,6% dos menores do país" (Argentina, 2009c, p. 5).

22. 1 — Os abonos familiares contributivos; 2 — o crédito fiscal que recebem os trabalhadores com maiores rendimentos que estão compreendidos sob o imposto aos ganhos; 3 — a Asignación Universal por Hijo para Protección Social (AUH), que implica um esquema não contributivo que outorga benefícios monetários aos filhos dos trabalhadores não registrados que ganhem menos que o salário mínimo, vital e variável, dos desempregados e do serviço doméstico.

23. Inicialmente, as contribuições familiares surgem na França e Bélgica, na década de 1920, quando grupos de empregadores outorgam benefícios a seus trabalhadores, que resultam proporcionais ao número de filhos de cada família. Logo, para neutralizar a carga do financiamento desproporcional para aqueles empregadores que concentravam trabalhadores com famílias mais numerosas, foram criadas as *Cajas de Compensación*, com o objetivo de distribuir

famílias dos trabalhadores formais com crianças com o objetivo de melhorar suas condições de vida, promovendo ao mesmo tempo a assistência à escola e fomentando a retenção escolar, através de abonos especiais destinados a cobrir a escolaridade. As transferências dos abonos familiares para trabalhadores formais compensaram, em parte, a partir de seu surgimento, as necessidades das famílias com crianças e adolescentes, enquanto aquelas famílias colocadas na informalidade ficavam desprotegidas ou dependentes de variadas e mínimas coberturas ou benefícios de programas transitórios de caráter assistencial.

O dispositivo medular histórico na Argentina das transferências a crianças e adolescentes menores de 18 anos foi um regime contributivo introduzido em 1957. Anteriormente existiam, desde 1934, subsídios por maternidade e alguns benefícios por filho para os trabalhadores de alguns setores (como o bancário). Entretanto, é em 1957 que se estabelece um sistema mais integral, com alguns acordos nas paritárias e a conformação da *Caja de Asignaciones Familiares para el Personal de la Industria* (CASFPI). Outros setores seguiram essa tendência, constituindo suas próprias *Cajas de Asignaciones Familiares*. Isso mostra a história fragmentada da construção do seguro social na Argentina. Em 1968, se unificam normativamente as distintas caixas, entretanto se mantiveram administradas de forma independente como *Cajas de Subsidios e Asignaciones Familiares* (Argentina, 1969; Rofman, Grushka e Chevez, 2001; Golbert e Roca, 2010).

Em plena consolidação do neoliberalismo em meados da década 1990, modifica-se a legislação de contribuições familiares (Lei n. 24.714, de 2 de outubro de 1996[24]), limitando o acesso a beneficiários com

---

a carga entre todas as empresas. Esta forma de organização, como seguro ou cooperativa de empregadores, se estendeu por toda Europa para depois ser implementada em quase toda a América Latina. As *Cajas de Compensación* funcionaram, originalmente, de forma fragmentada, porém logo foram unificadas e pouco a pouco integradas parcial ou totalmente ao sistema de seguridade social (Rofman, Grushka e Chevez, 2001; Murro et al., 2007).

24. A Lei n. 24.714/1996, do Régimen de Asignaciones Familiares, foi sancionada em 2 de outubro de 1996 e promulgada parcialmente em 16 de outubro de 1996, sendo de caráter nacional obrigatório (Argentina, 1996).

remunerações inferiores a 1.500 pesos argentinos.[25] Nesse momento (na atualidade é tema de disputa e reivindicação das centrais de trabalhadores), em que assumiu o caráter focalizador do resto do sistema de políticas sociais, centrou os benefícios nos trabalhadores assalariados registrados de rendimentos baixos e médios, abonando, dessa maneira, de forma teórica e prática, a fragmentação da classe trabalhadora, a partir da introdução de novos sistemas classificatórios. Em sintonia com esse sentido, também se reduziu a taxa de contribuição sobre o salário que pagavam os empregadores para seu financiamento, de 7,5% em 1994 a valores aproximados a 5%, em um contexto geral de erosão do esquema do seguro social.

O subsistema não contributivo se incorpora à dita lei a partir do Decreto Presidencial n. 1.602, de 29 de outubro de 2009, que estabelece o pagamento da AUH a aquelas crianças e adolescentes "[...] que pertençam a grupos familiares que se encontrem desocupados ou participem na economia informal". Posteriormente, se estabelece e incorpora a *Asignación por Embarazo para Protección Social*, mediante o Decreto n. 446, de 18 de abril de 2011, benefício que cobre "[...] a contingência do estado de gravidez daquelas mulheres que se encontram em similares condições que as pessoas que têm acesso à Asignación Universal por Hijo para Protección Social" (Argentina, 2011).

> Segundo dados do INDEC, na Argentina, entre 1980 e 1990, a porcentagem da população pobre se multiplica, subindo de 8,3% para 38,1%, elevando a porcentagem a 53% em 2002. Ao mesmo tempo, os dados indicam que não só aumenta aceleradamente a quantidade de pobres, mas também a intensidade, ou seja, se registra no interior da pobreza um incremento da população que não chega a satisfazer a cesta básica, localizando-se na denominada "indigência" (Fernández Soto e Tripiana, 2014b, p. 275-6, grifo dos autores).

Ao mesmo tempo, em 2002, o desemprego aberto atinge 21,5% da população economicamente ativa (Encuesta Permanente de

---

25. Convertíveis em 1.500 dólares.

Hogares [EPH] do Instituto Nacional de Estadísticas y Censos [INDEC]) (Fernández Soto e Tripiana, 2014b). Os trabalhadores assalariados não registrados no sistema provisional sobre o total de assalariados ascendem após a megadesvalorização da moeda argentina em 2002, chegando a 49,2% (Fernández Soto e Tripiana, 2014b).

A partir da crise vivida em 2001-2002, com essas expressões de deterioração socioeconômica e uma profunda crise de representatividade institucional, se expande globalmente a assistência social e são implementados programas de transferência de renda condicionada dirigidos centralmente aos desempregados, pobres e trabalhadores informais.

Reconhecemos na primeira década do século XXI três momentos significativos nesse processo (Fernández Soto, 2013). No primeiro deles, com início no ano de 2002, como resposta à crise social existente, a intervenção social de caráter assistencial se massifica: implementa-se o *Plan Jefes y Jefas de Hogar Desocupados* (PJyJHD) alcançando 2 milhões de famílias receptoras.

O PJyJHD é um programa transitório de emprego dirigido aos desempregados, inscritos no Ministério do Trabalho, com uma lógica do *workfare*, típico programa que transfere benefícios exigindo, em troca, contraprestações, com um montante fixo que se desvalorizou profundamente ao longo dos anos, perdendo sua capacidade de impactar no bem-estar das famílias receptoras (Fernández Soto, 2009).

O PJyJHD foi criado mediante o Decreto n. 565, de 4 de abril de 2002. Consistiu na aprovação de um benefício econômico de $ 150 (equivalente a uns 50 dólares) a chefas e chefes de domicílios desempregados, com filhos menores de 18 anos a cargo ou incapacitados de qualquer idade (no início de 2002, o salário mínimo vital e variável permanecia fixo em 200 pesos, o qual se mantinha desde 1991) (Argentina, 2002). Como os chefes do domicílio, beneficiários, deviam assegurar o cuidado com a saúde (prevenção e vacinação) e a educação de seus filhos, o programa incorporava contraprestações de trabalho que pretendiam conservar a *empregabilidade* dos receptores.

O objetivo buscado era cobrir uma *mínima renda mensal* a *todas as famílias argentinas*, sustentando o *direito familiar de inclusão social* estabelecido pelo Pacto Internacional de Derechos Económicos, Sociales y Culturales (PIDESC). A gestão do programa e a aceitação definitiva do aumento de beneficiários ficaram centralizadas exclusivamente no âmbito nacional (MTEySS); o método de implementação para a inscrição e o controle das condições que deviam reunir os postulantes e a proposta de contraprestação de beneficiários permaneceram a cargo de cada município ou de uma instituição delegada, com intervenção dos conselhos consultivos locais. Os beneficiários deviam realizar uma contraprestação de trabalho estabelecida em aproximadamente 20 horas semanais em instituições estatais e organizações da sociedade civil (OSC) e, posteriormente, houve um estímulo à incorporação, como assalariados, em empresas privadas, conservando durante certo tempo a percepção desse benefício que se complementava por parte do empregador com uma soma equiparável ao salário mínimo do convênio coletivo da atividade para esse posto.

Essa contraprestação poderia ser equivalente ao término da educação (conclusão dos estudos primários e secundários) e participar de atividades de formação profissional. O plano foi regulamentado por decreto e a cada ano deveria ser renovado, quando se tratava do orçamento, ficando atado à declaração de *emergência nacional*. O montante do subsídio se encontrava abaixo do preço da cesta básica de alimentos e não levava em conta a quantidade de pessoas que se encontravam a cargo dos chefes e chefas do domicílio. Ademais, os beneficiários e seus familiares não ficavam cobertos pelo sistema de seguridade social. Além de não ser universal, padeceu de um caráter transitório emergencial: em maio de 2003, quando o número de beneficiários se aproximou dos 2.000.000, o MTEySS impediu o ingresso de novos beneficiários mediante uma decisão administrativa.[26]

---

26. O PJyJHD proporcionou assistência a quase 2 milhões de domicílios (20% do total de lares na Argentina) em um contexto de expansão e agudização da pobreza (mais da metade da população era considerada pobre) e do desemprego que, em 2001, chegou a 18,3% da População Economicamente Ativa (PEA).

Um segundo momento desse processo é visualizado em conformidade com as orientações e recomendações internacionais, quando sancionado no ano de 2004 o Decreto Presidencial n. 1.506, de 28 de outubro de 2004, que regula a reformulação dos programas de transferência de renda e propõe uma reclassificação e recolocação dos beneficiários do PJyJHD a partir da consideração das condições de *empregabilidade* que os reúnam. Essa reclassificação busca dois objetivos centrais:

> [...] por um lado, deve promover-se uma verdadeira cultura do trabalho entre aqueles beneficiários com condições de empregabilidade, promovendo sua inserção ou reinserção laboral [...] por outro lado, trata-se de diminuir a vulnerabilidade das famílias que se encontram em uma situação estruturalmente em maior desvantagem, de tal modo que só a melhora do benefício não melhora suas perspectivas de desenvolvimento humano (Argentina, 2004).
>
> Nesses casos, o programa deve centrar-se em promover a melhora de qualidade de vida das crianças, sobretudo no referido a sua educação e sua saúde, incluindo a melhora educativa de suas mães para coadjuvar a sua empregabilidade (Id., ibid.).

Os beneficiários com possibilidades de emprego continuarão recebendo seus benefícios na órbita do MTEySS, "[...] que entenderá em todo o atinente à inserção e reinserção laboral dos destinatários, através de programas específicos e/ou ações de emprego transitório, formação profissional e promoção do emprego privado" (Id., ibid.).

Os beneficiários do PJyJHD que não fossem qualificados como *empregáveis*, quer dizer, com capacidade de inserção no trabalho, "[...] poderão ser incorporados aos programas destinados à atenção de grupos vulneráveis, à melhoria de rendimentos e de desenvolvimento humano criados ou a serem criados no Ministerio de Desarrollo Social"[27] (Id., ibid.).

---

27. Foi posto em funcionamento um processo de transferência para migrar os beneficiários do PJyJHD (1) ao Plan Familias, a cargo do MIDES; e (2) ao Seguro de Capacitación y Empleo, a cargo do Ministério do Trabalho.

O terceiro momento corresponde à extensão do sistema *não contributivo* de proteção social, através da institucionalização da AUH. A criação, no final de 2009, da AUH, por meio do Decreto Presidencial (Argentina, 2009b), significa incorporar essa ferramenta não contributiva ao Sistema de Asignaciones Familiares.[28] Implica ampliar o regime de contribuições familiares definido historicamente sob um esquema contributivo, só vigente precedentemente para os trabalhadores empregados em relação de dependência.[29]

Em tal sentido, a instauração da AUH por parte do Poder Executivo determinou a ampliação para todos os menores de 18 anos cujos pais ou tutores se encontrem desempregados, sejam monotributistas sociais ou se desempenhem na economia informal ou no serviço doméstico, sempre que percebam remunerações inferiores ao Salário Mínimo Vital e Móvel (SMVM). Com relação aos programas de transferência de renda condicionada anteriores, a AUH exibe una institucionalização mais estável inscrita no esquema da seguridade social (não possui cotas, nem limites temporais de inscrição, nem datas de caducidade).

O cumprimento dos requisitos sociolaborais da população receptora garante o acesso ao benefício, dando certa estabilidade, ao

---

28. Posteriormente sua implementação é regulamentada mediante a Resolução n. 393, de 18 de novembro de 2009 da Administración Nacional de la Seguridad Social (ANSES), organismo responsável pelo pagamento do benefício (Argentina, 2009a).

29. O regime de contribuições familiares (Lei n. 24.714/1996) alcança os trabalhadores que prestam serviços remunerados em relação de dependência na atividade privada, qualquer que seja sua modalidade de contratação laboral (excetuando os trabalhadores do serviço doméstico); os beneficiários da Lei sobre Riscos de Trabalho e do Seguro-desemprego; os trabalhadores do setor público nacional e beneficiários do Sistema Integrado Previsional Argentino (SIPA) e do regime de pensões não contributivas por invalidez. Os alcances e limitações vigentes dessa lei constituem parte dos considerandos do decreto presidencial ao definir que: "[...] no regime estabelecido pela citada lei se encontram previstas, entre outras, a contribuição por filho, que consiste no pagamento de uma soma mensal por cada filho menor de 18 anos que esteja a cargo do beneficiário, assim como o benefício por filho incapacitado. Que no mencionado Régimen de Asignaciones Familiares não se incluem os grupos familiares que se encontrem desempregados ou que trabalhem na economia informal" (Argentina, 2009b). Ficam excluídos desse sistema os trabalhadores desempregados que não recebem seguro-desemprego, aqueles que trabalham na economia informal e os empregados inscritos no regime de serviço doméstico, contingentes que se aspiram incluir à nova normativa.

constituir-se em uma medida de caráter permanente enquanto permaneçam características sociolaborais. A contribuição outorgada através da AUH consiste em um benefício monetário não contributivo de caráter mensal que se abona a um dos pais ou tutor por cada menor de 18 anos que se encontre a seu cargo, ou por cada filho sem limite de idade no caso de se tratar de um filho incapacitado. O benefício dado pela AUH foi fixado em um montante equivalente ao que corresponde à maior contribuição por filho do regime de contribuições familiares contributivo nacional. Esse benefício é abonado por cada menor credenciado pelo grupo familiar até um máximo acumulável equivalente a cinco menores.

2.3 Reconstruindo aspectos centrais da emergência, desenvolvimento e institucionalização dos PTRC em análise

Em um contexto de profundas transformações desencadeadas pela implementação de um conjunto de reformas estruturais, inspiradas no Consenso de Washington e impostas pelos Organismos Financeiros Internacionais, os países da América Latina vivenciaram entre o final da década de 1990 e início da década de 2000 uma forte deterioração dos seus principais indicadores socioeconômicos, em uma realidade já historicamente marcada pela heterogeneidade estrutural, pela segmentação do mercado de trabalho, pela pobreza e pela desigualdade.

Com efeito, assistiu-se nas diferentes experiências nacionais, sobretudo ao longo dos anos 1990, à refundição reacionária do capitalismo global, com consequências estruturais significativas para a configuração de cada formação econômica e social. Esse processo reacionário implicou um movimento regressivo no padrão de intervenção estatal, resultando na perda de conquistas que lograram traduzir-se, ao longo do século XX, em direitos políticos e sociais (Fernández Soto, 2013).

É no processo global de redimensionamento dos Sistemas de Proteção Social dos diferentes países da região e, em particular, dos países analisados nos marcos do *ajuste estrutural* de inspiração neoliberal, que se inscreve a emergência e a ampliação dos PTRC, alcançando os contingentes de trabalhadores desocupados, empobrecidos, precários e informais que não conseguem reproduzir suas condições materiais de existência. Portanto, a emergência, expansão e consolidação de tais programas, em termos amplos, estão associadas a dois processos combinados. De um lado, o direcionamento da intervenção social do Estado para a pobreza e a concomitante expansão da assistência, em atendimento ao princípio da focalização. De outro, a busca de respostas por parte dos governos eleitos, predominantemente de tendências progressistas, mas também dos próprios Organismos Internacionais, ao crescente conflito e questionamento social em relação às políticas de ajuste neoliberal e às consequências sociais por elas geradas, no sentido de reconstruir a estratégia de legitimidade (Silva et al., 2015).

Nos casos analisados no Brasil, Argentina e Uruguai, se observou um processo de institucionalização dos PTRC que envolveu em cada país dinâmicas particulares, que partem do desenvolvimento de programas pontuais e de emergência em contextos de crise aguda para programas que pretendem constituir-se em permanentes, vinculados às estratégias globais de combate à pobreza estrutural para além de situações de emergência econômica e social. Ao mesmo tempo, seus processos de institucionalização implicaram, nos três casos considerados, a extensão e a massificação da assistência, transbordando os estreitos limites da hiperfocalização da década de 1990. Também esse processo de extensão da assistência a partir dos PTRC implicou a ampliação dos programas sociais não contributivos, estabelecendo-se arranjos institucionais específicos em cada experiência nacional, em função de suas trajetórias históricas particulares.

Assim, para além dos aspectos comuns anteriormente destacados, que perpassaram as três experiências de institucionalização dos PTRC aqui analisadas, cumpre finalmente destacar algumas especificidades identificadas neste estudo comparado.

De fato, enquanto no Brasil a institucionalização do Programa BF resultou da unificação de programas pontuais e dispersos, desenvolvidos a partir da década de 1990, nos marcos do ajuste estrutural, durante o governo de Fernando Henrique Cardoso, o AFAM-PE do Uruguai e a AUH da Argentina se institucionalizaram como frutos da extensão da cobertura de clássicos instrumentos já inscritos nos Sistemas de Proteção Social desses países, gestados desde a primeira metade do século XX e redimensionados no início do século XXI.

No caso do Uruguai, tal redimensionamento implicou o protagonismo assumido pelas AFAM-PE como estratégia política de atenção mínima aos setores mais pobres da população em complementação ao clássico Sistema de Proteção Social que, através da inserção laboral, alcançou a universalização da proteção da população do país. Consolidou-se, dessa forma, a lógica da proteção mínima não contributiva, condicionada e individualizada, mediada pela demonstração das carências.

Contudo, o novo sistema de Asignaciones Familiares não eliminou o anterior nem discrimina os trabalhadores formais dos informais ou desempregados, sendo os fatores de vulnerabilidade do domicílio que determinam o direito de acesso ao benefício. Portanto, no lugar de estender os benefícios e as prestações diferenciadas aos que não contavam com capacidade contributiva, criando sistemas assistenciais paralelos, se expandiu a cobertura da proteção social de base contributiva mediante a incorporação dos grupos tradicionalmente excluídos.

Na Argentina, da mesma forma, mediante o programa não contributivo denominado AUH, instituído em 2009, se estabeleceu a extensão aos filhos de trabalhadores informais ou desempregados, do programa de Asignaciones Familiares contributivas, organizado historicamente sob o esquema do seguro social.

A emergência e a institucionalização da AUH, portanto, incorporam a experiência regional dos PTRC e implicam uma extensão da cobertura das contribuições familiares, definidas historicamente sob um esquema contributivo, vigente precedentemente somente para os trabalhadores empregados em relação de dependência, aos trabalhadores informais ou desempregados, mediante um esquema assistencial não contributivo, fundindo, assim, instituições e lógicas diferentes de política social.

Referências

AMARANTE, V.; ARIM, R.; VIGORITO, A. (Coords.). *Metodología para la selección de participantes en el Plan de Emergencia Social*. [S. l.: s. n.], 2005. Convênio MIDES/UDELAR-FCEA.

_____; VIGORITO, A. Pobreza, desigualdad y programas de transferencias condicionadas. La experiencia reciente de Uruguay. In: SERNA, M. (Coord.). *Pobreza y (des)igualdad en Uruguay*: una relación en debate. Montevideo: CLACSO, 2010.

_____ et al. (Coords.). *Perfil socioeconómico de la población incluida en el PANES. Informe final*. Montevideo, 2007. Convênio MIDES/UDELAR-FCEA.

ANTUNES, R. El trabajo entre la perennidad y la superfluidad. Algunos equívocos sobre la deconstrucción del trabajo. In: FERNÁNDEZ SOTO, S.; TRIPIANA, J. (Comp.). *Políticas sociales, trabajo y trabajadores en el capitalismo actual*. Buenos Aires: Espacio, 2009.

ARGENTINA. Ministerio de Economia y Fianzas Públicas. *Ley n. 18.017*, del 2 de enero de 1969. Cajas de subsidios y de asignaciones familiares. Buenos Aires, 1969.

_____. *Ley n. 24.714*, del 2 de octubre de 1996. Régimen de asignaciones familiares. Buenos Aires, 1996.

_____. *Decreto Presidencial n. 565*, del 4 de abril de 2002. Plan Jefes y Jefas de hogares desocupados. Buenos Aires, 2002.

_____. *Decreto Presidencial n. 1.506*, del 28 de octubre de 2004. Emergencia Ocupacional Nacional. Buenos Aires, 2004.

_____. *Ley 26.061*, del 21 de octubre de 2005. Ley de Protección Integral de los Derechos de las Niñas, Niños y Adolescentes de la República Argentina. Buenos Aires, 2005.

ARGENTINA. Ministerio de Economia y Finanzas Públicas. Administración Nacional de la Seguridad Social. *Resolución n. 393*, del 18 de noviembre de 2009. Asignación Universal por Hijo para Protección Social. Regulamentación. Buenos Aires, 2009a.

_____. Ministerio de Economia y Finanzas Públicas. *Decreto Presidencial n. 1.602*, del 29 de octubre de 2009. Incorpórase el Subsistema no Contributivo de Asignación Universal por Hijo para Protección Social. Buenos Aires, 2009b.

_____. Ministerio de Economía y Finanzas Públicas. La Asignación Universal por Hijo en Argentina. *Nota Técnica*, Buenos Aires, n. 23, 2009. Nota Técnica perteneciente el *Informe Económico* n. 70 del cuarto trimestre de 2009c.

_____. *Decreto Presidencial n. 446*, del 18 de abril de 2011. Modifícase la Ley n. 24.714 en relación con la Asignación por Embarazo para Protección Social. Buenos Aires, 2011.

ARIM, R.; CRUCES, G.; VIGORITO, A. Programas sociales y transferencias de ingresos en Uruguay: los beneficios no contributivos y las alternativas para su extensión. Santiago: CEPAL, 2009. (Series de Políticas Sociales, n. 146.)

ASTORI, Danilo. La política económica de la dictadura. _____. *El Uruguay de la dictadura 1973-1985*. Montevideo: Ediciones de la Banda Oriental, 1989.

BANCO DE PREVISIÓN SOCIAL. *Indicadores de la Seguridad Social*. Montevideo, jun. 2012. Área de Estadísticas. Disponível em: <http://www.bps.gub.uy/BrowserNetCM.aspx?menuBN=&res=Institucional/estadisticas&desc=no&var=>. Acesso em: 1º jan. 2016.

BANCO MUNDIAL. *Las políticas de transferencia de ingresos en Uruguay*: cerrando las brechas de cobertura para aumentar el bienestar. Buenos Aires, Argentina, 2007. Oficina Regional para América Latina y el Caribe.

BARÁIBAR, X.; DE MARTINO, M.; VECINDAY, L. Antecedentes y contextualización. In: BENTURA, Pablo et al. *Nuevo régimen de asignaciones familiares*: caracterización de sus dimensiones configurativas. Montevideo, 2014. (Mimeo.)

BORON, A. La coyuntura geopolítica de América Latina y el Caribe en 2010. *Cuba Debate*, La Habana, 2010.

BRASIL. República Federativa do Brasil. *Constituição Federal de 1988*. Brasília, 1988.

CAMARGO, J. M. Pobreza e garantia de renda mínima. *Folha de S.Paulo,* São Paulo, 26 dez. 1991.

_____. Os miseráveis. *Folha de S.Paulo,* São Paulo, 3 mar. 1993.

_____. Os miseráveis 2. *Folha de S.Paulo,* São Paulo, 18 maio 1995.

CANCELA, W.; MELGAR, A. *El desarrollo frustrado*: 30 años de economía uruguaya 1955-1985. Montevideo: Ediciones de la Banda Oriental, 1986.

COMISIÓN ECONÓMICA PARA AMÉRICA LATINA Y EL CARIBE. *Panorama Social de América Latina 2012.* Naciones Unidas, 2012. Disponível em: <www.eclac.cl>. Acesso em: 27 jan. 2016.

_____. *Panorama Social de América Latina 2013.* Naciones Unidas, 2013. Disponível em: <www.eclac.cl>. Acesso em: 27 jan. 2016.

_____. *Panorama Social de América Latina 2014.* Naciones Unidas, 2014. Disponível em: <www.eclac.cl>. Acesso em: 27 jan. 2016.

FAROPPA, L. *Políticas para una economía desequilibrada*: Uruguay 1958-1981. Montevideo: Ediciones de la Banda Oriental, 1982.

FERNÁNDEZ SOTO, S. Políticas de transferencia de ingresos en Argentina: emergencia, desarrollo y transiciones del Plan Jefes y Jefas de Hogares Desocupados. *Revista Políticas Públicas,* São Luís, v. 13, n. 2, p. 203-18, jul./ dez. 2009.

_____. La política social y la recomposición material del consenso: la centralidad de los programas de Transferencia de Renta Condicionada: el caso argentino. *Serviço Social & Sociedade,* São Paulo, n. 113, p. 53-85, 2013.

_____ et al. *Caracterización y problematización de las dimensiones constitutivas de la AUH.* Buenos Aires, 2014. (Mimeo.)

_____; TRIPIANA, J. Aspectos contextuales y antecedentes de la emergencia de la AUH: crisis capitalista, recomposición de la intervención estatal y predominancia de los PTRC. In: FERNÁNDEZ SOTO, S. et al. *Caracterización y problematización de las dimensiones constitutivas de la AUH.* Buenos Aires, 2014a. (Mimeo.)

_____; _____. El desarrollo del capitalismo y la nueva configuración de la protección social: la Asignación Universal por Hijo en Argentina. *Textos e Contextos,* Porto Alegre, v. 13, n. 2, p. 274-90, jul./dez. 2014b.

FILGUEIRA, F. El nuevo modelo de prestaciones sociales en América Latina: residualismo y ciudadanía estratificada. In: ROBERTS, B. (Ed.). *Ciudadanía y política social*. San José: FLACSO/SSRC, 1998. p. 71-116.

GOLBERT, L.; ROCA E. La seguridad social: desde la sociedad de beneficiencia hasta los derechos sociales. *Revista de Trabajo*, n. 8, 2010. Doscientos años de trabajo. Edición Bicentenario.

GONZÁLEZ CASANOVA, P. Democracia, liberación y socialismo: tres alternativas en una. *OSAL*: Observatorio Social de América Latina, Buenos Aires, n. 8, p. 175-80, 2002.

MIDAGLIA, C.; SILVEIRA, M. Políticas sociales para enfrentar los desafíos de la cohesión social: los nuevos programas de transferencia condicionada de renta en Uruguay. In: BARBA SOLANO, C.; COHEN, N. (Coords.). *Perspectivas críticas sobre la cohesión social*: desigualdad y tentativas fallidas de integración social en América Latina. Buenos Aires: CLACSO, 2011.

MIRZA, C. Experiencias y desafíos de la implementación de una nueva malla de protección social, el caso del Plan de Equidad. In: SERNA, M. (Coord.). *Pobreza y (des)igualdad en Uruguay*: una relación en debate. Montevideo: CLACSO, 2010.

MURRO, E. et al. Prestaciones familiares: políticas, prácticas y lucha contra la pobreza en Europa y América Latina. In: FORO MUNDIAL DE LA SEGURIDAD SOCIAL, *Informe de conferencia*..., Ginebra: Asociación Internacional de la Seguridad Social, 2007.

OLESKER, Daniel. *Crecimiento y exclusión*: nacimiento, consolidación y crisis del modelo de acumulación capitalista en Uruguay (1968-2000). Montevideo: Ediciones Trilce, 2001.

PAIVA, L. H.; FALCÃO, T.; BARTHOLO, L. Do Bolsa Família ao Brasil Sem Miséria: um resumo do percurso brasileiro recente na superação da pobreza extrema. In: CAMPELO, T.; NERI, M. C. (Orgs.). *Programa Bolsa Família*: uma década de inclusão e cidadania. Brasília: IPEA, 2013. p. 25-46.

ROFMAN, R.; GRUSHKA, C.; CHEVEZ, V. El sistema de asignaciones familiares como herramienta central en la política social argentina. In: CONGRESO INTERNACIONAL CLAD SOBRE LA REFORMA DEL ESTADO Y LA ADMINISTRACIÓN PÚBLICA, 6., *Anais*..., Buenos Aires, 2001.

SANTOS, W. G. dos. *Cidadania e justiça*: a política social na ordem brasileira. 2. ed. Rio de Janeiro: Campus, 1987.

SEOANE, J.; TADDEI, E.; ALGRANATI, C. Las disputas sociopolíticas por los bienes comunes de la naturaleza. In: BORÓN, Atilio. *América Latina en la geopolítica del Imperialismo*. Buenos Aires: Ediciones Luxemburg, 2013.

_____; _____; _____. *Recolonización, bienes comunes de la naturaleza y alternativas desde los pueblos*. Rio de Janeiro: IBASE, 2010.

SILVA, M. C. M. da et al. Programa Bolsa Família e segurança alimentar das famílias beneficiárias: resultados para o Brasil e regiões. In: VAITSMAN, J.; PAES-SOUSA, R. (Orgs.). *Avaliação de políticas e Programas do MDS*: resultados. Brasília: MDS/SAGI, 2007. v. 2: Bolsa Família e assistência social, p. 69-96.

SILVA, M. O. da S. e (Coord.). *O comunidade solidária*: o não enfrentamento da pobreza no Brasil. São Paulo: Cortez, 2001.

_____. A política pública de renda mínima no Brasil: perfil e tendências. *Cultura Vozes*, Petrópolis, ano 96, n. 2, p. 14-29, 2002a.

_____. O debate sobre a pobreza: questões teórico-conceituais. *Revista de Políticas Públicas*, São Luís, v. 6, n. 2, p. 65-102, jul./dez. 2002b.

_____. *Caracterização e problematização dos Programas de Transferência de Renda Condicionada (PTRC) na América Latina e Caribe*. São Luís, 2013. (Mimeo.) Texto preliminar produto do Projeto Programas de Transferência de Renda Condicionada na América Latina: Estudo Comparado — Bolsa Família (Brasil), Nuevo Régimen de Asignaciones Familiares — AFAM-PE (Uruguay) y Asignación Universal por Hijo para Protección Social (Argentina).

_____ et al. Programas de Transferência de Renda na América Latina: contextualização, a pobreza em foco e os significados e controvérsias do potencial das condicionalidades para formação de capital humano e capital social. In: JORNADA INTERNACIONAL DE POLÍTICAS PÚBLICAS, 7., São Luís, 2015. *Anais...* São Luís: UFMA/PPGPP, 2015. Disponível em: <http://www.joinpp.ufma.br/jornadas/joinpp2015/pdfs/mesas/programas-de-transferencia-de--renda-na-america-latina_contextualizacao.pdf>. Acesso em: 27 jan. 2016.

_____; LIMA, V. F. S. de A. Antecedentes e contextualização: trajetória de desenvolvimento do Bolsa Família. In: SILVA, M. O. da S. e et al. *Caracterizando e problematizando o Bolsa Família*. São Luís, 2014. (Mimeo.)

SILVA, M. O. da S. e; YAZBEK, M. C.; DI GIOVANNI, G. *A política social brasileira no século XXI*: a prevalência dos programas de transferência de renda. 6. ed. São Paulo: Cortez, 2012.

URUGUAY. *Ley n. 10.449*, de 12 de noviembre de 1943. Se instituye el régimen, con existencia de cajas de compensación, y se articulan normas conexas. Montevideo, 1943. Disponível em: <www.parlamento.gub.uy/leyes/ley10449.htm>. Acesso em: 15 abr. 2011.

_____. *Decreto Ley n. 15.084*, de 28 de noviembre de 1980. Se establecen las prestaciones que servira a los beneficiarios. Montevideo, 1980. Disponível em: <http://www.parlamento.gub.uy/leyes/ley15084.htm>. Acesso em: 15 abr. 2011.

_____. *Ley n. 17.139*, de 16 de julio de 1999. Extensión de la prestación prevista en el articulo 2º del Decreto-ley n. 15.084. Montevideo, 1999. Disponível em: <http://www.parlamento.gub.uy/leyes/AccesoTextoLey.asp?Ley=17139&Anchor>. Acesso em: 27 jan. 2016.

_____. *Ley n. 17.775*, de 20 de mayo de 2004. Prevención de la contaminación por plomo. Disponível em: <http://www.parlamento.gub.uy/leyes/AccesoTextoLey.asp?Ley=17775&Anchor=>. Acesso em: 27 jan. 2016.

_____. *Ley n. 17.869*, de 20 de mayo de 2005. Plan de Atención de la Emergencia Social y Programa de Ingreso Ciudadano. Montevideo, 2005. Disponível em: <http://www.parlamento.gub.uy/leyes/AccesoTextoLey.asp?Ley=17869&Anchor=>. Acesso em: 27 jan. 2016.

_____. Ministerio de Desarrollo Social. *Plan de Atención Nacional de Emergencia Social (PANES 2005-2007)*. Montevideo, [20--¿]. Disponível em: <http://www.mides.gub.uy/>. Acesso em: 1 jan. 2014.

_____. *Ley n. 18.227*, de 22 de diciembre de 2007. Asignaciones familiares. Montevideo, 2007. Disponível em: <http://www.parlamento.gub.uy/leyes/AccesoTextoLey.asp?Ley=18227&Anchor=>. Acesso em: 27 jan. 2016.

_____. Presidencia de la República. Consejo Nacional de Coordinación de Políticas Sociales. *Plan de Equidad*. Uruguay, 2008.

3

Pobreza como categoria teórica e análise das matrizes que fundamentam o desenho e implementação dos PTRC

Maria Ozanira da Silva e Silva
Maria Carmelita Yazbek
Berenice Rojas Couto

Pobreza é uma das dimensões indicadas no estudo comparado entre os PTRC: BF do Brasil, AFAM-PE do Uruguai e AUH, da Argentina. A proposta é, a partir da categoria teórica selecionada como referência de análise, identificar e problematizar as concepções de pobreza que fundamentam os três programas.

As perguntas centrais que orientam a construção aqui desenvolvida são: qual a concepção de pobreza que fundamenta os PTRC na América Latina? Como essa concepção se expressa nos três PTRC selecionados para o presente estudo comparado?

Nessa incursão analítica de natureza comparativa, percorremos o seguinte caminho: iniciamos apresentando a categoria teórica que orienta os pesquisadores para desenvolvimento de análises e problematizações desenvolvidas ao longo do texto, considerando a pobreza numa perspectiva teórica crítico-dialética; seguimos procurando qualificar a categoria teórica que fundamenta os PTRC na América Latina, cujo destaque teórico-conceitual se filia às formulações sobre pobreza desenvolvidas por Amartya Sen;[1] procuramos, em seguida, identificar a expressão da categoria pobreza nos três PTRC objeto do estudo comparado, considerando o desenho, ou a formulação e a implementação de cada um dos programas. A análise proposta é finalizada estabelecendo uma perspectiva comparada entre os conteúdos abordados em cada programa, ressaltando os indícios de vinculação desses conteúdos com as formulações de Sen, com destaque às limitações analíticas e práticas das formulações identificadas e analisadas.

3.1 A categoria teórica pobreza como referência para análise e problematização da dimensão pobreza no estudo dos PTRC Bolsa Família (BF) do Brasil, Nuevo Régimen de Asignaciones Familiares (AFAM-PE) do Uruguai e Asignación Universal por Hijo para Protección Social (AUH) da Argentina

As análises das equipes de pesquisadores do Brasil, da Argentina e do Uruguai sobre a categoria teórica pobreza, apresentadas nos três textos (Silva et al., 2014; De Martino et al., 2014; Fernández Soto, 2014), fundamentam-se no pensamento crítico. Essa é a opção adotada para referenciar o estudo sobre os PTRC: BF, AFAM-PE e AUH,

---

1. As evidências sobre essa assertiva foram identificadas no desenvolvimento de um estudo exploratório sobre os PTRC na América Latina e Caribe, cujos resultados encontram-se em Silva et al. (2014), assim como em estudos específicos desenvolvidos sobre os três programas, cujos produtos são três textos com caracterização do BF, do AFAM-PE e do AUH, construídos como principal referência para desenvolvimento do estudo comparado que propomos desenvolver (Fernández Soto, 2014; De Martino et al., 2014).

conforme pode ser percebido em análises e problematizações desenvolvidas sobre todas as dimensões consideradas no presente estudo.

Nesse aspecto, um dos primeiros apontamentos da equipe brasileira (Silva et al., 2014) em relação à categoria pobreza indica uma perspectiva totalizante, compreendendo-a como manifestação da questão social.[2] Dessa forma, como expressão das relações vigentes na sociedade, marcada por um padrão de desenvolvimento capitalista, extremamente desigual, em que convivem acumulação e miséria.

Os *pobres* são resultados dessas relações, produzem e reproduzem a desigualdade no plano social, político, econômico e cultural. Assim, as autoras identificam a pobreza como expressão das relações sociais, que "[...] certamente não se reduz às privações materiais [...]" (Yazbek, 2009, p. 74). Apontam para a análise da pobreza como uma categoria multidimensional, que se expressa nas diversas dimensões, como política, econômica e cultural. Portanto, a pobreza não pode ser caracterizada apenas pelo não acesso a bens, mas se traduz, conforme Martins (1991), pela carência de direitos, de oportunidades, de informações, de possibilidades e de esperanças.

No Brasil, conforme o estudo apresentado, "[...] a pobreza decorre, em grande parte, de um quadro de extrema desigualdade, marcado por profunda concentração de renda. Essa situação coloca o Brasil entre os países de maior concentração de renda do mundo" (Silva, 2010, p. 156). Esse fato se agrava no contexto do neoliberalismo, assumido tardiamente, no Brasil, nos anos 1990 e nas conjunturas mais recentes de crise econômica internacional, com expressão maior no Brasil a partir de 2015. Vive-se uma nova expressão da ordem capitalista

---

2. A questão social resulta da divisão da sociedade em classes e da disputa pela riqueza socialmente gerada, cuja apropriação é extremamente desigual no capitalismo. Supõe a consciência da desigualdade e a resistência à opressão por parte dos que vivem de seu trabalho. Nos anos recentes, com as novas configurações da acumulação/legitimação do capital mundializado, a questão social assume novas configurações e expressões e "[...] as necessidades sociais das maiorias, as lutas dos trabalhadores organizados pelo reconhecimento de seus direitos e suas refrações nas políticas públicas, arenas privilegiadas do exercício da profissão sofrem a influência do neoliberalismo, em favor da economia política do capital" (Iamamoto, 2007, p. 107).

caracterizada por uma nova configuração, marcada por mudanças que alcançam a esfera da produção e o mundo do trabalho, associadas à nova hegemonia liberal-financeira, cuja maior consequência é o aprofundamento da desigualdade e da concentração de renda. Os impactos destrutivos das transformações em andamento no capitalismo contemporâneo vão deixando suas marcas sobre a população empobrecida: o aviltamento do trabalho, o desemprego, os empregados de modo precário e intermitente, os que se tornaram não empregáveis e supérfluos, a debilidade da saúde, o desconforto da moradia precária e insalubre, a alimentação insuficiente, a fome, a fadiga, a ignorância, a resignação, a revolta, a tensão e o medo são sinais que muitas vezes anunciam os limites da condição de vida dos subalternizados na sociedade. Sinais que expressam também o quanto a sociedade pode tolerar a pobreza e banalizá-la e, sobretudo, a profunda incompatibilidade entre os ajustes estruturais da economia à nova ordem capitalista internacional e os investimentos sociais do Estado brasileiro. Incompatibilidade legitimada pelo discurso, pela política e pela sociabilidade, engendrados no pensamento neoliberal que, reconhecendo o dever moral de prestar socorro aos pobres e *inadaptados* à vida social, não reconhece seus direitos sociais (Yazbek, 2009).

Silva et al. (2014), com base em Telles (1993, p. 13), lembram que "[...] a pobreza não é simplesmente fruto de circunstâncias que afetam determinados indivíduos (ou famílias), desprovidos de recursos que os qualifiquem para o mercado de trabalho [...]", uma vez que

> [...] o pauperismo está inscrito nas regras que organizam a vida social. É isso que permite dizer que a pobreza não é apenas uma condição de carência, passível de ser medida por indicadores sociais. É antes de mais nada uma condição de privação de direitos, que define formas de existência e modos de sociabilidade.

Além disso, lembram que, conforme Abranches, Santos e Coimbra (1998), ser pobre significa, em termos muito simples, consumir todas as energias disponíveis exclusivamente na luta para sobreviver, podendo cuidar tão somente da mínima persistência física e material para seguir adiante. Para eles, existem inúmeras relações empíricas que indicam tal situação.

> A necessidade tolhe a liberdade [...] Sua existência, nessa condição, debilita toda a nação. Porque nas comunidades em que a parcela de seus membros permanece sem direitos e sem liberdade, o direito e a liberdade de todos estão sob permanente ameaça (Abranches, Santos e Coimbra, 1998, p. 16).

A pobreza tem sido parte constitutiva da história do Brasil, assim como os sempre insuficientes recursos e serviços voltados para seu enfrentamento. Nessa história, é sempre necessário não esquecer o peso da "[...] tradição oligárquica e autoritária, na qual os direitos nunca foram reconhecidos como parâmetros no ordenamento econômico e político da sociedade" (Telles, 1993, p. 2-4). Estamos nos referindo a uma sociedade desde sempre desigual e "[...] dividida entre enclaves de 'modernidade' e uma maioria sem lugar [...]", uma sociedade de extremas desigualdades e assimetrias (Yazbek, 2009, p. 294).

O estudo dos pesquisadores brasileiros ressalta, ainda, o peso da ordem capitalista para entender a pobreza. Para Silva (2010, p. 157),

> [...] O entendimento é de que o sistema de produção capitalista, centrado na expropriação e na exploração para garantir a mais-valia, e a repartição injusta e desigual da renda nacional entre as classes sociais são responsáveis pela instituição de um processo excludente, gerador e reprodutor da pobreza, entendida enquanto fenômeno estrutural, complexo, de natureza multidimensional, relativo, não podendo ser considerado como mera insuficiência de renda; é também desigualdade na distribuição da riqueza socialmente produzida; é não acesso a serviços básicos; à informação; ao trabalho e a uma renda digna; é não participação social e política.

Ademais, o texto de Silva et al. (2014) reforça que a etapa do capitalismo contemporâneo, explicitada pela superexploração dos trabalhadores, pela negação dos direitos sociais, pela mutilação dos interesses coletivos, supõe a necessidade de desvendar a categoria pobreza como central para entender a realidade e para construirmos críticas consistentes aos programas que são desenvolvidos para responder às demandas sociais da classe trabalhadora empobrecida e subalternizada.

Nas análises do grupo de pesquisadores do Uruguai (De Martino et al., 2014) é destacado um possível consenso no debate sobre o caráter multidimensional da categoria pobreza, representado pela concepção de Espina (2008, p. 38), para quem a pobreza

> [...] constituye una situación de carencias espirituales y materiales, de privaciones y desventajas económico-sociales (ausencia o insuficiencia de ingresos y obstáculos para acceder al consumo de bienes materiales y espirituales) que impide la satisfacción adecuada de necesidades humanas esenciales y el despliegue de una vida normal.

Assim, para Espina (2008), a concepção de pobreza articula processos econômicos, sociais, culturais, políticos, demográficos e ambientais. Para além de uma concepção multidimensional, De Martino et al. (2014) situam a pobreza nas contradições da sociedade capitalista, expressão do processo de expropiação e exploração da classe trabalhadora, reafirmando a dimensão estrutural da pobreza. Portanto, a pobreza é situada na esfera produtiva, sendo que a propriedade privada dos meios de produção assegura o processo de acumulação do capital, mediante a exploração do trabalho, produzindo a lógica reprodutora da pobreza e da desigualdade.

Seguindo esse debate, Fernández Soto (2014), compartilhando das formulações dos pesquisadores do Brasil e do Uruguai, já referenciadas, entende a pobreza como produto da acumulação capitalista, como *condição determinante* do processo de acumulação. Assim, para a autora, a pobreza é, ao mesmo tempo, condição e efeito, expressando o caráter antagônico do sistema de produção capitalista. Por consequência, o aumento da pobreza conduz, tendencialmente, à concentração da riqueza em um grupo de ricos cada vez mais restrito. Para

Fernández Soto (2014), portanto, a pobreza é condição para a existência da sociedade capitalista e seu entendimento é encontrado no caráter antagônico da produção capitalista.

> Por eso, lo que en un polo *es* acumulación de riqueza es, en el polo contrario, es decir, en la clase que crea su propio producto como capital, acumulación de miseria, de tormentos de trabajo, de esclavitud, de despotismo y de ignorancia y degradación moral. [...] Esto expresa el *carácter antagónico de la acumulación capitalista como ley natural absoluta de la riqueza social* (Fernández Soto, 2003, p. 13, grifos da autora).

A partir da concepção indicada, Fernández Soto (2003) ressalta que a pobreza afeta as condições materiais de existência dos trabalhadores em atividade e dos trabalhadores que se encontram parados ou desocupados.

> *Cuanto mayores* son *la riqueza social,* el capital en funciones, el volumen y la intensidad de su crecimiento y mayores *también, por tanto, la magnitud absoluta del proletariado y la capacidad productiva de su trabajo,* tanto mayor es el ejército industrial de reserva. La *fuerza de trabajo disponible* se desarrolla por *las mismas* causas que la *fuerza expansiva del capital.* La magnitud relativa del ejército industrial de reserva crece, por consiguiente, a medida que crecen las potencias de la riqueza. Y cuanto mayor es este ejército de reserva en proporción al ejército obrero en activo, más se extiende la masa de la superpoblación *consolidada,* cuya miseria se halla en razón inversa a los tormentos de su trabajo. Y finalmente, cuanto más crecen la miseria dentro de la clase obrera y el ejército industrial de reserva, más crece también el pauperismo oficial. **Tal es la ley general, absoluta, de la acumulación capitalista** (Marx, 1986 apud Fernández Soto, 2003, p. 14, grifos da autora).

Por conseguinte, o conceito de pobreza, na perspectiva teórica marxiana adotada por Fernández Soto (2014), é um conceito relacional, por considerar o antagonismo do sistema de acumulação capitalista, concebendo a pobreza como processo imanente ao desenvolvimento do capital, que afeta os trabalhadores, individualmente, mas também como classe social, os quais só podem obter meios de vida pela venda de sua força de trabalho (Fernández Soto, 2003).

Em síntese, as análises desenvolvidas pelos pesquisadores do Brasil, do Uruguai e da Argentina destacam o caráter histórico da pobreza, situando essa categoria teórica, no contexto da sociedade capitalista, como uma categoria socialmente construída e como expressão da *questão social*. Nesse sentido, é um fenômeno que não pode ser tomado como natural por decorrer da forma de inserção na vida social, na qualidade de condição de classe. Portanto, é uma categoria política, complexa, histórica que expressa a desigualdade social constitutiva da ordem societária capitalista. Expressa ainda outras condições reiteradoras da desigualdade, como as condições de gênero, etnia, geração e procedência. É, enfim, manifestação de relações de expropriação e exploração para garantia da mais-valia, gerando um processo excludente e reprodutor da condição social de classe sob múltiplos aspectos. É um fenômeno complexo, multidimensional, mas sobretudo de natureza estrutural, portanto é mais que insuficiência de renda que cria a subalternidade e reitera a desigualdade.

3.2 Qualificação da categoria teórica de fundamentação dos PTRC na América Latina a partir das formulações de Amartya Sen

Uma análise das caracterizações dos três PTRC selecionados para estudo comparado: BF (Brasil), AFAM-PE (Uruguai) e AUH (Argentina) evidencia como principal referência a construção de Amartya Sen sobre pobreza, baseada nas capacidades, oportunidades e liberdade dos indivíduos, como fundamentação teórica que orienta a concepção de pobreza das propostas e da implementação dos PTRC na América Latina, o que pode ser dimensionado em Silva et al. (2014), Fernández Soto (2014) e De Martino et al. (2014) que desenvolvem estudos de caracterização dos três PTRC selecionados para o presente estudo comparado.

Há, portanto, a hegemonia do conceito de pobreza centrado no indivíduo, suas capacidades e sua relação com as estruturas de oportunidades disponibilizadas, quer pelo Estado, quer pela sociedade. Trata-se de uma interpretação complexa sobre a pobreza por destacar sua multifuncionalidade, originando-se do *Enfoque do Desenvolvimento Humano* vinculado ao Programa das Nações Unidas para o Desenvolvimento (PNUD) que toma como referência o enfoque de capacidades desenvolvido por Sen (1985).

O informe do AFAM-PE (De Martino et al., 2014) faz uma análise destacando a pobreza, liberdade e capacidades humanas com vista a desenvolver uma crítica sobre a concepção multidimensional de pobreza formulada por Sen (1985) com aporte de Mahbub Ul Haq (1966), que destaca a visão *renovada* do social, reafirmando a ideia que considera que a *inversão nas capacidades* do indivíduo é condição para aumentar a *produtividade*. Em decorrência, tem-se a elevação de níveis de bem-estar nos indivíduos e suas famílias (Motta, 2007; Álvarez Leguizamón, 2008). O entendimento é de que a única forma de eliminar a pobreza de modo sustentável e elevar a produtividade é desenvolvendo o incremento de recursos aos pobres de maneira a maximizar as oportunidades geradoras de capacidades, o que redundará na satisfação das necessidades básicas e na estimulação de capacidades. Nessa perspectiva, consideram os autores que a pobreza e sua superação tornam-se possíveis mediante a ampliação de opções para os indivíduos nas diversas esferas do social, sendo a insuficiência de renda, entre outros fatores, considerada um fator gerador da pobreza, mas não o único (Sen, 1984, 1999a; Programa das Nações Unidas para o desenvolvimento, 1990). Ou seja, para Sen (1999a, 1999b), a pobreza não se limita à insuficiência de renda, mas deve ser considerada na perspectiva da liberdade-bem-estar-capacidades. O entendimento é de que as desigualdades sociais são inerentes às sociedades humanas: nascemos em condições e com capacidades desiguais, ou seja, as desigualdades de origens são naturalizadas, sendo a pobreza vista como déficits de liberdade e de oportunidades, consideradas possibilidades para gerar capacidades e bem-estar. Por conseguinte, as oportunidades e a liberdade geram condições para que os indivíduos possam decidir como superar sua situação de pobreza, como diz Sen (1999b, p. 35):

> La creencia de que la libertad es importante no puede estar en conflicto con la idea de que debe crearse un orden social para fomentar la igualdad de libertades que poseen los individuos. [...] La libertad se encuentra en los posibles campos de aplicación de la igualdad y la igualdad se halla entre los posibles esquemas distributivos de la libertad.

Segundo os autores do informe do Uruguai (De Martino et al., 2014), nessa construção pode ser identificado um processo de antropologização da pobreza que expressa a forma de os pobres viverem sua pobreza e acrescentam, de acordo com Sen, que a categoría *capabilities* permite refletir sobre a ideia de liberdade para fazer, ou seja, a capacidade para funcionar expressa o que a pessoa pode fazer. Por conseguinte, o conceito de capacidades se articula com a noção de liberdade, liberdade para fazer e viver da forma como as pessoas desejam (Cohen, 1995).

Essas reflexões podem ser complementadas com contribuições do texto sobre a caracterização do BF (Silva et al., 2014), que considera que a referência teórica que orienta a concepção de pobreza nos PTRC na América Latina é fundamentada nas formulações de Sen. Destaque atribuído à concepção de pobreza formulada pelo autor numa perspectiva multidimensional. Ou seja, a pobreza é concebida como um fenômeno social complexo, decorrente de privações de necessidades materiais, de bem-estar e de negações de oportunidades de acesso a padrões aceitáveis socialmente (Sen, 1978, 1988, 1992, 2000). Considerando a pobreza numa perspectiva de privação de necessidades materiais, de bem-estar e de negação de oportunidades, os PTRC em desenvolvimento na América Latina e Caribe têm como proposta, além da transferência monetária direta, criar as oportunidades requeridas para enfrentamento da pobreza intergeracional mediante a oferta de serviços de educação, proteção básica à saúde e oferta de uma variedade ampla de ações complementares, os denominados benefícios não monetários (Silva et al., 2014). Nessa construção, a transferência monetária visa à superação de privações imediatas para garantia da sobrevivência, enquanto as oportunidades, com fundamento nas concepções de Sen, requeridas para superação da pobreza intergeracional, demandam a formação de capital humano. Daí, o desenho dos PTRC destaca as condicionalidades e a oferta de ações complementares no campo da educação, saúde, nutrição, capacitação profissional e no acesso a um conjunto de programas sociais que habilitem as famílias a alcançar a preconizada inclusão e emancipação, sem, todavia, considerar nem atuar sobre as determinações estruturais geradoras e mantenedoras da pobreza e de sua reprodução (Silva et al., 2014).

O exposto sugere que a concepção de pobreza centrada nos indivíduos, conforme formulações de Sen, ao basear-se na superação de privações e na criação de oportunidades, é complementada pela teoria do capital humano. Nesse aspecto, a educação é considerada *fator humano* de produção, pressupondo que o trabalho humano, quando qualificado por meio da educação, transforma-se num importante fator de produção, constituindo-se meio para a ampliação da produtividade econômica. A educação, no âmbito da teoria do capital humano, assume uma concepção tecnicista e mistificadora, percebida como pressuposto do desenvolvimento econômico e do desenvolvimento do indivíduo, sendo capaz de valorizar o indivíduo e o capital. Com isso, os problemas de inserção social pelo emprego e o desempenho profissional são deslocados das estruturas para o indivíduo, transformando a educação num *valor econômico* (Minto, 2006). Portanto, a educação é vista como potencializadora da capacidade de trabalho e de produção, sendo o investimento em capital humano rentável para o desenvolvimento econômico e para a mobilidade dos indivíduos. A ideia-chave que fundamenta o capital humano é de que "[...] a um acréscimo marginal de instrução, treinamento e educação, corresponde um acréscimo marginal de capacidade de produção" (Frigotto, 2010, p. 43).

3.3 Expressão da concepção de pobreza nas propostas e na implementação dos PTRC objetos do estudo comparado

A análise desenvolvida a seguir procura identificar e destacar elementos das propostas e da implementação nos três PTRC em foco que demonstrem a concepção de pobreza adotada, revelando a convergência direcionada para as formulações de Sen.

3.3.1 A concepção de pobreza que fundamenta o PTRC AFAM-PE

No informe elaborado sobre o AFAM-PE do Uruguai (De Martino et al., 2014), é considerado que em uma análise desenvolvida no texto do Plan de Equidad, no qual se situa o Programa, encontra-se a indicação de que o Plano é referenciado pelo enfoque de Sen, ao afirmar textualmente:

> Resulta importante subrayar que en los cambios que vienen realizándose se asumió un enfoque multidimensional de la pobreza y la vulnerabilidad incorporando no solo la insuficiencia de ingresos, sino también las dimensiones sicosociales, culturales e institucionales (Uruguay, 2008, p. 59).

Conforme os autores, o enfoque multidimensional que orienta as transferências de renda se inscreve numa abordagem teórica que se volta para identificar diversos aspectos da vida individual e familiar para caracterizar e medir a pobreza ou vulnerabilidade. São incorporadas variáveis vinculadas à esfera privada referidas a decisões sobre a saúde, a educação, distribuição de recursos etc., além de outras de natureza pública, como vínculos com serviços de assistência, formas de acesso a serviços, condições, tempo. A partir dessas variáveis, o componente asistencial que compreende as AFAM-PE define seu público-alvo:

[...] los grupos o sectores sociales cuyas condiciones de vida se encuentran por debajo de la Línea de Pobreza, equivalente al momento de la presentación de este documento hay aproximadamente el 25% de la población total del país según las últimas estimaciones del INE para el año 2006. A su vez se considerarán hogares en situación de vulnerabilidad socioeconómica; es decir, que presentan incapacidad o serias dificultades para hacer frente a los riesgos sociales y a los requerimientos de la integración social (Uruguay, 2008, p. 18).

A análise desenvolvida pelos pesquisadores do Uruguai (De Martino et al., 2014) ressalta ainda a contradição entre a pobreza entendida multidimensionalmente e a aplicação das conhecidas *linhas de pobreza* para definir o público-alvo do programa. Consideram essa como uma abordagem economicista, chegando a ser expressa no caso Uruguaio por um algarítmico,[3] de modo que a linguagem matemática é utilizada para definir quando a família se encontra ou supera o montante de renda que estabelece a linha de indigência ou pobreza, para que possa credenciá-la ou não ser atendida, sem que sejam considerados outros aspectos geradores da situação de pobreza, sobretudo as determinações de natureza estrutural. Esse economicismo, entendem os autores, também fundamenta as avaliações de impacto dos programas assistenciais, medido pelo incremento da renda considerada indicador de mobilidade social. Nesse aspecto, esta concepção hegemônica de política social qualifica a pobreza e a desigualdade como produtos decorrentes da boa ou má capacidade dos indivíduos em utilizar os recursos disponibilizados para permitir sua integração ao mercado (Cattani, 2008), daí a rede de assistência focalizar "[...] en particular a aquellos sectores socioeconómicos que tienen restringidas sus oportunidades de incorporarse al mercado de empleo por diversas razones" (Uruguay, 2008, p. 10). Portanto, o pobre é entendido como um indivíduo incapaz que não consegue integrar-se no

---

3. Trata-se da construção do Índice de Carências Críticas (ICC) utilizado pelos programas assistenciais do Uruguai para seleção de seus públicos-alvo. O ICC é considerado com mais detalhes no Capítulo 5: Bentura, et al. Exigência de condicionalidades: significados, alcances e controvérsias no debate.

mercado de trabalho, tendo dificuldade de garantir sua sobrevivência. Do mesmo modo parece que o pobre também não sabe de que necessita ou o que fazer com seus recursos.

A concepção de pobreza adotada pelas AFAM-PE considera que a intervenção do Estado através de transferência de renda representa estratégia para capacitar os indivíduos em condição de pobreza, constituindo o que é denominado inversão em *capital humano* para que possam alcançar seu desenvolvimento individual no mercado (Vecinday, 2010). Fica claro que, nesses termos, a explicação da pobreza remete à *falta de capacidade* para ingressar e competir no mercado.

> En las nuevas versiones de programas de transferencias condicionadas implementadas en América Latina a partir de la década de 1990 se busca lograr ciertos comportamientos por parte de los hogares, como asistencia al sistema educativo de los niños y niñas y cuidados de la salud de los niños, niñas y de las embarazadas. El objetivo del sistema sería entonces proporcionar una transferencia de ingresos a los hogares con niños, niñas y/o adolescentes a cargo a cambio de contrapartidas sencillas en salud y educación (Uruguay, 2008, p. 33).

Portanto, as AFAM-PE partem do pressuposto que a inversão em capital humano contribui para que indivíduos e famílias mudem comportamentos e para que eles possuam um capital social que possam desenvolver mediante condutas racionais, como estratégias de superação de sua condição de pobreza, de modo que:

> [...] los programas de transferencias monetarias son elementos esenciales para la conformación de un piso social que permita mejorar los ingresos de los hogares pobres y con población joven a cargo; a la vez que contribuye a invertir en capital humano en la medida que incentiva a consumir bienes sociales públicos esenciales para el desarrollo de las capacidades ciudadanas como educación y salud (Uruguay, 2009, p. 106).

Pelo exposto, o enfoque de pobreza que orienta as AFAM-PE explica esse fenômeno a partir da esfera individual e familiar, dando ênfase a capacidades, traços e decisões pessoais considerados *inadequados* ou *insuficientes*. Mantém, por conseguinte, um enfoque economicista que se expressa em persistente focalização na população pobre e vulnerável e na centralidade do mercado como agente de integração por excelência. Assim, os fundamentos das AFAM-PE reiteram as ambiguidades teóricas de Amartya Sen, que destaca que a disponibilização de recursos produzirá as capacidades imanentes, ou seja, os PTRC transferem um montante de dinheiro e disponibilizam serviços de educação e saúde que, se bem administrados, produzirão determinados resultados. Desse modo, a pobreza é descontextualizada de suas determinações estruturais, constituindo-se em expressão de atributos negativos imputados aos que vivem em condições objetivas desfavoráveis.

3.3.2 Concepção de pobreza que fundamenta o PTRC AUH

Numa análise do texto de caracterização do PTRC AUH da Argentina, (Fernández Soto, 2014), é inicialmente destacado que o Decreto n. 1.602, de 29 de outubro de 2009, incorpora ao sistema de Asignaciones Familiares a AUH como parte do sistema não contributivo. O objetivo é proceder a uma incorporação ampla de contingentes da população a um dos benefícios do regime de atribuições familiares definido numa perspectiva contributiva (Ley n. 24.714, 16 de outubro de 1996), até então destinado somente aos trabalhadores empregados em relação de dependência na atividade privada, exceto os trabalhadores domésticos. Nesse aspecto, a AUH consiste numa ampliação da esfera das atribuições familiares contributivas, destinada aos trabalhadores formais, para os filhos dos trabalhadores desocupados e informais, cujo objetivo é a redução da pobreza, especialmente da pobreza extrema, mediante uma política pública massiva, favorecendo os setores de menor renda.

Portanto, nos fundamentos que orientaram a criação e os objetivos da AUH já ficam postos os elementos que configuram a concepção norteadora de pobreza. A pobreza é vista, em primeiro lugar, como insuficiência de renda. Ademais, é considerada em relação às situações de desemprego e informalidade do trabalho do chefe de família que percebe renda inferior ao SMVM, insuficiente para garantir suas condições materiais de existência. Fica posto também pelo próprio decreto instituinte que a AUH é um paliativo, na qualidade de medida reparadora dessas situações de pobreza:

> Que, forzoso es decirlo, esta medida por sí no puede garantizar la salida de la pobreza de sus beneficiarios y no puede ubicarse allí toda la expectativa social, aunque resultará, confiamos, un paliativo importante. Queremos evitar entonces el riesgo de depositar la ilusión de que con una sola medida se puede terminar con la pobreza. [...] Que, como se ha destacado, una medida de tal naturaleza tiene sin embargo una indudable relevancia en cuanto significa más dinero en los bolsillos de los sectores más postergados. No implica necesariamente el fin de la pobreza, pero inocultablemente ofrece una *respuesta reparadora a una población que ha sido castigada por políticas económicas de corte neoliberal* (Argentina, 2009, grifos do original).

A AUH, por conseguinte, é "[...] la institucionalización de una ayuda que asegura a esta población un monto de dinero que no depende de las fluctuaciones macroeconómicas o laborales" (Bertranou, 2010, p. 53). Como mecanismo de intervenção do Estado, visa, por conseguinte, assegurar mínimos de subsistência aos trabalhadores que se encontram inseridos no mercado de trabalho de modo instável, mediante transferência monetária regular, para permitir a reprodução desses setores num contexto marcado pela instabilidade, informalidade e precarização estrutural (Fernández Soto, 2014). Para a autora, as condições de informalidade do trabalho são mantidas e o trabalho considerado decente é a forma de integração e coesão da família, alcançado tão somente mediante o crescimento económico e a criação de postos de trabalho:

> [...] La mejor política social de promoción y articulación del tejido social es el trabajo que, sumado a la educación, la salud, la modernización

o creación de infraestructura, servicios básicos y viviendas, permitirá **mejorar las condiciones de vida** y avanzar sobre el **núcleo más duro de la pobreza**, consolidando progresivamente un desarrollo humano integral, sostenible e incluyente. (Argentina, 2009, p. 48, grifo do original).

Por conseguinte, a massividade, a transferência monetária aos desempregados e trabalhadores informais com rendimento inferior a um SMVM, acrescido das condicionalidades, configuram o modelo de inclusão social proposto na Argentina após 2001 para combater a pobreza. Trata-se de um modelo de inclusão que qualifica a pobreza tendo por critérios a *empregabilidade* e a *vulnerabilidade*. Com base em recomendações do Banco Mundial, segue a proposta dos demais PTRC da América Latina que coloca em ação exigências de condicionalidades a serem cumpridas principalmente por crianças, adolescentes e mulheres, consideradas incentivos para formação do *capital humano* indispensável para superação da pobreza intergeracional: "[...] las condicionalidades en salud y educación extienden los impactos a largo plazo y contribuyen a romper el ciclo intergeneracional de la pobreza" (Fernández Soto, 2013, p. 381).

Fernández Soto (2014), no texto de caracterização da AUH, analisa a concepção de pobreza que fundamenta o programa da Argentina, destacando a importância atribuída à noção de *capital humano* por parte dos organismos internacionais, com rebatimentos claros nas orientações dos PTRC na América Latina, cuja centralidade do conceito é imputar aos pobres comportamentos que devem ser modificados para mitigar a pobreza.

Para a autora, a Política Social é geradora de incentivos que devem conduzir a mudanças de comportamento dos pobres, sendo estes considerados por sua insuficiência de renda e por serem portadores de comportamentos que não os habilitam para seu desenvolvimento. Nesse aspecto, os PTRC são considerados mecanismos geradores de habilidade ou capacidades que possam gerar disposição e experiências que contribuam para o empoderamento dos pobres em assumir responsabilidades. Para isso, os organismos internacionais constroem e divulgam o que denominam *Estado Motivador, Estado Incentivador, Estado Promotor*, desconsiderando a necessidade de transformações estruturais e institucionais para a superação da pobreza, sendo aos pobres atribuído o protagonismo do processo de superação da pobreza que vivenciam. Nesse proceso, cabe ao Estado assegurar mínimos que atendam a suas necessidades, sem que as determinações geradoras da pobreza e da desigualdade sejam questionadas e alteradas (Fernández Soto, 2003).

3.3.3 Concepção de pobreza que fundamenta o PTRC BF

A partir do texto sobre pobreza no BF, elaborado pelo grupo de pesquisadoras do Brasil (Silva et al., 2014), podemos identificar, nas análises desenvolvidas, evidências de que a concepção de pobreza que fundamenta o Programa pode ser qualificada como de natureza multidimensional. Tais evidências podem ser identificadas tanto na formulação como na implementação do Programa.

Na formulação, os próprios objetivos do BF destacam o combate à fome, à pobreza e à desigualdade, com promoção da inclusão social, entendida como emancipação das famílias beneficiárias com a saída da situação de vulnerabilidade. Acrescenta-se a esse objetivo geral a configuração do Programa em três eixos: transferência monetária destinada ao alívio imediato da situação de pobreza das famílias beneficiárias; condicionalidades apresentadas como reforço ao acesso a direitos sociais básicos na saúde, educação e assistência social; e oferta de ações e programas complementares, ou como denominamos: benefícios não monetários.[4] Esses benefícios são ofertados visando à superação de vulnerabilidades das famílias, sendo destacados programas de qualificação profissional, inserção no mercado de trabalho e de crédito para estímulo ao empreendedorismo (Silva et al., 2014).

---

4. Veja o capítulo 7: Silva et al. Benefícios monetários e benefícios não monetários: entre o compensatório e a efetivação de direitos.

Na implementação do BF, verificamos também algumas evidências da concepção multidimensional de pobreza adotada pelo Programa. Tem-se, por exemplo, o Cadastro Único (CadÚnico) do governo federal, instrumento de registro cadastral exigido para que a família possa ser incluída nos programas sociais do governo, entre os quais o BF, cujo conteúdo das informações sobre as famílias e seus componentes destaca escolaridade, trabalho e remuneração, características dos domicílios, informações sobre populações específicas, como quilombolas, população de rua, pessoas com deficiências. Todavia, convém registrar que, apesar de as informações qualificarem várias situações das famílias e de seus membros, a elegibilidade para inserção no Programa é restrita tão somente à renda *per capita* familiar fixada em R$ 85,00 para as famílias extremamente pobres e em R$ 170,00 para as famílias pobres, ou seja, o caráter multidimensional que parece imprimir a concepção de pobreza que fundamenta o BF é restringido, na seleção das famílias a uma perspectiva economicista-monetarista. Ademais, a concepção de pobreza adotada termina por expressar um componente ideológico que conduz à fragmentação, categorização do público-alvo.

> Nesse aspecto, a noção de pobreza, aparente mobilizador dos PTRC, institui uma pseudo-homogeneização, ao mesmo tempo que predomina uma fragmentação do público-alvo, categorizado como pobres, extremamente pobres, vulneráveis, excluídos (Silva, 2013, p. 23).

A análise do BF desenvolvida pelas pesquisadoras (Silva et al., 2014) considera que, como ocorre com os demais PTRC na América Latina, a referência teórica de fundo é centrada nas formulações de Sen que, além de destacar a perspectiva multidimensional como um fenômeno social complexo, compreende a pobreza numa perspectiva de privação de necessidades materiais, de bem-estar e de negação de oportunidades. Nesse aspecto, o BF propõe-se a criar oportunidades para as famílias pobres e extremamente pobres mediante a oferta de serviços de educação, proteção básica à saúde e disponibilização de um conjunto diversificado de ações complementares, os benefícios não monetários, eixo integrante do desenho do Programa e de larga implementação. Assim, a proposta é de que a superação de privações imediatas ocorra mediante a transferência monetária, e a criação de oportunidades seja propiciada pela oferta de serviços de educação, saúde e outras ações complementares. Com essa configuração programática, o BF se filia às formulações de Sen, expressando o entendimento de que os indivíduos se habilitam a romper o ciclo vicioso da pobreza intergeracional. Nesse processo, as condicionalidades, articuladas à oferta de ações no campo da educação, saúde, nutrição e capacitação profissional, assumem centralidade, ao possibilitar o desenvolvimento do capital social das novas gerações, isso sem considerar nem atuar sobre as determinações estruturais geradoras e mantenedoras da pobreza e de sua reprodução.

Fica então posta a articulação das formulações de Sen sobre pobreza, baseadas na superação de privações e criação de oportunidades, com a teoria do capital humano, que reduz a educação a uma instrumentalidade técnica e mistificada, ao assumir como hipótese a ideia de que o trabalho humano, quando qualificado por meio da educação, é o pressuposto do desenvolvimento econômico e do desenvolvimento do indivíduo, ao valorizar o capital e a si próprio (Minto, 2006). Aqui surge outro elemento já abordado na análise dos PTRC da Argentina e Uruguai: deslocamento da origem e da responsabilidade da erradicação da pobreza das estruturas econômicas, sociais e políticas para os indivíduos. Portanto, a centralidade da concepção de educação no contexto da Teoria do Capital Humano é o destaque à sua capacidade potencializadora do trabalho e da produção, sendo o investimento em capital humano rentável para o desenvolvimento das nações e para a mobilidade dos indivíduos. Para Sen, a educação aliada à saúde são potencializadoras de oportunidades necessárias à criação de capacidades de inserção dos indivíduos no mercado de trabalho, como condição para superação da pobreza intergeracional. Fica aí posta a centralidade da formulação de condicionalidades no campo da educação e da saúde.

O exposto evidencia, por conseguinte, que a compreensão multidimensional da pobreza presente nas formulações e na implementação do BF, expressa pelas constantes referências a multiplicidades de deficiências, carências, ausências, termina considerando a deficiência de renda como determinante principal. Assim, a pobreza é qualificada principalmente numa perspectiva economicista e individualista do pobre, com consequente desconsideração às determinações estruturais geradoras e mantenedoras da pobreza numa sociedade que se organiza para produzir e distribuir a riqueza gerada socialmente marcada pela exploração dos trabalhadores.

> Se a dimensão estrutural da pobreza não é considerada, o indivíduo passa a ser o responsável pelo seu estado de pobreza, havendo fértil espaço para a ideologia da responsabilização e da estigmatização. Mais que isso, o que passa a importar não é superar ou erradicar a exploração e, consequentemente, a pobreza, mas mitigar situações extremas, com melhorias imediatas nas condições de vida do pobre que é transformado num consumidor marginal, com consequente redução do seu potencial de sujeito perigoso à estabilidade da ordem social (Silva, Yazbek e Couto, 2015, p. 19).

Outra constatação é que a concepção de pobreza que embasa o BF é construída num movimento de contradições e ambiguidades, na medida em que exprime, de um lado, elementos progressistas, ao destacar a ausência de acesso aos direitos sociais e ao considerar a multidimensionalidade da pobreza expressa pela carência de renda, mas também de educação, de saúde e de acesso aos serviços sociais básicos como determinantes da pobreza. Por outro, esse movimento manifesta elementos conservadores que enfatizam a pobreza absoluta, tendo como foco a população reconhecida como *carente, excluída* ou de *baixa renda*, reafirmando a renda como principal critério de elegibilidade para os programas de combate à pobreza e orientando-se, também, por uma visão individualista de responsabilização do pobre pela sua situação de pobreza e, consequentemente, pela sua superação, desconsiderando, como já mencionado, as determinações estruturais geradoras da pobreza e da desigualdade social.[5]

---

5. A propósito da contradição e ambiguidades na concepção de pobreza que fundamenta o BF, veja Araújo (2009).

3.4 Analisando e construindo uma perspectiva comparada sobre a categoria pobreza de fundamentação dos PTRC: BF, AFAM-PE E AUH

Uma análise dos três textos, produtos de amplos estudos referentes aos três programas considerados no presente estudo comparado (Silva et al., 2014; De Martino et al., 2014; Fernández Soto, 2014), destaca, de modo claro e devidamente fundamentado, a convergência de filiação das concepções de pobreza que orientam as propostas e a implementação desses PTRC às formulações de Sen. Nesse aspecto, a pobreza é qualificada na sua complexidade multidimensional, destacando além da insuficiência de renda, a privação de necessidades sociais e de bem-estar. Destaque é atribuído também à incapacidade de os pobres usarem a sua liberdade para se apropriar das oportunidades, mesmo que limitadas, disponibilizadas na sociedade. Assim, a pobreza intergeracional, naturalizada e vista como uma condição inerente das sociedades humanas, expressa por déficit de liberdades e de oportunidade, só será reduzida de maneira sustentável mediante inversão na criação de oportunidades para aumentar os recursos dos pobres de modo a desenvolver suas capacidades para inserção no mercado de trabalho, única forma de integração social.

No âmbito dessas referências, os PTRC são considerados uma resposta eficiente do *Estado Motivador*, *Estado Incentivador*, *Estado Promotor* para mitigar as necessidades imediatas dos pobres, mediante uma transferência monetária instituinte de mínimos. As oportunidades para desenvolvimento de capacidades, a médio e longo prazos, são representadas pela oferta de serviços de educação, saúde, nutrição e outros. Para que essas oportunidades sejam devidamente aproveitadas e maximizadas, torna-se necessária a exigência de condicionalidades na qualidade de estratégias dinamizadoras do capital social para a educação e controle dos pobres, revestidas de caráter punitivo e de controle para que a população inserida nos PTRC se instrumentalize para superação da pobreza intergeracional. Isso porque a pobreza é desenraizada das estruturas, sendo transferida para os indivíduos e suas famílias com clara desconsideração das determinações estruturais geradoras dela e, consequentemente, da riqueza.

Nessa perspectiva, os PTRC são desenvolvidos como estratégias privilegiadas para que, considerados na perspectiva da pobreza na América Latina, seja observada a necessidade de formação de capital humano que capacite as novas gerações para inserção no mercado de trabalho, concebida como única forma de integração social.

A expressão da pobreza fundamentada na concepção formulada por Sen se expressa nos três PTRC em consideração mediante a adoção de focalização nos pobres, nos extremamente pobres e nos vulneráveis, cujos mecanismos utilizados para separação desses segmentos do resto da população são: o CadÚnico pelo BF do Brasil, o ICC do AFAM-PE do Uruguai e, no caso da Argentina, a Base Única de Pessoas da Seguridade Social (Administración de Datos de Personas [ADP]) de crianças e adolescentes menores de 18 anos, junto com a correspondente identificação de seu grupo familiar e sua história de trabalho, como base de informação centralizada utilizada para determinar o acesso aos benefícios da seguridade social, entre estes a AUH. Esses sistemas são centrados em variáveis da vida privada dos indivíduos e de suas famílias, que, em última instância, terminam por privilegiar variáveis de natureza econômica, transformando o processo de identificação dos pobres numa perspectiva economicista e individualizante.

Outra expressão reveladora da influência da concepção de pobreza formulada por Sen, identificada nos três PTRC, como já mencionado, é a adoção de condicionalidades com destaque aos campos de educação e de saúde. O conteúdo gerador das condicionalidades (educação e saúde) coloca a necessidade de criação de oportunidades para formação de capital humano, bem como a necessidade do desenvolvimento de comportamentos capazes de aproveitar e maximizar as oportunidades oferecidas, daí seu caráter punitivo e revelador de desconfiança de que os pobres não sabem nem têm condições de utilizar os recursos a eles disponibilizados, devendo ser devidamente acompanhados, controlados e punidos, no caso de descumprimento.

Portanto, a pobreza, marcada pela insuficiência de renda, por situação de desemprego e de informalidade do trabalho, demanda mudanças que decorrem de incentivo, de disposição e experiências individuais, numa transmutação dos pobres em *protagonistas*. Ademais, a noção de pobreza que fundamenta os PTRC contém um componente ideológico que fragmenta e categoriza seu público-alvo em pobres, extremamente pobres e vulneráveis, omitindo sua relação de classe, além de expressar uma visão conservadora que descontextualiza, individualiza e os responsabiliza pela sua situação de pobreza e por sua superação, embora possa expressar contradições e ambiguidades que, marginalmente, ressaltem elementos progressistas, ao admitir o conteúdo multidimensional da pobreza e a falta de acesso a direitos por parte de segmentos inseridos nesses programas.

Enfim, podemos reafirmar a consensualidade da concepção de pobreza e sua expressão nas propostas e na implementação dos PTRC do Brasil, da Argentina e do Uruguai, objetos do presente estudo.

Referências

ABRANCHES, S. H.; SANTOS, W. G. dos; COIMBRA, M. A. *Política social e combate à pobreza*. Rio de Janeiro: Zahar, 1998.

ÁLVAREZ LEGUIZAMÓN, S. Foco política y gubernamentalidad neoliberal, las políticas sociales prácticas sociales y pensamiento crítico. In: ENCUENTRO ARGENTINO Y LATINOAMERICANO, 2., *Anais...*, Córdoba: Escuela de Trabajo Social Universidad Nacional de Córdoba, 2008.

ARAÚJO, C. C. *Pobreza e Programas de Transferência de Renda*: concepções e significados. São Luís: EDUFMA, 2009.

ARGENTINA. *Decreto Presidencial n. 1.602*, del 29 de octubre de 2009. Incorpórase el Subsistema no Contributivo de Asignación Universal por Hijo para Protección Social. Buenos Aires, 2009.

BERTRANOU, F. *Aportes para la construcción de un piso de protección social en Argentina*: el caso de las asignaciones familiares. Buenos Aires: OIT, 2010.

Disponível em: <www.oit.org.ar/pagina.php?pagina=748>. Acesso em: 23 mar. 2012.

CATTANI, A. Riqueza sustantiva y relacional: un enfoque diferenciado para el análisis de las desigualdades en América Latina. In: CIMADAMORE, A.; CATTANI, A. *Producción de pobreza y desigualdad en América Latina*. Buenos Aires: CLACSO, 2008. p. 205-31.

COHEN, G. Calidad de la vida. *Comercio Exterior*, v. 53, n. 5, p. 427-33, 1995.

DE MARTINO, M. et al. La pobreza en cuanto categoria teorica y su expresión en el Programa AFAM-PE. In: BENTURA, P. et al. *Nuevo Régimen de Asignaciones Familiares*: caracterización de sus dimensiones configurativas. Montevideo, 2014. (Mimeo.)

ESPINA, M. P. *Políticas de atención a la pobreza y la desigualdad*: examinando el rol del Estado en la experiencia cubana. Buenos Aires: CLACSO, 2008.

FERNÁNDEZ SOTO, S. El concepto de pobreza en la teoría marxista. *Serviço Social & Sociedade*, São Paulo, ano 24, n. 73, p. 5-22, jan./mar. 2003.

_____. La política social y la recomposición material del consenso. La centralidad de los programas de transferencia de renta condicionada: el caso argentino. *Serviço Social & Sociedade,* São Paulo, n. 133, p. 53-85, jan./mar. 2013.

_____. La pobreza: su comprensión histórico crítica en la sociedad capitalista, relaciones con la emergencia del Programa Asignación Universal por Hijo en Argentina. In: _____ et al. *Caracterización y problematización de las dimensiones constitutivas de la AUH*. Buenos Aires, 2014. (Mimeo.)

FRIGOTTO, G. *Educação e a crise do capitalismo real*. 6. ed. São Paulo: Cortez, 2010.

IAMAMOTO, M. V. *Serviço social em tempo de capital fetiche*. São Paulo: Cortez, 2007.

MARTINS, J. de S. *O massacre dos inocentes*: a criança sem infância no Brasil. São Paulo: Hucitec, 1991.

MINTO, L. W. Teoria do capital humano: verbete. In: LOMBARDI, J. C.; SAVIANI, D.; NASCIMENTO, M. I. M. (Orgs.). *Navegando pela história da educação brasileira*. Campinas, SP: Gráfica da Faculdade de Educação: HISTEDBR, 2006. Disponível em: <http://www.histedbr.fe.unicamp.br/navegando/glossario/verb_c_teoria_ do_capital_humano.htm>. Acesso em: 3 abr. 2013.

MOTTA, V. C. da. *Da ideologia do capital humano à ideologia do capital social*: as políticas de desenvolvimento do milênio e os novos mecanismos hegemônicos de educar para o conformismo. 2007. 379 f. Tese (Doutorado em Serviço Social) — Escola de Serviço Social, Centro de Filosofia e Ciências Humanas, Universidade Federal do Rio de Janeiro, Rio de Janeiro.

PROGRAMA DAS NAÇÕES UNIDAS PARA O DESENVOLVIMENTO. *Human Development Report*. New York: Oxford University Press, 1990.

SEN, A. Three notes on the concept of poverty, income distribution and employment programme. *Working Paper*, Genebra, n. 65, 1978.

_____. *Resources, values and development*. Nova Delhi: Oxford University Press, 1984.

_____. *Commodities and capabilities*. Amsterdam: Elsevier Science, 1985.

_____. *Hunger and entithements*: research for action. Filand: World Institute for Development Economics Research; United Nation University, 1988.

_____. Sobre conceptos y medidas de pobreza. *Comercio Exterior*, México, v. 42, n. 4, p. 310-22, abr. 1992.

_____. *Development as freedom*. Nova Delhi: Oxford University Press, 1999a.

_____. *Nuevo examen de la desigualdad*. Madrid: Alianza Editorial, 1999b.

_____. *Desenvolvimento com liberdade*. São Paulo: Companhia das Letras, 2000.

SILVA, M. O. da S. e. Pobreza, desigualdade e políticas públicas: caracterizando e problematizando a realidade brasileira. *Revista Katálysis*, Florianópolis, v. 13, n. 2, p. 155-63, jul./dez. 2010.

_____. *Caracterização e problematização dos Programas de Transferência de Renda Condicionada (PTRC) na América Latina e Caribe*. São Luís, 2013. (Mimeo.) Texto preliminar produto do Projeto: Programas de Transferência de Renda Condicionada na América Latina: Estudo Comparado — Bolsa Família (Brasil), Nuevo Régimen de Asignaciones Familiares — AFAM-PE (Uruguay) y Asignación Universal por Hijo para Protección Social (Argentina).

_____ et al. Pobreza enquanto categoria teórica e sua expressão no Bolsa Família. In: _____. *Caracterizando e problematizando o Bolsa Família*. São Luís, 2014. (Mimeo.)

_____; YAZBEK, M. C.; COUTO, B. R. *Pobreza enquanto categoria teórica e análise das matrizes que fundamentam o desenho e implementação dos PTRC*. São Luís, 2015. (Mimeo.) Texto preliminar produto do Projeto: Programas de Transferência de Renda Condicionada na América Latina: Estudo Comparado — Bolsa Família (Brasil), Nuevo Régimen de Asignaciones Familiares — AFAM-PE (Uruguay) y Asignación Universal por Hijo para Protección Social (Argentina).

TELLES, V. da S. Pobreza e cidadania: dilemas do Brasil contemporâneo. *Caderno CRH*, Salvador, n. 19, p. 8-21, jul./dez. 1993.

URUGUAY. Presidencia de República. *Plan de Equidad*. Montevideo, 2008.

_____. Presidencia de la República. Consejo Nacional de Políticas Sociales. *Balance y perspectivas 2005-2009*. Montevideo, 2009.

VECINDAY, L. *Transformaciones institucionales y tecnológicas del esquema de protección social*: el caso del Plan de Centros de Atención a la Infancia y la Familia en el Uruguay. Buenos Aires: Facultad Latinoamericana de Ciencias Sociales, 2010.

YAZBEK, M. C. *Classes subalternas e assistência social*. São Paulo: Cortez, 2009.

4

Focalização e universalização do acesso: ambiguidades e realidades teóricas

Maria Ozanira da Silva e Silva

Focalização é considerada uma dimensão central na configuração dos PTRC na América Latina.

Na análise dessa dimensão, iniciamos destacando o contexto socioeconômico e político no qual emerge, com mais força, o debate sobre a focalização num confronto crítico com a universalização que marcou a proteção social até meados dos anos 1970. Seguimos apresentando um esforço de construção das categorias teóricas focalização/universalização, situando-as no debate latino-americano, para então identificar e analisar as expressões concretas da focalização no desenho e na implementação dos PTRC da Argentina, Uruguai e Brasil, tomando por referência indicações dos textos de caracterização dos PTRC dos três países (Bentura e Mariatti, 2014; Fernández Soto et al., 2014; Silva, 2014). Concluimos a abordagem do tema levantando evidências de natureza comparativa considerando o conteúdo abordado, com destaque a possíveis convergências, divergências e especificidades.

4.1 Contexto do surgimento e do debate sobre focalização

O debate sobre políticas sociais tem sido polarizado pela colocação de dois estilos de política: a focalizada e a universal. Trata-se de debate tenso, portanto, não consensual e orientado por compreensões teóricas diversas. De uma forma ou de outra, o debate sobre focalização só é compreendido articulado com a categoria universalização. Em termos gerais, focalização é o "[...] direcionamento de recursos e programas para determinados grupos populacionais, considerados vulneráveis no conjunto da sociedade" (Silva, 2001, p. 13), enquanto a universalização foi colocada no debate internacional no contexto da instituição dos denominados Estados de Bem-estar de caráter universal, consolidados a partir dos anos 1940, cuja proposta é estender a todos os cidadãos determinadas políticas e programas sociais, principalmente no campo da educação e da saúde, num contexto de promessa de *pleno emprego*, de modo que sejam garantidos mínimos sociais a todos para uma vida digna.

A discussão sobre a universalidade dos direitos sociais prevaleceu no âmbito das políticas sociais até meados dos anos 1970, quando se vivenciou os *anos dourados* no campo da economia e da expansão dos direitos sociais.

É no contexto das políticas neoliberais que aumentam as pressões para adoção de programas sociais focalizados em populações pobres e extremamente pobres, justificados por considerarem o déficit público como a principal causa da crise econômica. Nessa circunstância, é colocada a necessidade de equilíbrio fiscal mediante contenção de gastos públicos, de modo que os programas sociais foram amplamente atingidos, sendo postas pressões para que sejam adotadas políticas sociais focalizadas, com orientação para o desenvolvimento de medidas meramente compensatórias. A preocupação era atenuar os efeitos dos programas de ajuste estrutural que vinha impactando, principalmente, sobre as populações mais pobres e sobre os trabalhadores inseridos nas indústrias tradicionais. Essa é uma conjuntura de enfraquecimento da luta dos trabalhadores, focada em mantê-los num mercado de trabalho em reestruturação e mais restrito, de modo que a luta pela universalização de direitos sociais, maior expressão política dos movimentos sociais no Brasil a partir da segunda metade dos anos 1970, é também fragilizada (Silva, 2014).

Para Bentura e Mariatti (2014), o conceito de focalização, em contraposição ao de universalidade, ampliou-se na análise das políticas sociais a partir do *Consenso de Washington* que também marcou o começo das chamadas *Políticas Sociais de Segunda Geração*,[6] cujo objetivo é a identificação precisa dos públicos-alvo para superação de suas carências, ou seja, esse é um contexto em que o enfrentamento da pobreza em expansão precisa ser focalizado pelas políticas sociais.

Trata-se de uma conjuntura na qual se tornam prevalentes os processos de reestruturação produtiva com críticas aos aspectos que conduziram ao surgimento e ao desenvolvimento do denominado Estado de Bem-estar. Inicia-se um processo marcado pelo avanço do mercado como distribuidor de benefícios, com redução dos processos de desmercadorização próprios dos Estados de Bem-estar (Esping--Andersen, 1993).

Com a crise do modelo de industrialização por substituição de importações, adotado na América Latina, os esforços dos *Estados Sociais* em desenvolvimento, embora não tenham alcançado todos os países nem o conjunto da população, reorientam os processos de ampliação da cidadania, na sua maioria, restritos aos trabalhadores inseridos no mercado de trabalho, numa guinada de retrocesso, voltando-se para instituir sistemas residuais de integração social dos

---

6. Em geral, as políticas sociais de segunda geração são caracterizadas por binários opostos às políticas de primeira geração: focalização — universalismo; descentralização — centralização; integralidade — setorialização; gestão do Estado — gestão da *Sociedade Civil Organizada*.

setores *marginalizados*. Despontam então os PTRC como estratégias de combate à pobreza, permitindo a continuidade dos processos de mercantilização e a reprodução social, ofertando mínimos para aqueles afastados do processo produtivo, parcial ou totalmente (Bentura e Mariatti, 2014). Continuam os autores: nesse contexto, os *Estados Sociais* são considerados, pela crítica neoliberal e pela crítica conservadora, incapazes de incorporar os setores *marginalizados*, favorecendo a ampliação da pobreza. Inspirados no receituário do *Consenso de Washington* e na mais recente versão do *Pós-consenso de Washington*; é, então, apontada a necessidade de que os sistemas de proteção social focalizem nesses setores. No campo da economia é priorizado o ajuste estrutural, cujos objetivos eram desmontar os sistemas coorporativos que configuraram os frágeis *Estados Sociais* na América Latina e desestruturar a frágil indústria de substituição de importação, eliminando todas as proteções, a garantia de pleno emprego e reduzindo o valor do trabalho para atrair investimentos externos. No campo social, é proposta a reforma do sistema de proteção social associado ao mundo do trabalho, com o deslocamento da pauta setorial, universal e centralizada, por uma pauta integral, focalizada e descentralizada, com participação da sociedade civil (Filgueira, 1998), orientada para atender "[...] os níveis da pobreza crítica" (Iglesias, 1993, p. 7). O foco, então, passa a ser a população que não participa do mercado de trabalho ou participa precariamente, colocando em risco sua própria reprodução cultural e biológica, devendo ser constatado, de modo inquestionável, que o potencial beneficiário não só não participa do mercado de trabalho, como também não tem condições objetivas para fazê-lo. Nesse contexto, no Uruguai, é criado em 2005 o MIDES, deixando os assuntos das relações entre trabalhadores e patrões para o Ministério do Trabalho, objetivando atender aos brutais problemas de integração, gerados em consequência das políticas de ajuste estrutural (Bentura e Mariatti, 2014). Seguindo a mesma lógica, no Brasil, é criado em 2003 o Ministério de Desenvolvimento Social, transformado em 2004 em MDS. Esses ministérios passam a constituir aparatos institucionais gestores e reguladores de mecanismos permanentes com condições de atender aos expulsos do sistema, estando definitivamente instituídos aparatos institucionais para operar políticas sociais focalizadas na pobreza, na extrema pobreza e na vulnerabilidade dos setores excluídos.

Seguindo as mesmas indicações contextuais, o grupo de pesquisadores da Argentina reafirma que, a partir dos anos 1970, assistimos ao ressurgimento do liberalismo econômico e do conservadorismo político (Fernández Soto et al., 2014). Desse modo,

> Desde una perspectiva histórica, la década del noventa implica la consolidación de un proyecto iniciado nos décadas anteriores, la refundación reaccionaria del capitalismo global, y con consecuencias estructurales significativas para la configuración económica y social de la Argentina. Este proceso reaccionario contrario a los intereses de la clase trabajadora entrañó un **movimiento regresivo en la intervención estatal**, implicando pérdidas de conquistas que lograron traducirse en derechos políticos y sociales. La trascendencia e intensidad de las ofensivas sistemáticas que padeció la clase obrera argentina desde mediados de la década de 1970, momento en que la oligarquía financiera consigue aplicar su proyecto de construcción de un "nuevo país", en un contexto regresivo mundial a los intereses de los trabajadores, expresa el desarrollo de una nueva correlación de fuerzas que consolida y profundiza las relaciones de dependencia con el imperialismo (centralmente el norteamericano), estableciendo una forma de organización social que acentúa los procesos y relaciones de desigualdad (Fernández Soto, 2013, p. 57, grifos da autora).

É nesse contexto que os princípios universais das políticas sociais são questionados, emergindo, fortemente, os argumentos a favor da focalização da intervenção do Estado nos setores pobres e vulneráveis. Esse é um debate que tensiona a política social, mas também os projetos de sociedade que o sustenta. Nesse aspecto, a reação neoliberal contra a aspiração universalista de política social apresenta-se como uma questão técnica, de busca de eficiência e eficácia, num contexto de incremento das desigualdades sociais e da pobreza, sem que sejam explicitados os postulados teóricos e as intencionalidades políticas que sustentam subjacentemente os objetivos de conter, desativar e fragmentar os conflitos sociais e promover consensos entre os setores pauperizados (Fernández Soto et al., 2014).

A crítica central é de que as políticas universalistas são de alto custo e de baixo impacto, sustentadas por um aparato institucional marcado por iniquidades e irracionalidades, que colocam na ordem do dia medidas de reforma neoliberal do Estado, impulsionadas por organismos financeiros internacionais. A prioridade é atribuída a uma política social de mínimos focalizada nos pobres que não conseguem satisfazer suas necessidades no mercado, cuja justificativa é a busca de maior eficiência dos recursos escassos para elevação de impactos em populações de maior risco (Fernández Soto et al., 2014).

4.2 A categoria teórica focalização e universalização

Numa análise dos três textos de caracterização dos PTRC, objetos do presente estudo (Silva, 2014; Bentura e Mariatti, 2014; Fernández Soto et al., 2014), verificamos que, ao abordarem as categorias teóricas focalização/universalização, o fazem a partir de uma perspectiva liberal e outra que pode ser considerada progressista, ambas presentes não só no discurso crítico, mas também nos discursos oficiais.

Segundo Bentura e Mariatti (2014), alguns documentos se referem à dialética entre propostas universais e focalizadas, destacando a eficiência de focalizar e de chegar de forma integrada ao território (Uruguay, 2011). Em outros documentos institucionais, é considerado que o caráter universal está dado porque o desenho das políticas é para o conjunto dos cidadãos, sem, contudo, excluir prioridades no processo de implementação da política. Esse aspecto é considerado por Bentura e Mariatti (2014) uma contradição entre universalidade e focalização, por serem desenhadas, ao mesmo tempo, políticas universais que se adéquam a diferentes particularidades, priorizando a inclusão social de setores de maior vulnerabilidade, mesmo lhes sendo atribuído o significado de que essa integração conduz, em última instância, à igualdade social.

Bentura e Mariatti (2014) destacam, ainda, nesse esforço de construção da categoria teórica focalização/universalização, que as pretensões de articular as políticas universais de saúde e educação com os programas focalizados na pobreza não têm materializado a universalização do acesso a essas prestações. Consideram, na construção desse raciocínio, que os programas assistenciais, em especial o AFAM-PE, são dirigidos aos mais pobres. Essa situação do caráter articulado das ações focalizadas e universais é desconsiderada pela retirada de benefícios no caso de descumprimento de condicionalidades, sendo abandonada a retórica de direitos com a atribuição de responsabilidades aos indivíduos. Para garantir a consolidação de ações universais articuladas com ações focalizadas, o que seria esperado era a *ampliação do aparato institucional* com aumento da quantidade e da qualidade da oferta de serviços na saúde e educação, desde que a preocupação de atuar sobre a demanda fosse acompanhada das capacidades estatais para prover mais e melhores serviços públicos, para que, de fato, não fosse confirmado o caráter paralelo na articulação das iniciativas dirigidas à pobreza com políticas de corte universal (Vecinday, 2014).

Contribuindo nesse esforço de construção da categoria teórica focalização, Fernández Soto et al. (2014) consideram que a noção de focalização remete a uma questão operativa instrumental, supondo selecionar, priorizar, centrar atenção. Segundo os autores, na política social, focalizar significa estabelecer quem serão os *beneficiários* das intervenções estatais, sendo a focalização o critério de implementação dos programas. Assim, focalizar é identificar com a maior precisão possível os beneficiários potenciais e desenhar o programa com o objetivo de assegurar elevado impacto sobre o grupo selecionado, mediante transferência monetária ou prestação de serviços (Franco, 1996). Assim, a focalização, sob a perspectiva neoliberal, tem conotação reacionária e excludente em relação ao universalismo.

> Cabe conceptuar esta propuesta como reduccionista ya que sistemáticamente identificaba elementos negativos de los programas de alcance

universal para apoyar el reemplazo del princípio de universalidad por el de focalización. [...] a la vez delineaba un orden más simple y acotado para la política social: el de ser subsidiaria en materia de pobreza. También operaba el reduccionismo en tanto que a partir de atributos imputados a la focalización en materia de eficacia, eficiencia y equidad (Sojo, 2007, p. 114).

Esse reducionismo da política social focalizada implica centrar suas ações em indivíduos pobres e suas famílias, desconsiderando as relações sociais históricas nas quais é produzida e reproduzida sua existência, impulsionando um desmantelamento das políticas universalistas rumo aos processos de privatização dos serviços sociais, restringindo o espaço para oferta de serviços estatais. A demanda é então atendida mediante a transferência monetária, para elevação do poder de compra dos mais necessitados (Fernández Soto et al., 2014). Esse é o espaço por excelência dos PTRC na América Latina.

Dessa forma, o debate da focalização/universalidade neoliberal da política social não é abstrato, mas histórico, assumindo sentido político vinculado aos processos histórico-sociais concretos em cada formação socioeconômica (Fernández Soto et al., 2014).

Seguindo o debate, no texto de caracterização do BF, Silva (2014) desenvolve uma reflexão que considera a focalização de modo articulado às categorias teóricas pobreza[7] e universalização, admitindo diferentes concepções de focalização. Em termos gerais, a focalização é entendida como o "[...] direcionamento de recursos e programas para determinados grupos populacionais, considerados vulneráveis no conjunto da sociedade" (Silva, 2001, p. 13), enquanto

> [...] a universalização de políticas sociais é entendida como um processo de extensão de bens e serviços considerados essenciais, principalmente nos campos da educação e da saúde, ao conjunto da população de uma localidade, cidade, Estado ou país (Silva, 2010, p. 1).

---

7. Sobre pobreza, veja neste livro o capítulo 3: Silva, Maria Ozanira da Silva; Yazbek, Maria Carmelita; Couto, Berenice Rojas. Pobreza enquanto categoria teórica e análise das matrizes que fundamentam o desenho e implementação dos PTRC.

Partindo dessas concepções, a universalização é o reverso da focalização, posto que a focalização orienta bens e serviços a determinados segmentos da sociedade, previamente definidos, com destaque à população pobre e extremamente pobre, cuja consequência é a reestruturação dos programas sociais com a desestruturação de políticas universais. Assim, a focalização fundamenta-se na concepção de pobreza absoluta e numa concepção de justiça econômica, constituindo-se numa categoria teórica residualista, sob a orientação do ideário neoliberal. Todavia, Silva (2014) parte do ponto de vista de que a expropriação e a exploração são inerentes à sociedade capitalista, sendo a pobreza e a desigualdade decorrentes das relações sociais estabelecidas, o que coloca a necessidade de intervenção do Estado para corrigir situações geradas para assegurar níveis civilizatórios de convivência e de condições de vida a determinados segmentos populacionais. Essa é uma compreensão que se contrapõe à concepção de focalização que orientou as reformas dos programas sociais na América Latina, nos anos 1980 e 1990, sob a orientação do ideário neoliberal, por recomendações de organismos internacionais. Nessa perspectiva, é considerado que a focalização não pode ser reduzida ao residualismo, sob a ótica da justiça de mercado, subordinando a política social à política econômica e direcionando os programas sociais tão somente para os segmentos situados à margem dos processos econômicos integradores, geradores de desvios, discriminações e estigmas, sem vinculação com os direitos sociais.

A autora parte, então, da noção de justiça social, entendendo que os segmentos que foram historicamente marginalizados tenham o direito de acesso a recursos e a serviços que os recoloquem num patamar de dignidade, sendo, ao mesmo tempo, fundamental a garantia de políticas sociais universais como direito de todos.

Em síntese, a concepção desenvolvida por Silva (2014) não situa a focalização em campo oposto ao da universalização, não reduzindo, portanto, a focalização ao residualismo. Essa é, para a autora, uma *perspectiva progressista/redistributiva* da focalização que denomina *discriminação positiva* (Silva, 2001). É uma concepção centrada na responsabilidade do Estado e orientada pelas necessidades sociais e não pela rentabilidade econômica; exige complementaridade entre a Política Social e a Política Econômica; ampla cobertura; boa qualidade dos serviços; estruturas institucionais adequadas; pessoal qualificado e cobertura integral dos públicos-alvo dos programas. É uma perspectiva que situa a focalização num campo que denomina universalização relativa, por considerar que toda a população-alvo que demanda atenção especial deve ser incluída (Silva, 2001).

Partindo do contexto gerador do debate sobre focalização/universalização e das concepções anteriormente qualificadas, seguimos procurando destacar as formas de expressão da focalização nos PTRC da Argentina, Uruguai e Brasil.

4.3 Formas de expressão da focalização nos PTRC da Argentina, Uruguai e Brasil

Na busca de identificar a expressão da focalização nos PTRC do Uruguai, Argentina e Brasil, objetos do presente estudo comparado, sabe-se que esses programas apresentam a combinação de três critérios: focalização na pobreza, extrema pobreza e vulnerabilidade; condicionalidades; e transferência monetária direta aos beneficiários.

A centralidade da focalização é direcionada para identificar e separar os *falsos pobres*, garantindo uma focalização *objetiva, transparente* e *eficiente*. Para isso, vêm sendo adotadas formas cada vez mais sofisticadas de seleção dos beneficiários, cuja expressão contemporânea é a crescente adoção de tecnificação dos dispositivos assistenciais (Vecinday, 2014).

No caso do Uruguai, Bentura e Mariatti (2014) evidenciam que o MIDES, criado em 2005, vem desenvolvendo competências institucionais com emprego de conhecimento especializado para construção e adoção de tecnologia para o desenvolvimento das funções gerenciais no campo socioassistencial, com destaque à seleção e ao controle dos beneficiários.

Podem ingressar no AFAM-PE do Uruguai as famílias que contam entre seus membros com *menores* de 18 anos que cumpram com requisitos de assistência e apresentem condições de vulnerabilidade socioeconômica. Essas famílias são selecionadas levando em conta o caráter de multifuncionalidade de sua desvantagem econômico-social: vulnerabilidade econômica determinada por critérios estatísticos — renda da família e o ICC que identificam condições habitacionais e do entorno, composição da família, características de seus membros e situação sanitária. Portanto, o ICC é a principal ferramenta de focalização dos programas sociais no Uruguai (Uruguay, 2013).

Segundo Bentura e Mariatti (2014), no Uruguai, a focalização da população para inclusão em programas assistenciais segue duas etapas: a primeira se utiliza da *Encuesta Continua de Hogares* (ECH) do Instituto Nacional de Estatística (INE), para considerar a renda das famílias vulneráveis pertencentes ao primeiro quintil; a segunda etapa consiste na aplicação de um algarítmico, construído a partir de dados de domicílios visitados, produto da aplicação de um questionário constituído das variáveis que compõem a fórmula do ICC. O ICC é construído como um *proxy means test* que permite combinar e ponderar distintas características não monetárias das famílias. A proposta é descartar metodologias de seleção centradas exclusivamente na renda, sob a justificativa de que a renda é só uma dimensão das carências, por ser uma variável de fácil manipulação por parte dos postulantes, além da elevada incidência de trabalho informal, que fazem da renda uma variável sujeita a alterações cíclicas. Argumentam também que as variáveis que compõem o ICC são de difícil manipulação por parte dos postulantes, minimizando a possibilidade de distorções para alcançar os benefícios (Uruguay e Universidad de la República de Uruguay, 2007). Assim, o ICC adota uma metodologia representada por um algarítmico que expressa um resultado numérico para cada domicílio. Atribui uma pontuação de acordo com as características de seus integrantes, da habitação e do acesso a bens e serviços,[8]

---

8. No ICC são consideradas variáveis referentes a seis dimensões: demografia, educação, renda, trabalho, saúde, habitação e conforto no domicílio.

permitindo identificar *níveis de vulnerabilidade*, de modo que é separada a população vulnerável da não vulnerável, sendo a população qualificada como vulnerável o alvo dos programas assistenciais.

Por conseguinte, a viabilidade do controle eficiente demandado só é possível pela incorporação de tecnologia de informática, com a inclusão de engenheiros especializados em *software* e sistemas *Data Warehouse*. A preocupação central do órgão gestor, o MIDES, é evitar *fugas* ou perda de eficiência na alocação dos benefícios sociais, permitindo focalizar na população efetivamente vulnerável. Tem por objetivo também integrar dados para permitir análise dos sistemas de proteção social, de modo a colocar a gestão da informação social a serviço dos processos de avaliação e monitoramento da implementação das políticas públicas (Bentura e Mariatti, 2014).

Portanto, o AFAM-PE é um programa focalizado numa população definida a partir de atributos de inclusão, estabelecidos previamente. Sua elegibilidade como beneficiário depende de características familiares e pessoais e sua inclusão depende de um algarítmico (ICC), construído por especialistas, cujo êxito desse modelo de gestão é não incidir no orçamento de modo a comprometer o equilíbrio fiscal, requerendo a implementação de um sistema de vigilância ajustado permanentemente, capaz de certificar o alcance do benefício (Bentura e Mariatti, 2014).

Quanto à expressão da focalização na AUH da Argentina, segundo Fernández Soto et al. (2014), se situa no âmbito do debate focalização/universalização quando a partir de 2003, com a assunção do governo Néstor Kirchner, são questionados os programas sociais de caráter focalizado, transitórios, desarticulados e mínimos, devido a sua nula incidência na erradicação do desemprego e da pobreza estrutural.

Nesse contexto, Fernández Soto et al. (2014) destacam que o discurso oficial atribui à AUH, principal programa social da Argentina, uma conotação de universalidade e de direito. Todavia, entendem que não há consenso na análise dos especialistas em relação ao caráter universal ou focalizado desse programa, sendo que alguns autores consideram um processo de inflexão que evidenciaria a passagem de um modelo de proteção social com base na assistência para outro fundado no princípio de seguridade. Para outros, continua sendo um programa focalizado, embora adquira massividade na sua cobertura.

A partir de análise de documentos oficiais, os autores destacam a convivência de noções teórico-práticas de focalização e de direito social universal: "[...] el objetivo básico de estas políticas es **focalizar** las transferencias monetarias sobre familias con hijos menores de edad en situación de **vulnerabilidad social**" (Argentina, 2011, p. 71, grifos do original). Ao mesmo tempo, a ideia de *universalidade* parece orientar as aspirações da construção de uma *nova* geração de políticas, tendente a romper com a estratégia de focalização característica do neoliberalismo dos anos 1990; assim, a *universalidade* aparece nos documentos oficiais como um dos conceitos-chave da AUH: "[...] el combate contra la pobreza [...]" implica "[...] la adopción de medidas de alcance universal" (Argentina, 2009), sendo a universalidade decorrente da aplicação das condicionalidades, pelo reconhecimento do direito a estar incluído e pela garantia de um padrão básico de vida, de bem-estar e de seguridade econômica:

> Por su alcance y cobertura, se constituye como un programa de inclusión social sin precedentes en la historia de nuestro país. En primer lugar, la AUH significa el reconocimiento de un derecho social: el derecho de las niñas y niños argentinos a estar incluidos, a gozar de un estándar básico de vida, de bienestar y de seguridad económica. En segundo lugar, se convierte en una política que ratifica la universalidad de los derechos sociales hacia aquellos que aún participando del mercado de trabajo, se encontraban impedidos de recibir los beneficios de las asignaciones familiares. Esto es, a partir de la implementación de la AUH, el Sistema de Protección Social de Argentina se acerca cada vez más al carácter de universal (Argentina, 2012, p. 9).

> [...] la AUH adopta un carácter universal, extendiendo los derechos hacia aquellos niños que, por las condiciones de inserción laboral de sus padres, no se encontraban amparados por los beneficios del Régimen de Asignaciones Familiares (Argentina, 2012, p. 17).

O exposto sugere que a AUH pretende ser uma política de alcance universal, baseada numa concepção de direitos e de universalidade, propondo-se a equiparar a situação dos filhos do trabalhador informal ou desocupado aos do trabalhador formal. Ou seja, a universalidade é considerada como superação da lógica restrita da focalização neoliberal. Todavia, Fernández Soto et al. (2014) entendem que essa questão requer uma análise mais profunda, considerando a adoção por parte da AUH de princípios, lógicas e procedimentos focalizadores. Consideram que, nesse sentido, a universalidade preconizada é, pelo menos, contraditória, por ser condicionada e associada a certos requisitos e obrigações, gerando tensões. Não inclui a todos e impõe condicionalidades, embora possa reconhecer que supõe a ampliação de direitos ao estender prestações familiares aos filhos de trabalhadores informais e desocupados até então excluídas da seguridade social.

De todas as maneiras, Fernández Soto et al. (2014) ressaltam que a incorporação da AUH ao regime de atribuições familiares é considerada positiva por diversos autores, pelo seu avanço em relação a outros PTRC na América Latina, por sua maior aproximação com prestações do tipo universais e pela maior vinculação aos princípios do direito. Todavia, essa positividade não significa para Fernández Soto et al. (2014), necessariamente, que o programa adquire um caráter *universal*. Permanece uma tensão entre o sistema de seguridade social e a assistência social: não se configurando como uma política de alcance universal, não sendo, também, uma política focalizada ao estilo das implementadas nos anos 1990.

Sobre a focalização do BF nas famílias pobres e extremamente pobres, seu público-alvo, Silva (2014) indica que, historicamente, tem sido registrada baixa focalização dos programas sociais nas populações a que se propõem a atender, todavia, considera que vários estudos sobre os programas de transferência de renda têm realçado o poder de focalização desses programas no seu público-alvo (Soares et al., 2006; Soares et al., 2007; Soares, Ribas e Osorio, 2007; Instituto Brasileiro de Geografia e Estatística, 2006, 2008). Confirmando o poder de focalização do BF, Silva (2014) referencia estudos realizados sobre o acesso à transferência de renda de programas sociais pelo IBGE, no âmbito da Pesquisa Nacional por Amostra de Domicílios (PNAD) 2004 e 2006, publicados em cadernos especiais. Essas pesquisas consideraram a população incluída e a não participante em programas de transferência de renda implementados pelo governo federal. A partir de um conjunto de indicadores construídos por essas pesquisas, é possível inferir sobre o elevado potencial de focalização dos programas de transferência de renda, em implementação no Brasil, em famílias pobres e extremamente pobres. Nesse aspecto, destacam: concentração de domicílios atendidos por transferência monetária de programas sociais no Nordeste, a região mais pobre do país; menor rendimento domiciliar médio mensal; maior número de moradores por domicílios; condições significativamente inferiores em relação ao esgotamento sanitário, coleta de lixo, existência de telefone e posse de bens duráveis; segmento de atividade principal concentrado em atividades agrícolas; maior incidência de trabalhadores sem carteira assinada; concentração de atendimento na faixa etária de 0 a 17 anos de idade; diferenças significativas quanto ao índice de analfabetismo e anos de escolaridade; predominância de pretos e pardos entre as pessoas de referência dos domicílios que recebiam transferência monetária de programa social do governo. No contexto das pesquisas sobre os programas de transferência de renda em implementação no Brasil, foi dado destaque ao BF pela sua abrangência geográfica e a maior quantidade de público atendido.

A situação identificada pelos estudos do IBGE em 2004 e 2006 é reafirmada considerando o perfil das famílias atendidas pelo BF, conforme registro de dois estudos realizados pelo MDS com base no CadÚnico da população de baixa renda, utilizado pelos programas sociais do governo federal. Esses estudos apresentam dados sobre as famílias beneficiárias e seus representantes legais, destacando: predominância de jovens entre os beneficiários, predominância da cor preta ou parda, concentração nas regiões mais pobres, com grande destaque à região Nordeste, baixo nível de escolaridade e predominância de matrícula em escolas públicas, inserção em trabalho precário, informal e mal remunerado (Brasil, 2006, 2009).

Todavia, dados do MDS dimensionaram a situação da focalização do BF no seu público-alvo, em 12/2014, nos seguintes termos: total de famílias cadastradas perfil BF: 19.420.635, em dezembro de 2014 (renda *per capita* mensal familiar de R$ 0,00 a R$ 154,00); e quantidade de famílias beneficiárias do BF, em abril de 2015: 13.755.692, o que significa que em abril de 2015 tinha-se um percentual de 70,83% de famílias atendidas pelo BF — se considerado o perfil das famílias BF —, o que significa um percentual baixo para um Programa que se propõe a erradicar a extrema pobreza no Brasil (Brasil, 2014).

Entre os fatores que contribuem para limitar o alcance da focalização do público-alvo do BF, tem-se a fixação para cada município de uma cota de famílias pobres a ser atendida, tomando por referência dados do censo da população brasileira realizado em 2010. Assim, é desconsiderada a dinâmica da composição da população e da situação econômica das famílias, acrescida da definição da pobreza só pelo critério de renda, ficando posta a insuficiência dos critérios adotados para dimensionar o verdadeiro alcance da focalização do BF. Ademais, Silva (2014) destaca a dificuldade de chegar a todas as famílias pobres num país com a extensão geográfica e diversidade econômica e cultural do Brasil, abrigando contingente de população em áreas praticamente inalcançáveis. Essa dificuldade vem sendo considerada no contexto da estratégia BSM, criada em 2011, da qual o BF é um dos eixos programáticos, constituídos de transferência de renda, inclusão produtiva e prestação de serviços sociais básicos. Para alcançar as famílias residentes em áreas de difícil acesso, o BF vem se utilizando do que se denomina *busca ativa*, enviando profissionais a esses locais, procurando ampliar o alcance do público-alvo do Programa.

Procurando problematizar o alcance e o significado da focalização adotada pelo BF, Silva (2014) considera inegável que o Programa conseguiu um nível histórico significativo de abrangência geográfica, chegando a todos os municípios brasileiros e ao Distrito Federal (DF) desde 2006, e níveis bastante elevados no alcance de seu público-alvo;

todavia, ressalta a dificuldade para definição e implementação de mecanismos e critérios justos e capazes de alcançar integralmente a população-alvo. Isso significa que a focalização considerada como uma discriminação positiva, nos termos apresentados anteriormente, é um processo com muitas dificuldades de implementação, sendo, consequentemente, marcada por certo nível de defasagem. No Brasil, a dificuldade de focalização é agravada pela extensão do território, diversidades econômicas, sociais e políticas das diversas regiões, estados e municípios, além da cultura patrimonialista, do favor e do desvio de recursos públicos. Tem-se ainda a predominância de pequenos municípios, onde parece que o favorecimento de parentes, amigos e correligionários políticos ocorre com maior intensidade (Silva e Lima, 2009; Silva, 2010).

Silva (2014) considera, também, no contexto do debate sobre focalização, os limites dos critérios de inclusão das famílias pobres e extremamente pobres adotados pelo BF. Os critérios adotados, além de considerarem apenas a renda para classificar a situação de pobreza e de extrema pobreza, situam-se num patamar aquém da linha de pobreza utilizada no Brasil pelo Instituto de Pesquisa Econômica Aplicada (IPEA), órgão oficial do governo brasileiro, que fixa em meio salário mínimo a linha da pobreza e em um quarto de salário mínimo a da indigência. Essa situação é agravada pela não adoção de critérios sistemáticos e periódicos para proceder à atualização dos valores monetários fixados, tanto para inclusão como para os benefícios. Outro aspecto negativo afeto a questões de focalização é a adoção de valores variados e muito baixos dos benefícios, conforme fixado pelo BF. Dados do MDS informaram que em abril de 2015 foram atendidas 13.755.692 famílias com o valor médio do benefício de R$ 167,79. Essa situação faz com que, mesmo com melhorias imediatas nas condições de subsistência de vida das famílias beneficiárias, estas tendem a permanecer no limiar da pobreza, com poucas possibilidades de autonomização pelos limites de oportunidades concretas de inserção em políticas e programas estruturantes, como o trabalho estável, o que é agravado por situações decorrentes dos próprios traços da população atendida: pobreza severa e estrutural, baixo nível de qualificação profissional e de escolaridade dos adultos das famílias, além de limitado acesso a informações (Silva, 2010).

4.4 Analisando e construindo uma perspectiva comparada sobre a focalização dos PTRC: BF, AFAM-PE e AUH

Na busca de identificação de convergências, divergências e especificidades numa perspectiva comparada da dimensão focalização/ universalização, foi identificada nos três programas a indicação do contexto do neoliberalismo no qual se aprofunda o debate entre focalização e universalização como dois estilos que têm caracterizado não só o debate, mas também a implementação de políticas sociais na América Latina. Por conseguinte, Silva (2014), Bentura e Mariatti (2014) e Fernández Soto et al. (2014) partem, então, da indicação de uma problematização tensa e não consensual de polarização entre os dois estilos que têm marcado as políticas sociais: focalização/ universalização, orientados por concepções teóricas e projetos de sociedade diversos.

Destacam a prevalência do debate pela universalização até meados dos anos 1970, quando se iniciam e se ampliam fortes críticas ao Estado de Bem-estar, instituído no contexto do pós-grandes guerras mundiais, como espaço de reconstrução social, com base na instituição de direitos e de mínimos para todos. A partir de então, os autores destacam a instituição e o desenvolvimento de uma conjuntura socioeconômica marcada pelo neoliberalismo, com o retorno do liberalismo econômico e do conservadorismo, quando se elevam as pressões pela adoção de programas sociais focalizados na pobreza e na extrema pobreza, sob a justificativa de transpor a crise fiscal do Estado gerada pela intervenção crescente no social mediante programas universais. A proposta é centrada na procura da eficiência e da eficácia dos sistemas de proteção social que passam a ser orientados para adoção de medidas meramente compensatórias e focalizadas nos segmentos pobres, atribuindo ao mercado a função de distribuir benefícios. Trata-se de buscar atenuar os efeitos do ajuste estrutural que marcou a fase inicial de preparação das economias para um processo de abertura mundializado e competitivo, com enfraquecimento do processo de *desmercadorização* que marcou os Estados de Bem-estar. A proposta emergente colocou na agenda política a necessidade de um verdadeiro deslocamento da pauta setorial, universal e centralizada para uma pauta integral, focalizada e descentralizada, demandando a institucionalização de sistemas residuais para integração social dos *marginalizados* que precisavam ser identificados de modo eficiente e preciso para superar suas carências.

Esse é um processo que se desenvolveu sob a influência de agências multilaterais de forte atuação na América Latina, destacando a superioridade e a contraposição do estilo focalizado considerado eficiente, em relação ao universal, de alto custo e de baixo impacto.

Esse novo modelo de políticas sociais é assumido por novos aparatos institucionais, representados pelos ministérios de bem-estar social que se proliferaram no início do século XXI pelos países da América Latina, principalmente na década de 2000, a partir de quando a focalização na pobreza passa a constituir a centralidade das políticas sociais, submetidas a um processo de despolitização, que as transforma numa questão técnica de busca da eficiência.

No que se refere à focalização como categoria teórica, os textos de caracterização dos PTRC do Uruguai, Brasil e Argentina (Bentura e Mariatti, 2014; Fernández Soto et al., 2014; Silva, 2014) consideram que a focalização articulada à universalização e à concepção de pobreza pode se expressar numa perspectiva liberal e numa perspectiva progressista, ambas presentes não só no discurso crítico, mas também no discurso oficial.

A concepção de focalização numa perspectiva liberal é desenvolvida no contexto do neoliberalismo, sob a referência teórica do liberalismo econômico e da matriz teórica conservadora. Despolitiza e reduz a focalização a uma questão operativa instrumental, portanto meramente técnica, cujo objetivo é separar, selecionar e priorizar atenção nos segmentos marginalizados do mercado de trabalho. Orienta-se pela busca da eficiência e reduz o conteúdo das políticas sociais ao residualismo compensatório. Transforma-se no critério de implementação das políticas sociais, atribuindo um caráter reacionário, desqualificador da universalização, transformando-se numa perspectiva excludente e reducionista. Orienta-se pela justiça de mercado, desconsiderando as relações sociais geradoras da pobreza e da riqueza, centrando a pobreza nos atributos dos indivíduos e de suas famílias. Nessa lógica, reduz o espaço estatal na prestação de serviços e destaca a expansão do mercado, inclusive como prestador de serviços. Esse é um contexto que favorece e explica a prevalência dos PTRC, programas sociais capazes de transformar os beneficiários em consumidores pela transferência monetária atribuída e como espaço de qualificação do pobre para seu retorno ao mercado de trabalho, decorrente das condicionalidades impostas às famílias beneficiárias no campo da educação e saúde.

Com essa concepção liberal da focalização, a universalização é transfigurada e a função redistributiva é substituída por ações residualistas e compensatórias, situando o debate sobre a focalização num campo abstrato que desconsidera os processos histórico-sociais de caráter estrutural geradores da pobreza e da riqueza, processo peculiar a cada formação socioeconômica.

Os autores apresentam outro conceito de focalização, qualificada como progressista, distributivista. Trata-se de uma concepção presente no discurso oficial dos PTRC BF (Brasil), AFAM-PE (Uruguai) e AUH (Argentina) e em formulações acadêmicas independentes. Nesse aspecto, Bentura e Mariatti (2014) destacam que o discurso oficial sobre focalização no AFAM-PE preconiza o caráter universal como subjacente ao desenho das políticas sociais, por considerar que, mesmo quando apresentam programas focalizados, o fazem numa perspectiva de incluir o cidadão que está marginalizado, contribuindo para a igualdade social. Os autores, porém, criticam essa pretensão ao constatarem, por exemplo, que a articulação da política de saúde e de educação priorizadas nos PTRC vem apresentando um caráter paralelo ao benefício monetário atribuído por esses programas, na medida em que abandona a retórica do direito com a responsabilização e punição das famílias quando descumprem as condicionalidades impostas pelo programa. Ademais, os programas parecem não vir ampliando a oferta nem a qualidade da educação e da saúde para que a demanda crescente, decorrente dos PTRC, possa de fato ser universalizada.

O discurso da universalização também se encontra presente nos documentos oficiais da AUH (Argentina), conforme destaca Fernández Soto et al. (2004). Porém é no texto de Silva (2014) que é apresentada uma concepção de focalização numa perspectiva progressista/distributivista.

A autora articula a focalização às categorias teóricas pobreza e universalização, admitindo existir concepções distintas de focalização referenciadas em diferentes concepções de justiça, fundamentadas em diversas matrizes teóricas. Assim, admite existir uma concepção de focalização formulada no contexto neoliberal, orientada pela concepção de justiça de mercado, portanto residualista e compensatória, que orientou as reformas das políticas sociais na América Latina nos anos 1980 e 1990, subordinando a política social à política econômica direcionada à margem dos processos econômicos integradores, sem vínculo com os direitos sociais. Todavia, Silva (2014) destaca a possibilidade de perceber a focalização não necessariamente como oposta à universalização, desde que seja considerada a partir de um conceito que denomina progressista/distributivista, por se orientar numa concepção de justiça social, ultrapassando o caráter residualista da focalização neoliberal que se orienta pela justiça de mercado.

Assim, a concepção desenvolvida por Silva (2014) destaca a focalização como responsabilidade do Estado, sendo orientada pelas necessidades sociais e não pela rentabilidade econômica; exigindo complementaridade entre a política social e a política econômica; ampla cobertura; boa qualidade dos serviços; estruturas institucionais adequadas; pessoal qualificado e cobertura integral das populações--alvo dos programas. Assim percebida, a focalização é situada num campo que a autora denomina universalização relativa, por considerar que todo o público-alvo que demanda atenção especial deve ser incluído (Silva, 2001).

Na identificação das formas de expressão da focalização nos pobres, extremamente pobres e vulneráveis na realidade dos três PTRC em consideração, verificamos a utilização de mecanismos informatizados para separação desses segmentos do resto da população. No caso do Brasil é utilizado o CadÚnico para programas sociais do governo federal, que inclui todas as famílias com renda *per capita* familiar de três salários mínimos, constituindo um banco de dados centralizado para ser utilizado pelos programas sociais do governo, entre os quais o BF; no caso da Argentina, tem-se a Base Única de Pessoas da Seguridade Social (ADP) de crianças e adolescentes menores de 18 anos, junto com a correspondente identificação de seu grupo familiar e sua história de trabalho como base de informação centralizada, utilizada para determinar o acesso aos benefícios da seguridade social; entre estes, a AUH e o Uruguai utilizam o ICC para selecionar os segmentos vulneráveis que são atendidos pelas ações assistenciais, entre as quais o AFAM-PE. Esses sistemas são centrados em variáveis da vida privada dos indivíduos e de suas famílias, que, em última instância, terminam por privilegiar variáveis de natureza econômica, transformando o processo de identificação dos pobres numa perspectiva economicista e individualizante.

Bentura e Mariatti (2014) apresentam o ICC como uma base de dados centralizada, considerado a principal ferramenta de focalização dos programas sociais no Uruguai, cuja centralidade da focalização é identificar e separar os *falsos pobres* de forma *objetiva, transparente e eficiente*. Representa o emprego do maior nível de tecnificação de benefícios assistenciais entre os três programas, cabendo ao MIDES desenvolver competências institucionais e adoção de tecnologias para seleção e acompanhamento do público-alvo dos programas assistenciais direcionados para os pobres.

Fernández Soto et al. (2014), ao procurar apresentar as formas de expressão da focalização no contexto da AUH da Argentina, destacam o debate sobre focalização/universalização a partir de 2003, quando são questionados os programas sociais de caráter focalizado, considerados transitórios, desarticulados e mínimos, com nula incidência na erradicação do desemprego e da pobreza estrutural. Partindo dessa visão de focalização, a AUH é apresentada pelo discurso oficial como o principal programa social da Argentina na atualidade, voltado para a garantia de universalidade de direitos. Todavia, acrescentam os autores, não há consenso na análise dos especialistas em relação ao caráter universal ou focalizado desse programa. Nesse debate não consensual, Fernández Soto et al. (2014) identificam, nos documentos oficiais, a convivência de noções teórico-práticas de focalização e de direito social universal, parecendo apontar para uma tendência de ruptura com a estratégia de focalização neoliberal dos anos 1990, de modo que a *universalidade* aparece nos documentos oficiais como um dos conceitos-chave da AUH, associado ao conceito de direitos. Aqui, parece que as autoras estão apontando o que denominamos anteriormente focalização progressivista/distributiva, embora seja retomada a ideia apontada pelo AFAM-PE do Uruguai que considera que a universalidade surgirá como consequência da aplicação das condicionalidades, pelo reconhecimento do direito a estar incluído e pela garantia de um padrão básico de vida, de bem-estar e de seguridade econômica.

Para Fernández Soto et al. (2014), a AUH parece aspirar a ser uma política de alcance universal, baseada numa concepção de direitos, concebendo universal como equiparação da situação dos filhos do trabalhador informal ou desocupado ao trabalhador formal, objetivando superar a lógica restrita da focalização neoliberal. Todavia, Fernández Soto et al. (2014) entendem que essa lógica presente no discurso oficial é tensionada pela coexistência de princípios, lógicas e procedimentos focalizadores, representada por requisitos para ingresso e obrigações para se manter no programa. Ademais, a AUH não inclui a todos e impõe condicionalidades, embora possa ampliar direitos ao estender prestações familiares a pessoas até então excluídas da seguridade social: os filhos de trabalhadores informais e desocupados. O próprio decreto de sua criação arrola vários critérios de focalização, excluindo do benefício diversos segmentos, como mencionado anteriormente.

Sobre a focalização do BF nas famílias pobres e extremamente pobres, seu público-alvo, Silva (2014) destaca dois aspectos relevantes: a universalidade geográfica alcançada pela presença do Programa em todos os 5.570 municípios brasileiros e o Distrito Federal desde 2006, três anos após a sua criação, e seu caráter massivo, incluindo cerca de 14 milhões de famílias em 2015. Ademais, referencia vários estudos que atestam o elevado poder de focalização do BF, destacando variáveis significativas. Todavia, Silva (2014), procurando quantificar a focalização do referido programa, se utiliza de informações do MDS que são confrontadas com dados do último censo realizado no Brasil em 2010, que são usados para fixação de metas de atendimento em cada município brasileiro. Os dados apresentados demonstram significativa defasagem quando considerado o público-alvo do BF em confronto com a população-alvo do CadÚnico (Brasil, 2014).

Silva (2014) adentra na sua análise sobre a focalização do BF, destacando o que podem ser considerados alguns constrangimentos ou limites associados à estratégia de focalização adotada, tais como: fixação de uma cota de famílias a ser atendida em cada município, tomando por referência dados do censo da população brasileira realizado em 2010, o que termina gerando uma defasagem, representada por listas de espera para inclusão no Programa pela definição do número de famílias pobres e extremamente pobres de forma estática congelada em dado ponto do tempo; inclusão das famílias centrada apenas na renda num patamar muito baixo, desconsiderando todas as demais variáveis sobre as famílias e seus membros, como condições habitacionais, de saúde, de educação e de trabalho registradas no CadÚnico; benefícios financeiros monetários muito baixos e diversificados, comprometendo a transparência do Programa; não utilização de mecanismos sistemáticos e periódicos para atualização dos valores monetários para ingresso das famílias e dos benefícios monetários; dificuldade de localização de muitas famílias pobres num país com a extensão geográfica e diversidade econômica e cultural do Brasil, abrigando contingente de população em áreas praticamente inalcançáveis.

Os constrangimentos apontados atribuem limites à implementação de uma focalização considerada numa perspectiva progressista/distributivista, ou seja, desvelam os limites da focalização considerada como discriminação positiva, nos termos apresentados. Em resumo, podemos considerar que os PTRC do Uruguai, Brasil e Argentina são programas orientados pela focalização em famílias pobres, extremamente pobres e vulneráveis, mas que cada programa implementa o critério da focalização de forma específica, embora todos a articulem com condicionalidades. Merece destaque o alto nível de sofisticação tecnológica adotado pelo AFAM-PE do Uruguai, aproximando ainda mais esse programa de uma concepção neoliberal e conservadora de focalização. Por outro lado, a AUH da Argentina apresenta a perspectiva de uma aproximação maior com a concepção de focalização sob um prisma progressista/redistributivista, numa tentativa de superar a focalização restrita e conservadora de cunho neoliberal.

O BF procura alcançar um nível elevado de focalização nas famílias pobres e extremamente pobres do Brasil, tanto em termos geográficos como no quantitativo massivo, com atendimento de elevado número de famílias; todavia, apresenta um conjunto significativo de constrangimentos que limitam a adoção de uma focalização que possa se aproximar de uma perspectiva progressista/redistributiva. Ademais, variáveis como tempo de implementação dos programas, quantitativo populacional de cada país, características socioeconômicas e políticas das conjunturas atribuem especificidades peculiares a cada um dos três PTRC analisados no encaminhamento da focalização, conforme considerada nesta análise comparativa.

Referências

ARGENTINA. *Decreto Presidencial n. 1.602*, del 29 de octubre de 2009. Incorpórase el Subsistema no Contributivo de Asignación Universal por Hijo para Protección Social. Buenos Aires, 2009.

ARGENTINA. Presidencia de la Nación. Administración Nacional de la Seguridad Social. *Asignación Universal por Hijo para Protección Social*: una política de inclusión para los más vulnerables. Buenos Aires, 2011.

_____. Presidencia de la Nación. Administración Nacional de la Seguridad Social. Observatorio de la Seguridad Social. *La Asignación Universal por Hijo para Protección Social en Perspectiva*: la política pública como restauradora de derechos. Buenos Aires, 2012.

BENTURA, P.; MARIATTI, A. La focalización en las AFAM-PE. In: BENTURA, P. et al. *Nuevo Régimen de Asignaciones Familiares*: caracterización de sus dimensiones configurativas. Montevideo, 2014. (Mimeo.)

BRASIL. Ministério de Desenvolvimento Social e Combate à Fome. *Perfil das famílias beneficiárias do Programa Bolsa Família*. Brasília, 2006. (Mimeo.)

_____. Ministério de Desenvolvimento Social e Combate à Fome. *Perfil das famílias beneficiadas pelo Programa Bolsa Família*. Brasília, 2009. (Mimeo.)

_____. Ministério de Desenvolvimento Social e Combate à Fome. *Relatório de Informações Sociais*: Bolsa Família e Cadastro Único. Brasília, 2014. Disponível em: <www.mds.gov.br>. Acesso em: 28 abr. 2014.

ESPING-ANDERSEN, G. *Los tres mundos del estado de bienestar.* Valencia: Ed. Alfons el Mangnànim, 1993.

FERNÁNDEZ SOTO, S. La política social y la recomposición material del consenso. La centralidade de los Programas de Transferencia de Renta Condicionada: el caso argentino. *Serviço Social & Sociedade*, São Paulo, n. 113, p. 53-85, jan./mar. 2013.

_____ et al. *Caracterización y problematización de las dimensiones constitutivas de la AUH.* Buenos Aires, 2014. (Mimeo.)

FILGUEIRA, F. El nuevo modelo de prestaciones sociales en América Latina: eficiencia, residualismo y ciudadanía estratificada. In: ROBERT, B. (Ed.). *Ciudadanía y política social.* San José, Costa Rica: FLACSO, 1998. p. 72-113.

FRANCO, R. Los paradigmas de la política social en América Latina. *Revista de la CEPAL*, Santiago, n. 58, p. 9-22, abr. 1996.

IGLESIAS, E. La búsqueda de un nuevo consenso económico en América Latina. In: BANCO INTERAMERICANO DE DESARROLLO. *El legado de Raul Prebish.* Washington, D.C., 1993.

INSTITUTO BRASILEIRO DE GEOGRAFIA E ESTATÍSTICA. *Pesquisa Nacional por Amostra de Domicílios 2004*: aspectos complementares de educação e transferência de renda de programas sociais. Rio de Janeiro, 2006.

_____. *Pesquisa Nacional por Amostra de Domicílios 2006*: acesso à transferência de renda de programas sociais. Rio de Janeiro, 2008.

SILVA, M. O. da S e (Coord.). *O Comunidade Solidária*: o não enfrentamento da pobreza no Brasil. São Paulo: Cortez, 2001.

_____. Focalização e impacto do Bolsa Família na população pobre e extremamente pobre. In: _____ (Coord.); LIMA, Valéria Ferreira Santos de Almada. *Avaliando o Bolsa Família*: unificação, focalização e impactos. São Paulo: Cortez, 2010. p. 63-109.

_____. Focalização *versus* universalização no Bolsa Família. In: _____ et al. *Caracterizando e problematizando o Bolsa Família*. São Luís, 2014. (Mimeo.)

_____; LIMA, V. F. S. de A. O Bolsa Família: a centralidade do debate e da implementação da focalização nas famílias pobres e extremamente pobres no Brasil. In: SEMINÁRIO LATINOAMERICANO DE ESCUELAS DE TRABAJO SOCIAL, 2009, Quayaquil. *Anais...* Quayaquil: ALAETS, out. 2009. (Mimeo.)

SOARES, F. V. et al. Programas de Transferência de Renda no Brasil: impactos sobre a desigualdade e a pobreza. *Texto para Discussão*, Brasília, n. 1228, 2006. Disponível em: <www.ipea.gov.br>. Acesso em: 10 maio 2013.

_____; RIBAS, R. P.; OSÓRIO, R. G. Avaliando o impacto do Programa Bolsa Família: uma comparação com programas de transferência condicionada de renda de outros países. *IPC Evaluation Note*, Brasília, n. 1, dez. 2007.

SOARES S. et al. Programas de Transferência de Condicionada de Renda no Brasil, Chile e México: impacto sobre a desigualdade. *Texto para Discussão*, Brasília, n. 1.293, 2007. Disponível em: <www.ipea.gov.br>. Acesso em: 10 maio 2013.

SOJO, A. La trayectoria del vínculo entre políticas selectivas contra la pobreza y políticas sectoriales. *Revista de la CEPAL*, Santiago, n. 91, abr. 2007.

URUGUAY. Ministerio de Desarrollo Social. Dirección Nacional de Evalución y Monitoreo. *Evaluación y seguimiento de programas 2009-2010*. Montevideo, 2011. Informe não publicado.

URUGUAY. Ministerio de Desarrollo Social. Dirección Nacional de Evalución y Monitoreo. *Informe MIDES*: seguimento y evaluación de atividades y programas 2011-2012. Montevideo, 2013.

_____; UNIVERSIDAD DE LA REPÚBLICA DE URUGUAY. *Perfil socioeconómico de la población incluida en el PANES*: informe final. Montevideo, 2007.

VECINDAY, L. El limitado retorno del Estado: la gestión social de la pobreza en el Uruguay reciente. In: JORNADAS DE ECONOMÍA CRÍTICA, 7., *Anais...*, La Plata, 2014.

5

Exigência de condicionalidades: significados, alcances e controvérsias no debate

José Pablo Bentura
Maria Laura Vecinday Garrido
Ximena Baráibar Ribeiro
Fátima Otormín
Mariela Pereira
Alejandro Mariatti
Yoana Carballo

A exigência de condicionalidades é uma característica dos PTRC em geral, sendo, portanto, um traço comum dos três programas analisados.

O presente texto, em um primeiro momento, define a noção de condicionalidade, para, em seguida, analisar as controvérsias registradas nos três programas acerca do alcance e do significado das condicionalidades. Posteriormente, se descrevem as condicionalidades exigidas nos três programas, para apresentar, finalmente, as exigências de gestão e/ou o acompanhamento social que se desprendem de cada formato.

5.1 Que são as condicionalidades?

As condicionalidades são atividades específicas exigidas por alguns programas sociais às famílias beneficiárias como forma de manter um benefício. No caso dos PTRC, essas exigências estão associadas a atividades que têm como objetivo ampliar o capital humano de crianças e adolescentes beneficiários. A exigência de condicionalidades é constitutiva dos PTRC, pois se condiciona a transferência ao cumprimento de certos comportamentos no âmbito educativo e sanitário. As condicionalidades refletem tanto a concepção de pobreza, como o caminho proposto para sua superação, aspecto trabalhado no item correspondente à categoria pobreza. É a partir deste marco comum que se desenvolvem os debates sobre o tema em cada um dos três programas considerados no presente estudo.

Nos três programas analisados, a condicionalidade implica a entrega de recursos monetários e não monetários a famílias em situação de pobreza ou pobreza extrema que têm filhos menores de idade, com a condição de que estas cumpram com certos compromissos associados ao melhoramento de suas capacidades humanas.

Nos documentos elaborados pelas equipes do Brasil e do Uruguai, faz-se referência aos três tipos de condicionalidades identificados por Cecchini e Madariaga (2011): brandas, fortes e sistemas ou redes de condicionalidades. As condicionalidades brandas:

> [...] fundamentam-se na premissa de que um dos principais problemas das famílias pobres é a falta de renda em decorrência de sua dificuldade de inserção no mercado de trabalho. Assim, necessitam da garantia de uma renda mínima para suprir carências. As sanções adotadas pelo descumprimento desse tipo de condicionalidades são moderadas (Silva e Carneiro, 2014, p. 80).

Nos mesmos documentos, aponta-se que as condicionalidades consideradas fortes incentivam a demanda das famílias por serviços oferecidos e procuram promover o desenvolvimento humano da população pobre, mediante a elevação de seus níveis de utilização da educação pública e dos serviços de saúde. Afirma-se que a transferência monetária é considerada um mecanismo para incentivar as mudanças de comportamento das famílias pobres para desenvolver maior disposição no incentivo das capacidades humanas. O benefício monetário é administrado como meio de financiamento dos custos de acesso aos serviços educativos e sanitários. Para isso, o controle das condicionalidades é forte e as sanções são rigorosas, apresentando regras claras: *uma transferência, uma condição* (Cecchini e Martínez, 2011).

O terceiro tipo de condicionalidade constrói estruturas de articulação com o objetivo de garantir o acesso aos benefícios oferecidos por diferentes programas específicos para compor uma base de inclusão. Tem como pressuposto que a pobreza é o resultado não só da insuficiência de renda ou de acesso aos serviços sociais, mas, também, que deriva de múltiplos fatores psicossociais, culturais, econômicos e geográficos. Assim, a oferta pública de serviços deve aproximar-se das famílias, constituindo um sistema articulado e ativo. Os valores monetários, quando previstos, são baixos e destinados a reduzir os custos que supõem para os beneficiários sua participação em outros programas sociais. As contrapartidas das famílias variam e são relativamente flexíveis (Id., ibid.) e as transferências e condicionalidades são situadas em segundo plano, sendo mais importante o acompanhamento psicossocial das famílias (Silva e Carneiro, 2014).

Cabe assinalar que, na Argentina, se distingue claramente entre condicionalidades e contraprestações.[9] Fernández Soto et al. (2014) entendem como condicionalidade o cumprimento de caráter obriga-

---

9. Cabe frisar que nenhum dos programas analisados exige contraprestações (no sentido anteriormente especificado), mas que todos eles têm como denominador comum a exigência de condicionalidades nas áreas sanitária e educativa. No marco dos debates que acompanharam este trabalho de investigação, a distinção entre contraprestações e condicionalidades foi um deles.

tório por parte dos beneficiários de uma série de requisitos para obter um benefício. Acrescentam que se diferencia da contraprestação porque esta se encontra ligada à exigência de trabalho, busca de trabalho ou capacitação para consegui-lo. A AUH se distancia neste ponto de programas anteriores desenvolvidos na Argentina, onde, sim, se exigiam contraprestações laborais. Este aspecto também é comum ao BF e ao AFAM-PE, nos quais tampouco se prescrevem exigências vinculadas a uma contraprestação laboral. Houve, nos três países, experiências anteriores com exigência de contraprestação para aceder a uma transferência. Nesse sentido, se registra uma opção pelas condicionalidades frente às contraprestações laborais na orientação geral das políticas de transferência. No caso uruguaio, por exemplo, convivem ambas as modalidades: salários solidários junto a Asignaciones Familiares, depois Plan de Emergencia con Trabajo por Uruguay e, atualmente, AFAM-PE com Uruguay Trabaja. O que se registra é que os PTRC têm um alcance massivo frente aos sistemas de *workfare* que se mantêm sempre residuais.

As condicionalidades focalizam crianças, adolescentes e mulheres grávidas. Ao direito à educação e à saúde, corresponde um conjunto de condicionalidades associadas a seu efetivo exercício.

Nesta aproximação à noção de condicionalidades, é importante ressaltar que essas exigências colocadas sobre os comportamentos individuais são subsidiárias da pretensão de operar sobre a demanda de serviços educativos e sanitários.

5.2 Debates e controvérsias sobre a exigência de condicionalidades

No documento de caracterização do BF que aborda as condicionalidades, menciona-se a coexistência de três perspectivas acerca delas:

a) **Condicionalidades como acesso e ampliação de direitos:** representa a versão oficial sobre as condicionalidades dos três programas analisados, consideradas mecanismos para combater a transmissão intergeracional da pobreza, promovendo a inversão em capital humano ao articular o objetivo imediato de alívio à pobreza, eixo compensatório da transferência monetária para famílias pobres e extremamente pobres, com políticas estruturantes universais. Assim concebidas, as condicionalidades contribuiriam para o acesso a direitos sociais básicos e a incentivar a demanda por serviços de educação, saúde e assistência social, apresentando-se em uma dupla perspectiva. Demandam responsabilidade do Estado na oferta de serviços públicos e responsabilidade das famílias beneficiárias, que devem assumir os compromissos determinados pelo Programa.

b) **Condicionalidades como negação de direitos:** concepção oposta à anterior, por considerar que as condicionalidades estabelecidas nos PTRC representam uma violação ao direito essencial de sobrevivência das pessoas. Entende-se que a um direito não se podem impor contrapartidas, exigências ou condicionalidades. A ênfase dessa concepção é de que deve ser responsabilidade do Estado garantir as condições necessárias para que as pessoas mantenham um padrão básico de vida, de acordo com as conquistas civilizatórias da sociedade em que se inserem. Para essa perspectiva, a determinação de medidas punitivas em situações de descumprimento não faz mais que confirmar a vulnerabilidade e o desamparo social da população beneficiária.

c) **Condicionalidades como questão política e imposição moralista conservadora:** concepção que defende a ideia de que ninguém, principalmente os pobres, pode receber uma transferência do Estado sem contrapartida direta, tratando-se do *pobre merecedor*. Considera legítimas e desejáveis as condicionalidades a respeito dos mecanismos de *educação* dos pobres e apela aos governos o controle e o castigo com a perda do benefício daqueles que não cumpram com as exigências impostas pelas condicionalidades. Assim, os pobres beneficiários são culpabilizados pelo não cumprimento daquilo que os programas determinam, sem que seja considerado que o descumprimento das condicionalidades depende de condições objetivas dos beneficiários. É preciso incorporar à análise sobre as condicionalidades as condições de infraestrutura social oferecidas pelo Estado ao conjunto de seus cidadãos, sobretudo nos campos da educação e da saúde. Os problemas de cobertura sanitária e educativa se veem agravados pela precariedade dos serviços públicos, por omissão ou deficiência do próprio Estado, que permanece isento de qualquer punição (Silva e Carneiro, 2014).

Como dito anteriormente,

[...] as condicionalidades, também denominadas de contrapartidas ou compromissos representam uma dimensão fundamental no desenho do BF por se colocar como mediação entre o eixo compensatório do Programa, expresso pelo benefício monetário, e o eixo estruturante, expresso pelos benefícios não monetários e programas e ações complementares (Id., ibid., p. 79).

As análises desenvolvidas por Silva e Carneiro (2014, p. 82) em torno das condicionalidades como dimensão estruturante do BF consideram que estas, ainda que busquem potencializar impactos positivos sobre a autonomia das famílias beneficiárias, "[...] ferem o princípio da não condicionalidade, garantido pelo direito de todo cidadão a ter acesso ao trabalho e a programas sociais que lhe assegurem uma vida com dignidade", Além disso, acrescentam:

Os serviços sociais básicos oferecidos pela grande maioria dos municípios brasileiros, inclusive na Educação, na Saúde e no Trabalho são insuficientes, quantitativa e qualitativamente, para atender às necessidades das famílias beneficiárias dos programas de transferência de renda. Nesse sentido, as condicionalidades deveriam ser impostas ao

Estado, nos seus três níveis de governo e não às famílias, por implicarem e demandarem a expansão e a democratização de serviços sociais básicos de boa qualidade (Id., ibid., p. 82).

Visto que se "[...] estes fossem disponíveis e devidamente divulgados, seriam utilizados por todos, sem necessidade de imposição e obrigatoriedade" (Id., ibid., p. 82). Por conseguinte, sugerem o desenvolvimento de "[...] ações educativas, de orientação, encaminhamento e acompanhamento das famílias para a adequada utilização dos serviços disponíveis" (Id., ibid., p. 83).

A opinião das autoras é de que seja adotado um processo educativo em contraposição a uma postura punitiva,

> [...] as condicionalidades, ao contrário de restrições, imposições ou obrigatoriedades, significariam ampliação de direitos sociais, constituindo-se em recomendações às famílias beneficiárias e como dever do Estado na proteção social de seus cidadãos e no oferecimento de serviços sociais básicos de qualidade e suficientes para atender às necessidades das famílias, com destaque à educação e à saúde (Id., ibid., p. 83).

Na análise crítica que desenvolvem sobre as condicionalidades dos PTRC, Silva e Carneiro (2014, p. 83) ressaltam, também, que o caráter punitivo atribuído às condicionalidades pode "[...] agravar situações de vulnerabilidades e riscos sociais prévios vivenciados pelas famílias mais propensas ao descumprimento, culminando com sua responsabilização por situações tipificadas como disfuncionais". Consideram, ademais, que corresponde, sobretudo aos municípios, criar as condições para o cumprimento das condicionalidades com maior responsabilidade pela oferta de serviços, por sua gestão e acompanhamento das famílias em descumprimento. Nesse aspecto, consideram

> [...] a fragilidade e falta de condições estruturais, de recursos e de pessoal para a maioria dos municípios brasileiros ofertarem serviços de educação e de saúde em quantidade e de qualidade para atender

adequadamente à demanda da população (Silva, Guilhon e Lima, 2013 apud Silva e Carneiro, 2014, p. 83).

Baráibar e Otormín (2014) introduzem a análise sobre as condicionalidades fazendo referência à relação que presumem entre o Estado, o indivíduo beneficiário e o *resto* da sociedade, localizando estas exigências dentro do marco mais geral que adota a política assistencial a partir dos anos 1990. Merklen (2013) observa que, contrariamente ao ocorrido entre os anos 1930-1980, em que a sociedade protegia os indivíduos diante do risco e se erigia como responsável pela sorte de cada um, na atualidade cada qual deve assegurar-se por si mesmo, e ao mesmo tempo ser responsável por prever as dificuldades da vida em sociedade e os inconvenientes que possa ocasionar tanto a outros como a si mesmo.

Segundo o novo marco, quem quiser beneficiar-se das ajudas públicas deve demonstrar sua vontade de recomeçar o caminho do trabalho e converter-se no ator de sua própria reinserção profissional. A figura do indivíduo ativo se difunde e o Estado social passa a ser um Estado social ativo que invoca o indivíduo a sair de sua passividade, o que reintroduz a noção de contrapartida, a qual se encontra no alicerce da devolução da dívida social. Já não é a sociedade que está em dívida com os mais desfavorecidos, mas são os beneficiários das políticas sociais que contraem uma dívida com a sociedade que os ajuda e devem, em consequência, fazer algo para devolver o recebido. Mostram um indivíduo que deve ser livre, porém que ao mesmo tempo se vê obrigado a prestar contas, um indivíduo obrigado a justificar seus atos e a produzir um relato biográfico que mostre que compreende sua situação e prove o esforço que realiza para superar-se a si mesmo (Id., ibid.).

Após esta apreciação geral, identificam-se os debates que têm despertado as condicionalidades, agrupando os argumentos em dois conjuntos diferenciáveis, ainda que inter-relacionados. Os primeiros de ordem filosófica e política, os segundos — ainda que também com implicações políticas —, mais vinculados aos aspectos técnicos da implementação delas.

No primeiro conjunto de argumentos, e em uma postura crítica às condicionalidades, colocam-se as considerações de Álvarez Leguizamón (2011), a qual assinala que as contraprestações que caracterizam os PTRC têm uma visão da pobreza, entendendo-a como carência de certas habilidades ou capacidades (expressas na ideia de capital humano) que devem ser incorporadas através de ações pedagógicas tendentes a modificar comportamentos ou aumentar capacidades.

Isso estaria mostrando que a pobreza se explica por questões individuais (carência de hábitos, destrezas para triunfar no mercado), e não pelas relações sociais e as estruturas econômicas e de desigualdade que a produzem e reproduzem. De acordo com a autora, esta política e seu discurso prático invertem as causas da pobreza ao naturalizar a desigualdade, tanto porque não questionam os mecanismos básicos que produzem a pobreza, como porque consideram as vítimas dos processos histórico-estruturais produtoras das causas que a produzem.

Indica Álvarez Leguizamón (2011) que o dispositivo das condicionalidades, procurando fomentar o capital humano, se traduz em uma série de formas disciplinadoras e de controles para ter acesso à educação e à saúde básica, partindo do preconceito tutelar de que os pobres têm valores que não se inclinam à educação, nem ao cuidado de sua saúde ou de sua prole. Segundo a autora, a noção de capital humano, aplicada à pobreza, renova velhas representações de tipo civilizadoras e neocoloniais sobre os pobres que explicam sua causa pela falta de educação ou de capacidades para realizar *as melhores opções* ou por comportamentos considerados amorais.

A ideia de transmissão intergeracional da pobreza parte da hipótese de que esta se reproduz de acordo com um círculo vicioso que tem a ver, sobretudo, com uma transmissão intergeracional de certas inépcias, incapacidades, falta de habilidades, de treinamento, de capacitação. Continuando com a autora, embora se reconheça que a educação é considerada pelas famílias pobres uma estratégia de saída de sua situação de pobreza, sabe-se, também, que os sacrifícios que têm de realizar para mandar seus filhos à escola nem sempre são recompensados com os trabalhos acordes a essa qualificação (Id., ibid.).

Também em uma perspectiva crítica frente às condicionalidades, e em particular ao que as distancia da ideia de direitos sociais, se encontra o assinalado por Vecinday (2013), para quem as contrapartidas constituem uma negação desses direitos, uma vez que eles são interpretados como obrigações dos beneficiários e constituem um esforço de legitimação da assistência em um contexto de forte individualização social (que converte o indivíduo em responsável por sua própria situação) e ruptura da solidariedade que questiona a ação protetora do Estado.

As condicionalidades são acompanhadas de uma retórica que enfatiza responsabilidades dos assistidos e minimiza o compromisso do Estado, no que diz respeito a seus cidadãos. Desse modo, se o apelo a dispositivos focalizados na proteção social questiona a noção de direito, o estabelecimento de condicionalidades interpela o direito de quem tem direito. Se as condicionalidades recaem sobre os beneficiários da assistência, é porque seu direito a ser assistido é posto em dúvida. Reunir os atributos predefinidos tecnicamente para aceder à proteção social focalizada é um requisito necessário, porém não suficiente, pois se acrescenta a exigência de condicionalidades para sua conservação. Para a autora, os PTRC são um exemplo da contratualização da proteção social pela qual se hierarquiza o papel das obrigações, dissipando a ideia de direito. Assim, se retorna à noção subjetiva de comportamento e responsabilidade individual, que volta a situar em um primeiro plano a questão das culpas pessoais e das atitudes individuais.

Assinala Merklen (2013) que a contratualização interrompe a lógica do direito. O indivíduo já não é o titular de um direito, mas recebe um benefício da comunidade, uma ajuda, ante a qual é responsável e à qual deve seu ressarcimento. É responsável e devedor pela assistência que lhe foi concedida, dado que deveria ter se prevenido contra esse risco do qual é tão vítima como responsável.

Não ser titular de um direito, mas um simples beneficiário, legitima duas realidades. Por uma parte, controlar o beneficiário na medida em que este recebe um subsídio do erário público. O controle social é exercido sob a forma de uma exigência de contrapartida, a qual corresponde à dívida que se supõe que o beneficiário da ajuda tem com a sociedade que o assiste. Resulta compreensível que a comunidade socorra o *perdedor*, sempre que este não se instale na posição de assistido e queira converter a ajuda em um direito. Ao mesmo tempo, se legitima que a pessoa possa ver-se privada da ajuda se não cumprir com o que é exigido em nome da contrapartida.

O distanciamento das prestações que implicam os PTRC da lógica de direitos está presente também no questionamento de Abramovich e Pautassi (2006), para os quais o enfoque com base em direitos considera que o primeiro passo para outorgar poder aos setores excluídos é reconhecer que eles são titulares de direitos, o que seria obrigação do Estado.

Ao introduzir este conceito, procura-se trocar a lógica dos processos de elaboração de políticas para que o ponto de partida não seja a existência de pessoas com necessidades que devem ser assistidas, senão sujeitos com direito a demandar determinadas prestações e condutas. As ações que se empreendam neste campo não são consideradas somente como o cumprimento de mandatos morais ou políticos, mas como a via escolhida para fazer efetivas as obrigações jurídicas, imperativas e exigíveis, impostas pelos tratados humanos. Os direitos demandam obrigações e as obrigações requerem mecanismos para fazê-las exigíveis a fim de que sejam cumpridas.

Em similar sentido, outros argumentos críticos referem que as condicionalidades geram uma distinção pouco afortunada entre "[...] pobres merecedores e não merecedores de assistência", o que entra em choque com o princípio de universalidade dos direitos e violaria direitos humanos básicos em relação com a garantia de um nível mínimo de vida (Cecchini e Madariaga, 2011, p. 93).

Apesar do assinalado, é o discurso de direitos e cidadania o que geralmente fundamenta os PTRC, sem que se materializem ações substanciais que permitam o trânsito para os dispositivos universais formulados nas condicionalidades, tampouco no mundo do trabalho.

Com outra perspectiva sobre as condicionalidades, colocam-se Midaglia e Silveira (2011) que assinalam que além do similar desenho dos PTRC, estes assumem um papel particular no sistema de proteção que depende do lugar que ocupam no sistema de seguridade social em seu conjunto. Para os autores, é necessário abandonar uma perspectiva que considera de maneira isolada os PTRC sem levar em consideração o marco político-institucional de bem-estar no qual eles se inscrevem. Esses programas, como outras prestações, adquirem seu sentido político e social específico em relação à estrutura de provisão social vigente.

Para os autores, os PTRC apresentam um conteúdo ambíguo quando incorporam traços liberais e traços intervencionistas. De um lado, são impostas obrigações em formas de condicionalidades aos beneficiários desses programas. Assim, os benefícios são destituídos do sentido de um clássico direito social. De outro lado, o benefício é associado à situação de pobreza e de destituição de capital humano vivenciada pelo beneficiário. Nesse aspecto, o benefício representa uma oportunidade para introduzir modificações no comportamento dos lares pobres mediante a melhoria de seu capital humano.

Segundo os autores, os PTRC também apresentam elementos de tipo intervencionista, os quais se expressam na obrigação do Estado de prover bens sociais básicos para que as contrapartidas estipuladas se tornem exigíveis. Da mesma forma, para que essas contrapartidas contribuam em matéria de investimento de capital humano, torna-se imprescindível assegurar a oferta e a qualidade dos serviços oferecidos (Id., ibid.).

Em relação ao segundo conjunto de argumentos do debate sobre as condicionalidades, é possível indicar que depois de vários anos de desenvolvimento dos PTRC, percebe-se que não existe evidência clara da efetividade ou eficiência de introduzir condicionalidades às prestações sociais, pela dificuldade de separar entre os efeitos das condicionalidades e os das transferências (Cecchini e Madariaga, 2011).

Destaca-se, também, que as famílias mais pobres e vulneráveis costumam ser as que não logram cumprir as condicionalidades para obter a transferência de rendas. Também se indica que as condicionalidades podem trazer, simultaneamente, certos riscos de manejo inapropriado por parte das pessoas encarregadas de certificá-las (Id. ibid.).

Tentando problematizar a questão das condicionalidades, e recorrendo à literatura sobre o tema, Fernández Soto et al. (2014, p. 73-4) destacam os seguintes pontos de crítica:

- Trato diferente/desigual/discriminatório no que se refere aos trabalhadores cobertos pelas atribuições familiares contributivas, já que a estes não se exige nenhuma condicionalidade para receber a contribuição por filho. Ao contrário, a certificação da escolaridade por parte de um empregado formal é reconhecida com um acréscimo monetário equivalente ao pagamento de ajuda salário-educação.

- Se o benefício monetário da AUH está dirigido a aumentar o renda de crianças e seus grupos familiares, resulta questionável que o Estado retenha uma parte dessa renda até comprovar o cumprimento dos requisitos exigidos. Como questiona Lo Vuolo (2009, p. 17): "[...] por um lado se diz que o benefício se outorga para melhorar a situação de falta de rendas e por outro se aplica uma sanção que castiga com a redução e até perda dessa renda", gerando um preconceito em vez de um benefício. Sabe-se que a maioria das famílias faz um esforço para enviar seus filhos às escolas ainda sem cobrar a contribuição, então, para que se retém parte da renda?

- Se o descumprimento das condicionalidades por parte dos adultos responsáveis implica a perda da contribuição, então a condicionalidade adquire um caráter punitivo e repressivo que prejudica as crianças e dissipa a intencionalidade de proteção de direitos que inspira a AUH.

- A capacidade ou a incapacidade de cumprimento das condicionalidades terminam recaindo sobre a responsabilidade das famílias receptoras, quando em muitos casos é o próprio Estado que não pode garantir oferta de saúde e educação suficiente, ou não logra garantir o acesso adequado a esses serviços. Não aparece explicitado na letra do decreto como se resolvem, na prática, os problemas ou deficiências relacionadas com a oferta. Isso abre um conjunto de interrogações: resulta legítimo transformar os direitos à saúde e à educação em condicionalidades? Que ocorre se não se pode cumprir por falta de disponibilidade ou de acesso aos serviços públicos? Quem controla falta a cumprimento do Estado a respeito?[10]

5.3 Formas de expressão, acompanhamento e sanções por descumprimento das condicionalidades nos PTRC da Argentina, Brasil e Uruguai

Como já indicado, nos três programas são estabelecidas condicionalidades centradas no cumprimento de controles sanitários e assistência a centros educativos, sendo os adultos encarregados de crianças e adolescentes responsáveis por cumprir essas exigências.

No caso da AUH, o decreto que lhe dá origem estabelece que, em matéria de saúde, deverão comprovar-se controles sanitários e plano de vacinação obrigatório até os 4 anos de idade. Quanto à escolaridade, deve-se comprovar a frequência dos menores, obrigatoriamente, a estabelecimentos educativos públicos a partir dos 5 aos 18 anos. O decreto estabelece claramente em seu sétimo artigo: "[...] a falta de credenciamento produzirá a perda do benefício" (Argentina, 2009).

Na Argentina, o discurso oficial valoriza como altamente positiva a exigência das condicionalidades previstas pela AUH. A respeito, assinala-se que,

> [...] a través de sus condicionalidades, la AUH cumple entonces un papel fundamental en la promoción de la educación y la salud de los

---

10. Como sugere Lo Vuolo (2009, p. 18), a sanção pelo descumprimento da condicionalidade "[...] é mais uma forma de culpar aos pobres de sua própria situação e permitirá alimentar o discurso reacionário que justifica falta de cobertura na ausência de contraprestações por parte dos beneficiários".

niños, en tanto los titulares deben acreditar el cumplimiento de los controles sanitarios y el plan de vacunación de sus hijos; y para aquellos niños en edad escolar, deben certificar además, el cumplimiento del ciclo escolar lectivo correspondiente (Anses, 2012, p. 17 apud Fernández Soto et al., 2014, p. 65).

Fernández Soto et al. (2014) advertem que duas questões surgem dos discursos oficiais sobre as condicionalidades. Em primeiro lugar, destaca-se a importância da corresponsabilidade e se avalia em termos altamente positivos, já que, em segundo lugar, se considera que as condicionalidades perseguem certos fins/objetivos, que vão mais além do que a contribuição monetária possa significar para as famílias, e que se correspondem com os objetivos específicos da AUH. Entre esses fins/objetivos das condicionalidades se destacam: (i) garantir a universalidade e preservar a transparência; (ii) promover a educação e saúde das crianças; (iii) fomentar o cuidado com a saúde e a formação de capital humano nas crianças; (iv) provocar impactos significativos na acumulação de capital humano; (v) reconstruir o vínculo familiar e o exercício de condições sociais básicas; (vi) intervir no comportamento individual do lar; (vii) deter a dinâmica da pobreza intergeracional; (viii) criar as condições para o desenvolvimento físico e intelectual das crianças; (ix) melhorar suas condições de vida, visando a seu futuro; (x) evitar abandono na educação básica; (xi) reconstituir o vínculo escolar; (xii) colaborar com a eliminação do trabalho infantil; (xiii) induzir ao registro dos nascimentos e à aprovação de uma identidade (Id., ibid.).

Esses fins podem reagrupar-se levando em consideração os prazos para sua realização e o caráter deles. Em primeiro lugar, o programa pretende *intervir no comportamento individual do lar*, obrigando pais ou tutores a cumprir com os requisitos solicitados, sob pena de perder *o direito* à contribuição. Supõe-se que o cumprimento das condicionalidades se fará efetivo por parte das famílias se a ele se sujeita o pagamento da contribuição monetária. No Decreto de Necessidade e Urgência (DNU) também é assinalado que isso permitiria *garantir a universalidade* e a *transparência* na efetivação do pagamento da contribuição. Nesse sentido, é possível pensar que as condicionalidades encobrem o objetivo de converter-se em um mecanismo de controle do comportamento das famílias pobres (Id., ibid.).

Por outro lado, a partir do programa entende-se que as condicionalidades sanitárias e educativas promoverão a saúde e a educação das crianças, fomentando o cuidado com a saúde por parte dos pais e evitando o abandono da educação básica, o que redundará em melhores condições no futuro, "[...] já seja para continuar na formação acadêmica, para adquirir empregos de maior qualificação ou para desenvolver-se na sociedade" (Anses, 2012, p. 19 apud Fernández Soto et al. 2014, p. 87).

Ademais, Fernández Soto et al. (2014, p. 87) assinalam:

> [...] as condicionalidades educativas são vistas como uma maneira de colaborar com a eliminação do trabalho infantil, supondo que se a criança frequenta a escola, isso evitará que trabalhe. Outro dos fins específicos é induzir ao registro dos nascimentos e à aprovação de uma identidade para as crianças, já que sem o documento de identidade não é possível receber a contribuição (alguns documentos não oficiais veem esta questão como um grave problema, estimando — não há dados oficiais — que existem na Argentina entre 500 mil e 1 milhão de crianças sem Documento Nacional de Identidade (DNI).

O programa prevê que essas condicionalidades, ao melhorar a saúde das crianças e integrá-las ao sistema educativo formal, ampliarão as "[...] possibilidades das mães (sobre as quais pesa o trabalho de cuidado) de buscar um emprego ou cumprir em maior medida com as condições do trabalho já obtido" (Anses, 2012, p. 19 apud Fernández Soto et al., 2014, p. 87).

Em longo prazo, entende-se que a exigência dessas condicionalidades é o caminho para a formação de capital humano nas crianças, com a expectativa de que isso redunde em melhorar suas condições de vida no futuro.

As famílias pobres não podem cumprir com a formação de capital humano se "[...] não investem o suficiente no capital humano devido a problemas de informação; se não existe altruísmo entre pais e filhos; ou se existem externalidades importantes no consumo de saúde e educação" (Fiszbein e Schady, 2009, p. 30). Esse é o principal motivo pelo qual, nos documentos oficiais, se destaca a preferência pelos programas sujeitos a certas condicionalidades, ademais de todos os fins/objetivos positivos que lhes são atribuídos.

Supõe-se também que as condicionalidades permitirão reconstruir o vínculo familiar (sob a hipótese de que este está rompido nas famílias pobres) e o vínculo escolar.

Por último, e sempre segundo as fontes oficiais, tudo isso configuraria uma estratégia orientada para deter a dinâmica intergeracional da pobreza (Fernández Soto et al., 2014).

Fernández Soto et al. (2014) continuam sua análise recuperando as vozes que se levantaram contra esta visão oficial a respeito das condicionalidades. Apontam que, em termos gerais, o questionamento se refere a que as condicionalidades exigidas aos trabalhadores do setor informal, e cujo descumprimento determina a perda do benefício para seus filhos, não se encontram vigentes para os trabalhadores formais cobertos pelo sistema contributivo. Esta situação gera uma situação de desigualdade entre ambos os grupos de trabalhadores.

Acrescentam que se atentamos ao desenho dos diferentes programas de transferência de renda implementados na Argentina nos últimos 20 anos, é possível reconhecer um apoio amplamente majoritário à exigência de contraprestações e/ou condicionalidades em troca de receber um benefício.

O sistema de controle sobre o cumprimento das condicionalidades é projetado do seguinte modo: as autoridades correspondentes às diferentes áreas (saúde e educação) são as que abonam o cumprimento das condicionalidades na Carteira Nacional (documento único e pessoal de cada criança, adolescente, filho com deficiência, que funciona como instrumento de controle do cumprimento dos requisitos) implementada pela ANSES para tal fim.

Esta maneira de controle relaciona diferentes setores e atores que intervêm na rede das políticas públicas. Da mesma forma, supõe a articulação entre distintos níveis de gestão estadual: a AUH é uma política que parte do Estado nacional, porém que, em nível de sua execução, requer a competência de organismos provinciais (escolas e hospitais provinciais) e/ou municipais (centros de saúde) para certificar o cumprimento das condicionalidades. Desse modo, os atores dos âmbitos de saúde e educação se convertem em figuras de controle das condicionalidades no processo de implementação da AUH.

Os pais ou tutores recebem mensalmente somente 80% do montante determinado, enquanto os 20% restantes são retidos e abonados uma vez ao ano, no início do período letivo, ante a apresentação da carteira mencionada.

No caso das AFAM-PE, as condicionalidades perseguem o propósito de estimular a permanência no sistema de ensino, principalmente no nível secundário, e melhorar os controles da saúde das grávidas, assim como de crianças e adolescentes. As mulheres grávidas deverão realizar os controles obstétricos correspondentes, e logo após o nascimento, aos 45 dias de nascida, a criança deve ter carteira de identidade. As crianças em idade pré-escolar deverão demonstrar controles periódicos de saúde e estar cursando a educação Inicial. Por sua parte, as crianças em idade escolar deverão assistir à educação primária. E, finalmente, os adolescentes deverão comprovar estar cursando instituições educativas habilitadas.

Em relação a crianças e adolescentes que participem de projetos socioeducativos desenvolvidos pelas instituições de educação informal, registradas no MEC, serão beneficiários da contribuição sempre que os tributários se comprometam com o reingresso daqueles ao sistema educativo formal.

De acordo com o artigo 8 da Lei n. 18.227, de 22 de dezembro de 2007 de criação das Contribuições Familiares, compete ao BPS verificar e controlar o cumprimento dos requisitos para ser beneficiário da prestação. No caso de comprovar-se a falsidade da informação proporcionada ou não se poder verificar as condicionalidades que habilitam o recebimento do benefício, este organismo pode proceder à suspensão do benefício, sem prejuízo de recuperar o indevidamente pago e das queixas-crime que eventualmente correspondam.

Para o cumprimento da competência referida, fica facultado ao BPS realizar as comprovações e as inspeções que estime necessárias, a fim de valorizar a existência das condições para o acesso e a manutenção da prestação. Da mesma forma, fica habilitado para solicitar ao MEC e ao Ministério da Saúde Pública, à Administração Nacional de Educação Pública, ao *Instituto del Niño y Adolescente del Uruguay* (INAU), às instituições de ensino privado e às instituições de atenção à saúde, a informação necessária para comprovar a frequência dos beneficiários aos centros de educação e os devidos controles médicos. Os organismos e as instituições indicados ficam obrigados a outorgar a informação solicitada.

O controle das condicionalidades foi realizado quando se reuniram dois requisitos: o necessário armazenamento e cruzamento de informação que permitissem verificar o descumprimento, assim como um contexto sociopolítico favorável que insistiu na necessidade de verificar que os beneficiários estavam cumprindo com suas obrigações, o que se refletiu no tratamento que os meios de comunicação fizeram sobre o tema.

Até o momento, a verificação do cumprimento das condicionalidades se limitou ao âmbito educativo e não se processou em relação às exigências sanitárias.

Sobre o BF, segundo Silva e Carneiro (2014), as condicionalidades são apresentadas como compromissos assumidos pelas famílias para permitir a recepção do benefício. Ao mesmo tempo, são concebidas como responsabilidades do poder público, devendo ofertar serviços de educação, assistência social e saúde. Assim, na saúde, se estabelecem para as grávidas as seguintes condicionalidades: devem inscrever-se em pré-natal na unidade de saúde mais próxima de seu domicílio e realizar consultas médicas de acordo com o calendário mínimo do Ministério de Saúde (MS). As mães e as responsáveis por crianças menores de sete anos devem participar de atividades educativas oferecidas pelas equipes de saúde sobre aleitamento materno e promoção da alimentação saudável. Além disso, na saúde, as crianças de zero a sete anos devem ter carteira de saúde, mantendo atualizado o calendário de vacinação, e ser levadas para a realização do acompanhamento de seu estado nutricional.

Na educação, crianças e adolescentes entre 6 e 15 anos devem estar matriculados e com frequência escolar mensal mínima de 85%; os adolescentes entre 16 e 17 anos devem ter frequência escolar mensal de, no mínimo, 75%; informar de imediato ao setor responsável pelo BF no município sempre que ocorra mudança de escola, para que seja viabilizado e garantido o efetivo acompanhamento da assistência escolar. Na *assistência social*, crianças e adolescentes com até 15 anos em situação ou retirados do trabalho infantil devem participar dos Serviços de Convivência e Fortalecimento de Vínculos, com atividades no turno livre, alcançando uma frequência mínima de 85% da carga horária mensal dessas atividades.

Silva e Carneiro (2014) indicam que o MDS, órgão gestor federal do BF, realiza o acompanhamento geral das condicionalidades de modo articulado com o MEC e o MS. Corresponde aos municípios o acompanhamento do cumprimento das condicionalidades pelas famílias beneficiárias, o que se realiza intersetorialmente com a participação das áreas de saúde, educação e assistência social, que seguem calendários previamente definidos. Realizam-se registros informatizados sobre a frequência escolar e sobre o desempenho das famílias em relação ao cumprimento das condicionalidades de saúde. Nos casos de descumprimento, as famílias em situação de maior vulnerabilidade são acompanhadas e advertidas, de forma a contribuir para regularizar o descumprimento identificado.

Segundo as mesmas autoras, o acompanhamento da condicionalidade na assistência social consiste na verificação da frequência de crianças e adolescentes, identificados em situação de trabalho, nas atividades socioeducativas e de convivência, realizadas em turno alternativo às atividades escolares regulares.

Como resultado do processo de acompanhamento e controle das condicionalidades, as informações das famílias que recebem a transferência de renda por meio do BF são encaminhadas ao MDS, que valida os resultados e inicia um processo com consequências no benefício das famílias, com base em informações do descumprimento, adotando procedimentos que vão desde a advertência à família, passando pelo bloqueio e pela suspensão do benefício, conforme a sequência que se segue:

- **1º descumprimento** — a família recebe uma advertência;
- **2º descumprimento** — a família tem seu benefício bloqueado por 30 dias, porém recebe o acumulado no mês seguinte;
- **3º descumprimento** — o benefício da família é suspenso por 60 dias. Se a família persistir no não cumprimento, será mantida a suspensão do benefício. Esta situação somente será revertida quando a família voltar a cumprir as condicionalidades infringidas nos próximos seis meses;
- **4º descumprimento** — o benefício da família é novamente suspenso por 60 dias. Nesses dois períodos de suspensão, a família fica sem receber a transferência monetária;
- **5º descumprimento** — a família tem o benefício cancelado quando permanece em acompanhamento familiar com registro no Sistema de Gestão de Condicionalidades (SICON) do BF, indicando efeito de suspensão, antes ou durante o acompanhamento familiar, e se tiver algum outro descumprimento com efeito no benefício, após 12 meses do registro (Brasil, 2012).

5.4 Analisando e construindo uma perspectiva comparada sobre as condicionalidades dos PTRC: BF, AFAM-PE e AUH

Uma primeira aproximação comparativa entre os três programas permite observar uma similaridade entre os tipos de condicionalidades exigidas. Ressalta-se o fato de que as condicionalidades estão referidas predominantemente a aspectos relacionados ao cuidado com as crianças (saúde e educação). Em algum sentido, poder-se-ia considerar que esses programas pouco contribuem para superação da pobreza, embora, apresentem a superação da pobreza como seu objetivo estratégico; a pouca importância se refere ao baixo montante das transferências monetárias efetuadas. Como reforço deste argumento, surge a constatação de que a única condicionalidade referida à saúde de adultos está associada ao controle da gravidez, e isso quando se busca o cuidado com a mãe, pois esta preocupação se assenta em garantir a saúde e o bem-estar da criança.

Em algum sentido, poder-se-ia estabelecer que esses programas têm uma preocupação leve em relação à superação da pobreza e uma preocupação mais acentuada em relação à sua reprodução. Isso se justifica pelo baixo montante dos benefícios monetários, embora se reconheça que tais benefícios possam contribuir de alguma forma para a redução da pobreza. Como reforço a este argumento, surge a constatação de que a única condicionalidade referida à saúde de adultos está associada ao controle da gravidez, e embora esteja relacionada ao cuidado com a mãe, a preocupação se assenta na verdade em garantir a saúde e o bem-estar da criança.

Considerando-se a forma de gestão, de acompanhamento e controle das condicionalidades, os três programas apresentam diferenças significativas.

No caso das AFAM-PE, existem controles claros e sistemáticos sobre o cumprimento das condicionalidades educativas. Entretanto, não há um trabalho sistemático de acompanhamento familiar em casos de descumprimento. De fato, o descumprimento das condicionalidades estabelecidas pelas AFAM-PE elimina a transferência oficial, ou seja, de forma automática, estabelecendo inclusive que "[...] este organismo [o BPS] pode proceder à suspensão do benefício, sem prejuízo de recuperar o indevidamente pago e das queixas-crime que eventualmente correspondam" (Uruguay, 2007, p. 1.)

Distinto é o caso do BF, em que se identifica todo um complexo sistema de constatação das causas do descumprimento das condicionalidades e a ativação de sistemas de apoio institucional para aquelas famílias vulneráveis em situação de descumprimento, somente depois desta operação; no caso em que o descumprimento persista, retira-se o benefício. Portanto, cabe assinalar que no caso do BF há vários passos prévios à perda da transferência, que procuram alertar a família sobre a eventual exclusão do programa, caso se mantenha descumprindo as condicionalidades.

Em ambos os casos, BF e AFAM-PE, apela-se a dispositivos informatizados que envolvem agentes e instituições prestadoras de serviços de saúde e educação. A respeito, assinalam Silva e Carneiro (2014, p. 84):

> Para o processo de acompanhamento e controle das condicionalidades do BF são utilizados sistemas informatizados mediante os quais o MDS recebe periodicamente as informações das escolas e de equipes de saúde sobre o desempenho das famílias em relação ao cumprimento das condicionalidades.

No caso argentino, o sistema da AUH opera de maneira diversa aos outros dois programas. Em primeiro lugar, considerando que a condicionalidade envolve toda a transferência, o descumprimento só interfere no pagamento de uns 20% do total a ser recebido ao longo de um ano. Esta espécie de transferência adicional aparece identificada como um apoio para o início dos cursos. Em segundo lugar, a certificação sobre o cumprimento da condicionalidade é um trâmite que o beneficiário realiza, o qual, para tal efeito, deve apresentar um certificado assinado pelo diretor do centro educativo, que estabeleça a frequência das crianças aos cursos. Enquanto isso, o montante adicional é depositado em uma caderneta de poupança, e será recebido no momento de realizar a certificação. Ou seja, a AUH praticamente transfere aos beneficiários a responsabilidade de buscar nas instituições de educação e saúde as informações para comprovar se as condicionalidades foram ou não cumpridas. Nesse sentido, cabe, ainda, aos beneficiários, apresentar à instituição gestora do programa uma caderneta na qual são registradas as informações relevantes nas instituições, de modo que, anualmente, a família que comprovar que cumpriu com as condicionalidades determinadas pela AUH receberá 20% do benefício que fora retido durante todo o ano. No caso de não ficar comprovado o cumprimento das condicionalidades determinadas, a família será desvinculada do Programa.

Em síntese, os três programas analisados têm em comum a exigência de condicionalidades educativas e sanitárias. Essas exigências aparecem fundamentadas na necessidade de combater a pobreza através da transferência de renda e do incremento do capital humano acumulado pelos beneficiários. Argumenta-se que o investimento no capital humano é estratégico como forma de interromper a reprodução intergeracional da pobreza.

Os três programas preveem sanções ante o descumprimento das condicionalidades e o controle se centra, fundamentalmente, nas condicionalidades educativas.

As formas de controle são particulares e específicas para cada programa, assim como o momento e o processamento da sanção são distintos em cada caso.

Referências

ABRAMOVICH, V.; PAUTASSI, L. Dilemas actuales en la resolución de la pobreza: el aporte del enfoque de derechos. In: JORNADAS JUSTICIA Y DERECHOS HUMANOS: políticas públicas para la construcción de ciudadanía, *Anais*..., Buenos Aires: Unesco, 2006.

ÁLVAREZ LEGUIZAMÓN, S. Gubernamentalidad neoliberal y focopolítica en América Latina: los Programas de Transferencias Condicionadas ¿Políticas de cohesión social? In: BARBA, N.; COHEN, N. (Coords.). *Perspectivas críticas sobre la cohesión social*. Buenos Aires: CLACSO, 2011. p. 251-85.

ARGENTINA. Ministerio de Economía y Finanzas Públicas. *Decreto Presidencial n. 1.602*, del 29 de octubre de 2009. Incorpórase el Subsistema no Contributivo de Asignación Universal por Hijo para Protección Social. Buenos Aires, 2009.

BARÁIBAR, X.; OTORMÍN, F. Condicionalidades y derechos en las AFAM-PE: debates y controversias. In: DE MARTINO, M. et al. *Caracterización y problematización de las dimensiones constitutivas de las AFAM-PE*. Montevideo, 2014. (Mimeo.)

BRASIL. Ministério de Desenvolvimento Social e Combate à Fome. *Portaria n. 251*, de 12 de dezembro de 2012. Regulamenta a gestão das condicionalidades do Programa Bolsa Família, revoga a Portaria GM/MDS n. 321, de 29 de setembro de 2008, e dá outras providências. Brasília, 2012.

CECCHINI, S.; MADARIAGA, A. *Programas de Transferencias Condicionadas*: balance de la experiencia reciente en América Latina y el Caribe. Santiago: Naciones Unidas, 2011. (Cuadernos de la CEPAL, v. 95.)

_____; MARTÍNEZ, R. *Protección social en América Latina*: una mirada integral, un enfoque de derechos. Santiago: CEPAL, 2011.

FERNÁNDEZ SOTO, S. et al. Condicionalidades en la Asignación Universal por Hijo para Protección Social. In: _____. *Caracterización y problematización de las dimensiones constitutivas de la AUH*. Buenos Aires, 2014. (Mimeo.)

FISZBEIN, A.; SCHADY, N. *Conditional cash transfers*: reducing presente and future poverty. Washington, D.C.: World Bank, 2009.

LO VUOLO, R. Asignación por hijo. *Análisis de Coyuntura*, Buenos Aires, n. 21, p. 4-25, nov. 2009.

MERKLEN, D. Las dinámicas contemporáneas de la individuación. In: CASTEL, C. et al. *Individuación, precariedad, inseguridad*: ¿desinstitucionalización del presente? Buenos Aires: Paidós, 2013.

MIDAGLIA, C.; SILVEIRA, M. Políticas sociales para enfrentar los desafíos de la cohesión social: los nuevos programas de transferencia condicionada de renta en Uruguay. In: BARBA SOLANO, C.; COHEN, N. (Coords.). *Perspectivas críticas sobre la cohesión social*: desigualdad y tentativas fallidas de integración social en América Latina. Buenos Aires: CLACSO, 2011. Disponível em: <http://www.crop.org/viewfile.aspx?id=284>. Acesso em: 9 maio 2012.

SILVA, M. O. da S. e; CARNEIRO, A. Condicionalidades no Bolsa Família: controvérsias e realidade. In: SILVA, M. O. da S. e (Org.). *O Bolsa Família*: caracterização e problematização de suas dimensões configurativas. 2014. (Mimeo.)

URUGUAY. *Ley n. 18.227*, de 22 de diciembre de 2007. Asignaciones familiares. Montevideo, 2007. Disponível em: <http://www.parlamento.gub.uy/leyes/AccesoTextoLey.asp?Ley=18227&Anchor=>. Acesso em: 27 jan. 2016.

VECINDAY, L. La reconfiguración punitiva del tratamiento social de la pobreza en el Uruguay actual. *Textos e Contextos*, Porto Alegre, v. 12, n. 2, p. 373-82, jul./dez. 2013.

6

Centralidade da família e da infância nos programas de transferência de renda

Maria Ozanira da Silva e Silva
José Pablo Bentura
Maria Laura Vecinday Garrido
Laura Paulo Bevilacqua
Ana Laura Cafaro
Alejandro Mariatti

A maioria dos PTRC implementados na América Latina estão dirigidos à Infância e à adolescência, sendo que é através da família que se efetiva a transferência. Invoca-se, também, a família como corresponsável para o cumprimento das condicionalidades educativas e sanitárias. Em particular, o Programa BF do Brasil destaca a família como beneficiária, ainda que a presença de crianças, adolescentes, mulheres grávidas e na fase de amamentação constituam os critérios para definir o montante dos benefícios monetários a serem transferidos para a família. Na maioria dos casos, a família tem a mãe como representante preceptora do benefício, a quem se atribui a responsabilidade pelo cumprimento das condicionalidades definidas por cada PTRC, sobretudo nas áreas de educação e saúde.

No presente texto, o uso do plural *famílias* tenta refletir a pluralidade e diversidade de configurações familiares, oferecendo o mesmo tratamento dado a partir das disciplinas sociais e humanas quando se trata de analisar sujeitos sociais complexos (jovens, trabalhadores, mulheres, crianças etc.) que também são citados em sua pluralidade. No primeiro momento, se analisa a *família* como categoria teórica, tal como se procedeu com a totalidade de dimensões que compõem este estudo.

Depois, descrevem-se e analisam-se as formas em que se expressa o olhar sobre as famílias nos programas dos três países e, finalmente, se apresenta o perfil das famílias beneficiárias nos três casos analisados.

6.1 Acerca das famílias como construção sócio-histórica

> *Todas las familias felices se parecen unas a otras, cada familia desdichada lo es a su manera* (Tolstói, 1969, p. 7).

Sabe-se que as maiores dificuldades que envolvem o estudo das famílias estão representadas pelos efeitos da naturalização que impõe sua familiaridade. Nesse sentido, pensar sociologicamente a família exige um permanente exercício de ruptura com uma sociologia espontânea que só pode pensá-la a partir de categorias preconcebidas (Bourdieu, 2014).

A definição dominante da família como "[...] um conjunto de indivíduos aparentados, ligados entre si, já seja pela aliança, ou matrimônio, seja pela filiação, mais excepcionalmente pela adoção (parentesco) e que vivem sob um mesmo teto (coabitação)" (Bourdieu, 1998, p. 124) não é mais que a descrição de sua aparência. Entretanto, seguindo o autor, essa descrição constrói, de fato, a realidade social do que entendemos por família. Veremos que nos PTRC analisados, quando se descreve a família, faz-se a partir da coabitação e supõe, ainda que não o explicite, a filiação. Assinalam Arregui, Lima e Carneiro (2014) que, antes de perceber a família como uma instituição em transformação, é necessário compreendê-la, reconhecendo sua diversidade e as alterações em suas relações internas que contribuem para a fragilidade da estrutura patriarcal: "[...]. Portanto, pensar a família com base em um modelo único e tradicional não corresponde mais à realidade, porque não é mais coerente falar de família, mas de famílias" (Mioto, Silva e Silva, 2007, p. 200).

Compartilhamos com Bourdieu (1998) que a família, como categoria, é um princípio coletivo de construção ideológica da realidade. Esse princípio é socialmente eficiente, pois transporta efeitos reais que pretendem ordenar a vida social. A família, como categoria, contém um conjunto de conceitos classificatórios que a descrevem e também a prescrevem. Trata-se de uma construção social incorporada nas estruturas mentais dos indivíduos e, portanto, constitui uma *realidade* individual e coletiva:

> Así, la familia como categoría social objetiva (estructura estructurante) es el fundamento de la familia como categoría social subjetiva (estructura estructurada), categoría mental que es el principio de miles de representaciones y de acciones, (matrimonios, por ejemplo), que contribuyen a reproducir la categoría social objetiva. Este es el círculo de la reproducción del orden social. [...] Y nada parece más natural que la familia: esta construcción social arbitraria parece situarse del lado de lo natural y lo universal (Id., ibid., 1998, p. 59-60).

A família tem sido um tradicional e permanente objeto de estudo para as disciplinas sociais e humanas. Ao interesse por seu conhecimento sociológico soma-se sua relevância como objeto de intervenção sociopolítica. O Estado capitalista tem se caracterizado por regular/modelar crescentes esferas da vida social. A preocupação *durkheimiana* frente ao risco de anomia, produzido pela desvinculação de um grande número de pessoas, das solidariedades familiares e comunitárias, na passagem para a modernidade, permite compreender a necessidade política de supervisão das atividades da população, a qual se mostra através da família. Historicamente, as funções domésticas e privadas das famílias têm sido objeto de conhecimento e intervenção. É por meio das famílias que o Estado exibe um conjunto de ações sobre os indivíduos. Nesse sentido, os PTRC são exemplos destas práticas ao promover o investimento em capital humano de crianças e adolescentes, apelando para a responsabilidade do mundo adulto no cumprimento das condicionalidades.

A análise das formas que assume a intervenção sociopolítica sobre as famílias desnuda a representação simbólica que destas têm os agentes tecnopolíticos. Geralmente, percebem-se visões idealizadas e, também, demonizadas que não deixam de ser, em última instância, representações construídas e naturalizadas da família. Nesse mesmo sentido, pensar o "[...] lar como problema ou como solução" (Aguilar, 2014, p. 1), visão demonizada e visão idealizada, tem sido uma constante histórica na relação Estado-Família, mediada pela política social. A imagem naturalizada corresponde com o modelo parsoniano da família moderna, configurada a partir de certos papéis e funções determinados. Daí se deriva facilmente o caráter disfuncional e anormal das configurações familiares que não dão conta do modelo de família moderna construído por Parsons e estendido ao imaginário social como forma "natural" de organização e circulação das relações afetivas íntimas.[1]

Mas apesar das grandes transformações e seus impactos nos arranjos e composições familiares contemporâneas, observa-se a permanência

---

1. "Se as famílias 'recompostas' e, *a fortiori*, homossexuais têm algo de inquietante e até de ameaçador para a ordem social e para a ordem moral que as fundamentam, sobretudo, paradoxalmente quando se esforçam de alguma maneira por pactuar com a norma comum ou, como se costuma dizer, 'colocar em ordem', é que estas tentativas de normalização ou de regularização do que parece escapar por essência a toda norma e a toda regra não podem aparecer, ante os olhos de todos os que permanecem enraizados na dox ancestral da família e da casa, senão como homenagens ambíguas que a heresia rende à ortodoxia" (Bourdieu, 1996, p. 4, grifos do autor).

de velhos padrões e expectativas da família burguesa quanto ao seu funcionamento e desempenho de papéis paterno e materno, independentemente do lugar social que ocupam na estrutura de classes sociais. Mais ainda, o capitalismo neoliberal na cena contemporânea alimenta a tendência de deslocamento dos conflitos e contradições que têm fortes raízes societárias, como os de classe, gênero ou etnia, para os âmbitos privados da esfera doméstica, das relações intrafamiliares e comunitárias (Couto, Yazbek e Raichelis, 2012, p. 77).

Desnaturar a família tem sido uma tarefa essencial para poder reconhecer as famílias na atualidade. As disciplinas sociais e humanas têm contribuído em ambos os sentidos. Desnaturar a família exige reconhecer, tal como apontam Couto, Yazbek e Raichelis (2012, p. 8-79), que às famílias pobres sempre foram atribuídas características consideradas como distorções a ser corrigidas mediante a intervenção social, esquecendo a necessidade "[...] de compreender as famílias a partir de suas singularidades, mas articulando seu pertencimento a uma classe social".

Nesse sentido, é necessário reconhecer o impacto das transformações no mundo do trabalho e nas estruturas familiares em sua capacidade de prover bem-estar. Quer dizer, não se pode omitir nem na análise sobre esta realidade social, nem na construção de respostas sociopolíticas aos problemas identificados, que as crianças e os adolescentes pobres pertencem a lares em que a integração dos adultos ao mercado formal de trabalho é residual, sendo este um dos aspectos centrais na hora de compreender os mecanismos de perpetuação da pobreza (Vecinday, 2014). Tampouco se pode desconhecer que nas famílias pobres se registra maior presença de crianças e adolescentes.

Por outro lado, os trabalhos de Mioto (2001, 2004) têm contribuído para situar o conflito das famílias, reconhecendo a vida íntima cotidiana como espaço de lutas e não só de proteção e cuidado. Também seus trabalhos têm chamado a atenção acerca do caráter e significação sociopolítica da intervenção social do Estado, que pode reconhecer na família uma instância a ser protegida e sustentada ou, pelo contrário, uma instância que deve ser responsabilizada pelo êxito ou fracasso de seus membros e, em especial, de crianças e adolescentes.

A centralidade da família e sua incapacidade relativa justificam a intervenção sociopolítica. A família é tratada como um objeto a ser modelado mediante estratégias que já não significam uma expropriação de funções familiares por parte das instituições sociais — modalidade mais característica do Estado de bem-estar e bem assinalada por Lasch (1984) —, senão que propõem a *intromissão de sistemas abstratos* no lar para capacitar a família no desenvolvimento de suas funções familiares (Vecinday, 2014). Observa-se como tendência a transição a partir das modalidades de intervenção basicamente substitutivas da família para modalidades basicamente prescritivas sobre a família (Vecinday, 2003):

> Nas últimas décadas, quando a família ficou no limbo, era quase um consenso que Estado ou mercado poderiam substituir a família no seu papel formador [...] Hoje se retoma a família como ancoragem principal na socialização de seus membros (Carvalho, 2000, p. 17).

Nos PTRC analisados, observa-se uma tendência crescente à familiaridade dos dispositivos de proteção social, entendida como "[...] a atribuição explícita ou implícita às famílias com obrigações de cuidado, segurança e proteção por parte do direito e das políticas sociais" (Añón e Miravet, 2005, p. 103).

Como assinalam Arregui, Lima e Carneiro (2014), essa tendência precisa ser entendida no marco de duas perspectivas diametralmente opostas: uma perspectiva *familiar* (Campos e Mioto, 2003), que intensifica a responsabilidade das unidades familiares pela proteção social de seus membros, e que é consequência do avanço do ideário neoliberal de retração do tamanho do Estado. Problematizando justamente essa perspectiva, De Martino (2001) discute o *neofamiliarismo* como racionalidade do modelo neoliberal que provoca profundas transformações nas responsabilidades públicas e privadas. Outra perspectiva que se contrapõe a esta entende que a capacidade da família em proteger seus membros depende do cuidado e proteção que o Estado lhe garante. Nesse sentido, não é possível exigir a responsabilidade da família na promoção de seu bem-estar, sem que haja, concomitantemente, provisões estatais que garantam as condições suficientes para que essa proteção ocorra no âmbito privado da família (Mioto, Campos e Lima, 2006).

A partir dessas reflexões, torna-se importante considerar que não basta constatar as transformações por que passam as famílias, mas procurar superar as abordagens conservadoras e disciplinadoras presentes na direção e nos conteúdos das políticas sociais. Para isso, Couto, Yazbek e Raichelis (2012, p. 78-9) consideram necessário que se atente para algumas questões:

- arranjos familiares diversos sempre foram características das famílias pobres, considerados como distorções a serem corrigidas nos atendimentos às famílias;
- a família é retomada como grupo afetivo básico, capaz de oferecer a seus membros as condições fundamentais para seu desenvolvimento pleno, devendo ser protegida e atendida nas suas necessidades sociais básicas;
- mesmo com o avanço teórico na compreensão da família, é necessária a revisão das metodologias para seu atendimento, buscando superar o padrão burguês de compreender o funcionamento familiar e romper com o forte caráter moralista e disciplinador que intervém nas formas de pensar as famílias;
- necessidade de compreender as famílias a partir de suas singularidades, mas articulando seu pertencimento a uma classe social.

6.2 Famílias ou infância?

Nos PTRC da Argentina, Uruguai e Brasil, destaca-se o foco na infância e na adolescência. Os programas centram sua fundamentação na proteção da infância e da adolescência com um enfoque de direitos, sendo isso mais notório na AUH. A família aparece como o instrumento pelo qual se pode operar para levar adiante a garantia de direito definida no programa. Para isso, prescrevem-se determinados comportamentos e responsabilidades do mundo adulto (Fernández Soto, Escurra e Ávila, 2014) sobre as tarefas de cuidado e a necessidade de provar o cumprimento das condicionalidades para continuar recebendo o benefício. Uma vez mais, a família é instrumentalizada pelo Estado para levar adiante suas funções de governo sobre os indivíduos, ou seja, a família aparece situada em uma dimensão instrumental a serviço do Estado para ajudar-lhe no *governo dos indivíduos*.

Por outro lado, Fernández Soto (2014) aponta que, embora a AUH se apresente como um benefício universal, faz-se um tratamento diferenciado dos sujeitos destinatários, distinguindo-se pelo menos três grupos distintos de crianças/famílias: as que recebem a AUH, outras que recebem contribuição familiar e aquelas que não recebem nenhum dos benefícios.

As condicionalidades materializam, também, uma distinção que se traduz em exigências para as famílias e crianças recebedoras da AUH. O descumprimento das condicionalidades sanitárias e educativas inabilita o acesso a esse benefício. Desse modo, planejam-se o caráter de efetivação de direito e o suposto abandono da perspectiva de "[...] situação irregular e de enfoque de risco", colocando nas famílias mais vulneráveis a responsabilidade de cumprir com ditas condicionalidades como forma de manter uma renda mínima, "[...] voltando a um padrão de intervenção estatal que diferencia status de infância, focaliza na infância pobre[2] e se coloca em um papel aproximado ao 'regulador'" (Fernández Soto, Escurra e Ávila, 2014, p. 58, grifo dos autores, tradução nossa).

Em síntese, os discursos e as práticas promovidas pelos PTRC envolvendo a família ou a infância se assemelham, apesar de certas ênfases distintivas na responsabilização das famílias pobres sobre

---

2. No dizer de Lo Vuolo (2010, p. 5-6, tradução nossa) "[...] são programas focalizados por níveis de renda, com condicionalidades punitivas para o acesso e a permanência, sem nenhum tipo de integração com reformas do sistema tributário e que apontam a imposição de condutas às famílias mais postergadas pela rede social".

seu destino e a inadequação de seus comportamentos como explicação da perpetuação de sua situação de pobreza, desconsiderando dimensões e fatores estruturais que escapam ao domínio e controle individual-familiar.

6.3 A família no contexto dos PTRC do Brasil, Uruguai e Argentina: o papel atribuído à mulher-mãe

Nos três programas analisados destaca-se a centralidade do papel atribuído à mulher como titular do benefício, como administradora da transferência e como responsável pelo cumprimento das condicionalidades. É o caráter preceptor da mulher-mãe e a atribuição de uma capacidade de administração que beneficiariam a crianças e adolescentes um dos elementos naturalizados sobre a família. A família e, em especial, a mulher, reduzida e naturalizada em sua função materna, são, uma vez mais, *aliadas* essenciais na luta contra a reprodução intergeracional da pobreza. Da mesma forma que o lar é pensado como *problema e como solução*, o mesmo se pode dizer da mulher-mãe: sendo um *problema* também se busca nela a *solução*. A maternidade também aparece idealizada e naturalizada. Processa-se uma transformação da moral: a figura da mãe como portadora de valores transcendentes já não está associada a aspectos religiosos ou filosóficos sobre a transcendência, mas a seu papel econômico. A mãe é capaz de transferir capital social a seus filhos e, ao fazê-lo, ela mesma se enriquece com uma autoimagem revalorizada.

As transferências baseiam-se em duas suposições básicas: (i) a família é uma unidade racional de administração de recursos; e (ii) sua relativa *liberdade* em termos de consumo (Martínez Franzoni; Voorend, 2008) vê-se concentrada frente à valorização sobre o *bom uso* dos recursos por parte dos lares.[3]

---

3. É necessário ressaltar que nos PTRC analisados, as famílias têm liberdade para uso da transferência monetária recebida. Entretanto, isso não impede a formulação de valorizações sociais acerca de como os pobres usam a transferência.

Os PTRC se apoiam e reforçam capacidades genericamente construídas em volta da família e, nesse sentido, compreende-se o papel atribuído à mulher-mãe nas funções de cuidado com a prole e como administradora de recursos. Até parece que o *analfabetismo econômico* (Aguilar, 2014) atribuído aos pobres seria minimizado se coubesse à mãe administrar os recursos destinados a crianças e adolescentes, sempre e quando isso se acompanhe de condicionalidades para continuar recebendo o benefício.

Como dito anteriormente, nos três programas se priorizam as mulheres como administradoras do benefício. Arregui, Lima e Carneiro (2014) assinalam que 93,1% dos responsáveis legais das famílias atendidas pelo BF eram mulheres em conformidade com o proposto pelo Programa, que dá preferência à mãe como representante.

No caso do AFAM-PE, esta atribuição aparece claramente explicitada: a partir de estudos que apontam que nos casos em que o benefício é administrado pela mulher, seu uso beneficia mais diretamente crianças e adolescentes. Assim se fundamenta a preferência pela titularidade feminina como preceptora quando duas pessoas de diferentes sexos compartilham a responsabilidade sobre crianças e adolescentes que compõem o lar (Uruguay, 2007).

No caso da AUH, Fernández Soto, Escurra e Ávila (2014, p. 57, tradução nossa) afirmam que, considerando

> [...] que 97,11% dos titulares do benefício da AUH são mulheres (Administración Nacional de la Seguridad Social — ANSES, 2013), e que se prioriza que o pagamento da contribuição seja realizado à mulher (Decreto n. 614/13), podemos assinalar que são as mulheres que desempenham o papel de intermediárias ativas entre o Estado e as crianças, atuando como engrenagem da política social, como responsáveis pelo recebimento e administração do benefício e cumprimento das condicionalidades.

Nos PTRC analisados, as mulheres são colocadas em um lugar central, porém não por sua condição de mulheres, mas por sua condição de mães. Nesse sentido, parte da literatura revisada questiona a ideia de que a preferência pela mulher como preceptora a *empodere*, mas que, pelo contrário, contribui para reproduzir o lugar socialmente atribuído a ela como mãe. O descumprimento das condicionalidades ratifica e sanciona o exercício *inapropriado* da maternidade em um avanço para *o passado* quando o *apropriado* se desenhava do seguinte modo:

> La madre debe ser la primera en levantarse y la última en acostarse; debe estar en las habitaciones, en la cocina, en el patio, o en la huerta si es menester; intervenir, si es oportuno; dar instrucciones, si es llegado el caso; impartir órdenes, si es conveniente; hacer ella misma, si es preciso; en fin, andar, vigilar, mandar, ejecutar, dar ejemplo constante de actividad, laboriosidad y preocupación (Bassi, 1920 apud Aguilar, 2014, p. 202).

Por outro lado, ao contrário ao que indica a Comisión Económica para América Latina e el Caribe (CEPAL) (2012), o caráter feminizado dos PTRC não contribui para consolidar a posição da mulher nos processos de decisão e espaços de negociação dentro dos lares. Está mais de acordo com as descobertas de Maldonado, Nájera e Segovia (2006, p. 19, tradução nossa) no que se refere ao dinheiro que se recebe nesses programas: "[...] é uma área livre de conflito, já que este dinheiro não é visto como uma ameaça ao papel de provedor do homem, e sim como um apoio muito claro para filhos, sua educação e sua saúde [...]". Portanto, o benefício não se vincula ao maior grau de negociação interna da família, ao empoderamento das mulheres ou a sua maior autonomia econômica, mas que, ao estar vinculado com os filhos(as), é recebido como algo doméstico e responsabilidade da mulher (Cafaro, 2015).

Por último, da análise sobre como são avaliadas as famílias nos PTRC analisados, surge que nos três casos e, igualmente em vários programas sociais, se constrói uma narrativa que exalta "[...] o papel dos atributos e da responsabilidade individual e familiar na construção dos itinerários sociais dos pobres através de dados que desvinculam os déficits de integração social de suas raízes estruturais" (Mitjavila apud Vecinday, 2014, p. 15, tradução nossa).

6.4 Perfil das famílias beneficiárias

Um dos elementos que se destacam nos programas do Brasil, Argentina e Uruguai é a massividade da cobertura alcançada. Na Argentina, a AUH alcança 3.368.726 crianças e 1.841.478 de famílias (Fernández Soto, Escurra e Ávila, 2014), no Uruguai o número de beneficiários aumentou para 386.673 em agosto de 2015, e no Brasil, as famílias beneficiárias do BF ultrapassavam os 14 milhões em 2014 (Arregui, Lima e Carneiro, 2014).

Sobre o perfil das famílias beneficiárias do BF, tomando como referência o estudo realizado por Arregui, Lima e Carneiro (2014), com base em dados fornecidos pelo Sistema Nacional de CadÚnico, em março de 2013, havia 13.872.243 famílias atendidas pelo Programa, recebendo um benefício médio de R$ 149,71. Na qualificação do perfil de renda, o estudo revelou que, antes de ingressar no BF, 72,4% das famílias beneficiárias viviam em condições de pobreza extrema, com renda familiar *per capita* de até R$ 70,00, sendo na região Nordeste onde se identificava a maior incidência de beneficiários extremamente pobres (82,2%), enquanto na região Sul se concentrava a menor incidência de famílias em extrema pobreza (54,0%).

Considerando as composições das famílias, apresentavam-se, em maior proporção, as famílias monoparentais (42,2%), o que indica incremento da participação de mulheres com filhos e sem cônjuge entre as famílias brasileiras. Ademais, 35,1% das famílias monoparentais femininas apresentavam a menor idade média dos responsáveis familiares, o que agrava ainda mais a fragilidade dessas famílias. Encontravam-se, em segundo lugar, as famílias constituídas por casal com filhos (37,6%), seguindo-se de outras composições pouco significativas. Merece ser destacado que 93,1% dos responsáveis legais à frente ao BF eram mulheres.

Se consideramos o grau de instrução dos responsáveis pelas famílias beneficiárias, os dados do CadÚnico de 2013 revelaram que 12,1% se declaravam sem instrução e que 52,1% declararam ter o ensino fundamental incompleto. Esses dados, segundo Arregui, Lima e Carneiro (2014), revelam o baixo potencial dessas famílias para superar a condição de pobreza pela limitada possibilidade de inserção no mercado de trabalho formal, agravado pelo baixo nível de qualificação profissional dessa população para o acesso a maiores rendimentos em um mercado de trabalho altamente excludente.

No que se refere ao nível de escolaridade dos beneficiários do BF no Brasil, considerando todos os integrantes das famílias com 25 anos ou mais, o estudo referenciado indicou que 53,5% possuíam ensino fundamental incompleto. Se somado esse percentual com a proporção de beneficiários sem instrução (15,5%), totalizavam mais de dois terços (69%) dos beneficiários que não possuíam sequer o ensino fundamental completo.

Em relação à distribuição por sexo, segundo as mesmas autoras, entre os beneficiários do BF predominavam as pessoas do sexo feminino, 55,5%, e no quesito cor/raça, a maior parte dos beneficiários do BF se declarou de cor parda (66,7%) seguidos da cor branca (24,8%) e negra (7,0%). Esses dados indicam que quase três quartos da população atendida pelo Programa se consideravam de cor negra ou parda.

Sobre o perfil dos lares dos beneficiários do BF, estes se concentravam majoritariamente no meio urbano (75,3%) e apresentavam precárias condições habitacionais e de vulnerabilidade nas formas de moradia e acesso aos serviços de infraestrutura urbana, sendo que 62,4% das famílias viviam em casas de tijolo com revestimento. Quanto aos serviços de infraestrutura urbana, 10,2% das famílias do Programa não possuíam acesso à energia elétrica, enquanto a média nacional em relação a este indicador, tomando como referência o Censo de 2010, era de 1,3%. Ao mesmo tempo, 34,4% das famílias atendidas pelo BF não tinham acesso à rede pública de abastecimento de água, e em relação à coleta de resíduos, era realizada direta ou indiretamente em 64,9% dos lares (Id., ibid.).

Esses dados denotam a situação de vulnerabilidade dos lares e de deficiências no acesso a serviços de infraestrutura urbana dos beneficiários do BF, ainda que se deva considerar que essa realidade é muito diversificada nas cinco regiões do país, com níveis de maior gravidade nas duas regiões mais pobres: Norte e Nordeste. Em relação ao acesso ao saneamento, os dados indicam que a situação das famílias beneficiárias do BF é muito precária, registrando-se que somente 35,7% das moradias tinham acesso à rede de saneamento e 14,9% dispunham de fossa séptica (alternativa também considerada adequada). Isso significa que cerca da metade das famílias atendidas pelo BF não possuía acesso a um saneamento adequado, situação também de maior gravidade na região Norte, onde se registra que somente 28,7% dos domicílios têm acesso a esse serviço (Id., ibid.).

Em termos gerais, se considerarmos a situação que revela as condições de infraestrutura domiciliar, representada pelo acesso simultâneo ao abastecimento de água pela rede pública, coleta de resíduos, saneamento adequado e acesso à energia elétrica, se verifica que só 38,1% das famílias do BF se enquadram em uma situação de menor grau de vulnerabilidade. Inclusive na área urbana, onde o acesso aos serviços é maior, somente 48,9% das famílias beneficiárias desfrutavam do acesso simultâneo a eles, situação ainda mais grave nas regiões Norte e Nordeste, as de maior incidência de pobreza e indigência, onde se destacam as piores porcentagens de cobertura, correspondentes a apenas 14,9% e 29,2%, respectivamente (Id., ibid.).

No mesmo sentido, pode-se estabelecer para o caso uruguaio que:

> Observa-se que, em todas as dimensões, as privações são maiores para as populações-alvo dos programas do MIDES e é notória a dimensão moradia e serviços, em que a porcentagem da população que apresenta privação é de 15% para os não vulneráveis por ICC (Índice de Carências Crítica), de 5 vezes mais para a população-alvo do AFAM-PE (76%) e 6 vezes superior para TUS[4] e TUS duplicado, nestes casos

---

4. O programa TUS consiste em uma transferência monetária àqueles lares que se encontram em uma situação de extrema vulnerabilidade socioeconômica. O objetivo principal da transferência é dar assistência aos lares que têm maiores dificuldades para aceder a um nível de consumo básico de alimentos e artigos de primeira necessidade. Esta funciona através de um cartão de débito, o qual é previamente carregado com determinada quantia de dinheiro e é utilizado na rede de Comércios Solidários de todo o país para a compra dos artigos habilitados. A compra desses artigos conta com o benefício do desconto total do *Impuesto al Valor*

superando 96%. Os problemas que apresentam a população, segundo o Ministério de Desenvolvimento Social (MIDES), nesta dimensão eram de alguma maneira esperados, já que na formulação do ICC adquirem predominância as variáveis relacionadas à moradia. [...] Dentro das dimensões de carências vale ressaltar valores elevados de carência em artefatos de conforto, que é em todos os grupos a dimensão com porcentagem mais alta, com exceção do grupo TUS duplicado. Para este, a dimensão com porcentagem mais alta é moradia e o indicador que mais contribui para a dimensão é o de aglomeração, com 72,3% de incidência, associado a lares mais numerosos. É importante destacar que neste grupo, 7%, 11.605 pessoas habitam em moradias construídas com materiais de refugo, o que indica situações de extrema vulnerabilidade. Outros dois indicadores que se destacam como especialmente problemáticos são o acesso à água potável e carência de serviços higiênicos adequados (Uruguay, 2013, p. 53-7, tradução nossa).

Os dados relativos à educação mostram, para o caso uruguaio, importantes níveis de vulnerabilidade para os beneficiários do AFAM-PE se comparados com o resto da população. Isso aumenta significativamente para a população que é também beneficiária dos programas Tarjeta Uruguay Social (TUS) y TUS duplicados.

No Uruguai, em 25,8% dos lares a média de anos de estudo dos maiores de 18 anos ou mais se encontra entre 0 e 6 anos. Este percentual é elevado a 39,6% em lares beneficiários do AFAM-PE e se situa em 57,9% para os lares alvo de TUS duplicado. Nos três grupos definidos como

---

Agregado (IVA). A população-alvo desse programa está composta pelos 60 mil lares em pior situação socioeconômica de todo o país. Para selecionar a referida população, o MIDES realiza entrevistas em domicílio em todo o território nacional, coletando informação da situação dos lares. Com base nessa informação se atribui a cada lar um valor do ICC, instrumento elaborado pela Facultad de Ciencias Económicas e de Administración de la UDELAR que mede o grau de vulnerabilidade de um lar. De acordo com o valor de ICC, que correspondente a cada casa visitada, se determina se pertence à população-alvo do programa. A partir de janeiro de 2011, duplicou-se o montante do tíquete-alimentação para aquelas 15 mil famílias que recebem esse benefício e que estão nas piores condições sob o ponto de vista socioeconômico; a base de beneficiários é móvel e no decurso dos meses pode haver altas e baixas na dita duplicação. Para isso, leva-se em consideração uma série de variáveis que lança determinado indicador, entre elas os rendimentos, a moradia e a quantidade de filhos (Uruguay, 2015).

vulneráveis, as porcentagens de lares com ambiente educativo superior a 9 anos de estudo são inferiores à média do país (44,9%). No grupo AFAM-PE, 11,45% dos lares têm um ambiente educativo caracterizado por mais de 9 anos de estudo de seus membros, enquanto nos lares TUS e TUS duplicado o percentual se situa em 3,6% e 2,2%, respectivamente (Uruguay, 2013, p. 40, tradução nossa).

De acordo com o relatório do MIDES, afirma-se que no Uruguai o desemprego se mantém baixo, tendo como média, para o total da população, a taxa de 6,1% (Uruguay, 2013). Entretanto, enquanto para a população não vulnerável há uma taxa de apenas 5%, para os beneficiários do AFAM-PE as taxas alcançam níveis de 9,7%, e de 12,9 e 14,3% para os beneficiários do cartão TUS e TUS duplicado, respectivamente. Em relação à informalidade no emprego, estes algarismos se tornam muito superiores: enquanto para a população não vulnerável o trabalho informal alcança 21,3%, para os beneficiários do AFAM-PE aumenta para 43,8%, e 57,6 e 59,9% para os beneficiários de TUS e TUS duplo, respectivamente. Do mesmo modo, a cobertura da seguridade social é também notoriamente desigual:

> A dimensão seguridade social passa de 18% para a população não vulnerável a 25% para a população AFAM-PE e 27-28% para a TUS-TUS duplicado. Neste caso, a distância entre os grupos não é tão grande. Provavelmente um dos fatores seja a boa focalização das atribuições familiares na população vulnerável (Uruguay, 2013, p. 53, tradução nossa).

Também são importantes as diferenças que se registram em relação aos rendimentos das famílias, já que apesar da redução da pobreza

> [...] persistem sérias diferenças no que diz respeito à média de renda *per capita* que alguns lares recebem. Para o total da população, expresso em pesos que constavam em dezembro de 2012, este valor é de $ 14.799,00, enquanto para a população-alvo do AFAM-PE é de $ 6.601,00, de TUS

é de $ 4.849,00 e de TUS duplicado é de $ 4.286,00 (Uruguay, 2013, p. 50, tradução nossa).

Estudos sobre a natalidade segundo rendimentos revelam para o caso uruguaio que "[...] são as mulheres com carências mais críticas, tanto por renda como por necessidades básicas insatisfeitas, as que elevam a média de filhos por mulher entre as mulheres pobres" (Varela, 2008, p. 48). A maior quantidade de crianças em famílias pobres responde às taxas de fecundidade das mulheres pobres, que duplicam as alcançadas pelas mulheres não pobres, e também ao início da maternidade precoce.

Os lares que recebem a AUH concentram-se fortemente no quintil de menor renda. São lares com presença de crianças menores de 18 anos, cujos chefes ou chefas de família se encontram desocupados, ou desempenham trabalho informal, com rendas menores que o salário mínimo vital e instável (Fernández Soto, 2014).

No caso da Argentina, a maioria dos titulares que recebem o benefício da AUH são mulheres, 94,4% (Argentina, 2012, p. 30). Em 2013 foi decretado que o pagamento do benefício seria feito à mulher (Decreto n. 614, de 30 de maio de 2013), ratificando, dessa maneira, o protagonismo feminino na mediação com o Estado no processo de implementação da AUH. Segundo dados oficiais, 50,7% das mulheres titulares são cônjuges ou chefes do lar e 21% são chefas de lar. Deve-se destacar, ao mesmo tempo, que quase 20% dos titulares identificados são filhos do chefe de família, o que indica simultaneamente o peso dos *lares estendidos* na população beneficiária da AUH (Fernández Soto, 2014).

Em relação à condição laboral, metade dos titulares é ativa e a metade inativa. Entre os inativos, 82% se declaram como donas de casa. Entre os ativos, a taxa de desocupação é de 12% e entre os que se encontram ocupados 74% são operários ou empregados que recebem uma renda inferior ao salário mínimo vital e instável e, em sua maioria, se encontram em uma relação laboral não registrada, sem desconto para a aposentadoria. Coincidentemente, com a forte presença feminina entre os titulares, 46% dos assalariados prestam serviço doméstico em casas particulares (99,5% são mulheres). Nesse sentido, as mulheres ativas que são titulares do benefício da AUH se caracterizam por situações laborais precárias e de baixos níveis salariais (Fernández Soto, 2014).

Inclusive uma perspectiva que desconheça o caráter estrutural da pobreza deve reconhecer que suas consequências nocivas acerca das crianças, sobre as quais parece pretender incidir os PTRC como futuros reprodutores da pobreza, não se esgotam nos efeitos da falta de cobertura em saúde e educação. Se por um momento esquecemos o caráter estrutural da pobreza, devemos ceder ao fato evidente de que seus efeitos se estendem de maneira multidimensional; esses programas pouco têm operado em pontos essenciais como as enormes vulnerabilidades em aspectos fundamentais, como moradia, emprego, seguridade social etc.

As políticas sociais são um intento moderado de atender às profundas desigualdades geradas pelo modo de produção capitalista, e devem ser analisadas em tal sentido. Os PTRC, como a principal política para atender às consequências barbarizantes do capitalismo contemporâneo, têm, nesse sentido, enormes deficiências. Como foi visto, as desigualdades que se estendem a condições indignas de vida para grandes setores da população não vêm sendo amortecidas significativamente com esses Programas, e em sua própria estruturação confessam que sua preocupação central é garantir o futuro da força de trabalho (saudável e educada) e, inclusive nisso, são deficitárias. Dificilmente se pode imaginar uma boa saúde e educação da infância que vive em moradias inadequadas, sem saneamento nem serviços básicos e em ambientes em que a violência e a repressão são uma vivência cotidiana.

O que revela de forma imediata o perfil das famílias atendidas pelos PTRC é que são famílias de trabalhadores e trabalhadoras vivendo em condições indignas; essa política nega a condição de trabalhadores para convertê-los em pobres, aos que se devem exigir condicionalidades por ser suspeitos de não cumprir suas obrigações com seus filhos, e em nenhum caso são considerados titulares de direitos sociais, pois apenas são auxiliados com dinheiro para que sejam responsáveis pelos direitos de seus filhos.

Moradia, alimentação, seguridade social são aspectos que constituem carências essenciais na vida dessa população e a vivência agônica da pobreza exige intervenções significativas sobre esses aspectos, não para evitar a reprodução da pobreza, dado que seu caráter estrutural augura sua inevitável reprodução nessa ordem social, simplesmente porque são direitos humanos que deveriam ser inalienáveis.

Referências

AGUILAR, P. *El hogar como problema y como solución*: una mirada genealógica de la domesticidad a través de las políticas sociales. Argentina, 1890-1940. Buenos Aires: Ediciones del CCC, 2014.

AÑÓN, M. J.; MIRAVET, P. Paradojas del familiarismo en el Estado del bienestar: mujeres y renta básica. *Cuadernos de Relaciones Laborales*, Madrid, v. 23, n. 2, p. 101-21, 2005.

ARGENTINA. Presidencia de la Nación. Administración Nacional de la Seguridade Social. Observatorio de la Seguridad Social. *La Asignación Universal por Hijo para Protección Social en perspectiva*. Buenos Aires, 2012.

ARREGUI, C.; LIMA, V. F. S. de A.; CARNEIRO, A. F. A família enquanto público-alvo do Bolsa Família. In: SILVA, M. O. da S. e (Coord.). *O Bolsa Família*: caracterização e problematização de suas dimensões configurativas. 2014. (Mimeo.) Texto preliminar produto do Projeto: Programas de Transferência de Renda Condicionada na América Latina: Estudo Comparado — Bolsa Família (Brasil), Nuevo Régimen de Asignaciones Familiares — AFAM-PE (Uruguay) y Asignación Universal por Hijo para Protección Social (Argentina).

BOURDIEU, P. Familias sin nombre. *Actes de la Recherche en Sciences Sociales*, Paris, n. 113, 1996.

_____. Espíritu de familia. In: NEUFELD, M. R. et al. (Comps.). *Antropología social y política, hegemonía y poder*: el mundo en movimiento. Buenos Aires: EUDEBA, 1998.

BOURDIEU, P. *Sobre o Estado*. São Paulo: Companhia das Letras, 2014.

CAFARO, A. L. Programas de Transferencia de Renta Condicionada: ¿cómo se entrecruza una política de combate a la pobreza con la perspectiva de género? In: JORNADAS DE INVESTIGACIÓN DE LA FACULTAD DE CIENCIAS SOCIALES, 14., Anais..., Montevideo: UDELAR, 2015.

CAMPOS, M. S.; MIOTO, R. C. T. Política de assistência social e a posição da família social brasileira. *Ser Social*, Brasília, n. 12, p. 165-90, jan./jun. 2003.

CARVALHO, M. O lugar da família na política social. In: _____ (Org.) *A família contemporânea em debate*. São Paulo: Cortez, 2000. p. 13-22.

COMISIÓN ECONÓMICA PARA AMÉRICA LATINA Y EL CARIBE. Los programas de transferencias de ingresos, la protección social, la autonomía económica y el trabajo de las mujeres. In: _____. *Informe Anual 2012*: los bonos en la mira: aporte y carga para las mujeres. Santiago de Chile, 2012 (Observatorio de Igualdad de Género en América Latina y el Caribe).

COUTO, B. R.; YAZBEK, M. C.; RAICHELIS, R. A política nacional de assistência social e o SUAS: apresentando e problematizando fundamentos e conceitos. In: _____ et al. (Orgs.). *O Sistema Único de Assistência Social no Brasil*: uma realidade em movimento. 3. ed. São Paulo: Cortez, 2012. p. 54-87.

DE MARTINO, M. S. Políticas sociales y familia: estado de bienestar y neoliberalismo familiarista. *Revista Fronteras*, Montevidéu, n. 4, p. 103-44, set. 2001.

FERNÁNDEZ SOTO, S. (Coord.). *Caracterización y problematización de las dimensiones constitutivas de la AUH*. [S. l.], 2014. (Mimeo.) Texto preliminar producto del Proyeto: Programas de Transferencia de Renta Condicionada en América Latina: Estudio Comparado — Bolsa Família (Brasil), Nuevo Régimen de Asignaciones Familiares — AFAM-PE (Uruguay) y Asignación Universal por Hijo para Protección Social (Argentina).

_____; ESCURRA, M.; ÁVILA, V. de. Población destinataria de la Asignación Universal por Hijo para Protección Social: la centralidad de la infancia y la familia de los desocupados y los trajadores informales. In: FERNÁNDEZ SOTO, S. (Coord.). *Caracterización y problematización de las dimensiones constitutivas de la AUH*. [S. l.], 2014. (Mimeo.) Texto preliminar producto del Proyeto: Programas de Transferencia de Renta Condicionada en América Latina: Estudio Comparado — Bolsa Família (Brasil), Nuevo Régimen de Asignaciones

Familiares — AFAM-PE (Uruguay) y Asignación Universal por Hijo para Protección Social (Argentina).

LASCH, C. *Refugio en un mundo despiadado*: reflexión sobre la familia contemporánea. Madrid: Gedisa, 1984.

LO VUOLO, R. Las perspectivas y los desafíos del Ingreso Ciudadano en América Latina: un análisis en base al Programa Bolsa Família de Brasil y a la Asignación Universal por Hijo para Protección Social de Argentina. In: BASIC INCOME AS AN INSTRUMENT FOR JUSTICE AND PEACE, 13., 2010, São Paulo. *Anais...* São Paulo, 2010.

MALDONADO, I.; NÁJERA, M.; SEGOVIA, A. *Efectos del programa Oportunidades en las relaciones de pareja y familiares.* Ciudad de México: El Colegio de México, 2006. Disponível em: <http://www.2006-2012.sedesol.gob.mx/work/models/SEDESOL/EvaluacionProgramasSociales/2005/EEI_Oportunidades_2005/efecto_relaciones.pdf>. Acesso em: 3 jul. 2015.

MARTÍNEZ FRANZONI, J.; VOOREND, K. Transferencias condicionadas e igualdad de género: ¿blancos, negros o grises? *Revista de Ciencias Sociales*, San José, v. 4, n. 122, p. 115-31, 2008.

MIOTO, R. C. T. Novas propostas e velhos principios. *Fronteras*, Montevideo, n. 4, p. 93-102, 2001.

_____. Novas propostas e velhos princípios: a assistência às famílias no contexto de programas de orientação e apoio sociofamiliar. In: SALES, M. A. et al. *Política social, família e juventude*: uma questão de direitos. São Paulo: Cortez, 2004.

_____; CAMPOS, Martha Silva; LIMA, Telma Cristiane Sasso de. Quem cobre as insuficiências das políticas públicas? Contribuição ao debate sobre o papel da família na provisão de bem-estar social. *Revista de Políticas Públicas*, São Luís, v. 10, n. 1, p. 165-83, jan./jun. 2006.

_____; SILVA, M. J. da; SILVA, S. M. M. da. A relevância da família no atual contexto das políticas públicas: a política de assistência social e a política antidrogas. *Revista de Políticas Públicas,* São Luís, v. 11, n. 2, p. 197-220, jul./dez. 2007.

TOLSTÓI, L. *Ana Karénina.* Buenos Aires: Centro Editor de América Latina, 1969. t. I.

URUGUAY. Ministerio de Trabajo y Seguridad Social. *Proyecto de Ley AFAM*: exposición de motivos. Montevideo, 2007. Disponible em: <http://www.mides.gub.uy/innovaportal/file/2813/1/asignaciones_familiares.pdf>. Acceso en: 19 dez. 2014.

_____. Ministerio de Desarrollo Social. *Reporte Social 2013*: principales características del Uruguay Social. Montevideo, 2013. Disponível em: <http://www.mides.gub.uy/innovaportal/file/23497/1/reporte_social_2013.pdf>. Acesso em: 19 dez. 2014.

_____. Ministerio de Desarrollo Social. *Tarjeta Uruguay Social (TUS)*. Buenos Aires, 2015. Disponível em: <http://www.mides.gub.uy/innovaportal/v/22748/3/innova.front/que_es_y_como_funciona>. Acesso em: 1º abr. 2015.

VARELA, C. (Coord.). *Demografía de una sociedad en transición*: la población uruguaya a inicios del siglo XXI. Montevideo: Universidad de la República, 2008. Disponível em: <http://cienciassociales.edu.uy/wp-content/uploads/sites/6/2014/06/2008-Demograf%C3%ADa-de-una-sociedad-en-transici%­C3%B3n.pdf>. Acesso em: 19 dez. 2013.

VECINDAY, L. El proceso de globalización y su impacto en los patrones de regulación sociopolítica. *Serviço Social & Sociedade*, São Paulo, n. 76, 2003.

_____. *Transformaciones institucionales y tecnológicas del esquema de protección social*: el caso del Plan de Centros de Atención a la Infancia y la Familia en el Uruguay. Montevideo: Comisión Sectorial de Investigación Científica, Universidad de la República, 2014.

7

Benefícios monetários e benefícios não monetários: entre o compensatório e a efetivação de direitos

Maria Ozanira da Silva e Silva
Silvia Fernández Soto
Jorge Daniel Tripiana
Salviana de Maria Pastor Santos Sousa
Paula Ignacia Rodriguez Traiani
Analé Barrera

O presente texto enfoca a dimensão Benefícios Monetários e Benefícios não Monetários, destacando critérios de formulação e experiências dos PTRC: BF do Brasil, AFAM-PE do Uruguai e AUH da Argentina. Apresenta uma perspectiva comparada entre esses PTRC e se refencia em textos parciais elaborados pelas equipes de pesquisadores do Brasil (Silva, 2015); da Argentina (Fernández Soto et al., 2015); e do Uruguai (Carballo e Vecinday, 2015).

Os Benefícios Monetários e os Benefícios não Monetários representam dois eixos configurativos das propostas dos PTRC implementados na América Latina destinados ao atendimento de necessidades imediatas e superação de vulnerabilidades das famílias. Os primeiros, de caráter não contributivo, são transferências monetárias diretas às famílias ou pessoas beneficiárias, sob a exigência do cumprimento de condicionalidades no campo da educação e da saúde.[1] Já os Benefícios não Monetários são constituídos pela oferta de ações e programas complementares (Silva, 2015).

Neste texto, apresentam-se e se problematizam os Benefícios Monetários e os Benefícios não Monetários, destacando sua centralidade, significando para os beneficiários alcances e limites no contexto da implementação e da realidade social de cada programa. Procura-se, ainda, compará-los, destacando similaridades, especificidades e divergências no conteúdo das propostas e no processo de implementação.

7.1 Os Benefícios Monetários como eixo central de configuração dos PTRC na América Latina: as experiências das AFAM-PE, da AUH e do BF

No presente item são apresentados os Benefícios Monetários dos PTRC do Uruguai, da Argentina e do Brasil, considerando os critérios de alocação, os valores monetários na sua evolução e na relação da moeda do país com o dólar americano e o respectivo SM em vigência.

7.1.1 Benefícios Monetários nas AFAM-PE

As AFAM-PE do Uruguai integram o Plan de Equidad, em implementação, a partir de janeiro de 2008. Constitui-se numa tranfe-

---

1. Sobre condicionalidades, veja o capítulo 5: Bentura et al. Exigência de condicionalidades: significado, alcances e controvérsias no debate.

rência monetária condicionada dirigida a trabalhadores de famílias em situação socioeconômica de vulnerabilidade, que não contribuem para a seguridade social e têm crianças e adolescentes menores de 18 anos e pessoas com deficiências, sendo considerado o máximo de sete filhos por família. Tem como condicionalidades a matrícula e a frequência das crianças e adolescentes na escola e a realização periódica de controle de saúde para as pessoas com algum tipo de deficiência física, sendo que as deficiências psíquicas devem atender a critérios da Lei n. 13.711, de 29 de novembro de 1968.

A transferência monetária é estabelecida conforme a composição da família (número de filhos, idade e pessoas com deficiência), e o total dos benefícios tem incremento relativo quando as crianças e jovens frequentam e avançam no sistema de educação formal. O Benefício Monetário tem periodicidade mensal, transferido por meio de cartão bancário de débito do sistema bancário público do Uruguai, o *Tarjeta RedBrou*. É transferido através do BPS, sendo a mãe a receptora preferencial. O valor monetário da transferência é atualizado juntamente com o reajuste dos salários dos funcionários públicos, de acordo com a evolução do IPC.

Na Tabela 1 são apresentados os totais das transferências, segundo o ano de implementação das AFAM-PE.

Tabela 1. Evolução dos valores totais dos benefícios das AFAM-PE no período 2008-2015 em pesos uruguaios

Descrição	2008	2009	2010	2011	2012	2013	2014	2015
Plan de Equidad (PE) — Menores não deficientes	700,00	764,34	809,44	865,53	939,97	1.010,27	1.096,35	1.186,91
Complemento para adolescentes no ensino médio	300,00	327,58	346,91	370,95	402,85	432,98	469,87	508,68
PE-Deficientes	1.000,00	1.091,92	1.156,35	1.236,48	1.342,82	1.443,25	1.566,22	1.695,59
PE-INAU	700,00	764,34	809,44	865,53	939,97	1.010,27	1.096,40	1.186,91
Total	2.700,00	2.948,18	3.122,14	3.338,49	3.625,61	3.896,77	4.228,84	4.578,09

Fonte: Elaboração própria, a partir de dados do Ministerio de Desarrollo Social (MIDES).

Os dados da Tabela 1 indicam que, no período de 2008 (ano em que as AFAM-PE foram instituídas) a 2015, vem se registrando ligeiro incremento anual nos valores totais dos Benefícios Monetários transferidos para os diferentes grupos de beneficiários, o que certamente resulta da atualização anual dos valores. Os dados também revelam que o benefício PE-Deficientes é o que aloca o maior valor desses benefícos. A Tabela 2 segue mostrando a evolução dos benefícios das AFAM-PE em pesos uruguaios e em dólar (US$)[2] no período 2008 a 2015 e sua correspondência em relação ao SM.

Os dados da Tabela 2 evidenciam significativa evolução do SM no período considerado, tanto em pesos uruguaios (em 2008 — $ 3.416,00; e, em 2015 — $ 10.000,00), como em dólar americano (em 2008 — US$ 114,32; e, em 2015 — US$ 334,67), chegando quase a triplicar de valor nas duas moedas no período 2008-2015. Todavia, a evolução dos dois Benefícios Monetários considerados na mesma Tabela demonstra uma situação bem diferente. Desse modo, o benefício escolar, destinado a crianças do ensino fundamental (em 2008 — $ 700,00; US$ 23,43; e, em 2015 — $ 1.186,91; US$ 39,72), e o benefíco liceal, destinado a adolescentes do ensino médio (em 2008 — $ 1.000,00; US$ 33,47; e, em 2015 — $ 1.695,59; US$ 56,75), tiveram uma evolução nos seus valores que não chegou a dobrar, no período de 2008 a 2015. Essa situação é confirmada quando se estabelece a relação entre esses dois benefícios com o percentual do SM, registrando-se um declínio significativo no valor real dos benefícios, quando o benefício escolar equivalia a 20,49% do SM em dólar, em 2008, declinando para 11,87%, em 2015. Situação similar ocorreu com o benefício liceal, que, em 2008, equivalia a 29,27% do SM em dólar e, em 2015, essa relação declinou para 16,96%. Convém destacar que para o caso do Uruguai, conforme estabelece o art. 10 da Lei 18.223, de 22 de dezembro de 2007, o valor do benefício é reajustado segundo o IPC, não seguindo, portanto, o reajuste do salário mínimo, mas os parâmetros dos reajustes dos funcionários públicos.

---

2. Valor do dólar a $ 29,88 (pesos uruguaios) (Disponível em: <htpp://uy.cotización-dólar.com/cotización_hoy_uruguay.php>. Acesso em: 31 dez. 2015).

Tabela 2. Evolução dos Benefícios Monetários das AFAM-PE em pesos uruguaios ($) e em dólar americano (US$) e sua correspondência em relação ao salário mínimo (SM) em dólar — 2008 a 2015

Ano (1)	Valor mensal do benefício escolar ($)	Valor mensal do benefício escolar (US$)	Valor mensal do benefício liceal ($)	Valor mensal do benefício liceal (US$)	Valor do SM ($)	Valor do SM em US$	Benefício escolar em relação ao SM em US$ %	Benefício liceal em relação ao SM em US$ %
2008	700,00	23,43	1.000,00	33,47	3.416,00	114,32	20,49	29,27
2009	764,34	25,58	1.091,92	36,54	4.441,00	148,63	17,21	24,59
2010	809,44	27,09	1.156,35	38,70	4.799,00	160,61	16,87	24,10
2011	865,53	28,97	1.236,48	41,38	6.000,00	200,80	14,43	20,61
2012	939,96	31,46	1.342,82	44,94	7.200,00	240,96	13,06	18,65
2013	1.010,27	33,81	1.443,25	48,30	7.920,00	265,06	12,76	18,22
2014	1.096,35	36,69	1.566,22	52,42	8.960,00	299,87	12,24	17,48
2015	1.186,91	39,72	1.695,59	56,75	10.000,00	334,67	11,87	16,96

Fonte: URUGUAY. Ministerio de Trabajo y Seguridad Social. Ministerio de Economia y Finanzas. *Decreto n. 4*, de 7 de janeiro de 2015. Fixação de Salário Mínimo Nacional. Montevideo, 2015. Disponível em: <http://archivo.presidencia.gub.uy/sci/decretos/2015/01/mtss_757.pdf>. Acesso em: 15 out. 2015; SALÁRIO Mínimo será de 10.000 pesos: repassamos sua evolução — Índice para o quadro acima. Montevideo Portal, Uruguai, 2015. Disponível em: <http://archivo.presidencia.gub.uy/sci/decretos/2015/01/mtss_757.pdf>. Acesso em: 15 out. 2015.

7.1.2 Benefícios Monetários da AUH

A AUH da Argentina, instituída em novembro de 2009 pelo Decreto n. 1.602, de 29 de outubro de 2009, é um programa dirigido a menores de até 18 anos de idade que pertençam a grupos familiares com desempregados ou inseridos em trabalho informal (AUH) ou que tenham pessoas com deficiências na família (*Asignación Universal* por Deficiencia — AUD). Inclui também mulheres grávidas (*Asignación Universal por Embarazo* — AUE) que se encontrem desocupadas ou que trabalhem na economia monotributista social.[3] Nesse caso, o benefício é transferido às receptoras na décima segunda semana de gestação até o nascimento da criança ou interrupção da gravidez. Nesse país, o benefício consiste num abono mensal de 80% do previsto, preferencialmente transferido para as mães. Os 20% restantes ficam numa poupança em nome do titular, no Banco de la Nación Argentina, até a certificação do cumprimento das condicionalidades de saúde e de educação, o que ocorre uma vez por ano. A transferência tem periodicidade mensal e é feita através de um cartão magnético de débito. Uma sistemática regular de reajuste dos valores dos benefícios foi estabelecida mediante a Lei n. 27.160, de 17 de julho de 2015, que instituiu o regime de Mobilidad de las Asignaciones Familiares, publicado em Boletim Oficial, devendo os valores dos benefícios serem atualizados em março e setembro de cada ano, mediante o Índice de Mobilidade[4] (Fernández Soto et al., 2015).

Na Tabela 3 está registrada a evolução das três categorias de benefícios monetários: AUH, destinada a crianças e a adolescentes de até 18 anos; AUE destinada a mulheres gestantes; e a AUD, destinada a pessoas com deficiências.

---

3. Monotributo social é um tributo único destinado a pessoas de domicílios abaixo da linha de pobreza ou em situação de vulnerabilidade social, que produzem ou comercializam qualquer tipo de bens e prestam qualquer tipo de serviços.

4. A Câmara dos Deputados da Argentina sancionou por unanimidade, em 15 de julho de 2015, o projeto de lei de autoria do Poder Executivo (Lei n. 27.160/2015), que já tinha sanção do Senado. O projeto estabelece que as atribuições familiares contempladas na Lei n. 24.714, de 2 de outubro de 1996, serão *móveis* de acordo com o mesmo cálculo do Índice de Mobilidade utilizado para as aposentadorias, conforme a Lei de Mobilidad Jubilatoria (Lei n. 26.417, de 1 de outubro de 2008).

Tabela 3. Evolução do valor total dos Benefícios Monetários: AUH, AUE, AUD, valor em pesos argentinos e em dólar (US$)

Ano	Valor do benefício por filho menor de 18 anos AUH em $	Valor da AUH em US$	Valor do benefício por mulher gestante AUE	Valor da AUE em US$	Valor do benefício por filho deficiente AUD	Valor da AUD em US$	Correspondência do US$ em relação ao $
2009	180,00	47,00	180,00	47,00	720,00	189,47	3,8
2010 Outubro	220,00	49,70	220,00	49,70	880,00	209,52	4,42
2011 Setembro	270,00	60,00	270,00	60,00	1.080,00	240,00	4,5
2012 Setembro	340,00	67,40	340,00	67,40	1.200,00	238,09	5,04
2013 Maio	460,00	80,00	460,00	80,00	1.500,00	261,78	5,73
2014 Junho	644,00	78,92	644,00	78,92	2.100,00	257,35	8,16
2015 Junho	837,00	92,08	837,00	92,08	2.730,00	334,55	9,09

Fonte: Elaboração própria, com base em dados da ANSES.

Os dados da Tabela 3 evidenciam que os valores referentes aos três Benefícios Monetários concedidos apresentam uma evolução significativa de valores em pesos argentinos, quando considerado o ano de 2009, primeiro ano de implementação do Programa, e 2015, verificando-se maior incremento nos dois últimos anos: 2014 e 2015, quando a AUH e a AUE, que têm valores iguais, alcançaram $ 837,00, representando mais de quatro vezes e meia o valor inicialmente fixado em 2009, que foi de $ 180,00. Em termos do valor em dólar americano, também ocorreu evolução, porém bem menos significativa, quando o valor correspondente a 2015 alcançou quase o dobro de 2009, respectivamente U$ 47,00 e U$ 92,08.

Chama a atenção nos dados da Tabela 3 que o valor em pesos e em dólar americano do Benefício Monetário destinado aos filhos com deficiências ($ 2.730,00) é um pouco mais de três vezes superior aos Benefícios Monetários transferidos para crianças, adolescentes e mulheres gestantes ($ 837,00). Igualmente como ocorreu com os demais benefícios (AUH e AUE), a AUD apresentou significativa evolução do seu valor monetário em pesos, de 2009 ($ 720,00) para 2015 ($ 2.730,00), com um incremento de quase quatro vezes. Em dólar americano, o crescimento da AUD seguiu a mesma tendência, crescendo menos de duas vezes no respectivo período. Por conseguinte, os dados, em relação aos três Benefícios Monetários, evidenciam, apesar da significativa evolução dos valores em pesos, diminuição do valor real dos benefícios ao longo da série histórica considerada.

A Tabela 4 apresenta dados sobre a AUH destinada a menores de 18 anos, no período 2009 a 2015.

Os dados da Tabela 4 complementam as informações registradas na Tabela 3, que demonstrou a evolução crescente do valor mensal do Benefício AUH destinado a menores de 18 anos, com incremento bem superior na moeda local, mas evidenciando crescimento também em dólar americano. Os dados permitem ainda considerar que o valor do SMVM também vem obtendo valoração crescente na moeda local, chegando a um teto superior a três vezes, se considerados os anos 2009 ($ 1.400,00) e 2015 ($ 4.716,00). O mesmo não ocorre quando a moeda

Tabela 4. Evolução do valor mensal do Benefício da AUH destinado a crianças e adolescentes e sua correspondência em relação ao Salário Mínimo Vital e Móvel, ao peso argentino ($) e ao dólar (US$) — 2009 a 2015

Ano (1)	Valor mensal do benefício ($)	Valor mensal do benefício (US$)	Valor do Salário Mínimo Vital e Móvel — SMVM (em $)	Valor do SMVM (em US$)	Valor do benefício (2) em relação ao SMVM (% em pesos)
2009	180,00	47,00	1.400,00	368,00	12,85
2010	220,00	49,70	1.500,00	394,00	14,66
2010	220,00	49,70	1.740,00	440,00	12,64
2011	270,00	60,00	1.840,00	450,00	14,67
2011	270,00	60,00	2.300,00	513,00	11,73
2012	340,00	67,40	2.670,00	574,00	12,73
2013	460,00	80,00	2.875,00	570,00	16,00
2013	460,00	80,00	3.300,00	575,90	13,93
2014	644,00	78,92	4.400,00	522,56	14,63
2015	837,00	92,08	4.716,00	515,12	17,75

Fonte: Elaboração própria, com base em dados do Consejo del Salario (CS) do Ministerio de Trabajo, Empleo y Seguridad Social (MTEySS).
Notas: (1) É indicada a data limite de ajuste do valor do SMVM com base em dados do CS do MTEySS.
(2) Corresponde a um benefício mensal por um menor de 18 anos.

é o dólar americano (US$ 368,00, em 2009, e US$ 515,12, em 2015), em que o incremento, embora significativo, teve valor real de 71,45%.

Importa ainda considerar a correspondência em percentual do valor do Benefício AUH em relação ao SMVM, com oscilação em relação à série histórica, chegando a alcançar o máximo de 17,75% em 2015, o que representa um valor muito baixo e insuficiente para atender às necessidades básicas de uma família, pois não chega a alcançar US$ 55,00.

A Tabela 5 apresenta dados sobre o benefício da AUH, destinado a pessoas deficientes (AUD), destacando seu valor monetário em dólar americano e sua representatividade, em termos percentuais, em relação ao SMVM.

Tabela 5. Evolução do valor mensal do Benefício da AUH para pessoas com deficiências (AUD) e sua correspondência em relação ao peso argentino ($), ao dólar americano (US$) e em % do SMVM — 2009 a 2015

Ano	$	US$	% do SMVM
2009	720,00	189,00	50,0%
2010	880,00	221,00	50,6%
2011	1.080,00	252,00	47,0%
2012	1.200,00	246,00	44,9%
2013	1.500,00	237,00	45,5%
2014	2.100,00	250,00	47,7%
2015	2.730,00	334,55	57,9%

Fonte: Elaboração própria, com base em dados das seguintes fontes: ANSES; Decreto n. 1.602/2009; Decreto n. 1.388/2010; Decreto n. 446/2011; Decreto n. 1.482/2011; Decreto n. 1.668/2012; Decreto n. 614/2013; Decreto n. 779/2014; Decreto n. 1.671/2015. Para o tipo de câmbio: Banco Central de la República Argentina (2014); e para o salário mínimo: Ministerio de Economía y Finanzas Públicas e MTEySS.
Nota: Valores de dezembro de cada ano.

A Tabela 5, conforme já demonstrado na Tabela 4, indica que o valor do Benefício Monetário destinado a pessoas com deficiências

(AUD) é superior a três vezes os Benefícios Monetários para menores de 18 anos (AUH) e para mulheres gestantes (AUE), consequentemente, esses valores se refletem em relação ao SMVM. Desse modo, o percentual do Benefício AUD em relação ao SMVM oscila de 44,9%, em 2012, a 57,9% em 2015, representando aproximadamente US$ 170,00, portanto, bem superior aos US$ 55,00 dos outros dois benefícios (AUH e AUE).

7.1.3 Benefícios Monetários do BF

O BF, criado em 2003, é o maior PTRC em implementação na América Latina. É destinado a famílias extremamente pobres com renda *per capita* familiar de até R$ 77,00 e a famílias pobres com renda *per capita* familiar de R$ 77,01 a R$ 154,00, sendo obrigatório o cumprimento de condicionalidades em educação e saúde. Os valores dos benefícios variam conforme as características de cada família: renda mensal *per capita* familiar, número de crianças e adolescentes de até 17 anos, no máximo cinco, gestantes e nutrizes. A atualização dos valores monetários dos benefícios é feita ocasionalmente por Decreto Presidencial. A unidade do Benefício Monetário é a família e a mulher; mãe ou responsável pela família tem preferência para ser a titular do benefício que é transferido mensalmente por um cartão bancário de débito, denominado Cartão Bolsa Família, seguindo um agendamento prévio que garante a regularidade no pagamento. O benefício pode ser recebido numa rede autorizada pela Caixa Econômica Federal (CEF), constituída por loterias, agências bancárias autorizadas e caixas eletrônicos. Os beneficiários do Bolsa Família utilizam uma conta bancária simplificada denominada Conta Caixa Fácil, regulamentada pelo Banco Central do Brasil (BCB), com garantia de acesso gratuito.

O MDS, órgão gestor do BF, não direciona nem restringe a forma de utilização do Benefício, garantindo, portanto, total autonomia na sua aplicação.

Considerando a variedade de critérios para alocação, os Benefícios Monetários do BF apresentam diversidade de tipos e de valores, sendo um Benefício Básico e cinco Benefícios Variáveis, assim constituídos: **Benefício Básico** de R$ 85,00, concedido a famílias extremamente pobres (renda *per capita* familiar igual ou inferior a R$ 85,00); **Benefício Variável** de R$ 39,00, conferido a famílias com crianças de zero a 15 anos, limitado a cinco crianças ou adolescentes; **Benefício Variável Gestante** (BVG);[5] **Benefício Variável Nutriz** (BVN);[6] **Benefício Variável Jovem** (BVJ), no valor de R$ 46,00, destinado a famílias com jovens de 16 e 17 anos — limitado a dois jovens por família, desde que matriculados e frequentando uma instituição de ensino —, com o objetivo de contribuir para a permanência dos jovens na escola; e **BSP**,[7] para que as famílias beneficiárias do BF superem os R$ 85,00 de renda mensal por pessoa e, assim, ultrapassem a linha da extrema pobreza.[8]

A variedade de benefícios, de critérios e de valores monetários pode permitir que famílias com a mesma quantidade de membros recebam valores monetários diferenciados, o que pode comprometer a transparência do Programa.

---

5. O BVG é destinado a famílias com mulheres gestantes, sendo pagas nove parcelas mensais de R$ 35,00. Para a concessão do benefício não é obrigatório a gestante ter iniciado o pré-natal. No entanto, uma vez concedido o benefício, deverá, obrigatoriamente, realizar exames e consultas.

6. O BVN é um auxílio para promoção da Segurança Alimentar e Nutricional, com objetivo de garantir melhores condições de nutrição à mãe, se ela for a responsável pela(s) criança(s), e ao bebê. É destinado às famílias com crianças de até seis meses de vida.

7. O BSP, lançado em 2012, inicialmente para atender a famílias com crianças até seis anos de idade, estendendo-se, posteriormente, para 15 anos, em março de 2013, ampliou a cobertura para todas as famílias beneficiárias do BF que, mesmo recebendo outros benefícios do Programa, permanecem em situação de extrema pobreza. As rendas dos programas estaduais ou municipais não são incluídas no cálculo do valor do benefício e a família deixará de receber o BSP nas seguintes situações: quando os benefícios do BF forem cancelados; ou quando o valor da renda *per capita* familiar superar R$ 85,00, considerando a renda declarada no CadÚnico, somada aos benefícios do BF, sem o BSP.

8. A última atualização dos valores dos benefícios monetários do BF ocorreu em julho de 2016, alcançando os valores indicados.

A Tabela 6 registra o valor médio mensal do benefício ao longo de uma série histórica de 2004, primeiro ano de efetiva implementação do Programa, até 2014.

Tabela 6. Evolução do Benefício do BF, valores constantes, 2004 a 2015 em R$ e US$

Ano	Valor médio mensal do Benefício (R$)	Valor médio mensal do Benefício (US$)	Crescimento anual (%)
2004	81,20	31,20	-
2005	103,80	39,80	27,8
2006	95,90	36,80	-7,6
2007	101,10	38,80	5,4
2008	113,70	43,60	12,5
2009	118,80	45,60	4,5
2010	120,70	46,30	1,6
2011	132,20	50,70	9,5
2012	146,10	56,10	10,5
2013	160,10	61,50	9,6
2014	161,80	62,10	1,0
2015	163,06	62,70	1,0

Fonte: Elaboração de Silva e Lima (2015), conforme dados do MDS e do BCB.
Nota: Valores constantes, inflacionados pelo IPCA acumulado até 2014. Valores convertidos em dólar a partir da cotação média do período 11/9/2014 a 11/3/2015.

Os dados da Tabela 6 demonstram que o valor médio mensal do Benefício Monetário do BF, após experimentar algumas oscilações de 2004 a 2006, passou a registrar um crescimento contínuo em real a partir de 2007 até 2015, culminando com o maior valor em 2015 (R$ 163,06), o que evidencia que, em real, o benefício médio do BF dobrou de valor de 2004 (R$ 81,20) para 2015 (R$ 163,06). O ciclo de evolução indicado pode ser explicado por algumas mudanças registradas no Programa: em 2008, foi instituído o BVJ para até dois jovens de 16 e 17 anos de idade por família beneficiária, desde que frequentando escola; em 2011, foi criado o Plano BSM, tendo sido reajustados os valores dos benefícios do BF; e, em 2012, foi instituído o BSP, estendido, em 2013, para todas as famílias com renda *per capita* familiar inferior a R$ 70,00, corte de renda considerado em cumprimento ao objetivo do BSM, para extinguir a miséria no país[9] (Silva e Lima, 2015). Em relação aos valores em dólar americano, a Tabela mostra que o valor médio do Benefício Monetário do BF manteve uma evolução também positiva na série histórica (2004 a 2015), chegando, como ocorreu com o real, a dobrar de valor, de US$ 31,20 em 2004 para US$ 62,70 em 2015. Isso pode significar que o Benefício Monetário do BF vem mantendo um crescimento real, embora possa se considerar que esse processo vem sendo alterado desde 2015, quando o Brasil passa a vivenciar um período de crise econômica marcado por recessão, que já alcançou mais de 3% ao ano, e pela drástica elevação do valor do dólar americano em relação ao real.

Complementando as análises anteriores, a Tabela 7 permite considerar a correspondência da evolução do benefício médio do BF com os valores do dólar americano e do SM adotado no Brasil.

Além do crescimento contínuo no valor do benefício médio do BF, em real e em dólar americano, registrado na Tabela 6, os dados da Tabela 7 indicam significativo crescimento real do SM em decorrência da política de reajuste adotada a partir de 2003, em índices superiores à inflação. Nesse aspecto, o valor do SM no Brasil quase duplicou de 2004 (R$ 440,00) para 2015 (R$ 788,00), enquanto o valor em dólar americano triplicou no mesmo período (de US$ 99,80 para US$ 303,00), o que confirma o ganho real significativo do SM no Brasil na série histórica considerada. Dados da Tabela 7 permitem, ainda, uma comparação entre o valor médio do Benefício Monetário do BF

---

9. Em junho de 2014, o corte de renda *per capita* familiar para classificação da extrema pobreza foi atualizado, no âmbito do BF, para R$ 77,00. Valores convertidos em dólar a partir da cotação média do período 11/9/2014 a 11/3/2015.

Tabela 7. Evolução do benefício médio do BF, valores constantes em R$ e em US$, e sua correspondência em relação ao salário mínimo — 2004 a 2015

Ano	Valor médio mensal do benefício (R$)	Valor médio mensal do benefício (US$)	Valor do salário mínimo (em R$)	Valor do salário mínimo (em US$)	Valor médio do BF em relação ao SM%
2004	81,20	31,20	440,00	99,80	18,5
2005	103,80	39,80	480,40	115,10	21,6
2006	95,90	36,80	543,40	134,30	17,6
2007	101,10	38,80	564,80	145,90	17,9
2008	113,70	43,60	582,40	159,30	19,5
2009	118,80	45,60	625,60	178,50	19,0
2010	120,70	46,30	647,90	195,80	18,6
2011	132,20	50,70	650,10	209,20	20,3
2012	146,10	56,10	701,00	238,70	20,8
2013	160,10	61,50	721,50	260,20	22,2
2014	161,80	62,10	724,00	277,90	22,3
2015	163,06	62,70	788,00	303,00	21,0

Fonte: Elaboração de Silva e Lima (2015), com base em dados do MDS e do BCB.
Nota: Valores constantes, inflacionados pelo Índice Nacional de Preços ao Consumidor Amplo (IPCA) acumulado até 2014.

em relação ao SM, demonstrando crescimento, embora o incremento registrado seja menos significativo do que o que ocorreu em relação ao dólar americano, isso porque, como demonstrado anteriormente, o SM no Brasil teve um crescimento anual em taxas superiores ao crescimento da inflação, produzindo também crescimento em relação ao dólar americano. Assim, a relação, em percentual, dos Benefícios Monetários do BF com o SM foi de 18,5% em 2004 a 21,0% em 2015, tendo se registrado uma ligeira queda em relação a 2014, quando havia atingido o maior percentual já alcançado (22,3%). Tais dados revelam o quanto o valor médio do Benefício Monetário do BF, mesmo registrando contínuo crescimento em quase todo o período considerado, com exceção do último ano, é muito baixo para permitir que as famílias beneficiárias tenham suas necessidades básicas de sobrevivência atendidas.

7.2 Os Benefícios não Monetários e seu significado no processo de enfrentamento à pobreza nos PTRC BF, AFAM-PE e AUH

Neste item, a temática abordada centra-se nos Benefícios não Monetários dos três programas focalizados neste estudo comparado, destacando a realidade e as especificidades desses benefícios como dimensão dos PTRC na América Latina, voltada para o enfrentamento e superação do que é denominado pobreza intergeracional.

7.2.1 Apresentação e análise dos Benefícios não Monetários no BF

No contexto do BF, os denominados Benefícios não Monetários são serviços ou vantagens, disponibilizados às famílias receptoras, constituindo-se, portanto, em uma segunda dimensão estruturante desse Programa. Como lembra Silva (2015), a operacionalização desses benefícios se dá por meio de ações e programas implementados mediante parcerias entre diferentes instituições e organizações. No ano de 2014, encontravam-se em desenvolvimento cerca de 15 ações complementares, distribuídas em cinco grupos específicos: o primeiro, relacionado com o trabalho no campo e com o meio ambiente; o segundo, conexo à educação e à qualificação profissional; o terceiro, voltado para reduzir a exclusão em áreas particulares do cotidiano; o quarto, referido ao direito à habitação; e o quinto, aludido às ações desenvolvidas no contexto da Política de Assistência Social.

No primeiro grupo, destacam-se: (a) Ações de Enfrentamento aos Efeitos da Estiagem, voltadas para o reforço à rede de proteção social no semiárido. Inclui ações como implantação de cisternas, distribuição de água por carro-pipa, recuperação de poços, auxílio financeiro emergencial, antecipação dos pagamentos do Programa Garantia-Safra,[10] apoio à atividade econômica através de linha especial de crédito[11] e venda de milho para alimentação animal a preços subsidiados; (b) Programa Nacional de Fortalecimento da Agricultura Familiar (PRONAF), que objetiva apoiar as atividades desenvolvidas pelo agricultor familiar para sua integração na cadeia de agronegócios, mediante modernização do sistema produtivo e profissionalização; (c) Programa de Apoio à Conservação Ambiental conhecido como Bolsa Verde, que busca incentivar a conservação de ecossistemas.

O segundo grupo abrange ações voltadas para incentivar a educação. São elas: (a) Auxílio-Creche, que faz parte da Ação Brasil Carinhoso e é direcionado a crianças de zero a quatro anos; (b) Brasil Alfabetizado, que tem o propósito de elevar a escolaridade dos jovens com 15 anos ou mais, adultos e idosos que não frequentaram a escola na idade adequada; (c) Programa Mais Educação, cujo escopo é aumentar o acesso dos beneficiários do Programa às ações de educação integral.

---

10. O Programa Garantia Safra é um seguro de renda mínima para agricultores, com renda de até 1,5 salário mínimo (R$ 600,00), de municípios com perda da safra de pelo menos 50% da produção.

11. A Linha de Crédito Emergencial trata da concessão de crédito para investimento, capital de giro e custeio agrícola e pecuário, disponibilizado por meio do Fundo Constitucional de Financiamento do Nordeste (FNE).

Ainda no contexto da educação, mas na sua particularidade da qualificação profissional, sobressaem-se: (a) Plano Setorial de Qualificação (PLANSEQ), que objetiva capacitar para a inserção no mercado de trabalho, principalmente em decorrência da demanda do Programa de Aceleração do Crescimento (PAC-Brasil); (b) Programa Nacional de Acesso ao Ensino Técnico e Emprego (PRONATEC), que coordena a oferta de vagas de qualificação profissional através de cursos de formação inicial e continuada.

O terceiro grupo é voltado para reduzir a exclusão de cidadãos em áreas particulares do cotidiano: (a) Carta Social que viabiliza a postagem de correspondência ao preço de R$ 0,01; (b) Passe Livre para Pessoas com Deficiência, destinado a garantir o direito de locomoção gratuita em transporte coletivo interestadual convencional a esse segmento da população; (c) Tarifa Social de Energia, que se concretiza através de desconto progressivo na conta de energia das unidades consumidoras classificadas na categoria Residencial de Baixa Renda; (d) Telefone Popular, que oferece condições especiais de contratação desse serviço com tarifa reduzida; (e) Isenção de Taxa de Concurso Público nos órgãos da administração direta, das autarquias e das fundações públicas do Poder Executivo Federal.

O campo da habitação constitui o quarto grupo de ações, representado pelo Programa Minha Casa, Minha Vida (PMCMV), cujo objetivo é reduzir o déficit habitacional no país através de construção, aquisição, requalificação e reforma de imóveis.

Por fim, o quinto grupo de ações é formado pelo Serviço de Proteção e Atendimento Integral à Família (PAIF), programa de assistência social que é desenvolvido nos Centros de Referência de Assistência Social (CRAS) e se constitui em ação socioassistencial continuada, voltada para prevenir a ruptura de laços familiares.

Os elementos expostos permitem a formulação das ponderações a seguir acerca dos Benefícios não Monetários no contexto do BF.

A primeira diz respeito à relevância dessas medidas complementares em áreas tão diversas como agricultura familiar, meio ambiente, educação, habitação, direcionadas aos beneficiários do BF, uma vez que estes se distinguem, justamente, pela sua situação de despossuídos das condições materiais de existência e dificuldade de concretização de direitos sociais, particularmente, do direito ao trabalho.

A segunda ponderação diz respeito à natureza dos serviços disponibilizados. Pode-se identificar que parte importante das medidas, apesar da sua relevância, é constituída de ações esparsas ou pontuais. Até mesmo as ações relacionadas à educação, pela sua natureza estruturante, e as de qualificação profissional, que visam ao acesso ao mercado de trabalho, sofrem de limites fundamentais. No primeiro caso, é lugar-comum a crítica à baixa qualidade do ensino e, no segundo, a desvinculação dos cursos ofertados das exigências do mercado de trabalho.

A terceira ponderação relaciona-se à forma como é feita a oferta dos serviços. Trata-se da gestão intersetorial, uma das características dos programas formulados nos anos pós-1990, que tem a vantagem de reconhecer como positivas a interação entre pessoas e setores e a descentralização. Mas acordos e parcerias, próprios dessa forma de administração, também são recortados por disputas e conflitos, que podem se refletir negativamente na oferta e na qualidade dos serviços.

Portanto, os problemas de qualidade, quantidade e falta de continuidade dos serviços disponibilizados aos beneficiários do BF, aliados à própria incapacidade de atendimento à demanda fundamental ao trabalho, reprimida no país pela escassez de oferta, parecem distanciar os Benefícios não Monetários do objetivo central de autonomização das famílias, conforme proposto pelo BF.

7.2.2 Apresentação e análise dos Benefícios não Monetários nas AFAM-PE

As AFAM-PE constituem-se em programas que integram a Red de Asistencia e Integración Social (RAIS), polo assistencial do Plan de Equidad desenvolvido no Uruguai desde 1º de janeiro de 2008, em substituição ao PANES, que vigorou no período 2005-2007. Nesse contexto, a RAIS, além das AFAM-PE, componente de transferência de renda, e da Tarjeta Alimentaria, como parte de uma política de segurança alimentar, abrange outros componentes: programas de educação e atenção à infância e à adolescência; assistência aos idosos acima de 65 anos de idade em situação de pobreza estrutural; e outras ações de integração social (Uruguay, 2008).

Carballo e Vecinday (2015) destacam que, mesmo esses programas não sendo diretamente associados às AFAM-PE, seus beneficiários podem ter acesso aos programas, ações e benefícios desenvolvidos no contexto da RAIS, quando sua situação socioeconômica se enquadra no que é estabelecido pelo ICC.[12] Destacam, ainda, que o informe MIDES considera como "[...] programas potencialmente vinculables" (Uruguay, 2013, p. 12) às iniciativas, representadas por programas, ações e benefícios que se utilizam do ICC como ferramenta para seleção da população beneficiária. Esse aspecto é reafirmado pelo Informe dos Programas MIDES 2013 que assinala que o ICC é a "[...] principal herramienta de focalización de los planes y programas sociales del Estado uruguayo" (Id., ibid., p. 27). Isso porque o ICC, por constituir-se na ferramenta principal de inclusão e exclusão nos programas desenvolvidos pelo MIDES, mesmo não havendo uma vinculação direta entre a população beneficiária das AFAM-PE com os demais programas que integram a RAIS, estabelece uma proximidade entre a população-alvo dos programas implementados pelo MIDES. O suposto é que essa população não apresenta posição *mais favorável* por estar incluída nas AFAM-PE. Isso significa que os beneficiários das AFAM-PE constituem público potencial para ter acesso ao repertório de programas do esquema programático do MIDES nos eixos de inclusão socioeducativa,[13] de

---

12. Sobre o ICC, veja o texto de Silva (2015), que também integra o estudo comparado dos PTRC do Brasil, Argentina e Uruguai.

13. Os programas de combate à pobreza implementados pelo MIDES no marco da RAIS, eixo de inclusão socioeducativa, são os seguintes: Fortalecimiento Educativo, Programa Compromiso Educativo, Tránsito Educativo, Formación Profesional Básica — Experiencias Comunitarias, Programa Maestros Comunitarios (PMC), Programa Aulas Comunitarias (PAC-Uruguai), Proyecto INTERIM, Fondos de Emprendimientos Socioculturales, Hogares Estudiantiles Rurales e Programa Capacitación Laboral.

promoção e proteção de direitos,[14] de inclusão sociolaboral[15] e de *prestaciones*,[16] em que se situam as AFAM-PE e a Tarjeta Alimentaria. Por conseguinte, os programas de combate à pobreza implementados pelo MIDES no âmbito da RAIS podem ser utilizados como benefícios não monetários pelos beneficiários das AFAM-PE.

7.2.3 Apresentação e análise dos Benefícios não Monetários da AUH

Segundo Fernández Soto (2015), a AUH não contempla no seu desenho nem no seu discurso benefícios não monetários, inclusive o decreto que estabelece sua criação (Decreto n. 1.602/2009) determina incompatibilidade do acesso do benefício com outros programas. Todavia, a autora considera que diversos convênios e ajustes normativos vêm provocando modificações na implementação da AUH. Desse modo, vários programas e benefícios podem ser acessados pela população beneficiária, produzindo múltiplas interações, o que, no presente texto, estão sendo considerados como Benefícios não Monetários. De fato, essas articulações, segundo a autora citada, respondem ao que a Organização Internacional do Trabalho (OIT) (2010)

---

14. O eixo de promoção e proteção de direitos é composto pelos seguintes programas: Programa de Atención a Personas en Situación de Calle, Programa Identidad, Estrategia Nacional de Fortalecimiento de las Capacidades Familiares: Programa Cercanías, Oficina de Derivaciones e Servicios Especializados de Atención a Mujeres en Situación de Violencia Doméstica.

15. Os programas que integram o eixo de inclusão laboral são: Monotributo Social MIDES (Lei n. 18.874, de 11 de janeiro de 2012), Uruguay Trabaja (Lei n. 18.240, de 9 de janeiro de 2008), Cooperativas Sociales (Lei n. 18.407, de 14 de novembro de 2008), Intermediación Laboral — Programa NRXO, Programa Fortalecimiento a Emprendimientos Productivos e Uruguay Clasifica.

16. As *prestaciones* que integram a estratégia de combate à pobreza do MIDES são representadas pelo Plan 7 Zonas (visa reduzir a pobreza e a indigência nas sete zonas de maior vulnerabilidade socioeconômica), Programa Nacional Producción de Conocimiento y Articulación, Estrategia Nacional de Fortalecimiento de las Capacidades Familiares, Jóvenes en Red (do Instituto Nacional de la Juventud) e Discriminaciones Multiples y/o Agravadas (do Instituto Nacional de las Mujeres).

denomina de Piso de Proteção Social (PPS), uma renda mínima de seguridade social que representa um conjunto básico de direitos, serviços e infraestruturas sociais com que toda pessoa poderia contar.

Fernández Soto (2015) lembra, particularmente, o eixo programático da AUH destinado a mulheres gestantes, denominado Asignación por Embarazo para Protección Social, destacando as seguintes iniciativas relacionadas com as condicionalidades: (a) o Plan SUMAR,[17] criado em agosto de 2012, que ampliou o *Plan Nacer* (vínculos com o Ministerio de Salud); (b) inclusão na cobertura da população materno-infantil de crianças e adolescentes de 6 a 19 anos e mulheres até 64 anos.

Pela análise de Fernández Soto (2015), embora indiretamente, existe, ainda, a possibilidade de os titulares da AUH terem acesso a outros programas que podem ser classificados como Benefícios não Monetários. Entre eles, destaca: (a) Programa de Trabajo Autogestionado, Jóvenes con Más y Mejor Trabajo, Programa Promover la Igualdad de Oportunidades e Programa de Inserción Laboral (MTEySS); (b) Plan Argentina Trabaja — Ingreso Social con Trabajo, que desenvolve o programa *Ellas Hacen*, que atribui prioridade a mulheres em situação de maior vulnerabilidade, com três ou mais filhos e filhas com deficiência, e a mulheres vítimas de violência de gênero (MDS); (c) acesso facilitado a serviços, descontos e dispensa de pagamentos em serviços de transportes na Grande Buenos Aires (tarifa diferencial de metrô, desde que o cartão do Programa esteja registrado no sistema de transporte; (d) subsídio ao gás natural e água para a população em situação de vulnerabilidade social (Ministerio de Planificación — MP): serviço de gás, no âmbito do Programa HOGAR, benefício que é depositado automaticamente na mesma conta do benefício; (e) empréstimos financeiros pessoais facilitados em diferentes instituições, entre as quais as bancárias; (f) Programa QUINITA, criado em 16 de

---

17. O Plan SUMAR é um programa nacional de assistência sanitária destinado a mulheres gávidas, crianças e adolescentes de até 19 anos de idade e a mulheres e homens de até 64 anos sem cobertura social.

julho de 2015 (Ministerio de Salud de la Nación) e direcionado às titulares da Asignación Universal por Embarazo (AUE), cujo objetivo é a diminuição das taxas de mortalidade materna e infantil.

7.3 Estabelecendo comparações sobre Benefícios Monetários e não Monetários nos PTRC BF, AFAM-PE E AUH

As análises desenvolvidas sobre os Benefícios Monetários dos PTRC: BF do Brasil, AFAM-PE do Uruguai e AUH da Argentina permitem considerar que as transferências monetárias às famílias beneficiárias representam a dimensão material central desses programas, cumprindo objetivo imediato de reprodução de trabalhadores e de suas famílias que estão fora ou são inseridos precariamente no mercado de trabalho. Nas análises, foi verificado que, além de compartilhamento de um esquema básico comum, constituindo elementos de convergências e similaridades, é possível identificar algumas diferenciações e especificidades, conforme sintetizado nos Quadros 1 e 2.

Para além dos conteúdos comuns e dos conteúdos específicos apresentados, há de se considerar que os três programas situam-se numa realidade estrutural similar, com marcas determinantes do sistema de produção capitalista, mesmo vivenciando momentos peculiares no desenvolvimento de cada formação social. Em termos específicos, esses programas apresentam trajetórias históricas e dinâmicas particulares.[18]

Sobre os Benefícios não Monetários, as informações apresentadas e as análises dos três PTRC focalizados neste estudo comparado permitem identificar perspectivas peculiares. O BF, por exemplo, mantém

---

18. A propósito, veja o capítulo 2: Soto, Silvia Fernández; Lima; Valéria Ferreira Santos de Alama; Tripiana, Jorge Daniel. Transformações do sistema de proteção social no contexto latino-americano e antecedentes políticos e institucionais dos Programas de Transferência de Renda Condicionada — PTRC.

Quadro 1. Indicação dos conteúdos comuns prevalecentes nos PTRC BF do Brasil, AUH da Argentina e AFAM-PE do Uruguai

Eixos comuns	Descrição do conteúdo
Regularidade das transferências monetárias	As transferências monetárias seguem nos três programas um esquema de regularidade mensal, superando o caráter emergencial e descontínuo, constituindo-se na principal ou única fonte de renda "estável" e "previsível", embora representem valores monetários insuficientes para atendimento das necesidades básicas das famílias beneficiárias.
Monetarização, bancarização	Os três programas se utilizam da rede bancária para efetuar a transferência monetária do benefício e o fazem através de cartão magnético bancário de débito, introduzindo seus beneficiários numa realidade até então não vivenciada pela maioria desse público.
Informatização dos processos	Os três programas se utilizam de sistemas nacionais informatizados para seleção, acompanhamento, controle e desligamento dos beneficiários da concessão dos Benefícios Monetários, com tecnificação do campo assistencial, produzindo mudanças significativas nos processos de relação das instituições com o público beneficiário e na composição das equipes profissionais responsáveis pela gestão e execução dos programas.
Valoração dos benefícios monetários	Os três programas, desde sua criação, vêm apresentando incremento, por vezes significativo, dos valores dos Benefícios Monetários destinados aos diferentes grupos de beneficiários. Essa valorização nos valores dos benefícios é identificada inclusive em termos reais, quando foi estabelecida comparação entre as moedas locais, o dólar americano e o salário mínimo de cada país, sendo as AFAM-PE as que apresentam evolução menos significativa nos valores de seus Benefícios Monetários ao longo da série histórica elaborada.

Fonte: Elaboração própria a partir das reflexões desenvolvidas ao longo do texto.

Quadro 2. Indicação de conteúdos específicos nos PTRC BF do Brasil, AUH da Argentina e AFAM-PE do Uruguai

Programas	Especificidades
Diferenciação e denominação de Tipos de Benefícios Monetários: AUH, AFAM-PE e BF	**Denominação dos Benefícios Monetários do BF:** Benefício Básico — só para famílias extremamente pobres; Benefício Variável para menores até 15 anos de idade, máximo de 5; BVG — Benefício Variável Gestante; BVN — Benefício Variável Nutriz; BVJ — Benefício Variável Jovem, para jovens de 16 e 17 anos, máximo de 2; e BSP — Benefício para Superação da Extrema Pobreza para que todas as famílias beneficiárias alcancem uma renda *per capita* familiar de R$ 85,00. **Denominação dos Benefícios Monetários da AUH:** AUH — destinada a menores de 18 anos, máximo de 5; AUE — destinada a mulheres gestantes; AUD — destinada a pessoas com deficiência, sem limite de idade nem de quantidade. **Denominação dos Benefícios Monetários das AFAM-PE:** PE — menores não deficientes até 18, máximo de 7; PE — Deficientes, até 18 anos; PE-INAU; Benefício Escolar, complemento para crianças do ensino fundamental e Benefíco Liceal, complemento para adolescentes do ensino médio.
Valores dos Benefícios Monetários: AUH, AFAM-PE e BF	Os valores dos Benefícios Monetários dos três programas variam de acordo com o tipo de benefício, sendo que a AUH é o único Programa que só transfere mensalmente para seu público beneficiário 80% do total dos Benefícios Monetários a que tem direito, ficando os 20% restantes para serem pagos uma vez por ano, mediante comprovação do cumprimento das condicionalidades de saúde e de educação.
Sistemática de atualização dos valores dos Benefícios Monetários: AUH, AFAM-PE e BF	As AFAM-PE têm os valores dos Benefícios Monetários atualizados, anualmente, juntamente com o reajuste dos salários dos funcionários públicos de acordo com a evolução do Índice de Preço ao Consumidor (IPC). A AUH passou a ter um mecanismo regular de atualização dos seus Benefícios Monetários a partir de junho de 2015, mediante a Lei n. 27.160, de 17 de julho de 2015, de Régimen de Mobilidad de las Asignaciones Familiares, publicada em Boletim Oficial, cujas atualizações ocorrem em março e setembro. O BF não tem mecanismo periódico nem sistemático de atualização dos seus Benefícios Monetários. As atualizações ocorrem sem regularidade por decretos presidenciais, sendo que a última aconteceu em julho de 2016.

Fonte: Elaboração própria a partir das reflexões desenvolvidas ao longo do texto.

uma ampla variedade de ações e programas complementares, especificamente direcionados para as famílias beneficiárias, e implementa outras ações e programas que consideram os beneficiários do BF como público-alvo prioritário. Já as AFAM-PE do Uruguai e a AUH da Argentina, embora, a princípio, não disponibilizem diretamente programas e ações complementares para os beneficiários desses PTRC, contam com vários programas assistenciais destinados a grupos e a populações pobres a que atendem e, às vezes, priorizam os beneficiários dos programas objetos de análise neste texto. O ponto comum é que os três programas consideram os Benefícios não Monetários articulados aos Benefícios Monetários, instituídos como mecanismos de política social destinados à formação do capital humano com vista à superação da denominada pobreza intergeracional.

Uma reflexão final sobre os PTRC do Brasil, Uruguai e Argentina permite considerar que o conjunto de Benefícios Monetários e o de Benefícios não Monetários ofertados a milhares de famílias e pessoas tem sido incapaz de reverter situações de pobreza, extrema pobreza e vulnerabilidades que marcam as realidades estrutural e conjuntural dos três países.[19] Eles são programas *compensatórios*, voltados para atenuar efeitos decorrentes das políticas econômicas geradoras da pobreza e do incremento da desigualdade estrutural, tanto na produção como na distribuição da riqueza socialmente produzida.[20]

---

19. Sobre possíveis impactos, veja o texto de Silva e Lima (capítulo 10), que integra este mesmo estudo comparado.

20. Essa afirmativa pode ser comprovada quando verificamos a relação dos valores dos Benefícios Monetários dos três programas com os salários mínimos de cada país. Conforme dados apresentados e analisados anteriormente, a AUH apresentou o menor percentual dos benefícios monetários em 2011 (11,7% do SMVM) e o maior percentual foi em 2015 (17,75%); o BF registrou o menor percentual do valor médio de seus Benefícios Monetários em relação ao SM, em 2006 (17,6%), e a maior relação percentual acorreu em 2014 (22,3%), enquanto as AFAM-PE apresentaram a menor relação percentual em 2015, 11,87%, referente ao Benefício Escolar, e 16,96% referente ao Benefício Liceal, e a maior relação foi registrada em 2008, com 20,49% referente ao Benefício Escolar e 29,27% para o Benefício Liceal. Em resumo, nenhum dos três programas alcançou, nos valores de seus Benefícios Monetários, 30% em relação ao SM de seu respectivo país.

Referências

BENTURA, P. et al. *Exigência de condicionalidades*: significados, alcances e controvérsias no debate. [S. l.], 2015. Texto preliminar produto do Projeto: Programas de Transferência de Renda Condicionada na América Latina: Estudo Comparado — Bolsa Família (Brasil), Nuevo Régimen de Asignaciones Familiares — AFAM-PE (Uruguay) e Asignación Universal por Hijo para Protección Social (Argentina).

CARBALLO, Y.; VECINDAY, L. Presentación de los benefícios monetários e no monetários de las AFAM-PE. In: BENTURA, Pablo et al. *Nuevo régimen de asignaciones familiares*: caracterización de sus dimensiones configurativas. [S. l.], 2015. Texto preliminar produto do Projeto: Programas de Transferência de Renda Condicionada na América Latina: Estudo Comparado — Bolsa Família (Brasil), Nuevo Régimen de Asignaciones Familiares — AFAM-PE (Uruguay) e Asignación Universal por Hijo para Protección Social (Argentina).

FERNÁNDEZ SOTO, S. *Beneficios no monetarios y trama de vínculos de la AUH*. [S. l.], 2015. Texto preliminar produto do Projeto: Programas de Transferência de Renda Condicionada na América Latina: Estudo Comparado — Bolsa Família (Brasil), Nuevo Régimen de Asignaciones Familiares — AFAM-PE (Uruguay) e Asignación Universal por Hijo para Protección Social (Argentina).

_____ et al. *Benefícios monetários e benefícios não monetários*: entre o compensatório e a efetivação de direitos. [S. l.], 2015. Texto preliminar produto do Projeto: Programas de Transferência de Renda Condicionada na América Latina: Estudo Comparado — Bolsa Família (Brasil), Nuevo Régimen de Asignaciones Familiares — AFAM-PE (Uruguay) e Asignación Universal por Hijo para Protección Social (Argentina).

_____; TRIPIANA, J.; LIMA, V. F. S. de A. *Transformações do sistema de proteção social no contexto latino-americano e antecedentes políticos e institucionais dos Programas de Transferência de Renda Condicionada — PTRC*. [S. l.], 2015. Texto preliminar produto do Projeto: Programas de Transferência de Renda Condicionada na América Latina: Estudo Comparado — Bolsa Família (Brasil), Nuevo Régimen de Asignaciones Familiares — AFAM-PE (Uruguay) e Asignación Universal por Hijo para Protección Social (Argentina).

ORGANIZAÇÃO INTERNACIONAL DO TRABALHO. Aportes para la construcción de un piso de protección social en Argentina: el caso de las asignaciones familiares. In: BERTRANOU, Fabio (Coord.). *Una respuesta nacional a los desafíos de la globalización, Cooperación Técnica para el Desarrollo de la República Francesa.* Buenos Aires, 2010. Oficina de la OIT en Argentina, Proyecto ARG/06/M01/FRA. Disponível em: <http://intranet.oit.org.pe/index.php?option=com_content&task=view&id=1992&Itemid=1311>. Acesso em: 20 ago. 2015.

SALÁRIO mínimo será de 10.000 pesos: repasamos su evolución — Índice para arriba. *Montevideo Portal*, Uruguai, 2015. Disponível em: <http://montevideo.com.uy/auc.aspx?257994>. Acesso em: 15 out. 2015.

SILVA, M. O. da S. e. *Focalização e universalização do acesso*: ambiguidades e realidade. [S.l.], 2015. Texto preliminar produto do Projeto: Programas de Transferência de Renda Condicionada na América Latina: Estudo Comparado — Bolsa Família (Brasil), Nuevo Régimen de Asignaciones Familiares — AFAM-PE (Uruguay) e Asignación Universal por Hijo para Protección Social (Argentina).

_____; LIMA, V. F. S. de A. *Avaliação e impactos dos Programas de Transferência de Renda*: alcances, percursos e dimensões ainda pouco exploradas. [S.l.], 2015. Texto preliminar produto do Projeto: Programas de Transferência de Renda Condicionada na América Latina: Estudo Comparado — Bolsa Família (Brasil), Nuevo Régimen de Asignaciones Familiares — AFAM-PE (Uruguay) e Asignación Universal por Hijo para Protección Social (Argentina).

URUGUAY. República Oriental del Uruguay. *Plan de Equidad.* Montevideo, 2008. Disponível em: <http://www.mides.gub.uy/innovaportal/file/913/1/plan_equidad_def.pdf>. Acesso em: 1 jan. 2016.

_____. Ministerio de Desarrollo Social. *Informes MIDES*: seguimiento y evaluación de actividades y programas 2011-2012. Montevideo, 2013. Disponível em: <http://www.mides.gub.uy/innovaportal/v/32189/3/innova.front/informe-mides-2011-2012>. Acesso em: 1º jan. 2016.

_____. Ministerio de Trabajo y Seguridad Social. Ministerio de Economía y Finanzas. *Decreto n. 4*, de 7 de enero de 2015. Fijacion de Salario Mínimo Nacional. Montevideo, 2015. Disponível em: <http://archivo.presidencia.gub.uy/sci/decretos/2015/01/mtss_757.pdf>. Acesso em: 15 out. 2015.

8

Democratização ou tecnificação do processo de gestão?

Carola Carbajal Arregui
Maria Ozanira da Silva e Silva

O presente texto tem por objetivo analisar os elementos e os processos vinculados à gestão dos PTRC, especialmente no que diz respeito a desenhos e articulações institucionais, mecanismos e processos de gestão adotados, a critérios e formas de acesso, acompanhamento e controle dos beneficiários e à utilização e à função dos sistemas de informação.

8.1 Ponto de partida: referênciais comuns de análise

Os estudos de caracterização geral dos programas BF do Brasil, AFAM-PE do Uruguai e AUH da Argentina (Silva et al., 2014; Bentura et al. 2014, Fernández Soto et al., 2014), utilizados como referências básicas para o estudo comparado dos três programas, partem de uma perspectiva crítica para análise da gestão e a sua intrínseca relação com a política social. Dessa maneira, as questões que configuram o campo da política social devem ser consideradas e analisadas quando se abordam os processos de gestão, pois a racionalidade e o modo de organização do Estado, que se exibe em forma de relações jurídicas, normativas e políticas, expressam, também, um campo de disputa de interesses sobre as formas de regulação social, de efetivação, ampliação (ou não) dos direitos sociais (Behring e Boschetti, 2008).

O estudo de Pereira, Sousa e Vieira (2014) enfatiza, justamente, que a gestão como racionalidade e ação político-administrativa, ao implementar os objetivos da política social, ajusta-se às normas sociais legalmente definidas e responde a interesses de grupos sociais determinados.

No estudo dos pesquisadores argentinos há uma crítica expressa à perspectiva positivista de análise da gestão que, ao dar ênfase ao estudo sistêmico, isolado dos processos organizativos da política social (formas de administração, etapas de implementação), naturaliza os aspectos tecnocráticos e esconde a dimensão política, de conflito e de disputas de interesses que se materializam no Estado e nas próprias políticas sociais (Fernández Soto et al., 2014). Nessa perspectiva, definem-se as políticas sociais como:

> Trayectorias de acción definidas en relación a la dinámica de la cuestión social en campos de disputa y tensión, que constituyen complejas decisiones, las cuales responden a objetivos e intereses sociales, conformando arreglos institucionales específicos. El Estado, como relación, sintetiza las luchas sociales existentes. En tal sentido no es un ente autónomo, con procedimientos meramente técnicos capaces de mejorar el bienestar de la población [...] Cuando hablamos de política entonces hablamos del reconocimiento de intereses y por consiguiente de la formulación de líneas de acción que implementan o bloquean tales intereses (Fernández Soto et al., 2014, p. 95).

Em função desse marco conceitual, propõe-se como percurso de análise:

> Comprender el proceso de gestión de las políticas sociales en relación a la dimensión política inherente a las políticas sociales, a la dimensión histórica en tanto es un proceso que expresa la configuración estatal en la sociedad, y a la dimensión ética-valorativa, en tanto contiene una perspectiva de valores sociales que pretende difundir y ejecutar en los procesos de intervención social (Id., ibid., p. 97).

Por conseguinte, a análise da gestão, no estudo comparado, revela a necessidade de compreender as relações e as tensões postas por cada processo de implementação, em função da forma de organização do Estado e dos marcos institucionais e político-administrativos que regulam a presença dos diferentes níveis de governo na execução das políticas sociais em cada país.

Numa região tradicionalmente centralista, a descentralização ganhou força na América Latina, a partir de projetos claramente contrapostos. A descentralização erguida, sob a influência dos processos de abertura democrática dos nossos países, que tinha como fundamento e motor a democratização do Estado, o fortalecimento do poder local e a participação social, contrapõe-se àquela que ganha impulso, a partir dos anos 1990, sob influência dos organismos internacionais de crédito. Está fortemente associada a processos de terceirização e privatização dos serviços públicos, como mais um ingrediente do pacote de ajuste estrutural e da configuração de um Estado mínimo (leia-se mínimo com relação ao gasto social). Esta contraposição de projetos permeia também a experiência de descentralização do Brasil, Argentina e Uruguai, colocando em disputa elementos centrais para as políticas sociais e para os processos de gestão.

A descentralização no Brasil, a partir da CF de 1988, representa um novo marco na formulação e na implementação das políticas sociais, ao conferir autonomia político-administrativa aos municípios. Mas funda também, conforme Pereira, Sousa e Vieira (2014), um processo que extrapola, em concepção, a mera divisão de funções e recursos entre os diferentes níveis de governo (federal, estadual e municipal). A luta pela ampliação de direitos sociais e pela participação da sociedade brasileira, que se consolidam na CF de 1988, traz consigo ingredientes substanciais para a consolidação da esfera pública no país. Nesse sentido, Pereira, Sousa e Vieira (2014, p. 96) apontam que a CF de 1988, em oposição ao autoritarismo e ao burocratismo estatal, fortalece mecanismos de democracia participativa, e a descentralização é entendida como forma de distribuição de poder no processo de gestão pública, afirmando que:

> A aproximação entre os munícipes e os recursos públicos, através do processo de municipalização, que se fortaleceu no Brasil a partir da Constituição de 1988, foi vista como importante instrumento para fomentar não apenas um governo local, mas um poder local.

Dialogando com diversos autores (Souza, 2004; Gohn, 2001; Arretche, 1996), pode ser destacado que a descentralização na experiência brasileira não foi uma mera desconcentração de poder ou uma *prefeiturização*, pois: "[...] o grau de descentralização não se mensurava apenas pelo nível administrativo em que as decisões são formuladas, mas pela mobilização da sociedade" (Pereira, Sousa e Vieira, 2014, p. 96).

Diante disso, a implementação do Programa BF evidencia, no processo de gestão, sujeitos institucionais diversos e tensões/conflitos decorrentes do papel de cada um deles. Interpela a importância de identificar a participação do público beneficiário do Programa nas instâncias de controle social.

No caso do Uruguai, o debate da descentralização está presente quando a Frente Ampla assume a gestão da cidade de Montevidéu, em meados da década de 1990, e foi retomada, em 2005, quando essa mesma força política assume o governo nacional e propõe entre uma das principais iniciativas a Reforma do Estado. Um processo difícil, contraditório e, por vezes, incompleto, mas que derivou em claros

avanços normativos do ponto de vista da descentralização político-
-administrativa e da participação cidadã. Um estudo dos pesquisadores uruguaios revela a centralidade das mudanças constituídas a
partir da Lei n. 18.567, de 13 de setembro de 2009, que instituiu a
descentralização no país:

> Se creó el tercer nivel de gobierno que prevé la demarcación de muni-
> cipios en localidades de al menos 2.000 habitantes o en aquellos lugares
> que así lo defina la Junta Departamental a iniciativa del Intendente.
> Dicha ley estableció la materia municipal, cometidos, forma de integra-
> ción y atribución de sus integrantes. El gobierno municipal se integró
> por un órgano pluripersonal y pluripartidario — el Alcalde o Alcalde-
> sa y un Concejo Municipal — electo directamente por los ciudadanos.
> Los gobiernos municipales tienen el rol de ejecución de planes de de-
> sarrollo a su escala y la administración de un presupuesto propio, cuyo
> destino está determinado por las necesidades locales. Asimismo, se
> establecieron mecanismos de rendición de cuentas tanto hacia la figura
> del Intendente como hacia la ciudadanía en general a través de Cabildos
> Anuales (Bevilacqua, Bentancor e Ibarra, 2015, p. 43).

Configura-se, assim, uma nova institucionalidade num país tradicionalmente centralizado na instância nacional e departamental. A
emergência de um terceiro nível de governo, o municipal, fortalece não
só o processo de municipalização e de governos locais, mas também
institui novas instâncias de participação cidadã, como os Conselhos e
os *Cabildos*. A análise da estrutura de gestão do Programa AFAM-PE
no Uruguai coloca em tensão esses processos incipientes de descentralização e o traço ainda predominante e centralizador do Estado uruguaio,
além dos impactos da terceirização dos serviços sociais.

Na Argentina, o debate da descentralização e experiências par-
ticipativas também foi promovido em vários municípios, por exemplo,
a cidade de Rosário, que passou por sucessivas gestões democráticas
reconhecidas internacionalmente pelo seu aporte na experiência de
descentralização, nos orçamentos participativos e nas audiências
públicas. Entretanto, a Argentina, assim como seus vizinhos uruguaios

e brasileiros, enfrentou, durante a década dos 1990, os desdobramentos de uma reforma do Estado, nos moldes neoliberais que derivou em um marcado desequilíbrio entre as reformas pró-mercado (com forte ênfase na terceirização e privatização dos serviços) e outras iniciativas orientadas para institucionalizar novas modalidades de participação e controle cidadão.

Nesse sentido, a experiência de gestão dos PTRC não pode desconsiderar os processos operados, durante a década de 1990, de reformas do papel do Estado e de adoção dos princípios de organização e estruturação, característicos do Estado neoliberal.

A racionalização do processo de gestão e do aparelho burocrático, nos chamados processos de *modernização*, teve como fundamento a aplicação dos princípios gerenciais do setor empresarial privado no setor público. As reformas argumentavam a necessidade de assegurar o desempenho, controle e redução das contas públicas, promoveram a flexibilização e terceirização da provisão de serviços e desenvolveram novas práticas, competências e instrumentos de gestão, erguidas a partir das novas tecnologias da informação.

Nessa perspectiva, para Desrosières (2008), a emergência do Estado neoliberal, consolidado nos anos 1990, provoca profundas mudanças não só nos modos de operar as políticas sociais, mas também nas formas de representação e produção das informações. Ao afirmar que o Estado neoliberal *governa por meio dos números*, sinaliza a importância e função dos processos de quantificação, produção e divulgação de informações, nas formas de construção da legitimidade dos governos e gestão da população.

Nesse contexto, ganham centralidade na operação das políticas sociais: a produção de dados quantitativos, com ênfase nos resultados; o predomínio de modelos econométricos e probabilísticos para escolha de públicos e modelos de avaliação; e a influência da Economia e da Sociologia como áreas de conhecimento, dominantes para a produção das informações. Se do que se trata é de governar pelos números, quem detém a informação detém uma fonte importante de poder e legitimação (Arregui, 2013).

A gestão dos PTRC é impactada, como veremos a seguir, em termos do aumento das formas de controle dos beneficiários, da importância da produção e controle das informações, da perda da relevância dos processos relacionais operados pelo trabalho social e do processo crescente de tecnificação nos processos de trabalho dos profissionais que estão na ponta da operação.

8.2 Mudanças de conjuntura política e novas configurações na gestão dos PTRC do Brasil, da Argentina e do Uruguai

Os anos 2000 inauguram um cenário e uma conjuntura política específica, no Brasil, no Uruguai e na Argentina, repercutindo na configuração dos PTRC. O saldo social da década de 1980 e 1990 e a crise econômica dos anos 2000, que afetaram sobremaneira a América Latina e região do Mercosul, derivaram, assim mesmo, na ascensão de governos progressistas (Frente Ampla, no Uruguai, Partidos dos Trabalhadores, no Brasil, e o Peronismo/Kirchnerismo, na Argentina). Nessa conjuntura, as promessas e as possibilidades de mudanças no panorama político, econômico e social estavam associadas à efetivação de compromissos historicamente construídos por essas forças políticas com os setores populares.

Os PTRC, a partir dos anos 2000, diferentemente da lógica residual da década de 1990, ampliam largamente a sua escala e cobertura, a tal ponto que passamos a falar de programas massificados, e o Estado, de maneira distinta da sua versão mínima, assume publicamente um papel central e condutor na provisão do bem-estar social da população, especialmente dos segmentos mais atingidos pelas crises econômicas e as políticas de reajuste estrutural.

Os estudos desenvolvidos pelos pesquisadores do Brasil, Argentina e Uruguai recuperam esse processo:

> Uruguay asistió a un cambio en la conducción de gobierno, con la asunción de la izquierda en el poder, en 2005. La definición programática de

esta fuerza política, durante sus dos períodos de actuación, indica las principales orientaciones en términos de gestión de las políticas públicas. En el plano económico continúa la tendencia hacia el equilibrio macroeconómico y la estabilidad institucional, pero apostando al crecimiento con mayor valor agregado nacional. Asimismo, presta especial atención a la revisión de la forma de distribución de los beneficios. Por ello, reconoce un rol activo del Estado en relación con el desarrollo económico y el bienestar de la población. [...] En lo social, los Gobiernos del FA no se limitaron a políticas focalizadas, sino que fueron coherentes en el intento de vincular estas iniciativas con la matriz de protección existente, como forma de complementarla. Se respondió exitosamente a la emergencia social resultante de la crisis del 2002 con políticas de distribución monetaria focalizada en los más pobres. Una vez resueltos los problemas más acuciantes, las transferencias monetarias focalizadas disminuyeron y dieron paso a un sistema más complejo en que las políticas focalizadas se articulan y dan acceso a prestaciones universales (Bevilacqua, Carballo e Vecinday, 2014, p. 95).

Na Argentina,

La política AUH se define en relación a la universalización del acceso de las asignaciones familiares, garantizando las mismas a los hijos de los trabajadores desocupados e informales. Sobre estas argumentaciones pretende colocarse como los beneficios y derecho social que otorga a los "sectores excluidos" de las asignaciones, por la inserción ocupacional de los padres. Pretende definir e instrumentar una política pública masiva de alcance nacional de reducción de la pobreza, especialmente la indigencia, bajo una perspectiva de derecho social. [...] El esquema resultante es una matriz institucional que combina lógicas "contributivas" y "no contributivas". El programa pretende superar de esta manera la lógica del favor a los beneficiarios pobres, y generar una lógica de "igualación de la cobertura" de los niños más allá de la inserción ocupacional de sus padres. [...] La AUH, junto con otras políticas de transferencia de renta condicionadas, constituyen, desde la argumentación oficial, intervenciones públicas que persiguen modificar la "inequidad social" y generar "inclusión", distanciándose de una perspectiva teórico-práctica focalizada exclusivamente en la "atención" al pobre (Fernández Soto, 2014, p. 98, grifos da autora).

No Brasil,

> O Bolsa Família é o maior programa de transferência de renda do país, que foi estruturado sobre o imperativo de se combater um dilema histórico brasileiro: o da fome, a miséria e a desigualdade. A intervenção governamental é assumida como medida indispensável para a ampliação do acesso a meios básicos de sobrevivência (Pereira, Sousa e Vieira, 2014, p. 97).

Os PTRC ganham centralidade na agenda dos novos governos, estão presentes na pauta pública e ampliam largamente a sua cobertura e escala. Entretanto, os processos de institucionalização e ampliação dos diversos programas não envolveram, necessariamente, a participação dos segmentos organizados da sociedade civil, muito menos dos segmentos historicamente excluídos e conjunturalmente mais afetados pelas crises econômicas na construção de um debate público, o que é particularmente analisado por Bevilacqua, Carballo e Vecinday (2014, p. 96)

> En términos generales puede decirse que el gobierno procesó discusiones parlamentarias ligadas a cuestiones operativas pero no sustantivas respecto a la aprobación de un nuevo régimen para este tipo de transferencias condicionadas. Los énfasis respecto a cómo definir la agenda pública fueron procesados en forma endógena [...] Con relación a la versión procesada en 1943, esta etapa muestra una disminución de la naturaleza pública de la discusión como consecuencia de la apelación a los expertos para procesar las decisiones. Si bien los principales expertos provinieron de la Universidad de la República, la relación contractual los incorporó como consultores para atender demandas específicas. Es decir, no actuaron como integrantes de una entidad social, externa sino como asesores eventuales del equipo de gobierno tal como los informes disponibles permiten suponer.

Paralelamente, nos três programas, a sua institucionalização e ampliação envolveram mudanças do ponto de vista legal e normativo, que reconfiguraram o cenário da gestão.

No Uruguai, ao se completar o Plano de Emergência Social, de responsabilidade do MIDES, entra em vigor o AFAM-PE, incorporando a modalidade de seguridade não contributiva ao tradicional regime contributivo de *Asignaciones Familiares*.[1] Consequentemente, as AFAM-PE passam a estar vinculadas ao BPS (agência da Previdência Social, tradicionalmente responsável pelas *Asignaciones Familiares* — AF). Assim, na nova configuração, o BPS fica responsável pela coordenação interinstitucional do cumprimento das condicionalidades e o MIDES, pelo processamento das bases de dados e comprovação dos requisitos de acesso. Forma de coordenação que explicita, segundo Bevilacqua, Carballo e Vecinday (2014, p. 104), uma recentralização do ponto de vista da gestão:

> La gestión de AFAM-PE supone básicamente coordinación horizontal (BPS/MIDES) y, consecuentemente, recentralización de la gestión estatal. El Estado central aparece como único garante de capacidad para controlar, planear, actuar, incidir en las acciones tanto hacia la población objetivo como hacia las unidades intersectoriales que deben movilizarse a la interna del propio Estado. Este programa que combina universal/focal no es injerencia ni del segundo ni del tercer nivel de gobierno. No prevé ni siquiera una mínima área de relaciones intergubernamentales en este tema, más allá del uso de bases de datos antes referido.

Na Argentina, a passagem do foco na pobreza para o filho do trabalhador, independentemente da sua condição contributiva, que deu lugar ao Programa de AUH, gerou, também, mudanças do ponto de vista da gestão: do MIDES, responsável, até então, pelas transferências monetárias, para a ANSES, marco institucional da previdência social. A gestão operacional do Programa envolve a configuração de um comitê interministerial, o *Comité de Asesoramiento*, integrado pelos Ministérios de Desenvolvimento Social, de Trabalho, Emprego

---

1. Sistema contributivo, tradicionalmente vinculado aos filhos dos trabalhadores no âmbito formal, sob responsabilidade do BPS.

e Previdência Social, Educação, Saúde e Segurança[2] (Fernández Soto, 2014). Paralelamente, para a sua implementação, a ANSES assina convênios de cooperação com as províncias que têm como foco consolidar e validar a base de dados locais e nacional, referência para o controle do benefício.

No Brasil, a unificação dos diversos programas de transferência de renda, no âmbito federal, em 2003, derivou na instituição do Programa BF,[3] alocado na Secretaria Nacional de Renda de Cidadania (SENARC) do MDS, mas construindo interfases com o MDS, o MS, o MEC, os municípios, as Secretarias Municipais, as Câmaras de Regulação, as Câmaras Técnicas, os Conselhos Municipais de Políticas Públicas e o Ministério Público (Pereira, Sousa e Vieira, 2014). Assim, a gestão do BF se efetiva mediante ação compartilhada entre os três níveis de governo: União, estados, Distrito Federal e municípios, a partir de diversos marcos regulatórios/normativos[4] e institucionais/funcionais, que instituem bases de cooperação e pactuam medidas para o acompanhamento e controle do Programa e das condicionalidades.

O nível federal é responsável pelo financiamento e transferência de recursos para apoiar a gestão local do Programa, pela definição das normativas legais e das instruções técnicas, pela construção de parâmetros de cobertura e ampliação do Programa nos municípios e pela contratação e monitoramento do agente executor, a CEF. Nos estados subnacionais e nos municípios, o BF é implementado, na maioria dos casos, através da Secretaria Municipal responsável pela Política de Assistência Social em todos os municípios brasileiros, destacando como atribuições o processo de cadastramento, a atualização cadastral e o acompanhamento das condicionalidades e das

---

2. No momento de comprovação da documentação, os beneficiários possuem como referências locais: "[...] las Delegaciones de ANSES, a las Oficinas del Ministerio de Desarrollo Social de la Nación en el interior del país y a las Oficinas de Empleo del Ministerio de Trabajo, Empleo y Seguridad Social" (Fernández Soto, 2014).

3. Os programas de transferência de renda nacionais unificados com a criação do BF em 2003 foram Bolsa Escola, Cartão Alimentação, Bolsa Alimentação e Vale Gás (Pereira, Sousa e Vieira, 2014).

4. Entre os marcos jurídicos normativos estão as Leis Federais, Leis Estaduais, Leis Municipais, Resoluções do Ente Regulador, Portarias, Contratos, Editais.

famílias em descumprimento dessas condicionalidades, além de ser responsável por capacitar as equipes de profissionais e fortalecer a organização local do Programa. Por conseguinte, os municípios, também através da instância definida em âmbito local, são responsáveis pela gestão local do Programa. Nesse sentido, cabe-lhes a indicação do coordenador local do BF, que deve identificar e cadastrar as famílias no CadÚnico, além de constituir e apoiar a Instância de Controle Social (ICS).

O estudo brasileiro aponta tensões no desenho e na execução dos processos de gestão, destacando em âmbito nacional que:

> A vinculação do Programa à SENARC e não à Secretaria Nacional de Assistência Social (SNAS) tem gerado extensos debates no âmbito político e acadêmico. Isso porque, o BF enquanto programa de transferência de renda, é situado no campo da Proteção Social Básica, uma das dimensões da Política Nacional de Assistência Social, tendo como unidade básica de implementação, nos municípios, os Centros de Referência da Assistência Social (CRAS). O esperado seria que o BF tivesse seu vínculo institucional na SNAS, o que dispensaria a criação da SENARC, evitando tensão entre comando e operação, na medida em que a política e diretrizes programáticas são definidas no âmbito da SENARC, mas operadas no âmbito da SNAS (Pereira, Sousa e Vieira, 2014, p. 99).

De outro lado, no âmbito municipal, os principais problemas apontados são quadros de funcionários quantitativamente insuficientes, pouco qualificados e reduzida participação da sociedade no processo de controle social (Pereira, Sousa e Vieira, 2014).

8.3 Critérios de inclusão, permanência e desligamento das famílias beneficiárias

Em linhas gerais, os PTRC do Brasil, Argentina e Uruguai definem seu público prioritário a partir de situações de pobreza, extrema pobreza e vulnerabilidade. Embora essa discussão seja abordada em profundidade, em capítulo específico do estudo comparado,[5] interessa aqui verificar como a concepção de pobreza subjacente aos programas se desdobra em procedimentos específicos de gestão.

Brasil e Uruguai priorizam a condição socioeconômica da população, configurando classificações e níveis de pobreza e indigência, sendo no caso da Argentina identificada nos trabalhadores desempregados e nos informais. Também os três programas estabelecem para a permanência no sistema o cumprimento de condicionalidades e a situação de vulnerabilidade socioeconômica, expressos pelas condições prévias determinadas como critérios de ingresso.

Nessa perspectiva, a análise dos critérios de inclusão, permanência e desligamento dos beneficiários nos Programas está associada a uma concepção monetarista da pobreza que considera a renda como critério prevalente de inclusão, com a consequente fragmentação da população-alvo. Assim, "[...] sob a aparência de uma pseudo-homogeneização, a população é fragmentada em pobres, extremamente pobres, vulneráveis e excluídos, cuja característica principal é a falta, o não ser, o não saber" (Silva, 2013, p. 87).

Os estudos desenvolvidos pelos pesquisadores do Brasil, Argentina e Uruguai recuperam os diferentes critérios de inclusão.

No Brasil,

> O critério de acesso é essencialmente representado pela renda declarada, determinado em dois níveis: famílias pobres com renda mensal *per capita* familiar de até R$ 154,00 com filhos de zero a 17 anos e famílias extremamente pobres, com ou sem filhos, com renda mensal *per capita* familiar de até R$ 77,00, valores atualizados em junho de 2014. O limite de filhos que pode ser inserido no BF, desde 2011, com a criação do Plano Brasil Sem Miséria, é de 05 crianças e adolescentes de até 15 anos de idade, no caso das famílias extremamente pobres, que passam a ter

---

5. Veja Cap. 3 — Silva, Maria Ozanira da Silva e; Yazbek, Maria Carmelita; Couto, Berenice Rojas. Pobreza enquanto categoria teórica e análise das matrizes que fundamentam o desenho e implementação dos PTRC.

direito ao benefício variável por filho. A permanência das famílias no BF é condicionada, de um lado ao critério de renda, e de outro, ao cumprimento de condicionalidades vinculadas à educação e saúde.[6] Por conseguinte, o desligamento das famílias/beneficiários pode ocorrer pelo não atendimento aos critérios de renda e pelo descumprimento de condicionalidades, processo que vai de advertência, suspensão, culminando com o desligamento em situações mais extremas por recorrências reiteradas de descumprimento. Pode ainda ocorrer uma situação denominada de desligamento voluntário quando as famílias beneficiárias procuram o Gestor Municipal e informam não mais necessitar do benefício. No caso de desligamento voluntário, a família que venha a necessitar, posteriormente, do benefício, apenas precisa procurar o Setor Responsável pelo BF no município para atualizar o Cadastro. No caso específico de jovens de 16 e 17 anos que recebam o Benefício Variável Jovem (BVJ), por continuarem frequentando escola, permanecem no Programa até o mês de dezembro em que completarem 18 anos (Pereira, Sousa e Vieira, 2014, p. 64-5).

No Uruguai,

La Ley 18.227 de 2008, que cría el Nuevo Régimen de Asignaciones Familiares (AFAM-PE) la define como una prestación económica brindada mensualmente por el MIDES y BPS a familias que se encuentran en situación de vulnerabilidad socioeconómica y ejerzan la capacidad legal del/los menores pertenecientes a dicho núcleo familiar. El texto legal indica también las condiciones de ingreso y las exigencias para la permanencia en el programa: siendo que las mujeres embarazadas pertenecientes a hogares en situación de vulnerabilidad socioeconómica deben realizar los controles obstétricos correspondientes; los niños en edad pre-escolar: deben acreditar controles periódicos de salud y la tenencia de cédula de identidad a partir de los 45 días de su nacimien-

---

6. Para o aprofundamento da análise das condicionalidades dos três programas, ver capítulo específico no estudo comparado (Cap. 5 — Bentura, José Pablo; Garrido, Maria Laura Vecinday; Ribeiro, Ximena Baráibar; Otormín, Fátima; Pereira, Mariela; Mariatti, Alejandro; Carballo, Yoana. Exigências de condicionalidades: significados, alcances e controvérsias no debate).

to; los niños en edad escolar deben estar cursando la Educación Inicial o Educación Primaria. El beneficio también alcanza a los menores de 18 años internados en tiempo completo en establecimientos del Instituto del Niño y Adolescente del Uruguay y/o instituciones congeniadas e a personas en situación de discapacidad siempre y cuando no cobren pensión específica (Bevilacqua, Carballo e Vecinday, 2014, p. 56).

Na Argentina, é por via da família e seus adultos responsáveis que o Estado busca assegurar que crianças e adolescentes frequentem a escola, realizem controles periódicos de saúde e cumpram com o calendário de vacinação obrigatório (Argentina, 2012). O Programa AUH estabelece como critérios de acesso ao benefício, segundo dispositivo legal de sua criação:

> Encontrarse desocupados, es decir, no percibir ninguna suma de dinero en concepto de prestaciones contributivas o no contributivas, nacionales o provinciales (Subsidios, Planes, Pensiones, etc.);
> Ser trabajadores no registrados, es decir, que se desempeñen en la economía informal y percibir una suma de dinero igual o menor al Salario Mínimo, Vital y Móvil; Ser trabajadores inscriptos en los planes "Argentina Trabaja/Manos a la Obra" del Ministerio de Desarrollo Social o "Programa de Trabajo Autogestionado" del Ministerio de Trabajo, Empleo y Seguridad Social;
> Ser trabajadores inscriptos en el Régimen de Monotributistas Sociales;
> Ser trabajadores incorporados en el Régimen Especial de Seguridad Social para Empleados del Servicio Doméstico, (artículo 21 de la Ley n. 25.239) y percibir un ingreso menor al Salario Mínimo, Vital y Móvil;
> Ser trabajadores de temporada, encontrarse con reserva de puesto de trabajo a mes completo y que no perciba ninguna suma de dinero durante ese período;
> Encontrarse privados de su libertad, incluyendo a aquellos que desempeñen tareas dentro de las Unidades del Servicio Penitenciario Federal, inscriptas dentro del "Ente de Cooperación Técnica y Financiera del Servicio Penitenciario Federal (ENCOPE)", y dentro del "Servicio Penitenciario Provincial de Córdoba", siendo determinante la condición procesal de los internos (Fernández Soto, 2014, p. 77, grifos da autora).

8.4 Centralidade dos mecanismos e estratégias da gestão: controle das informações e acompanhamento e controle das famílias

A escolha dos beneficiários dos programas se dá nos três programas a partir de procedimentos técnico-administrativos, construídos em função de bases de dados (tidos como objetivos e impessoais) e operados em instâncias centrais da administração pública. Como já apontado, os três programas possuem requisitos para o acesso ao benefício e nos três há sistemas informatizados que auxiliam a verificação e o cumprimento desses critérios e das condicionalidades. Nos casos de Brasil e Uruguai, os sistemas também operam como filtros de seleção; no caso da Argentina, ao se verificar o cumprimento dos requisitos, automaticamente é garantido o acesso ao benefício.

Com relação a estratégias e mecanismos de gestão operados para o acompanhamento das condicionalidades, é possível observar processos diferenciados entre os programas. Os requisitos comuns a todos é a função de controle e fiscalização explicitamente assumida nos procedimentos operados, que abre quase nenhuma margem à intervenção do trabalho social quando as condicionalidades não são cumpridas, com exceção do caso brasileiro que, sob a orientação do órgão gestor municipal, desenvolve um acompanhamento das famílias em descumprimento das condicionalidades operado por equipes sociais, localizadas nos Centros de Referência de Assistência Social.

Os textos de caracterização geral elaborados sobre cada programa (Bevilacqua, Carballo e Vecinday, 2014; Pereira, Sousa e Vieira, 2014; Fernández Soto, 2014) permitem destacar os pontos em comum, as diferenças e as tensões desses mecanismos de gestão.

No Uruguai, como vimos, a condição para o acesso às AFAM-PE se configura a partir da situação de vulnerabilidade socioeconômica dos domicílios. Para tanto, o Programa configura um conjunto de situações de vulnerabilidade socioeconômica e de grupos populacionais específicos a fim de selecionar os seus beneficiários, utilizando informações censitárias, e na base de um cálculo estatístico, que combina o rendimento dos domicílios e um índice sintético denominado ICC que integra dimensões habitacionais, de infraestrutura urbana, composição familiar e dos integrantes e situação de saúde. O MIDES centraliza o tratamento e a operação das bases de informações, bem como o sistema de verificação. O acompanhamento das condicionalidades se dá também, basicamente, por vias informatizadas e a partir de procedimentos meramente administrativos entre os setores e serviços responsáveis pela verificação do cumprimento das condicionalidades. Dessa forma, o estudo desenvolvido pelos pesquisadores do Uruguai critica a ausência da mediação de um trabalho social com os beneficiários:

> Esto significa que la fase de implementación no presupone la participación de actores sociales que puedan aportar a la resolución del problema. En vez de ello, hay un supuesto de coordinación entre sistemas de información cuya interacción debería dar como resultado la aprobación o la suspensión del beneficio. En su definición original, el régimen de AFAM-PE no prevé dinámicas de cogestión que permitan trabajar sobre la identificación de las causas de posible incumplimiento de las condicionalidades y mucho menos sobre vías de resolución de esos incumplimientos. Sumado a ello, se verifica una casi nula posibilidad de control social de las asignaciones familiares no contributivas. Se pierde la capacidad de la ciudadanía de identificar errores, irregularidades. Tal situación consolida posiciones de desventaja principalmente de los beneficiarios respecto a su protección de derechos. La gestión altamente tecnificada del proceso dificulta la visibilidad de su pretensión universalizante a la vez que lo aleja de la democracia representativa (Bevilacqua, Carballo e Vecinday, 2014, p. 98).

A AUH na Argentina também estabelece requisitos básicos de acesso. O sistema de verificação desses requisitos de acesso se dá em função de bases de dados que sistematizam e parametrizam informações demográficas, fiscais, econômicas, e de condições de emprego dos indivíduos, famílias e domicílios. Para sua efetivação, incorporou todas as crianças, adolescentes e jovens até 18 anos na Base Única da Seguridade Social (Administración de Datos de Personas) e construiu o

Sistema de Liquidación que opera a verificação das informações. Toda pessoa que cumpra os requisitos estabelecidos na norma acessa a AUH. O discurso da AUH é de que o mecanismo técnico operativo criado permite simplificar os processos de gestão na garantia da inclusão.

> Las técnicas más sofisticadas buscan minimizar el error por inclusión, sin considerar que puede resultar más grave, desde una perspectiva de derechos, cometer errores de exclusión, dejando desprotegidas a personas que realmente necesitan atención. La preocupación principal debe pasar por pensar en programas que permitan incluir a las personas/ hogares en situación de vulnerabilidad social y no en pensar en programas destinados a excluir a personas/hogares que llevan condiciones de vida digna (Argentina, 2012, p. 49).

Esse desenho, conforme estudo argentino, reafirma um processo de gestão que configura um forte centralismo na administração nacional (Fernández Soto, 2014).

A simplificação dos processos na fase de seleção não se estende para os procedimentos de acompanhamento das condicionalidades. Na Argentina, o beneficiário deve percorrer as diversas dependências para registrar e, posteriormente, comprovar o cumprimento dos requisitos exigidos. Isto é:

> En el marco de la nueva asignación, cada niño y adolescente recibe la Libreta Nacional de Seguridad Social, Salud y Educación a su nombre, en la que los profesionales de la salud y educación registrarán en sus respectivas áreas los controles médicos, los esquemas de vacunación, la inscripción al Plan Nacer y la asistencia a la escuela, requisitos indispensables a cumplir para poder cobrar la Asignación Universal y permanecer en el plan. Asimismo, el progenitor o tutor a cargo del niño o del adolescente completará la Declaración Jurada del Adulto Responsable, la cual debe reflejar la condición laboral del adulto responsable, a la fecha de la presentación. El adulto responsable del menor deberá firmar la declaración jurada, informando su situación laboral, una vez al año, junto con la presentación de la Libreta. Una vez completa las páginas de educación y salud, se debe acercar a la delegación de ANSES

màs cercana, para verificar que cumplió con los requisitos obligatorios, y así continuar cobrando la Asignación Universal por Hijo para Protección Social (Fernández Soto, 2014, p. 101).

Ou seja, o responsável pela família deve dispensar tempos nas dependências das instituições de educação, saúde e da previdência social para certificação do cumprimento das condicionalidades.

No Brasil, para acessar o benefício, as famílias devem se cadastrar no CadÚnico, no âmbito do seu município, e manter o cadastro atualizado a cada dois anos (daí decorre a importância do cadastramento e a sua atualização, bem como a estruturação de uma série de mecanismos de gestão construídos na esfera nacional para apoiar e estimular o exercício do cadastramento no órgão gestor municipal[7]). Dessa forma, enquanto na Argentina e no Uruguai as informações provêm de bases já instituídas, o Brasil adota o cadastramento voluntário do beneficiário. A seleção do beneficiário e a gestão do benefício são realizadas, também, pelo processamento das informações contidas na base de dados do CadÚnico, operado de forma centralizada pela CEF, o que gera também impasses no âmbito municipal, conforme texto elaborado pelas pesquisadoras brasileiras:

> O CadÚnico se constitui hoje em uma das principais ferramentas informacionais do Governo Federal para definição de programas sociais, bem como representa uma das principais tarefas a ser desenvolvida pelos municípios a partir dos órgãos gestores da política de

---

7. O MDS conta com um instrumento que mede a qualidade de gestão, em níveis estadual e municipal. Trata-se do Índice de Gestão Descentralizada (IGD) que permite expressar os compromissos firmados entre estados e municípios no tocante à gestão do CadÚnico e das condicionalidades. E para aprimorar a gestão descentralizada, há o Plano de Acompanhamento da Qualidade da Gestão Municipal que se referencia no IGD para agendar visitas técnicas a municípios selecionados. Assim, o MDS pode obter informações sobre a eficiência da gestão do Programa de modo a fazer o repasse de recursos para estados e municípios com vista ao fortalecimento das ações nessa área específica, haja vista que quanto maior for o IGD apurado, maior será o volume de recursos repassados. O gestor municipal deve prestar contas da aplicação dos recursos recebidos através de registro no sistema SuasWeb com a devida apreciação do Conselho Municipal de Assistência Social (Pereira, Sousa e Vieira, 2014).

assistência social. Os processos que demandam cadastros e recadastros de indivíduos e famílias têm ganhado um espaço cada vez mais importante no cotidiano de gestão nos municípios, que passam também a incluir setor específico de manutenção do CadÚnico. De outro lado, para além do perfil que geralmente é possível de ser traçado a partir das informações cadastrais, se faz necessário conjugar e conhecer melhor quais são as demandas desse público, quais são as trajetórias e circulação na rede socioassistencial, bem como os entraves que impedem o acesso à oferta de serviços nos territórios (Brasil, 2013, p. 99 apud Pereira, Sousa e Vieira, 2014, p. 124).

Como já apontado, o acompanhamento das condicionalidades é operado pela instância local responsável pela Política de Assistência Social no âmbito municipal, fundamentalmente pelos CRAS, envolvendo um trabalho social com as famílias em descumprimento dessas condicionalidades. Entretanto, a noção de descumprimento e de condicionalidade, na ótica das famílias, em detrimento da garantia de acesso a direitos sociais (como educação e saúde), opera e reforça a fiscalização e o controle das famílias no desenvolvimento do trabalho social.

Além das diversas instâncias e procedimentos de fiscalização,[8] o BF prevê uma ICS que agrega participantes da sociedade e do governo e atua no acompanhamento do Programa. Com relação à ICS, o texto das pesquisadoras brasileiras (Pereira, Sousa e Vieira, 2014) aponta a frágil participação da população usuária no conselho, o que não ocorre somente em relação ao controle social do BF, o que deve ser entendido no marco "[...] dos limites associativos da base e das dificuldades de adoção de práticas de cunho democrático por parte do poder público, ao longo do processo de formação da sociedade brasileira" (Sousa, 2007, p. 102).

---

8. Fiscalização desenvolvida pela SENARC, com base no cruzamento de dados do CadÚnico, bem como auditorias e ações de fiscalização realizadas pelos Ministérios Públicos Federal, Estaduais e do Distrito Federal, Controladoria Geral da União (CGU) e Tribunal de Contas da União (TCU) (Pereira, Sousa e Vieira, 2014).

8.5 Impactus da tecnificação nos processos de gestão e na dimensão sociotécnica do trabalho

O texto dos pesquisadores do Uruguai aponta, com destaque, para os rebatimentos da tecnificação na informatização e construção de protocolos das AFAM-PE (Bevilacqua, Carballo e Vecinday, 2014). Todavia, os três programas incorporam nos seus processos de gestão da informação metodologias de representação e georreferenciamento das informações, seja para análise das condições econômicas da população, seja para localização dos equipamentos/serviços ou localização do público atendido. Entretanto, ao se vincularem aos órgãos centralizados e a áreas especializadas de conhecimento, os dados gerados são pouco utilizados pelas equipes técnicas.

No Brasil, os profissionais que trabalham com as famílias beneficiárias do BF preenchem e atualizam cadastros, mas desconhecem a dimensão da totalidade de quem são e quais são as reais demandas das famílias atendidas pelo Programa. Isso acontece porque a informação coletada gera sínteses para a gestão de resultados, sem voltar, necessariamente, para a ponta do atendimento. Mas também porque, ao não se reconhecer a importância desse trabalho com as famílias, também não se permite, se reconhece e se preserva a necessidade de um tempo para compreensão, análise e definição de informações importantes para os processos desencadeados pelo trabalho social.

A tecnificação é problematizada em relação ao programa do Uruguai, AFAM-PE, quando é considerado o conflito latente entre a lógica técnica e a lógica administrativa:

> Otro punto de tensión tiene que ver con el conocimiento profesional que poseen los miembros de la USP y las normas de procedimiento que impone la organización. Esta tensión involucra dos fuentes de poder típicos de la organización: el conocimiento técnico propio del mundo profesional y el apego a las normas, propio del mundo de la gestión y la administración. Los procesos de normalización del trabajo implementados por la USP ponen en juego, de manera cotidiana, estas dos

fuentes de poder, a través de la cual los profesionales se resisten a la prescripción de sus tareas y reclaman, de manera implícita o explícita, un espacio de decisión autónoma (Pucci e Vigna, 2013, p. 19).

De outro lado, mesmo que a experiência do Programa da Argentina (AUH) postule a simplificação pela via da informatização, há que se considerar a complexidade e sofisticação dos procedimentos informacionais, adotados em grande parte dos países da América Latina.

Alterações tecnológicas e institucionais repercutem tanto no campo da gestão do social como nos processos do trabalho dos profissionais, pois:

> [...] la tecnificación de los procesos de acompañamiento y evaluación de las familias beneficiarias de los programas han implicado no sólo costos elevados para construir, implementar y alimentar los sofisticados sistemas de información, como también un control sistemático de las familias, que prioriza lo cuantitativo en detrimento de lo cualitativo. Así, hay una suerte de sobredimensionamiento de la tecnología y los procedimientos matemáticos y estadísticos como factores aparentes de una racionalidad que dispensa la mirada, el análisis y la cualificación de la intervención profesional (Arregui, 2013, p. 95).

Para Castel (2005), isso faz parte das estratégias contemporâneas da gestão do social, que dissolvem a noção de *sujeito coletivo* concreto e colocam no seu lugar uma combinação de *fatores*, sejam eles para caracterizar situações ou configurar grupos específicos tidos como em situação de risco, de vulnerabilidade social etc. Ou seja, ser designado em situação de risco, vulnerabilidade, pobreza, é ser localizado numa rede de fatores extraídos de experimentos e modelos matemáticos. Do ponto de vista da gestão, Castel (2005) entende que esses procedimentos e estratégias estão consolidando profundas mudanças, entre as quais destaca a passagem da clássica intervenção social que supunha uma relação de proximidade, de construção em face dos sujeitos envolvidos, para políticas genéricas de gerenciamento de populações. É por isso que ganha importância a constituição de modelos de vigilância, baseados no processamento de dados estatísticos de territórios, populações, indivíduos etc. que desconstroem o sujeito coletivo e o reconstroem numa medida genérica, objetiva, que resulta da combinação de fatores plausíveis de condições de pobreza, vulnerabilidade etc.

O uso de procedimentos estatísticos não isenta as escolhas valorativas e humanas subjacentes a tais construções. Como Bronzo (2005) afirma, por trás de uma proposta e/ou procedimento de medição, há uma concepção que lança luz para alguns aspectos da realidade, mas também deixa na sombra outros. Tais concepções produzem não só diferentes formas de medição, mas igualmente diferentes respostas com relação às políticas sociais.

Referências

ARGENTINA. Observatorio de la Seguridad Social. *La Asignación Universal por Hijo para Protección Social en Perspectiva*. Buenos Aires, 2012.

ARREGUI, C. C. Es posible construir una nueva pauta de dabate para la investigación y evaluación de las políticas sociales? *Revista de Políticas Públicas*, São Luís, v. 17, n. 1, p. 91-105, jan./jun. 2013.

ARRETCHE, M. Mitos da descentralização: mais democracia e eficiência nas políticas públicas. *Revista Brasileira de Ciências Sociais*, São Paulo, ano 11, n. 31, p. 44-66, jun. 1996.

BEHRING, E. R.; BOSCHETTI, I. *Política social*: fundamentos e história. São Paulo: Cortez, 2008. (Biblioteca Básica de Serviço Social, n. 2.)

BENTURA, P. et al. *Nuevo Régimen de Asignaciones Familiares*: caracterización de sus dimensiones configurativas. Montevideo, 2014. (Mimeo.)

BEVILACQUA, P.; BENTANCOR, L. V.; IBARRA, S. El sesgo autárquico de la descentralización. *Revista Escenarios*, [S. l.], n. 23, 2015. No prelo.

_____; CARBALLO, Y.; VECINDAY, L. La administración pública en la gestión de las asignaciones familiares. In: BENTURA, P. (Coord). *Nuevo*

Régimen de Asignaciones Familiares: caracterización de sus dimensiones configurativas. São Luís, 2014. (Mimeo.)

BRONZO, C. *Programas de proteção social e superação da pobreza*: concepções e estratégias de intervenção. 2005. 334 f. Tese (Doutorado em Sociología e Política) — Faculdade de Filosofia e Ciências Humanas, Universidade Federal de Minas Gerais, Belo Horizonte.

CASTEL, R. *A insegurança social*: o que é ser protegido? Petrópolis: Vozes, 2005.

DESROSIÈRES, A. *Gouverner par les nombres*: l'argument statistique II. Paris: Presses de L'École des Mines, 2008. (Collection Scienses Sociales.)

FERNÁNDEZ SOTO, S. El proceso de gestión de la Asignación Universal por Hijo para protección social: formas y mecanismos de implementación. In: _____ (Coord). *Caracterización y problematización de las dimensiones constitutivas de la AUH*. Buenos Ayres, 2014. (Mimeo.)

_____ et al. *Caracterización y problematización de las dimensiones constitutivas de la AUH*. Buenos Aires, 2014. (Mimeo.)

GOHN, M. da G. *Conselho de gestores e participação sociopolítica*. São Paulo: Cortez, 2001. (Coleção Questões de nossa época, n. 84.)

PEREIRA, M. E. F. D; SOUSA, S. de M. P. S; VIEIRA, M. C. O processo de gestão do Programa Bolsa Família. In: SILVA, M. O. da S (Org.). *O Bolsa Família*: caracterização e problematização de suas dimensões configurativas. São Luís, 2014. (Mimeo.)

PUCCI, F.; VIGNA, A. Condiciones de trabajo en la Unidad de Seguimiento de Programas del MIDES. In: JORNADAS ACADÉMICAS, 4.; JORNADAS DE COYUNTURA ECONÓMICA, 15., *Anais*..., Montevideo: Facultad de Ciencias Económicas y de Administración, 2013. Mesa temática.

SILVA, M. O. da S. e. *Caracterização e problematização dos Programas de Transferência de Renda Condicionada (PTRC) na América Latina e Caribe*. São Luís, 2013. (Mimeo.) Texto preliminar produto do Projeto Programas de Transferência de Renda Condicionada na América Latina: Estudo Ccomparado — Bolsa Família (Brasil), Nuevo Régimen de Asignaciones Familiares — AFAM-PE (Uruguay) y Asignación Universal por Hijo para Protección Social (Argentina).

_____ et al. Pobreza enquanto categoria teórica e sua expressão no Bolsa Família. In: _____. *Caracterizando e problematizando o Bolsa Família*. São Luís, 2014. (Mimeo.)

SOUSA, S. de M. P. S. A questão da descentralização participativa na gestão do PLANFOR: qual democracia? *Revista Katálysis [on-line]*, Florianópolis, v. 10, n. 2, p. 256-64, 2007.

SOUZA, P. H. G. F. de (Org.). *Proteção social de cidadania*: inclusão de idosos e pessoas com deficiência no Brasil, França e Portugal. São Paulo: Cortez, 2004.

9

O trabalho como categoria central e a divisão sociotécnica do trabalho institucional nas políticas sociais

Raquel Raichelis
Silvia Fernández Soto
Jorge Daniel Tripiana

Iniciamos as análises da categoria trabalho e os trabalhadores nos PTRC do Brasil, Uruguai e Argentina destacando a centralidade do trabalho na configuração do ser social, nas características do trabalho assalariado e das suas implicações na sociedade capitalista. Em seguida, são consideradas as transformações recentes no funcionamento do capitalismo e as características dos mercados de trabalho nos países objeto do presente estudo comparado. Por último, é problematizado o trabalho das equipes profissionais envolvidas nos PTRC.

9.1 A centralidade da categoria trabalho na conformação do ser social

As análises produzidas pelos pesquisadores dos três países (Otormín e Vecinday, 2014; Raichelis e Lima, 2014; Fernández Soto e Tripiana, 2014) expressam uma visão compartilhada em relação à centralidade do trabalho na conformação do ser social. Com base na teoria social crítica de Karl Marx e de alguns dos autores marxistas continuadores de seu pensamento, como Lukács, concebemos o trabalho:

> Como creador de valores de uso, es decir, como trabajo útil, el trabajo es, [...] condición de vida del hombre, y condición independiente de todas las formas de sociedad, una necesidad perenne y natural sin la que no se concebiría el intercambio orgánico entre el hombre y la naturaleza ni, por consiguiente, la vida humana (Marx, 1986, p. 10).

Esta centralidade do trabalho na conformação do ser social foi retomada por Lukács (2004, p. 59) a partir das contribuições de Marx: "En el trabajo se hallan contenidas in nuce todas las determinaciones que [...] constituyen la esencia de lo nuevo dentro del ser social. El trabajo puede ser considerado, pues, como un fenómeno originario [Urphänomen], como modelo del ser social".

Com essa ponderação, Lukács avança na análise das determinações do trabalho como posição teleológica, partindo da afirmação de Marx (1986, p. 130-1) em *O capital*:

> Hay algo que el peor maestro de obras aventaja, desde luego a la mejor abeja, y es el hecho de que, antes de ejecutar la construcción, la proyecta en su cerebro. Al final del trabajo, brota un resultado que antes de comenzar el proceso existía ya en la mente del obrero, es decir, un resultado que tenía ya una existencia ideal. El obrero no se limita a hacer cambiar de forma la materia que le brinda la naturaleza, sino que, al mismo tiempo, realiza en ella su fin, fin que él sabe que rige como una ley las modalidades de su actuación y al que tiene necesariamente que supeditar su voluntad.

Seguindo essa linha de análise, Lukács (2004, p. 63) prossegue afirmando:

> Todo proceso teleológico implica la posición de un fin y, con ello, una conciencia que pone fines. [...] La posición tiene, pues, aquí un carácter inevitablemente ontológico. La concepción teleológica de la naturaleza y la historia no significa, pues, meramente que ambos poseen una finalidad, que se hallan orientados a un fin, sino también que su existencia, su movimiento — tanto como proceso total como en el plano del detalle — deben tener un actor consciente.

Reafirmam-se, então, as noções de teleologia, de finalidade, que pressupõem um sujeito consciente. A singularidade no estabelecimento de uma finalidade corresponde à atividade do trabalho. Em síntese, a centralidade do trabalho na conformação do ser social implica a existência de um ato consciente como princípio da totalidade da práxis humana. O ser social só se configura como tal partindo desse ato consciente que significa a realização do trabalho como categoria ontológica. Esse ato inaugural de estabelecer finalidades para a ação permite que o âmbito do social, como um novo modo de ser independente, seja constituído acima do nível de vida orgânica em que se baseia a existência.

A partir daí é necessário considerar a dimensão histórica em que se concretiza o trabalho, bem como a diversidade de situações a serem identificadas no processo de desenvolvimento da humanidade. No capitalismo, o trabalho assume características específicas, uma vez que a base de sustentação dessa formação social é o valor de troca, o valor mercantil das coisas que se obtém por meio da sua autoafirmação como valor-capital que se desenvolve no processo de acumulação. O trabalho assalariado se encontra na base da geração da mais-valia em uma sociedade onde reina a mercadoria.

Nesse processo de produção e reprodução, o trabalhador não apenas produz mercadorias em geral, mas também se produz a si mesmo como mercadoria, que necessariamente é obrigado a vender.

Assim, o processo capitalista de produção reproduz permanentemente as condições de exploração do trabalhador, obrigando-o a vender continuamente sua força de trabalho para poder viver e, ao mesmo tempo, permitir que o capitalista a compre para enriquecer-se. Essas operações respondem à lei de troca de mercadorias: o capitalista compra a força de trabalho e o operário a vende em uma transação que se estabelece no mercado de trabalho. Este fato econômico, formulado a partir de sua aparência, expressa uma *troca de equivalentes*, ou seja, reflete uma operação na qual o capitalista compra por *todo o seu valor real* a força de trabalho vendida pelo operário. Contudo, para além dessa aparência, Marx (1986, p. 491) destaca: "[...] aunque se la pague por todo lo que vale, cambiándose equivalente por equivalente, no hace más que acudir al viejo procedimiento del Conquistador que compra mercancías al vencido y se las paga con su propio dinero, con el dinero que antes le ha robado".

A forma aparente dessa relação encobre o trabalho alheio não pago pela classe capitalista à classe operária, residindo aí o fundamento da acumulação capitalista. O valor do produto criado pelo operário no processo de produção contém o equivalente do valor da força de trabalho e um mais-valor, o que significa que a força de trabalho vendida por certo tempo possui menos valor do que aquele criado pelo seu uso durante o mesmo tempo, e com esse subvalor se comercializa. *O conquistador impõe suas condições no mercado que ele cria a seu gosto e semelhança.*

Isso permite definir o trabalho assalariado como uma situação geradora de precariedade para o operário, o qual é consciente de sua vulnerabilidade frente ao comprador de sua força de trabalho. Os trabalhadores são, nesse sentido, pobres *virtuais* (Marx, 1985). Essa precariedade é intrínseca à modernidade capitalista diante da constante transformação das condições de acumulação, em que *tudo que é sólido se desmancha no ar*. A busca de certa estabilidade na crônica vulnerabilidade do trabalho é um dos componentes estruturais da luta de classes no capitalismo (Tripiana, 2014).

9.2 As transformações recentes no capitalismo e o mercado de trabalho

Nas últimas três décadas do século XX, assistimos a transformações transcendentais no funcionamento geral do capitalismo com importantes consequências nas formas pelas quais o trabalho se realiza. Em termos gerais, a resposta à crise capitalista de princípios de 1970 foi dada através da hegemonia do capital financeiro, que por sua vez representa a fase de decomposição do capitalismo. As transformações estruturais decorrentes da nova etapa de financeirização do capital são amplas e atravessam diferentes dimensões das relações sociais, tanto no contexto das empresas industriais e de serviços quanto no âmbito do trabalho nas instituições públicas estatais, incidindo nas novas formas de uso e gestão da força de trabalho, no papel do Estado e na (re)distribuição do fundo público, nas sociabilidades individuais e coletivas, e também nas políticas sociais, na natureza, alcance e formato dos programas e serviços sociais públicos (Raichelis, 2013).

> Assiste-se, por um lado, a um processo de financeirização decorrente da transferência de parte dos fundos monetários capitalistas das esferas produtiva e comercial para a esfera financeira, de forma a contrarrestar a tendência à queda da taxa de lucro. Por outro lado, o capital que se mantém na esfera produtiva vem experimentando um conjunto de estratégias de reestruturação, visando a superar os limites intrínsecos ao regime fordista de acumulação, bem como a sua rigidez face aos novos requisitos de competitividade e ao caráter mais instável e diferenciado da demanda, em um contexto de acirramento da concorrência mundial intercapitalista (Raichelis e Lima, 2014, p. 1-2).

As distintas medidas adotadas no âmbito da produção, tais como a realocação de empresas nos marcos da economia mundial, a introdução de novos equipamentos de base microeletrônica e a adoção de estratégias organizacionais nas empresas de ponta, baseadas na experiência japonesa (toyotismo), buscam a polifuncionalidade do trabalhador como elemento inovador frente à *rigidez* do modelo tradicional fordista.

Essas mudanças no âmbito da produção são reforçadas pelas transformações que ocorrem no plano das trocas, em que o aumento da competitividade da empresa se dá por meio de uma produção *just in time*, ajustada a uma demanda também flutuante, no contexto do acirramento da competição intraburguesa pelo controle dos distintos ramos da economia.

Essa nova fase do capitalismo tardio consolida a substituição do trabalho vivo pelo trabalho morto. Assim, a grande transformação que atinge a classe trabalhadora é a expulsão de uma massa de trabalhadores dos espaços sociais que ocupavam, produzindo um volume crescente de população sobrante para as necessidades médias de exploração do capital. Trata-se de uma mudança estrutural que configura *regressivamente* uma nova situação sócio-histórica, da qual emergem e se consolidam novas formas de dominação e subalternização vinculadas à ampliação da flexibilização e da precarização do trabalho como elementos predominantes dessa nova etapa (Fernández Soto et al., 2013).

As medidas adotadas pelas empresas para avançar na flexibilização das relações trabalhistas e do mercado de trabalho consistem, essencialmente, na adoção de formas chamadas *atípicas* de contratação da força de trabalho, tais como: trabalho temporário, em tempo parcial, subcontratação de trabalho em domicílio, entre outras. À intrínseca precarização do trabalho assalariado, decorrente do quadro institucional dos Estados keynesianos, se agrega nas últimas décadas a criação de um volume crescente de massas de trabalhadores despojados da possibilidade de vender sua força de trabalho ou de fazê-lo por fora das normas institucionais estabelecidas como *trabalho decente*. Segundo dados da CEPAL ([20--?]),[1] no início dos anos de 1990, a taxa de desemprego para o conjunto da América Latina era de 7,5% aproximadamente; esse número cresce tenden-

---

1. Tanto os dados gerais da região como os específicos de cada país foram consultados nas páginas da CEPAL ([20--?]).

cialmente até alcançar 11% em 2002-2003, para começar a decrescer e alcançar pouco mais de 6% em 2013. Esse movimento tendencial do conjunto da região se reflete nos países abrangidos pelo estudo comparado da seguinte forma:

Na Argentina, a série considerada registra um índice de 2,4% de desemprego aberto em 1990, crescendo até alcançar um pico de 17,9% em 2002, 19,7% em 2002-2003, e a partir daí decrescendo a 7,1% em 2013 e alcançar 7,3% em 2014.

No Brasil, os dados são muito semelhantes aos da Argentina: em 1990 temos um desemprego aberto de 4,3% da População Economicamente Ativa (PEA), em 2002 chega a 10,4%, 11,1% em 2003, cai até 7,1% em 2013 e alcança 7,5% em 2014.

No Uruguai, o movimento também é similar, começando em 1990 com um índice de desemprego um pouco maior, que chega a 8,5% da PEA, crescendo durante os anos 1990 até alcançar 16,9% em 2002, para logo depois cair tendencialmente até 6,3% em 2011 e começar a subir levemente com 6,5% em 2013 e 6,8% em 2014 (Fernández Soto e Tripiana, 2014).

No Brasil, no começo de 1990, assiste-se a uma ruptura do modelo de industrialização por substituição de importações, desencadeando-se um amplo processo de reestruturação produtiva por meio das medidas neoliberais de política econômica implementadas pelo governo Collor (1990-1992). A adoção de estratégias de redução de custos refletiu uma postura defensiva e conservadora das empresas frente ao repentino acirramento da competição internacional, tornando-se imperiosa a busca de novas formas de flexibilização das regras de contratação da força de trabalho, mesmo que estas já constituíssem traços estruturais do mercado de trabalho brasileiro.

Todas essas tendências foram reforçadas pelo governo Fernando Henrique Cardoso (1995-2002), com base em uma política econômica anti-inflacionária, consubstanciada no Plano Real, que privilegiou a especulação financeira em detrimento do investimento produtivo. Tudo isso num contexto marcado pela elevação do déficit público, contrarreforma do Estado, redução de gastos governamentais, sobretudo na área social, privatizações e adoção de medidas de flexibilização da legislação trabalhista, como estratégias governamentais voltadas à elevação da competitividade e da inserção da economia nacional na nova ordem mundial globalizada.

Tais transformações decorrentes do ajuste estrutural no Brasil na década de 1990 trouxeram consequências nefastas ao mercado de trabalho. De fato, segundo Mattoso (2001), em 1999 o desemprego havia alcançado mais de 10 milhões de trabalhadores e um traço perverso desse fato nos anos 1990 foi a elevação do tempo médio de procura por trabalho. Por outro lado, segundo a Pesquisa de Emprego e Desemprego (DIEESE/SEADE apud Lima et al., 2003), entre 1989 e 1999 observou-se uma clara tendência de elevação do desemprego oculto por trabalho precário e por desalento. A mesma pesquisa apontou também para o mesmo período uma redução significativa do emprego industrial e concomitante aumento do emprego doméstico e no setor de serviços, que em geral são menos estruturados e caracterizados por relações de trabalho mais precárias. Mattoso (2001), com base em dados do IBGE e do Departamento Intersindical de Estatística e Estudos Socioeconômicos (DIEESE)/Fundação Sistema Estadual de Análise de Dados (SEADE), acrescenta ainda que no final da década de 1990 mais de 50% dos trabalhadores ocupados das grandes cidades estavam inseridos em atividades informais.

Deve-se reconhecer, contudo, que a economia brasileira sofreu uma inflexão a partir do início dos anos 2000, quando o período de semiestagnação econômica parecia concluído, em função da extinção da política de paridade cambial que elevou a competitividade dos produtos nacionais frente aos estrangeiros dando um novo alento às exportações (Pochmann; Amorim, 2009 apud Raichelis e Lima, 2014).

No entanto, foi mais precisamente em 2004 que a referida inflexão tornou-se mais nítida. Segundo a Relação Anual de Informações Sociais (RAIS) do Ministério do Trabalho e Emprego (MTE), de janeiro de 2003 a setembro de 2008 foram gerados 11.010 milhões de postos formais de trabalho (Lima et al., 2003). Além disso, para Ramos e Cavaleri (2009), entre 2001 e 2007 o nível total de ocupação teve uma variação de 16,8%. E ao examinar-se a evolução da ocupação entre

2006 e 2007, observa-se que o crescimento dos postos de trabalho protegidos (assalariados com carteira de trabalho, estatutários e militares) foi maior do que a variação do total de ocupados. Isso provocou uma queda do grau de informalidade, que em 2007 chegou ao menor nível da década, mesmo assim bastante elevado, correspondente a 50,9% (Id., ibid.).

A tendência à formalização do mercado de trabalho no Brasil se intensificou em 2013 e 2014, indicando pela primeira vez que os trabalhadores com carteira assinada superaram a metade dos ocupados. Dados do IBGE (2015) apontam um total de 50,3% de empregados formais no setor privado em 2013, passando para 50,8% em 2014. Em 2003, essa proporção era de 39,7% (7,3 milhões), resultando em uma expansão de mais de 10 pontos percentuais dos trabalhadores com carteira assinada, ainda que a informalidade permaneça alta se comparada com a dos países desenvolvidos.

Mesmo considerando os avanços da década de 2000 na economia e no mercado de trabalho brasileiro, estes não foram suficientes para reverter as tendências gerais indicadas anteriormente. Não foram gerados trabalhos de qualidade para uma parte importante de trabalhadores, permanecendo tanto a desigualdade de gênero em relação à remuneração e à segmentação das ocupações, como a divisão desigual entre homens e mulheres nas atividades domésticas. Observa-se também a persistência de alta rotatividade no mercado de trabalho, decorrente de empregos de muito baixa qualidade e remuneração oferecidos à maioria dos trabalhadores com baixo nível educacional, característica que afeta especialmente os jovens. Acrescente-se que a partir do início do segundo governo de Dilma Rousseff (janeiro/2015), temos uma inflexão no quadro econômico e político brasileiro, que aponta para o crescimento do desemprego e declínio de renda dos assalariados, elementos que configuram uma tendência à recessão da economia e agravamento da instabilidade política.[2]

---

2. Os dados do Produto Interno Bruto (PIB) divulgados pelo IBGE confirmam a retração da economia brasileira em 2015: no terceiro trimestre de 2015 houve um recuo de 1,7% em relação aos três meses anteriores. No acumulado dos quatro trimestres de 2015, o PIB registra

Na Argentina, o período que se abre em meados da década de 1970 se caracterizou por um ataque do capital e do Estado contra a classe trabalhadora em seu conjunto e contra as condições alcançadas no período prévio de industrialização por substituição de importações, que fortaleceu a consolidação de sindicatos com grande poder de negociação frente às ambições do capital. A partir da tomada do poder pelos setores econômicos que se articularam com o golpe de Estado cívico-militar de 1976, produziu-se uma gradativa liberalização da economia com uma nova correlação de forças sociais.

Portanto, a flexibilização, a precarização, a desocupação e a subocupação são processos transversais que afetam toda a classe trabalhadora, material e subjetivamente, reconfigurando as relações capital-trabalho. A década de 1990 aprofunda estas tendências: a privatização de grandes empresas, a desregulamentação das condições de venda da força de trabalho, a proliferação de formas de contratação flexíveis e a terceirização contribuíram decisivamente para que nesses anos se estruturasse um mercado de trabalho diferente daquele de meados do século XX; essa configuração se prolonga até as primeiras décadas do século XXI, ainda que no período pós-crise de 2001 se verifique diminuição do desemprego e inclusive maior formalização da venda da força de trabalho, ainda que claramente insuficiente (Fernández Soto e Tripiana, 2009).

Como indicamos, presencia-se uma intensa fragmentação do mercado de trabalho: de um lado, um conjunto de trabalhadores com empregos mais estáveis e com proteção legal; por outro, um extenso e diversificado grupo de trabalhadores com vínculos trabalhistas

---

queda de 2,5% em relação aos quatro trimestres imediatamente anteriores, além de queda tanto no consumo das famílias quanto no investimento e gastos do governo. Quanto aos índices de desemprego, segundo a Pesquisa Nacional por Amostra de Domicílios Contínua (PNAD-CONTÍNUA), a taxa ficou em 8,9% no terceiro trimestre de 2015, a maior taxa da série histórica iniciada em 2012 (Instituto Brasileiro de Geografia e Estatística, 2015). O índice ainda é baixo se comparado aos do início da década passada, que costumava ter dois dígitos, mas apresenta grande elevação em relação ao ano anterior. Ao mesmo tempo, já há setores importantes da economia que enfrentam demissões coletivas, como as montadoras, a construção civil, petróleo e gás, e também setores do comércio e serviços.

precários. A esta situação de uma camada da classe trabalhadora, somam-se os desocupados que atuam como fatores de pressão para o conjunto de trabalhadores. No final de 2014, 34,3% dos trabalhadores na Argentina estão *en negro*, com emprego informal não registrado, totalizando cerca de 4,2 milhões de trabalhadores nessa situação de precariedade.[3]

A situação de precariedade de mais de um terço dos trabalhadores decorre de uma questão estrutural do funcionamento da economia argentina, cuja particular composição impõe a existência de população sobrante para as necessidades médias do capital, que se manifesta como trabalhador precário ou desocupado. Além disso, trata-se de uma questão que não envolve apenas o próprio trabalhador, mas se estende também às famílias através da precarização do conjunto de seu espaço social, e funciona para os demais trabalhadores com inserção *formal* no mercado de trabalho como ameaça de demissão e estratégia para a redução do custo da força de trabalho.

Essa extensa massa de trabalhadores que recebe salários abaixo do SMVM é uma força disciplinadora muito importante para os trabalhadores *formais* que buscam melhorar suas condições e se mobilizam para organizar-se. A precarização, desse modo, impõe condições que regulam a correlação de forças no mercado de trabalho, tanto em relação à oferta distributiva como no que se refere às condições de emprego (Fernández Soto et al., 2015).

Na realidade do Uruguai, a configuração atual do mercado de trabalho produz uma ampliação da demanda por força de trabalho em setores da economia em que a produtividade é tradicionalmente baixa e oferece *subempregos marginais*, ou seja, com salários abaixo do nível de subsistência e condições de contratação flexíveis (Carballo

---

3. Este dado representa um crescimento de um ponto percentual em relação ao final de 2013 e marca uma interrupção no movimento de queda do trabalho informal existente efetivamente até o final de 2009, com o seguinte quadro: o quarto trimestre de 2004 registrou 48,9% de trabalho *en negro*; 45,5% em 2005; 42,9% em 2006; 39,3% em 2007; 37,8% em 2008; 35,1% em 2009; 33,7% em 2010; 34,2% em 2011; 34,6% em 2012; 33,5% em 2013 (Instituto Nacional de Estadística y Censos, 2014).

e Vecinday, 2015). Em setores como a agricultura, o comércio e os serviços, em geral cresceu a oferta de emprego com baixos salários e condições de trabalho que, ainda que nem sempre informais, preservam traços de precariedade. A escassez de mão de obra é apresentada como um problema pelos empresários desses ramos econômicos:

> Com a ampliação da oferta, o empregado "aumenta suas exigências" e assume uma posição de "eu estou escolhendo e não é só a empresa que seleciona". O empregado avalia o salário, a proximidade do local de trabalho em relação à locomoção, os horários e se terá flexibilidade para estudar, que são características que em um cenário de restrição econômica do país não se consideram tanto. (Kugel apud Uruguay, 2013, grifos do original, tradução nossa).

Para o Instituto Cuesta Duarte (2015, p. 6, tradução nossa), a qualidade do emprego é o desafio para os próximos anos, pois,

> Apesar do histórico crescimento salarial conquistado pelos trabalhadores na última década, a participação da massa salarial total sobre o produto interno se encontra em níveis inferiores aos números anteriores à eclosão da última crise, em 1998. Tal participação está praticamente estancada há cinco anos. Além disso, um número importante de trabalhadores continua recebendo salários que podemos qualificar como baixos ou muito baixos.

Atualmente se registra um maior nível de regulação promovido fundamentalmente pela ação dos Conselhos de Salários, que foram reinstalados como modalidade de negociação coletiva. Eleva-se o salário mínimo e o conjunto de remunerações ("[...] o salário real cresceu pelo décimo ano consecutivo"), reduz-se a informalidade laboral ("[...] os ocupados não cobertos pela seguridade social se situam em torno de 24,9%") e os níveis de desemprego alcançaram mínimos históricos ("[...] alcançou-se níveis de emprego e desemprego muito positivos", com uma taxa de desocupação média de 6,6%) (Instituto Cuesta Duarte, 2015, p. 4-5, tradução nossa). Em síntese, no

Uruguai, nos últimos anos, registrou-se um pequeno aumento da formalização do trabalho, uma diminuição importante e constante do desemprego e melhorias salarias (Vecinday, 2015).

Como observado anteriormente em relação ao comportamento do mercado de trabalho, é preocupante que o crescimento da ocupação ocorra em setores da economia que demandam uma força de trabalho pouco qualificada e mal-remunerada. Esses segmentos empobrecidos da classe trabalhadora reúnem os requisitos para acessar as prestações assistenciais. Do estudo realizado pelo MIDES sobre os domicílios mais pobres, depreende-se que "[...] 80% trabalhavam, mas no setor informal" (Uruguay, 2014, tradução nossa). Nesse sentido, a qualidade do trabalho (formalização e montantes salariais) é o que aparece como principal problema em um contexto de baixa desocupação e crescimento econômico (Vecinday, 2015). Cabe destacar que, em 2015, a economia *deu sinais* de desaceleração do crescimento, cujas consequências começam a ser sofridas pela classe trabalhadora, registrando-se um leve aumento da desocupação.

9.3 O trabalho das equipes profissionais dos PTRC: aproximações e especificidades

As características do mundo do trabalho em nível mundial e sua incidência nos três países em exame neste estudo, apesar de suas diferenças, expressam tendências comuns que explicam a centralidade que assumem os PTRC no modelo de política social, assim como os traços gerais do trabalho social no desenho dos programas. Tais processos produzem ao mesmo tempo impactos na materialidade e na subjetividade dos seus trabalhadores, frente às novas demandas profissionais que reconfiguram os conteúdos e o significado das funções institucionais requeridas.

Para analisar o trabalho social desenvolvido, é importante ter presentes os arranjos institucionais que presidem a organização dos

PTRC em cada um dos países abrangidos por este estudo comparado, o que vai implicar determinada forma de estruturação das equipes profissionais e as tarefas a elas delegadas. Apesar de as questões relativas à gestão dos PTRC terem sido desenvolvidas no capítulo específico que aborda os mecanismos de gestão, é necessário retomar aqui algumas pontuações gerais sobre as formas diferenciadas de gestão assumidas pelos programas em cada um dos países, pela relação direta que mantêm com as atribuições e competências profissionais.

No caso do Brasil, o controle do Programa Bolsa Família (PBF) é centralizado pelo governo federal no âmbito do MDS, a quem cabe, juntamente com a CEF, o processamento das informações, seleção, habilitação e descredenciamento dos beneficiários. E ainda, no plano federal, sua gestão articula diferentes órgãos, como MEC, MS e órgãos de supervisão e controle.

Contudo, a implementação do BF é descentralizada e compartilhada em termos federativos entre governos federal, estaduais e municipais. É de responsabilidade dos municípios a inscrição de famílias no CadÚnico para Programas Sociais do Governo Federal, bem como sua atualização, o acompanhamento das famílias beneficiárias e do cumprimento das condicionalidades relativas à saúde e à educação, a oferta de programas complementares, a verificação dos critérios de elegibilidade e o encaminhamento de denúncias quanto ao seu descumprimento. No nível estadual, compete o desenvolvimento de atividades de capacitação que subsidiem o trabalho dos municípios no processo de cadastramento e de atualização do CadÚnico, assim como a oferta de atividades de apoio técnico e logístico aos municípios.

Nesse contexto, o trabalho social no âmbito do PBF é realizado predominantemente pelos municípios, sob responsabilidade da Política Municipal de Assistência Social (PMAS) e do Sistema Único de Assistência Social (SUAS), que tem nos CRAS o espaço específico de trabalho social com os usuários do Programa por meio do PAIF. É nesse espaço institucional que as equipes profissionais e técnicas devem realizar o acompanhamento das famílias e o trabalho socioeducativo, embora estudos revelem que grande parte das situações atendidas pelos profissionais dos CRAS diga respeito às famílias em descumprimento de condicionalidades do PBF. Situações que mobilizam tempo e energia criativa de assistentes sociais para a realização de visitas domiciliares, além de ações de vigilância e fiscalização do cumprimento das condicionalidades da saúde e da educação, deslocando-se das atividades de atenção direta, individual e coletiva, às necessidades sociais dos usuários e da população.

Ainda no âmbito do MDS, constata-se a fragmentação institucional na gestão do PBF, pois as ações relacionadas à manutenção do CadÚnico e à transferência direta do benefício monetário às famílias são realizadas pela SENARC, com uma estrutura própria paralela à Secretaria de Assistência Social responsável pela coordenação nacional da Política de Assistência Social e do SUAS, e implementadas nos níveis subnacionais.[4]

Isso significa que no âmbito municipal o PBF interage de modo significativo, embora com muitas dificuldades operacionais, com as estruturas da Política de Assistência Social, e no plano federal, ambos — BF e Política Nacional de Assistência Social (PNAS) — contam com estruturas de gestão distintas e relativamente autônomas, o que traz desafios para a articulação entre o Programa e a Política, sob o *guarda-chuva* comum do SUAS. Assim,

> [...] o PBF tem uma relação ambivalente com o campo da assistência social, entendida como política de atendimento a necessidades básicas, baseada na oferta de serviços e pagamento de benefícios. Isso porque, a despeito de contar com um arranjo institucional próprio, assim como com um arcabouço jurídico autônomo, o PBF hibridiza-se, no plano local, com a rede da assistência social e suas ramificações, sobretudo em municípios pequenos e pobres (que são a grande maioria no país).

---

4. O MDS conta também com uma Secretaria de Avaliação e Gestão da Informação (SAGI), responsável pelas ações de gestão da informação, monitoramento, avaliação e capacitação das políticas e programas do ministério, subsidiando técnicos e gestores dos três níveis de governo (federal, estadual e municipal) por meio do desenvolvimento de ferramentas informacionais que disponibilizam dados na internet, indicadores de monitoramento, pesquisas e estudos técnicos.

Pode-se dizer, por isso, que o PBF, em larga medida, depende do arcabouço da assistência para organizar-se e institucionalizar-se na maior parte dos municípios brasileiros, embora guarde, em relação a eles, certa distância no nível federal de gestão (Coutinho, 2013, p. 9-10).

Nos casos da Argentina e do Uruguai, é possível observar a plena centralização da gestão dos respectivos programas no nível do Estado nacional. Em relação ao Programa da Argentina (AUH), sua centralização ocorre pela ANSES, que incorporou as tarefas relacionadas ao controle das condicionalidades de saúde e de educação. Tal situação implicou um aumento de gasto com pessoal administrativo sem, contudo, ampliar o número de profissionais existentes, que tiveram de agregar às tarefas que já realizavam aquelas relacionadas ao acompanhamento do Programa, observando-se a intensificação e a precarização do trabalho profissional.

No Uruguai, a gestão do Programa AFAM-PE se realiza dentro da Unidade de Seguimento de Programas (USP) do MIDES.

> La USP produce y procesa las bases de información sobre la población beneficiaria del MIDES, es central en las tareas de focalización y seguimiento de las prestaciones sociales e intercambia información con otros organismos del Estado. Allí se centralizan las tareas fundamentales que emplean trabajo profesional o pre-profesional vinculado a la verificación de la focalización y seguimiento de las prestaciones y de los beneficiarios. La USP es la responsable del trabajo de campo del MIDES y el organigrama la ubica dentro de la Dirección Nacional de Evaluación y Monitoreo (DINEM) (Otormín e Vecinday, 2014, p. 106).

Considerando as diferenças que marcam as estruturas de gestão dos PTRC, é possível tecer observações sobre traços comuns e elementos de diferenciação no que se refere ao trabalho das equipes profissionais.

Uma primeira *questão* a ser destacada é que os critérios de seletividade e de focalização que orientam os três programas, bem como a presença de condicionalidades ligadas às áreas da educação e da saúde, levam ao aumento da tecnificação das ações desenvolvidas, remodelando a natureza e os conteúdos do trabalho profissional. Os informes dos pesquisadores (Otormín e Vecinday, 2014; Raichelis e Lima, 2014; Fernández Soto e Tripiana, 2014) evidenciam que a informatização da gestão, mais intensamente presente no PTRC do Uruguai, mas também do Brasil, produz uma nova divisão social e técnica do trabalho social, atribuindo-se, via de regra, aos assistentes sociais e graduandos de Serviço Social tarefas de cunho executivo, enquanto aos sociólogos, economistas, engenheiros de sistemas de informação são delegadas tarefas de criação e elaboração.

Presencia-se o estabelecimento de novas hierarquias profissionais e a absorção de novas profissões, notadamente nas áreas de informática e de sistemas de comunicação, a quem supostamente se atribui o selo de cientificidade e objetividade aos processos e aos produtos do trabalho na perspectiva da *eficiência e eficácia* das ações.

O incremento de modelos específicos de gestão da informação, necessários à construção das bases de dados de cada Programa, alimenta a *reificação tecnicista* como critério de qualidade do desempenho dos programas, situação propícia para a emergência da alienação dos sujeitos, quando não conseguem discernir e reconhecer nas formas sociais em que se inserem o conteúdo e o efeito de seu próprio trabalho.

> A centralidade das tecnologias digitais submete os trabalhadores às rotinas institucionais comandadas pelas planilhas informatizadas que demandam preenchimentos de dados cadastrais, em geral, não apropriados pelas equipes para aprofundar o conhecimento das necessidades sociais e do cotidiano de vida e trabalho das famílias atendidas, e subsidiar as propostas de trabalho da equipe profissional (Raichelis e Lima, 2014, p. 121).

Reproduzem-se, no campo da ação estatal, as tendências de empresariamento do trabalho que visam à substituição do trabalho vivo pelo trabalho morto, fazendo prevalecer a razão instrumental em detrimento da razão crítica.

La tecnificación e informatización del campo asistencial es una característica de la administración gerencial de la asistencia y supone nuevas formas de organizar y controlar el trabajo profesional: padronización de las prácticas, control directo del trabajo (y de los trabajadores) de campo mediante la informatización del proceso (Vecinday, 2010, p. 117).

A absorção das novas Tecnologias de Informação e Comunicação (TICs) leva a gestão dos PTRC a incorporar a *cultura do gerencialismo*, com incidências na rotinização e burocratização das ações que esvaziam conteúdos reflexivos e criativos do trabalho, enquadrando processos e dinâmicas institucionais às metas de controle de qualidade e de produtividade a serem alcançadas.

As relações de trabalho a que estão submetidos os trabalhadores sociais estabelecem um típico *modo taylorista de organização do trabalho*, com segmentação entre as tarefas de concepção e execução, estabelecimento rígido de metas, sofisticados esquemas de controle, padronização dos métodos e dos processos de trabalho, prescrição minuciosa das tarefas com pequenas margens de interferência dos profissionais. Assim,

> [...] as estratégias de intensificação do trabalho vão sendo incorporadas gradativamente e talvez não estejam ainda claramente perceptíveis para o conjunto de trabalhadores sociais da esfera estatal. Mas elas ganham concretude no ritmo e na velocidade do trabalho, nas cobranças e exigências de produtividade, no maior volume de tarefas, nas características do trabalho intelectual demandado, no peso da responsabilidade (Dal Rosso, 2008, p. 188).

O computador destaca-se como símbolo emblemático que sintetiza as transformações do trabalho em curso. Sem desconsiderar sua importância e indispensabilidade na realidade atual, é preciso indagar: qual é o seu efeito sobre o trabalho social e sobre as relações profissionais que se estabelecem com os sujeitos de sua intervenção? Pesquisas junto às empresas e ao setor público, realizadas por Dal Rosso (2008), concluíram que as tecnologias de informação intensificam os processos de trabalho, produzem um efeito mais controlador sobre o trabalho, organizam e encadeiam as tarefas de modo que desapareçam os tempos mortos, quantificam as tarefas realizadas e permitem a avaliação fiscalizatória do desempenho, entre outros.

Na mesma direção apontam as observações de Huws (2009, p. 47), que analisa o impacto das mudanças tecnológicas nos processos de trabalho social:

> Trabalhadores sociais, por exemplo, podem ver-se preenchendo formulários padrões numa tela de computador em vez de redigi-los no papel ou de entregar relatórios mais nuançados e profissionalmente qualificados para seus clientes; professores podem ver-se administrando testes padrões; [...] jornalistas de internet podem ser obrigados a escrever em apertados modelos predefinidos; e arquitetos podem ser reduzidos à tarefa de recombinar componentes padrões.

Uma *segunda questão* a ser destacada refere-se às novas formas de contratação e vínculos trabalhistas que reconfiguram as relações de trabalho no âmbito dos PTRC. É visível nos informes dos três PTRC (Otormín e Vecinday, 2014; Raichelis e Lima, 2014; Fernández Soto e Tripiana, 2014) a presença de trabalhadores sociais com contratos temporários e precários se sobrepondo ao estatuto jurídico do funcionalismo público nos três países.

No caso da Argentina, "[...] las dificultades estructurales del mercado de trabajo, y de que lo que sucede en la actividad privada se replican en las condiciones laborales de los trabajadores estatales" (Fernández Soto e Tripiana, 2014; Fernández Soto et al., 2015).

Nos três países presencia-se intensa fragmentação do mercado de trabalho composto, de um lado, por um reduzido conjunto de trabalhadores assalariados com maior estabilidade no emprego e proteção legal; e, de outro, por um amplo e heterogêneo grupo de trabalhadores com vínculos precários e sem acesso a benefícios e garantias legais de proteção laboral. Tal quadro se reproduz de modo mais intensivo na realidade do Uruguai e do Brasil, mesmo considerando as particularidades da formação social capitalista em cada um dos países.

No que se refere ao quadro de pessoal atuando nos respectivos programas, temos que, no caso do Uruguai,

> [...] existe una gran heterogeneidad contractual entre sus trabajadores (contratos privados, contratos públicos, contratos a término por diferentes plazos, contratos de derecho público eventuales, entre otros) siendo significativo que el 70% tenga contratos precarios. Señalan, además, falta de estabilidad del personal, la incertidumbre de la mayor parte de las situaciones contractuales, incluyendo licencias y horarios además de su imprevisible continuidad. También la precariedad laboral dificulta el desarrollo de carreras profesionales dentro de la institución y la actividad sindical se ve impactada por estas características de la relación laboral (Otormín e Vecinday, 2014, p. 133).

Em relação ao Brasil, constata-se que o efetivo de trabalhadores da assistência social tem aumentado gradativamente nos últimos anos. Dados do Censo SUAS/2014 mostram que o quantitativo partiu de aproximadamente 221 mil trabalhadores em 2010 e passou para mais de 256 mil em 2014, o que representa um incremento de 36 mil novos profissionais atuando nos municípios brasileiros ao longo desses anos (Brasil, 2015). Contudo, ao longo do período analisado, verificam-se a retração do percentual de servidores estatutários e o aumento de trabalhadores com *outros vínculos*, correspondendo a trabalhadores terceirizados, cedidos por outros órgãos públicos, estagiários e consultores. Em 2014, o percentual de trabalhadores *sem vínculo* ultrapassou o de estatutários, respectivamente 37% e 35,1%, acompanhando a tendência geral do mercado de trabalho de aprofundamento da insegurança laboral, precarização do trabalho e menor garantia de direitos trabalhistas.

Essa situação desencadeia repercussões importantes no trabalho social realizado no âmbito do PBF, considerando o alto percentual de trabalhadores temporários que podem ter suas atividades interrompidas a qualquer tempo, o que além de desestabilizar a vida desses profissionais, interrompe vínculos estabelecidos com as famílias beneficiárias, repercutindo na qualidade dos serviços prestados à população.

Outra tendência que merece atenção no caso do Brasil é a presença significativa de voluntários atuando na rede socioassistencial. Nesse contexto, o apelo ao voluntariado, somado ao quadro de precarização e desprofissionalização do trabalho, restaura o histórico padrão do assistencialismo filantrópico tão característico das sociedades latino-americanas, reatualizado no contexto atual sob o discurso pós-moderno do *solidarismo voluntário*, que afasta o trabalho social da esfera pública, portanto, do leito da cidadania e do direto.

9.4 Indicações para a construção de uma perspectiva comparada sobre o trabalho profissional nos PTRC: BF, AFAM-PE e AUH

Os resultados da pesquisa sobre os PTRC no Brasil, na Argentina e no Uruguai impõem para este estudo comparado cuidados metodológicos para que não se homogeneízem processos que decorrem de sociedades com particularidades históricas quanto à formação e ao desenvolvimento social, político, econômico e cultural.

No entanto, o conteúdo exposto nos textos dos três países, no que se refere ao trabalho profissional no âmbito dos PTRC, expõe com razoável nitidez as tendências estruturais do trabalho nas sociedades capitalistas contemporâneas, em especial nos países da periferia, e as implicações nas esferas do Estado como maior contratante dos trabalhadores sociais que atuam nas políticas sociais, com destaque para os PTRC, objeto deste estudo comparado. Depreende-se das análises realizadas que o que está em jogo não são apenas questões relacionadas à gestão do trabalho, mas também à lógica que preside as relações de trabalho e as condições em que este se realiza a partir da reestruturação produtiva do capital, cujos efeitos nos países objeto deste estudo são visíveis a partir da década de 1990.

A atual etapa do capitalismo mundializado e financeirizado redimensiona e particulariza a *questão social* em cada uma das sociedades, aprofundando as implicações da sua inserção subordinada na divisão internacional do trabalho, marca persistente e reatualizada da formação histórica dos países latino-americanos periféricos e subdesenvolvidos. A flexibilização dos mercados, das relações de trabalho e dos direitos é a expressão emblemática da ampla e profunda transformação estrutural do trabalho assalariado nos três países, com impactos na materialidade e na subjetividade da classe trabalhadora, incluídos os(as) trabalhadores(as) sociais, que experimentam a perda de direitos e a insegurança do presente e do futuro, agravadas pela fragmentação da *classe-que-vive-do-trabalho* (Antunes, 2005) e pela fragilização das estratégias de resistência e de organização coletivas.

Essas transformações expressam uma *nova era de precarização estrutural do trabalho* (Antunes, 2013) que configura a atual polarização da classe trabalhadora: composta de um lado por um *núcleo duro* e reduzido de trabalhadores com maior especialização e mais altos salários relativos, registrados e com direito à cobertura de benefícios e à proteção social; e de outro, um conjunto mais amplo e periférico de trabalhadores com menor qualificação, multifuncionais e polivalentes, com trabalhos temporários e intermitentes, desprotegidos e precarizados, subordinados a fluxos e flutuações dos mercados e das necessidades do capital.

A contribuição significativa que emerge das análises dos três países evidencia o modo como se reproduz no âmbito das relações estatais as características do mercado de trabalho flexibilizado, intensificado e precarizado presente nessas sociedades. É também esse mesmo contexto que explica o crescimento da demanda por serviços sociais públicos, entre os quais os PTR. Em termos gerais, mesmo tendo em vista as diferenças existentes entre os países considerados, as tarefas demandadas e as rotinas a que estão submetidos assistentes sociais, psicólogos, sociólogos e demais profissionais que atuam na operacionalização dos programas de transferência de renda sofrem constrangimentos e redefinições em um duplo e contraditório movimento: ao mesmo tempo que ampliam e diversificam as requisições profissionais, aprofundam mecanismos de intensificação e precarização do trabalho que transformam a própria *episteme* do trabalho profissional, pois incidem nos seus conteúdos e na direção social que assumem, ferindo a autonomia (relativa) desses trabalhadores sociais.

Observa-se assim uma tensão entre, por um lado, as requisições e as prerrogativas das equipes profissionais, compostas por uma força de trabalho qualificada no âmbito universitário, que lhes facultaria, em tese, o exercício de relativa autonomia técnico-científica para delimitar e definir a direção, os conteúdos e os alcances do seu trabalho; e, por outro, o trabalho controlado e submetido ao poder dos contratantes institucionais que interferem no direcionamento, nas atribuições definidas, nos recursos disponibilizados, entre outras dimensões que reconfiguram o cotidiano institucional, fragilizando a capacidade de respostas qualificadas às necessidades sociais dos grupos subalternos que revertam efetivamente o contexto de pobreza e desigualdade social a que estão submetidos.

Aparecem com toda a inteireza os mesmos constrangimentos impostos ao conjunto de trabalhadores assalariados, ainda que se trate de profissionais qualificados para o exercício de funções sociais complexas no âmbito da divisão sociotécnica do trabalho institucional nas políticas sociais. Assistentes sociais, psicólogos, educadores, assim como os demais trabalhadores assalariados, inserem-se no processo de mercantilização sobrevivendo da venda de sua força de trabalho — complexa, multifuncional e coletiva —, ao lado do conjunto de trabalhadores que produzem ou participam da distribuição da mais-valia e da riqueza social oriunda do trabalho.

Destaca-se de modo mais acentuado no texto do Uruguai (Otormín e Vecinday, 2014) o papel central a que foi alçada a tecnologia de informação e, com ela, os profissionais que atuam na concepção de sistemas de informação e banco de dados que alimentam a gestão dos PTRC, altamente centralizada por meio da USP do MIDES. O quadro relatado pelos pesquisadores do Uruguai indica um estágio mais avançado de aprofundamento da tecnificação no âmbito dos PTRC, com a consequente desqualificação e rebaixamento intelectual a que estão submetidos os trabalhadores sociais, que buscam uma inserção crítica diante do enquadramento altamente prescritivo das tarefas que lhes são delegadas.

> [...] el espacio socio-ocupacional del Trabajador Social en el marco de la USP, en particular el "monopolio del conocimiento" tiene lugar reducido, sobre todo si no perdemos de vista que estamos refiriéndonos a su labor dentro del campo socio-asistencial. El diseño a cargo de Economistas y Sociólogos da lugar a una fuerte subalternidad del Trabajador Social y el altísimo nivel de prescripción de la tarea, intencionalmente buscado con lógica econométrica (ICC), pretende reducir y controlar la acción humana reflexiva. La rigidez del procedimiento y determinación técnico-econométrica del instructivo ubican la intervención en el campo del seguimiento de las AFAM-PE en las antípodas de la profesionalización (Otormín e Vecinday, 2014, p. 129, grifo dos autores).

A equipe de pesquisadores uruguaios também se refere ao novo protagonismo assumido por engenheiros e economistas que ofereceriam uma contribuição técnica supostamente objetiva e neutra, aprofundando a racionalidade técnica e instrumental da gestão dos programas (Gallardo apud Otormín e Vecinday, 2014).

Emergem novas relações de poder entre os próprios profissionais que favorecem a tecnificação da pobreza com base em uma gama de dispositivos tecnológicos que visam à gestão eficiente e eficaz dos programas na tarefa de identificar, quantificar, regular e controlar os pobres e suas famílias. Reproduzem-se hierarquias no âmbito do trabalho das equipes dos PTRC, bem como a presença do *fetiche da tecnologia* impregnando relações e processos de gestão institucional.

As reflexões dos pesquisadores do Uruguai chamam a atenção para a reconfiguração do campo assistencial e as implicações da *economização* ou *monetização* das políticas assistenciais associadas ao uso intensivo dos dispositivos informatizados pelos PTRC. O conjunto dos profissionais assalariados enfrenta um processo de *proleta-*

rização ideológica (Derber, 1982) que expropria os valores e os objetivos do seu trabalho. Nesse sentido, a proletarização é considerada como o último passo do processo de burocratização, que implica a perda de controle sobre o trabalho e a subordinação às requisições superiores da produção no capitalismo avançado (Otormín e Vecinday, 2014).

Essa proletarização ideológica ressaltada pelos pesquisadores do Uruguai evidencia a expropriação do saber profissional de assistentes sociais, psicólogos e demais trabalhadores sociais na produção do conflito que gera alienação e estranhamento do trabalho na esfera estatal. A tensão entre as distintas racionalidades presentes no trabalho profissional restringe a autonomia relativa dos trabalhadores provocando não apenas insatisfação em relação ao rebaixamento das condições intelectuais do trabalho, mas também assédio moral e adoecimento profissionais. Trata-se, assim, de trabalhadores expostos ao sofrimento e ao desgaste mental diante da impotência continuada frente à ausência de meios e recursos que possam efetivamente remover as causas estruturais que provocam a pobreza e a desigualdade social, objetos sobre os quais atuam os assistentes sociais e demais trabalhadores sociais.

Por último, merece destaque a questão relacionada à existência de regulações nacionais do trabalho profissional no âmbito da Política de Assistência Social brasileira que não encontra similaridade nas realidades do Uruguai e da Argentina. Em relação às condições em que se realiza o trabalho na Política de Assistência Social, foi implantada em 2006 a Norma Operacional Básica de Recursos Humanos do SUAS (NOB-RH/SUAS), que prevê a formação de equipes de referência constituídas por servidores públicos efetivos responsáveis pela organização e oferta de serviços, programas e benefícios de proteção social básica[5]

---

5. "A proteção social básica tem como objetivos prevenir situações de risco por meio do desenvolvimento de potencialidades e aquisições, e o fortalecimento de vínculos familiares e comunitários. Destina-se à população que vive em situação de vulnerabilidade social decorrente da pobreza, privação (ausência de renda, precário ou nulo acesso aos serviços públicos, dentre outros) e/ou fragilização de vínculos afetivos — relacionais e de pertencimento (discriminações etárias, éticas, de gênero ou por deficiência, dentre outras). Os serviços de proteção social básica serão executados de forma direta nos Centros de Referência da Assistência Social — CRAS e em outras unidades básicas e públicas de assistência social, bem como de forma

e proteção social especial,[6] levando-se em consideração o número de famílias e indivíduos referenciados por porte populacional dos municípios, tipo de atendimento e aquisições e direitos que devem ser garantidos aos usuários.

Diretrizes da NOB-RH referem-se também à necessidade de educação permanente dos profissionais, implementação de planos de carreira, cargos e salários, mesas de concertação entre trabalhadores e empregadores, cofinanciamento, definição de responsabilidades de cada nível de governo e estabelecimento do cadastro nacional de trabalhadores no âmbito da Rede SUAS.[7]

Essa regulação da gestão do trabalho social no contexto do SUAS representou uma conquista política significativa relativa aos interesses coletivos dos trabalhadores em sua luta por condições materiais, técnicas e éticas de trabalho, em meio a intensas resistências políticas que tiveram de ser enfrentadas para viabilizar sua aprovação. Apesar disso, permanece ainda o grande desafio de sua efetivação na grande maioria dos estados e municípios brasileiros, que apresenta por parte de gestores, prefeitos e secretários de governo enormes resistências para sua implementação.

No âmbito do trabalho multiprofissional, outro avanço significativo refere-se ao reconhecimento pelo Conselho Nacional de Assistência Social (CNAS) (Resolução n. 17, de 20 de junho de 2011) das

---

indireta nas entidades e organizações de assistência social da área de abrangência dos CRAS" (Brasil, 2005, p. 33-4).

6. "A proteção social especial é a modalidade de atendimento assistencial destinada a famílias e indivíduos que se encontram em situação de risco pessoal e social, por ocorrência de abandono, maus-tratos físicos e/ou psíquicos, abuso sexual, uso de substâncias psicoativas, cumprimento de medidas socioeducativas, situação de rua, situação de trabalho infantil, entre outras. Pode ser de média ou alta complexidade, e os serviços de proteção social especial serão executados de forma direta pelos Centros de Referência Especializados da Assistência Social — CREAS e pelos Centros de Referência Especializados para a População em Situação de Rua — Centros POP, bem como de forma indireta nas entidades e organizações de assistência social da rede socioassistencial" (Brasil, 2005, p. 37-8).

7. Rede SUAS é o sistema de informação desenvolvido pelo MDS com o apoio da Secretaria Nacional de Assistência Social (SNAS), que articula diversos aplicativos para a gestão da informação e tratamento de dados no âmbito dessa política.

categorias profissionais de nível superior para atender às especificidades dos serviços socioassistenciais e das funções essenciais de gestão do SUAS. Esse reconhecimento desencadeou forte processo de mobilização e debate das diferentes áreas profissionais e de seus respectivos conselhos e federações, em um movimento inédito de disputa entre profissões universitárias no campo socioassistencial, tradicionalmente hegemonizado pelo Serviço Social.

Em relação ao presente estudo comparado, o quadro encontrado evidencia a complexidade dos desafios que envolvem as equipes profissionais, o que exige a construção de estratégias coletivas e de alianças políticas do conjunto de trabalhadores sociais atuantes nos PTR e nas demais políticas públicas.

Referências

ANTUNES, R. *O caracol e sua concha*: ensaios sobre a nova morfologia do trabalho. São Paulo: Boitempo, 2005.

_____. A nova morfologia do trabalho e suas principais tendências. In: _____ (Org.). *Riqueza e miséria do trabalho no Brasil II*. São Paulo: Boitempo, 2013.

BRASIL. Ministério do Desenvolvimento Social e Combate à Fome. Secretaria Nacional de Assistência Social. *Censo SUAS 2014*: resultados nacionais. Brasília, 2015.

_____. Ministério do Desenvolvimento Social e Combate à Fome. Secretaria Nacional de Assistência Social. *Política Nacional de Assistência Social — PNAS/2004* — Norma Operacional Básica NOB/SUAS. Brasília, 2005.

CARBALLO, Y.; VECINDAY, L. Activación y capital humano: ¿círculo virtuoso para combatir la pobreza? In: JORNADAS DE INVESTIGACIÓN, 14., *Anais...*, Montevideo: FCS, 2015.

COMISIÓN ECONÓMICA PARA AMÉRICA LATINA Y EL CARIBE. *Panorama Regional de América Latina y el Caribe*: indicadores selecionados. Santiago de Chile, [20--?]. Disponível em: <http://estadisticas.cepal.org/cepalstat/WEB_CEPALSTAT/Portada.asp>. Acesso em: 27 jan. 2016.

COUTINHO, D. R. *Capacidades estatais no programa Bolsa Família*: o desafio de consolidação do Sistema Único de Assistência Social. Rio de Janeiro, ago. 2013. p. 7-43. (Texto para discussão, n. 1.852.)

DAL ROSSO, S. *Mais trabalho*: a intensificação do labor na sociedade contemporânea. São Paulo: Boitempo, 2008.

DERBER, C. *Professionals as workers*: mental labor in advanced capitalism. Boston: G. K. Hall, 1982.

FERNÁNDEZ SOTO, S. et al. El espacio socio-laboral de la política de asistencia municipal: precarización del trabajo profesional. In: ENCUENTRO REGIONAL DE ESTUDIOS DEL TRABAJO, 5., 2013, Tandil. *En la configuración actual del mundo del trabajo*: transformaciones, sujetos y experiencias. Tandil: FCH, 2013. Disponível em: <http://proieps.fch.unicen.edu.ar/cds/2013/index.html>. Acesso em: 5 maio 2015.

_____ et al. Políticas sociales, territorio y conformación de espacios sociales. La trama de la asistencia en el ámbito local, Tandil 2003-2010. *Plaza Pública*: Revista Trabajo Social, n. esp., p. 55-67, nov. 2015.

_____; TRIPIANA, J. (Orgs.). *Políticas sociales, trabajo y trabajadores en el capitalismo actual*: aportes teóricos y empíricos para una estrategia de emancipación. Buenos Aires, Editorial Espacio, 2009.

_____; _____. Trabajo y Asignación Universal por Hijo para Protección Social: transformaciones contemporáneas. In: FERNÁNDEZ SOTO, S. et al. *Caracterización y problematización de las dimensiones constitutivas de la AUH*. Buenos Aires, 2014. (Mimeo.)

HUWS, Ú. A construção de um cibertariado?: trabalho virtual num mundo real. In: ANTUNES, R.; BRAGA, R. (Orgs.). *Infoproletários*: degradação real do trabalho virtual. São Paulo: Boitempo, 2009.

INSTITUTO BRASILEIRO DE GEOGRAFIA E ESTATÍSTICA. *Pesquisa Nacional por Amostra de Domicílios Contínua*. Rio de Janeiro, 2015.

INSTITUTO CUESTA DUARTE. *Informe de Coyuntura Primer Trimestre de 2015*. Montevideo, 2015. Disponível em: <http://cuestaduarte.org.uy/investigacion/economia/informes-de-coyuntura/item/64-informe-de-coyuntura-primer-trimestre-de-2015>. Acesso em: 5 maio 2015.

INSTITUTO NACIONAL DE ESTADÍSTICA Y CENSOS. *Encuesta Permanente de Hogares*: indicadores socioeconómicos — resultados del tercer trimestre. Buenos Aires, 2014. Disponível em: <http://www.indec.gov.ar/informesdeprensa.asp?id_tema_1=4&id_tema_2=31&id_tema_3=59>. Acesso em: 5 maio 2015.

LIMA, V. F. S. de A. et al. *Reorganização econômica, mercado de trabalho e relações de trabalho no Brasil dos anos 90*. Campinas: UNICAMP, 2003. Trabalho apresentado como requisito parcial para aprovação na disciplina Microeconomia do Programa de Pós-Graduação em Economia Aplicada.

LUKÁCS, G. *Ontología del ser social*: el trabajo. Buenos Aires: Herramienta, 2004.

MARX, K. *Grundisse*: lineamientos fundamentales para la crÍtica de la economía política 1857-1858. Buenos Aires/México: FCE, 1985.

_____. *El capital*. México: FCE, 1986.

MATTOSO, J. E. *O Brasil desempregado*: como foram destruídos mais de 3 milhões de empregos nos anos 90. 2. ed. São Paulo: Ed. Fundação Perseu Abramo, 2001.

OTORMÍN, F.; VECINDAY, L. El trabajo profisional en la AFAM-PE. In: BENTURA, P. et al. *Nuevo Régimen de Asignaciones Familiares*: caracterización de sus dimensiones configurativas. Montevideo, 2014. (Mimeo.)

RAICHELIS, R. Proteção social e trabalho do assistente social: tendências e disputas na conjuntura de crise mundial. *Revista Serviço Social & Sociedade*, São Paulo, n. 116, ed. esp., out./dez., 2013.

_____; LIMA, V. F. S. de A. O trabalho da equipe de profissionais do Bolsa Família. In: SILVA, M. O. da S. e. et al. *Caracterizando e problematizando o Bolsa Família*. São Luís, 2014. (Mimeo.)

RAMOS, C. A.; CAVALERI, R. O mercado de trabalho brasileiro em 2007. In: CASTRO, J. A. de; RIBEIRO, J. A. C. (Orgs.). *Situação social brasileira*, 2007. Brasília: IPEA, 2009.

TRIPIANA, J. *Transformaciones en el capitalismo y la conciencia obrera*: un estudio sobre el proceso de conciencia de los obreros metalúrgicos en Tandil, 1990-2001. 2014. Tese (Doutorado em História) — Facultad de Humanidades y Ciencias de la Educación, Universidad Nacional de La Plata, Buenos Aires.

URUGUAY. La falta de mano de obra que se observa en Uruguay. *América Economía*, [S. l.], 2013. Disponível em: <http://www.americaeconomia.com/economia-mercados/finanzas/la-falta-de-mano-de-obra-que-se-observa-en-uruguay>. Acesso em: 8 maio 2015.

_____. Ministerio de Desarollo Social. *Programas prioritarios "dieron en la tecla" con necesidades de la población vulnerable*. Montevideo, 2014. Disponível em: <http://presidencia.gub.uy/comunicacion/comunicacionnoticias/programas-prioritarios-olesker-mides-necesidades-poblacion-objetivo-jovenes-red-siete-zonas>. Acesso em: 8 maio 2015.

VECINDAY, L. *Transformaciones institucionales y tecnológicas del esquema de protección social*: el caso del Plan de Centros de Atención a la Infancia y la Familia en el Uruguay. Buenos Aires: Facultad Latinoamericana de Ciencias Sociales, 2010.

_____. La orientación de la política social en el ciclo de recuperación posneoliberal en la región: instituciones y protecciones. In: SEMINARIO LATINOAMERICANO "DESIGUALDAD Y POLÍTICAS SOCIO-LABORALES", 3.; JORNADAS DE POLÍTICA SOCIAL, 4., 2015, Buenos Aires. *Anais...* Buenos Aires: UBA; UNGS, 2015.

10

Avaliação e impactos dos programas de transferência de renda: alcances, percursos e dimensões ainda pouco exploradas

Maria Ozanira da Silva e Silva
Valéria Ferreira Santos de Almada Lima

O presente texto focaliza um conteúdo temático complexo e diversificado quando se propõe a abordar três PTRC na América Latina, considerando seus possíveis impactos. Isso porque falamos de possíveis impactos de programas criados em tempos diferenciados, com recursos orçamentários de diferentes níveis; de abrangência geográfica e de público atendido também muito diverso. Ademais, nos afastamos da perspectiva teórica que considera a possibilidade de relações causais diretas entre programas sociais e mudanças ocorridas num espaço geográfico determinado ou em dada população. Entendemos que os programas sociais são implementados em espaços abertos, marcados por determinações estruturais e conjunturais, e que "[...] avaliar impactos é buscar conhecer os efeitos (positivos ou negativos) da Política (Projeto ou Programa) sobre a realidade na qual ocorre a intervenção" (Silva, Arregui e Yazbek, 2014, p. 126); ao impactar sobre múltiplas dimensões da realidade social, as políticas sociais e os programas sociais são por elas também impactados, não se autonomizando dos contextos históricos onde são implementados.

O presente capítulo foi elaborado tendo como principal referência textos sobre a dimensão dos impactos que compõem a caracterização geral sobre o BF, o AFAM-PE e a AUH, de autoria, respectivamente, de Silva, Arregui e Yazbek (2014), Carballo e Vecinday (2014) e Fernández Soto e Escurra (2014), elaborados a partir de ampla revisão bibliográfica, documental e dados secundários disponíveis principalmente nos *sites* dos respectivos programas. O conteúdo apresentado aborda, inicialmente, a categoria teórica avaliação de impacto situada no contexto da pesquisa avaliativa, considerada a referência teórica que norteia as análises desenvolvidas. Segue complementando a reflexão inicial indicando o lugar que ocupa a avaliação de impactos nos PTRC, objeto do estudo comparado, para prosseguir considerando a cobertura e percepção dos beneficiários e da população em geral sobre os programas. Apresenta, na última seção, a indicação e a problematização de possíveis impactos dos três programas nos indicadores de pobreza e desigualdade social, nos indicadores de capacidade humana (educação, saúde e segurança alimentar e nutricional), no trabalho de pessoas adultas e no trabalho infantil, na autonomia das mulheres e na dinâmica econômico-social dos municípios. Nessa mesma seção, desenvolve-se um esforço de análise comparada entre os possíveis impactos destacados nos três programas.

10.1 A categoria teórica avaliação de impacto no contexto da pesquisa avaliativa como referência para análise de possíveis impactos dos PTRC do Uruguai, Brasil e Argentina

Quando se fala em pesquisa avaliativa, pretende-se designar o esforço sistematizado, orientado pelo método científico e de caráter público, de julgar e explicar o mérito de uma política, segundo determinados critérios.

Portanto, uma boa avaliação necessariamente implica emitir um juízo de valor a partir de informações suficientes e adequadas sobre o conteúdo, o desenvolvimento e/ou os resultados de um programa. Tal julgamento deve, além disso, se pautar em princípios éticos, políticos, teóricos e ideológicos nos quais se fundamenta o avaliador, não se constituindo, por conseguinte, em um ato neutro (Lima, 2011).

A propósito, Muñiz (1997, p. 174), comungando com a perspectiva dialética que inspira o presente estudo, adverte: "A objetividade do cientista não pode consistir em que este se subtraia de sua condição de ser social, ou em uma aspiração de prescindir de uma concepção de mundo, com seus interesses e valores".

Em seguida, a autora complementa

> A objetividade científica radica no propósito consciente e rigoroso de reproduzir o real nos objetos teóricos. Por isso a maior aproximação ao objetivo está presente no pensamento dialético, que pretende captar sem dogmatismo a essência do real e não as construções que, a pretexto de não se contaminar de subjetividade, pretendem ater-se somente a fatos observáveis ou a formalizações a-históricas (Id., ibid., loc, cit.).

Porém, em se tratando de pesquisa, a avaliação de políticas e programas sociais deve obedecer aos requisitos de validade e confiabilidade, correntemente aceitos na metodologia científica, embora, como todo conhecimento científico, produza uma interpretação histórica, parcial e relativa da realidade social (Silva, 2013).

Ademais, se uma boa avaliação deve julgar, "[...] uma boa e completa avaliação julga e explica" (Nemes, 2001, p. 10). Isso significa que não basta que a pesquisa avaliativa identifique se determinado programa atende a certos padrões de eficiência, eficácia e efetividade. Mas, atendendo ao atributo de qualquer investigação científica, ela deve também explicar as razões do êxito ou fracasso de uma ação voltada para produzir mudanças na realidade sobre a qual intervém.

Em outras palavras, são atributos da pesquisa avaliativa: desvendar a própria essência das políticas ou programas objetos da avaliação, em termos de seus fundamentos teórico-filosóficos e de sua engenharia institucional; identificar os principais entraves do processo de implementação que comprometem a eficiência, vista como otimização do uso dos recursos e a eficácia no sentido do cumprimento das metas ou da adequação entre os meios e os fins; apreender os determinantes do sucesso ou insucesso da política ou programa em produzir mudanças significativas e duradouras nas condições de vida do seu público-alvo ou efeitos mais amplos sobre uma comunidade, uma região e sobre as próprias instituições (Lima, 2011).

Portanto, conforme ressaltam Fernández Soto e Escurra (2014, p. 121), avaliar consiste "[...] em conhecer os efeitos de decisões e ações que se tomaram, revisando os processos que os geraram". Assim, implica conceber o movimento da intervenção do Estado, considerando o caráter relacional, tensionado e conflitivo que se materializa nas políticas públicas. Ainda segundo as autoras, trata-se de um processo reflexivo que, ao aportar conhecimento, se constitui em ferramenta de ação para corrigir, eliminar ou neutralizar problemas, potencializar processos e reafirmar ou reorientar os resultados em relação aos objetivos perseguidos, além de contribuir também para os processos de legitimação estatal.

Nesse sentido, a pesquisa avaliativa cumpre, ao mesmo tempo, as funções técnica, política e acadêmica. A primeira, na medida em que fornece subsídios para a correção de desvios no decorrer do processo de implementação de um programa, contribuindo para o redirecionamento das ações; a segunda, ao tempo em que oferece informações aos diferentes sujeitos sociais, instrumentalizando-os em suas lutas em prol de direitos e de um maior controle social sobre as políticas públicas; a terceira, no sentido de desvelar determinações e contradições presentes no conteúdo e no processo das políticas públicas e de julgar e explicar todas as relações entre os seus componentes, contribuindo, assim, para a produção do conhecimento científico (Silva, 2013).

O texto elaborado por Silva, Arregui e Yazbek (2014), tomando por base Aguilar e Ander-Egg (1994) e Silva (2001), chama a atenção que alguns autores associam a ideia de impactos aos efeitos e resultados alcançados, situando o estudo de impactos no campo da avaliação de resultados. O referido texto afirma que, sendo a avaliação de resultados voltada para a análise e medição das mudanças da situação a qual o programa se propõe a modificar, expressando o grau em que os objetivos foram alcançados, a avaliação de impactos é entendida como um tipo de avaliação de resultados que busca conhecer os efeitos e resultados, de médio e longo prazo, produzidos pelo programa.

Não obstante, é necessário precisar aqui o que se entende exatamente por avaliação de impacto. Para tanto, parte-se da definição de Roche (2000 p. 37) segundo a qual "[...] avaliação de impacto é a análise sistemática das mudanças duradouras ou significativas — positivas ou negativas, planejadas ou não — nas vidas das pessoas e ocasionadas por determinada ação ou série de ações".

Importa aqui frisar a ênfase do autor na natureza duradoura e significativa das mudanças verificadas para que se possam distinguir impactos de resultados. Nesse sentido, é útil a definição de Draibe (2001, p. 37, grifos da autora) segundo a qual

> [...] os resultados (no sentido estrito) são os "produtos" do programa, previstos em suas metas e derivados do seu processo de "produção". [...] Já os impactos referem-se às alterações ou mudanças efetivas na realidade sobre a qual o programa intervém e por ele provocadas.

Tal distinção é necessária para não se cair na armadilha do que Bentura e Venciday (2013) denominam *avaliações tautológicas*, referindo-se especificamente à perspectiva comumente assumida pelas avaliações dos PTRC em desenvolvimento na América Latina. Segundo os autores,

> A los fines del análisis aquí propuesto adjetivamos la evaluación como tautológica cuando el indicador evaluativo es sobre lo que se opera mediante la intervención que es evaluada. En el caso que nos ocupa la evaluación es tautológica pues "transfiero renta y mido renta" para

determinar el éxito de los PTRC en el combate a la pobreza (Bentura e Vecinday, 2013, p. 143, grifo dos autores).

Ainda segundo enfatizam os autores, os PTRC combinam objetivos imediatos com objetivos estratégicos e é fundamentalmente sobre estes últimos que têm residido as maiores dificuldades de avaliação. De fato, os objetivos imediatos são avaliados mediante indicadores como renda, taxa de matrícula e frequência ao sistema de ensino formal, número de controles médicos pediátricos e/ou ginecológicos etc. E tudo isso considerando o período durante o qual as famílias ainda estão inseridas nos Programas. Assim, as melhorias de tais indicadores constituem *resultados* ou *produtos* necessariamente esperados a partir dos próprios componentes dos PTRC, que, em geral, centram as intervenções na transferência de renda associada ao cumprimento de condicionalidades vinculadas ao acesso a serviços educativos e sanitários (Id., ibid.).

Por outro lado, os objetivos estratégicos consistem em retirar os destinatários da situação de pobreza e melhorar seu bem-estar em questões básicas, assim como contribuir para a formação de capital humano de forma a lhes permitir uma efetiva inserção na sociedade da qual estão excluídos. Nesse sentido, uma verdadeira avaliação de impacto deve transcender a medição das mudanças na situação de pobreza limitando-se à renda. Deve priorizar o enfoque centrado nas necessidades básicas insatisfeitas, inclusive para ser coerente com a concepção de pobreza como um fenômeno multidimensional, presente pelo menos no discurso oficial que orienta a maioria dos PTRC. Ademais, deve transcender os destinatários, enquanto estão sendo alvo das ações, tomando como unidade de análise os egressos, com vista a verificar mudanças de longo prazo nas suas condições de vida e de trabalho após o seu desligamento dos Programas.

Ademais, Silva, Arregui e Yazbek (2014), abordando uma questão central no âmbito da avaliação de impactos, qual seja, a questão da atribuição, referenciam autores como Baker (2000), segundo o qual a avaliação de impacto busca não somente mensurar e interpretar os resultados de um programa, mas também analisar em que medida estes podem ser atribuídos ao programa e somente a ele.

Entretanto, em conformidade com a perspectiva teórico-metodológica aqui adotada, parte-se do pressuposto de que os impactos de uma política ou programa são a síntese de múltiplas determinações histórica e socialmente contextualizadas. Tais determinações se articulam em um sistema dinâmico e contraditório de relações que se implicam e se explicam estruturalmente, condicionando tanto a atuação dos formuladores, executores e gestores quanto os destinatários da política. Daí resulta a impossibilidade de se estabelecerem relações unívocas de causa e efeito entre determinada intervenção e as eventuais modificações identificadas na realidade sobre a qual intervém. Isso porque existem inúmeros determinantes contextuais que, ao incidir em tal realidade, não podem ser isolados, a exemplo do que fazem os estudos de caráter experimental e explicativo (Lima, 2013).

Reforçando tal perspectiva crítica acerca da avaliação de impactos, Fernández Soto e Escurra (2014) destacam que a avaliação de políticas públicas implica conhecer os efeitos e resultados produzidos pela intervenção estatal em realidades construídas em processos sociais concretos.

> En este sentido, la realidad entendida como concreción contiene una perspectiva de totalidad (por ende no constituye algo caótico) que se desarrolla en el movimiento histórico (por lo tanto no es algo estático) en el cual se va creando y recreando con la participación de fuerzas antagónicas (en consecuencia no es un todo acabado y equilibrado (Fernández Soto, 2004, p. 3).

O texto de Silva, Arregui e Yazbek (2014) ressalta ainda que a perspectiva multidisciplinar no campo da pesquisa avaliativa questiona os modelos experimentais, baseados em enfoques econométricos, sob o argumento de que métodos de abordagem predominantemente quantitativos ocultam as dimensões sociopolíticas e culturais relevantes para a compreensão da dinâmica social, ainda que a mensuração quantitativa seja um aspecto constitutivo da avaliação.

As autoras acrescentam que a perspectiva multidisciplinar busca recuperar a dimensão política da avaliação e considerar os aspectos políticos, econômicos, culturais e sociais que fazem parte do processo de constituição das políticas públicas.

Ademais, para as mesmas autoras, recuperar a dimensão política da avaliação, especificamente no tocante às políticas sociais, significa considerar as relações e mediações que se processam entre o mercado, o Estado e as políticas sociais e, portanto, o seu papel e função na produção e reprodução das desigualdades sociais (Boschetti, 2009). Concebida sob essa ótica, a avaliação de políticas sociais deve responder à intencionalidade de indicar em que medida as ações públicas são capazes de expandir direitos, reduzir desigualdades e propiciar equidade.

Nesse sentido, Paz et al. (2004 apud Silva, Arregui e Yazbek, 2014) destacam que a avaliação pressupõe não só o exame sistemático e crítico da implementação e dos resultados das políticas e programas, mas também o processo de construção de respostas à questão social, que está permeado por diferentes e diversas visões e interpretações, mecanismos de poder e conflitos de interesse na arena pública.

Posto isso, nas reflexões aqui desenvolvidas, admitem-se a complexidade e a dificuldade envolvidas na tarefa de dimensionar os impactos de um programa social, sobretudo porque as mudanças provocadas podem produzir efeitos diretos e indiretos na população-alvo, nos municípios e na sociedade em geral. Ademais, particularmente no que tange aos PTRC, estes envolvem transferências monetárias articuladas a um conjunto amplo de ações complementares ou benefícios não monetários. Além disso, esses programas são implementados em realidades abertas, sofrendo ao mesmo tempo a influência de outros programas e outras intervenções de diversas naturezas (Silva, Arregui e Yazbek, 2014).

Por conseguinte, tomando como referência teórico-metodológica as reflexões aqui desenvolvidas sobre avaliação de impactos, é destacado, a seguir, o lugar assumido pela avaliação no contexto dos três programas, foco do presente estudo comparado: BF do Brasil; AUH da Argentina e AFAM-PE do Uruguai.

10.2 O lugar da avaliação nos PTRC BF, AFAM-PE e AUH

A avaliação de políticas e programas sociais tem ocupado lugar de destaque ao longo da história das políticas sociais em diversos países e, particularmente, na América Latina. Em termos gerais, na evolução histórica da Pesquisa Avaliativa, segundo Shadish, Cook e Leviton (1995), é destacada a seguinte trajetória: *primeiro estágio* (anos 1960), marcado pelo uso estrito de métodos científicos para solução de problemas; *segundo estágio* (anos 1970), quando a avaliação passa a ser usada no processo de decisão com predomínio de técnicas quantitativas; e *terceiro estágio,* que representa uma síntese dos estágios anteriores, destacando a integração de técnicas e objetivos da avaliação, considerando a dimensão epistemológica e metodológica (técnica) e a dimensão política — diversidade de interesses e possibilidade de uma abordagem participativa.

Na América Latina, a avaliação de políticas e programas sociais ocupou nos anos 1960 e 1970 um protagonismo, cujos sujeitos eram principalmente os movimentos sociais que clamavam por mudança e por ampliação de direitos sociais, colocando na agenda política a necessidade de transparência e de controle social das políticas públicas. No Brasil, a demanda por expansão de proteção social teve seu ponto mais alto nos anos 1980 no contexto de redemocratização da sociedade brasileira. Todavia, ainda nos anos 1980 e, principalmente, nos anos 1990, com a hegemonia do projeto neoliberal de desenvolvimento adotado em vários países da América Latina, a avaliação de políticas e programas sociais passou a ocupar um lugar de destaque nos discursos dos governos nacionais e das agências multilaterais, cujo objetivo era dimensionar os resultados das intervenções do Estado, instituído com suas reformas como provedor (financiador) e regulador para realizar os *ajustes* necessários às novas demandas do capitalismo rumo à mundialização (Silva, 2013). Inaugura-se, a partir de então, uma avaliação que passa a ser conhecida como gerencialista. Trata-se de um tipo de avaliação que, segundo Carballo e Vecinday (2014), sob a perspectiva neoliberal, é situada no âmbito dos processos de *reforma do Estado*, como ferramenta de poder, sob a responsabilidade de tecnocratas e especialistas do campo econômico e da informática, dando-se o retorno do predomínio das técnicas quantitativistas e transformando-se num procedimento *técnico*, *apolítico*, *objetivo*, a serviço da eficiência e da eficácia. A expansão desse modelo gerencialista de avaliação contou, nos anos 1990, com a participação e a influência dos organismos internacionais, com base em tipificações abstratas e classificações que fragmentam a compreensão da complexidade das políticas sociais e suas relações com a dinâmica da questão social. Assim, a avaliação de políticas e programas sociais assumiu uma perspectiva ideológica, justificadora das contrarreformas do Estado, com ênfase na aplicação de métodos e técnicas de medição de desempenhos e alcance de metas preestabelecidas, voltadas para determinar a relação custo-benefício (Aguilar e Ander-Egg, 1994; Cohen e Franco, 1993).

Situando-se nessa conjuntura histórica, no Brasil, foi criado em 2004 o MDS, em substituição ao Ministério da Assistência Social e ao Ministério Extraordinário de Segurança Alimentar e Combate à Fome. O MDS, através da SENARC, é o órgão gestor nacional do BF, responsável pelo financiamento, definição e emprego das normativas legais e das instruções técnicas, cobertura e ampliação do Programa nos municípios, transferência de recursos para apoiar a gestão local do Programa e contratação e monitoramento do agente executor — a CEF. Na sua estrutura, mantém a SAGI, unidade técnico-administrativa responsável pelas ações de gestão da informação, monitoramento, avaliação e capacitação das políticas e programas do Ministério, entre estes, o BF. A SAGI centra suas atividades buscando conhecer melhor o público-alvo das políticas do MDS, a lógica de intervenção dos seus programas, os problemas e boas práticas de implementação de suas ações e os resultados e impactos do esforço governamental na área do Desenvolvimento Social. Tem como escopo subsidiar técnicos e gestores dos três níveis de governo: governo federal, estados e municípios, envolvidos com a Política de Desenvolvimento Social. Para isso, desenvolve produtos informacionais com conteúdo das várias temáticas do Ministério, distribuídos em formas de publicações impressas e em formatos digitais. Entre estes destacam-se: os Relatórios de Informações Sociais, disponibilizados *on-line*, Estudos Técnicos e Pesquisa e Estudos de Avaliação, geralmente contratados a pesquisadores e a instituições técnicas e acadêmicas independentes, com disponibilização pública de microdados e a *Revista Brasileira de Monitoramento e Avaliação (RBMA)*.[1] Por conseguinte, no BF, a temática monitoramento e avaliação ocupa uma posição de destaque e são muitos os estudos já realizados sobre diferentes temáticas na área de avaliação de impactos, conforme pode ser verificado na seção 10.4 do presente texto.

No Uruguai, foi criado, em 2005, o MIDES, que incorporou a avaliação e o monitoramento, instituindo a Dirección Nacional de Evaluación y Monitoreo (DINEM). No contexto do MIDES, as avaliações realizadas têm procurado responder à necessidade de otimizar "[...] los recursos de los programas sociales para atender de la mejor manera a la población en situación de vulnerabilidad social" (Uruguay, 2011, p. 9). A posição adotada termina por reduzir os processos avaliativos à sua perspectiva instrumental, limitando-se à busca de indicadores para controlar as finanças públicas, buscando melhorar os níveis de custo-efetividade, desconsiderando qualquer referência aos conteúdos político-ideológicos que fundamentam os programas (Carballo e Vecinday, 2014). Uma demonstração desse viés na avaliação dos programas sociais no Uruguai, nos últimos anos, tem sido reduzir avaliações sobre a pobreza somente tomando como critério a renda.[2] A propósito, os PTRC, por definição, operam sobre a variável

---

1. As informações anteriores encontram-se no *site* do MDS (Disponível em: <www.mds.gov.br>. Acesso em: 25 fev. 2015).

2. Com a realização do último censo nacional, foi retomada a medição da pobreza segundo as necessidades básicas.

renda de forma direta, de modo que o êxito dos programas na redução da pobreza é medido pelo incremento de renda: *transferir renda e medir renda* para determinar o êxito dos PTRC no combate à pobreza (Id., ibid.). Nesse aspecto, a avaliação se torna tautológica quando se propõe a superar a pobreza mediante a transferência de renda e mede o êxito da intervenção, observando o incremento de renda dos domicílios (Bentura e Vecinday, 2013), desconsiderando a construção de indicadores sínteses que deveriam ser utilizados para que fosse dimensionado o alcance dos objetivos estratégicos de longo prazo dos programas.

Há de se considerar ainda que as avaliações de impacto das AFAM são parte de um sistema de proteção integrado à rede de assistência, anteriormente representada pelo PANES e, a partir de 2008, pelo Plan de Equidad. Em consequência, a maioria das investigações e avaliações é desenvolvida de forma sistêmica, de modo que os efeitos específicos das transferências condicionadas de renda são considerados dentro dos efeitos globais do Plan de Equidad. Ademais, as avaliações de impacto sobre as AFAM são escassas e tendem a indicar certas linhas de continuidade com as avaliações anteriores a 2008 (Id., ibid.).

No caso da Argentina, é importante considerar-se que a AUH é o programa mais recente entre os três estudados, iniciando sua implementação em novembro de 2009, o que limita a identificação de possíveis impactos. Ademais, não disponibiliza publicamente uma base de dados que permita analisar a situação demográfica, econômica e social da população beneficiária. Menos ainda, dispõe de um sistema de avaliação e monitoramento permanente, pelo menos difundido, como ocorre com o BF e o AFAM-PE (Fernández Soto e Escurra, 2014).

Ainda segundo Fernández Soto e Escurra (2014), o conjunto das avaliações realizadas sobre a AUH tem se centrado nos efeitos de curto prazo em detrimento de avaliações em relação a processos sociais mais amplos, o que permitiria observar as possibilidades e limitações do processo histórico. Isso porque, segundo os autores, em poucos anos de implementação da AUH, são significativas as mudanças contextuais que podem potencializar ou relativizar os impactos reais da política. Destacam, ainda, que os estudos apresentam limites por centrarem-se em aglomerados urbanos mais populosos, o que permite ter-se um panorama geral, mas limita também a compreensão da especificidade da implementação do programa no interior da realidade nacional do país, que é regionalmente heterogênea.

No que pese essa realidade, desde o ano de sua implantação (2009), vêm sendo divulgados diversos estudos oficiais e acadêmicos sobre possíveis impactos da AUH. São estudos que utilizam, centralmente, como base empírica de dados a EPH do INDEC e, na maioria dos casos, limitam-se a indicar a potencialidade (projeções) do Programa para melhorar distintos indicadores sociais, com base em simulações para estimar o efeito potencial sobre a indigência, a pobreza e a desigualdade. Estudos posteriores têm considerado a disponibilidade das bases de dados da EPH, mais atualizadas com informação indireta sobre as rendas derivadas da AUH para realizarem estimativa do impacto que tem o Programa na mudança ou permanência da posição dos domicílios na estrutura de renda e no mercado de trabalho (Id., ibid.).

Partindo da realidade diferenciada da prática avaliativa sobre possíveis impactos, apresentamos, a seguir, o nível de cobertura da população-alvo e a percepção dos beneficiários sobre o BF, as AFAM-PE e a AUH, referências fundamentais para dimensionar os possíveis impactos desses programas.

10.3 Cobertura da população-alvo e percepção dos beneficiários sobre os PTRC BF, AFAM-PE e AUH

Estudos sobre possíveis impactos dos PTRC BF, AFAM-PE e AUH na população usuária têm destacado a importância da cobertura massiva desses programas, no sentido de potencializar a sua capacidade de produzir impactos. Foram também ressaltados resultados de estudos que procuraram identificar o nível de aceitação desses programas.

Sobre a cobertura, o BF, desde 2003, quando foi criado, vem registrando significativa expansão geográfica, com crescente número de famílias atendidas. Em 2006, já se encontrava implantado, de forma descentralizada, em todos os municípios brasileiros[3] e no Distrito Federal. Em maio de 2009, atendia a 11.611.680 famílias pobres e extremamente pobres, com renda *per capita* familiar de até R$ 120,00. Em outubro de 2008, ao completar cinco anos de implementação, já havia investido R$ 41 bilhões de reais, a metade na região Nordeste, a mais pobre do país.

A partir de abril de 2011, com o lançamento do Plano BSM, o governo federal fixou a meta de inclusão no BF de mais 800 mil famílias extremamente pobres até dezembro de 2013. Outra modificação foi a elevação do limite do número de crianças e adolescentes com até 15 anos de famílias extremamente pobres, de três para cinco, possibilitando a inclusão de mais 1,3 milhão de crianças e adolescentes, com vigência a partir de setembro de 2011. A partir de então, o repasse mês para custear o BF aproximou-se de um bilhão e meio, sendo que no mês de outubro de 2011 esse valor foi de R$ 1.571.790.011,00, conforme dados acessados no *site* do MDS (Brasil, 2011).

No mês de dezembro de 2014, conforme dados acessados no *site* do MDS, existiam **29.164.446** famílias inscritas no CadÚnico para Programas Sociais, o que correspondia a 88.339.340 pessoas cadastradas, sendo a população cadastrada perfil BF de 14.095.333 com renda *per capita* familiar de até R$ 77,00, e 5.325.302 com renda *per capita* familiar entre R$ 77,00 e R$ 154,00, totalizando 19.420.635 famílias (Brasil, 2014). Segundo a mesma fonte, no mês de março de 2015, foram **13.978.783** famílias beneficiadas, representando aproximadamente 50.000.000 de pessoas, se considerada uma média de três pessoas por família, recebendo benefícios com valor médio de R$ 167,74. O valor total transferido pelo governo federal em benefícios às famílias

---

3. Desde 2013, o Brasil tem 5.570 municípios.

atendidas alcançou R$ 2.344.813.836,00 no mês. Esses dados evidenciaram que o BF apresentou, em março de 2015, um percentual de focalização na sua população-alvo de 71,97%, o que é um percentual baixo, considerando que o perfil das famílias atendidas pelo Programa registrado em dois estudos realizados pelo MDS, com base no CadÚnico das famílias beneficiárias, revela a predominância de jovens entre os beneficiários; predominância da cor preta ou parda, concentração nas regiões mais pobres, com grande destaque à região Nordeste; baixo nível de escolaridade e predominância de matrícula em escolas públicas; inserção em trabalho precário, informal e mal-remunerado (Brasil, 2006; 2009b). Esse perfil é reafirmado por estudo de Camargo et al. (2013), ao colocar em destaque que 50,2% das famílias beneficiárias do BF viviam na região Nordeste, a mais pobre do país; 72,4% viviam em condições de pobreza extrema, com renda *per capita* familiar de R$ 70,00, sendo estes, no Nordeste, 82,2%, em contraposição a 54,0% na região Sul, uma das mais desenvolvidas, e 42,2% eram famílias do tipo monoparental feminino.

Sobre a percepção do BF por seus beneficiários e pela sociedade, vários estudos têm explicitado que os beneficiários veem o BF como *renda*, já que o trabalho é incerto, às vezes como a principal renda e, muitas vezes, como a única renda. Nesse aspecto, expressaram medo da extinção do Programa ou de serem desligados. Houve também aqueles que destacaram o benefício como uma *esmola*, ou *favor* concedido aos não cidadãos; outros expressaram uma visão *mágica* sobre o dinheiro recebido, como se fosse uma fonte que brota, dando para *muita coisa*; destacaram a importância do Programa para as famílias, sendo avaliado, por grande parte dos beneficiários, positivamente (Vale, 2009). O benefício foi também visto como *ajuda* monetária temporal, melhorando a vida da família, e não como um direito, sendo percebido como melhoria da situação de fragilidade em que viviam, não sendo, porém, capaz de combater a pobreza, no sentido de sua erradicação (Lima, 2007). Afirmam que ajuda com as despesas; é melhor do que nada, mas é pouco, servindo para *quebrar o galho*, sendo grande ajuda para quem está precisando, principalmente os desempregados; leva as famílias ao consumo, trazendo satisfação imediata (Moura, 2009).

Se considerada a percepção do BF na sociedade brasileira, pesquisa de opinião realizada por Castro et al. (2009) destacou que a população reconhece o BF e entende que está sendo utilizado de forma adequada, mesmo considerando alguns problemas na sua execução. Essa pesquisa considerou a legitimidade política do Programa junto à sociedade brasileira, o conhecimento e apoio recebido; indicou também a importância de a sociedade ser considerada elemento relevante na avaliação de políticas públicas, sendo ainda destacado ser muito forte na sociedade a impressão de que o BF contribui para melhorar a vida das pessoas, das famílias e das comunidades; que atinge seus objetivos e é bem utilizado pelos beneficiários. As críticas apontadas ficaram restritas a possíveis fraudes e a desvios.

Um aspecto importante que deve ser ressaltado é o impacto que o BF vem tendo sobre as eleições presidenciais a partir de 2006. A propósito, Marques et al. (2007), em estudo realizado para discutir o papel do BF na decisão das eleições presidenciais brasileiras de 2006, concluíram pela existência de forte relação entre o voto no segundo turno e o peso do Programa em relação à população total de cada município, verificando que, quanto maior a faixa de cobertura em relação à população total de cada município, maior foi a proporção de votos válidos recebidos por Lula, com um grau de explicação de 98%, de modo que o BF explicou, sozinho, 45% dos votos em Lula.[4]

---

4. Entendemos que qualquer programa do porte do BF terá, necessariamente, um potencial eleitoral proporcional, o que pode não significar uso eleitoreiro do programa para fins de obtenção de votos. Ademais, é bom lembrar que, no caso do governo Lula, somaram-se outros programas de destaque, como, o programa *Luz para todos*, o PRONAF destinado a apoio financeiro e técnico para pequenos produtores, o Programa Universidade para Todos (PROUNI), com concessão de bolsas para pessoas de baixa renda em universidades particulares, todos atingindo número elevado da população e envolvendo volume significativo de recursos, além da medida de reajuste progressivo do salário mínimo acima da inflação, como bem lembram os autores. Programas estes mantidos no primeiro mandato da presidente Dilma (2011-2014), com acréscimo de outros de grande repercussão, como o PMCMV, programa habitacional

Esse mesmo fenômeno ocorreu com a reeleição da presidente Dilma Rousseff, em 2014, ficando estabelecida uma relação direta da reeleição da candidata com o percentual de voto recebido nos municípios de maior incidência de famílias no BF, com maior destaque aos municípios das regiões Nordeste e Norte, as mais pobres do Brasil.

De modo geral, a percepção que os beneficiários têm sobre o BF explicita a fragilidade em relação ao direito, à cidadania e à autonomização das famílias. São poucos os que fazem uma reflexão mais profunda, admitindo que o BF é bom, mas seria melhor ter emprego, para não precisar do benefício (Vale, 2009; Araújo et al., 2009).

Apontando possíveis impactos na implementação das AFAM-PE, Carballo e Vecinday (2014) assinalaram que o Ingreso Ciudadano e as AFAM, como vem acontecendo com outros programas de transferência de renda implementados na América Latina, permitiram a cobertura de setores da população antes parcial ou totalmente excluídos das políticas sociais. Citam o Banco Mundial (2007) que informa que, em 2001, pouco mais de 40% dos domicílios do Uruguai não recebiam benefícios de nenhum programa de transferência de renda, proporção esta reduzida a 7,5% em 2006. Esse incremento decorreu de modificações do *régimen de asignaciones familiares* de 2004 e do Ingreso Ciudadano, principal programa de transferência de renda do PANES, implementado até 2008.

No mesmo sentido, referenciam Arim, Cruces e Vigorito (2009), informando que, anteriormente às reformas, aproximadamente 20% dos domicílios pertencentes aos três primeiros decis não percebiam transferência de nenhuma natureza. Segundo os mesmos autores, o PANES reduziu essa cifra pela metade e o Plan de Equidad, implantado em substituição ao PANES, em 2008, incorporou um conjunto de transferências de origem não contributiva e de caráter permanente com o objetivo de funcionar como manutenção de recursos para os domicílios de menor renda. Por conseguinte, as mudanças no *régimen*

---

direcionado para população de baixa renda, e o PRONATEC, programa para capacitação técnica com prioridade para jovens e adultos de famílias beneficiárias do BF.

de asignaciones familiares, a instituição da transferência para os adultos de 65 a 69 anos e a consolidação da Tarjeta Alimentaria Uruguay Social elavaram a cobertura da renda pública de proteção a níveis em torno de 95%.

Carballo e Vecinday (2014) referenciaram, ainda, estudo que destacou a focalização da população-alvo, conforme os critérios de elegibilidade para AFAM-PE e para a Tarjeta Uruguay Social, que considera renda e vulnerabilidade socioeconômica, observando que, no conjunto da população, há ainda 20% de domicílios elegíveis para AFAM não inseridos nesse programa e 34% de domicílios elegíveis para a Tarjeta Uruguay Social que não recebem essa prestação (Uruguay, 2012b).

Segundo Carballo e Vecinday (2014), as intervenções implementadas nos últimos anos no Uruguai, com o PANES e com o AFAM-PE, implicaram uma redefinição do sistema de transferências de renda e, em termos gerais, do sistema de proteção social uruguaio. Para Amarante e Vigorito (2010), a reformulação do programa de *Asignaciones Familiares*, com maior cobertura, de caráter permanente e focalizado em crianças e adolescentes, representa uma nova oportunidade de reforçar a rede de proteção social, embora as autoras ressaltem a necessidade de potencializar o impacto redistributivo desses programas.

Sobre a percepção dos beneficiários, Carballo e Vecinday (2014) referenciaram estudos realizados sobre o Plan de Equidad e as AFAM (Riella et al., 2008) que destacaram que é muito alta a satisfação dos beneficiários sobre o sistema. De modo que 80% consideraram que é positiva ou muito positiva a transferência das AFAM e cerca de 70% dos entrevistados avaliaram o Plan de Equidad como bom ou muito bom. Na visão das autoras, a investigação só permite visualizar conformidade ou desconformidade, não sendo possível conhecer os fatores de incidência na construção da valoração. Assim, remarcaram que a percepção positiva dos beneficiários sobre o Plan e sobre as AFAM não é consistente com os dados sobre possíveis impactos do Plan. Quando consultados sobre a incidência da transferência na melhoria da qualidade de vida das famílias, a percepção positiva foi muito baixa, já que somente 25% dos entrevistados consideraram que a situação da família melhorou com o apoio recebido, enquanto 49% julgaram que estava igual e 18% que a situação piorou (Riella et al., 2008).

Em relação à cobertura e ao alcance da AUH, informes oficiais citados por Fernández Soto e Escurra (2014) indicaram que, em fevereiro de 2011, foram concedidos quase 3,5 milhões de benefícios do Programa, que se somavam a 6,8 milhões das *asignaciones familiares* do regime contributivo do sistema de seguridade social nacional e dos trabalhadores públicos nacionais e provinciais. Isso significa que 85% das crianças argentinas estão cobertas pelo sistema de *asignaciones* familiares. Segundo dados da ANSES, 51% das crianças cobertas pela AUH não haviam recebido antes qualquer ajuda social na forma de transferência em dinheiro e a *asignación* alcançou mais de 1,9 milhão de domicílios (Argentina, 2011b).

Quanto à distribuição geográfica, um pouco mais de 50% dos benefícios correspondem à região Pampeana, seguidos pelas regiões do Noroeste (NOA) e Nordeste argentino (NEA) — 18% e 14%, respectivamente (Argentina, 2011a).

Informando mais sobre os impactos da cobertura da AUH, Fernández Soto e Escurra (2014) citaram Calvi, Cimillo e Chitarroni (2011), destacando que a projeção da cobertura prevista incluía todos os menores não protegidos dos domicílios que se encontravam na base da pirâmide distributiva. Todavia, as estimativas realizadas indicaram que: (a) um terço dos menores do primeiro decil estava coberto pela AUH; (b) um percentual similar não estava inserido, apesar de cumprir com as condições para o acesso a esse benefício. Cogita-se que este erro de exclusão estaria associado, em parte, com a falta da documentação requerida. Calvi, Cimillo e Chitarroni (2011, p. 24) assinalaram:

> [...] la AUH es — indudablemente y a pesar de la distancia entre las previsiones y lo observado — una iniciativa altamente eficaz para atender a hogares en situación de privación y morigerar los niveles de inequidad vigentes, y su incorporación a un sistema de derechos preexistente señala un nuevo paradigma en materia de inclusión.

Os autores citados defendem como necessário aprofundar o peso do programa sobre as condições materiais de existência de muitas famílias através das seguintes iniciativas: (a) ampliar a cobertura do componente universal (AUH), que supõe uma revisão de obstáculos associados à falta de documentação, impostos a muitas famílias com vínculos familiares de maior fragilidade; (b) reconsiderar a assimetria no procedimento de concessão do benefício — entre o novo *régimen* e o tradicional para não restringir desnecessariamente o alcance do novo benefício; (c) atualizar com maior periodicidade o topo salarial para cobertura dos componentes tradicionais para limitar a generalização de erros de exclusão das famílias de baixa renda, superando assim limitações do renovado *Régimen de Asignaciones Familiares*, contribuindo, seguramente, para que o otimismo dos prognósticos cubra, na prática, toda a dimensão prevista (Id., ibid.).

Em termos comparativos, merece destaque o caráter massivo dos três programas, cada um atendendo a um vasto público da população-alvo, embora possa se considerar a dificuldade que todo programa focalizado tende a enfrentar, como acesso ao público-alvo, principalmente em realidades de grande extensão geográfica e de situações diversas, como ocorre no Brasil, quer por falta de atendimento a determinados requisitos ou pela falta de documentação mencionada pela AUH.

Outro aspecto a considerar no estabelecimento de comparações é que esses programas tendem a apresentar um elevado grau de aceitação por parte da população beneficiária, principalmente por se tratar de uma população à margem do acesso regular a bens e serviços, mesmo os necessários a sua sobrevivência e reprodução biológica. Assim, ter acesso a esses programas, mesmo transferindo valores monetários muito baixos, significa ter uma condição de vida que, sem eles, não lhes seria possível. Essa *aprovação* não significa, necessariamente, reconhecimento de que esses programas sejam suficientes para melhorar suas vidas, de modo a retirá-los da situação de pobreza, o que é constatado, a seguir, com a apresentação de possíveis impactos dos PTRC na população beneficiária e na realidade local.

10.4 Pontuando e comparando possíveis impactos dos PTRC BF, AFAM-PE e AUH sobre a população beneficiária e sobre a realidade social

Falar de possíveis impactos, numa perspectiva comparada, dos PTRC BF do Brasil, AFAM-PE do Uruguai e AUH da Argentina, conforme já ressaltado anteriormente, implica considerar que estamos abordando um conteúdo temático complexo e diversificado. Isso porque falamos de possíveis impactos de programas instituídos em tempos diferenciados;[5] em países que vivenciam formações econômico-sociais peculiares, de dimensão territorial e quantitativos de população e de público atendido pelos programas diversos e com aplicação de recursos orçamentários de diferentes níveis, embora os três programas sejam de abrangência nacional e se direcionem essencialmente para famílias pobres, extremamente pobres e vulneráveis.

Por conseguinte, o conteúdo apresentado nesta seção expressa uma realidade com expressões diferenciadas, orientada por sistemas de avaliação com nível de organização também distinto; com estudos avaliativos, quer oficiais, de natureza acadêmica, ou realizados por outras instituições, com uma variedade e quantitativo diverso em cada país, registrando-se um maior número de estudos avaliativos sobre o BF e em menor proporção em relação ao AFAM-PE e à AUH.

Todavia, mesmo situando-se nesse campo de diversidade, o resultado dos estudos resenhados permitiu dimensionar os impactos e estabelecer uma comparação entre os três programas, considerando os indicadores de pobreza e de desigualdade; indicadores de capacidade humana: educação, saúde, e segurança alimentar e nutricional; trabalho de adultos e trabalho infantil; autonomia das mulheres e dinâmica econômica e social dos municípios, conforme apresentado e problematizado a seguir.

---

5. O Programa BF foi criado e começou a ser implementado em outubro de 2003; o AFAM-PE entra em vigência em janeiro de 2008, no contexto do Plan de Equidad; e a AUH começa a ser implementada em novembro de 2009.

10.4.1 Pontuando e comparando possíveis impactos na redução de indicadores de pobreza e de desigualdade

Sobre possíveis impactos na redução de indicadores de pobreza e de desigualdade social, em decorrência dos três PTRC em foco, verificou-se que, no caso do BF do Brasil, Silva, Arregui e Yazbek (2014) identificaram que são muitos os estudos que procuraram demonstrar um significativo e contínuo declínio da pobreza e da desigualdade desde 2001 (Soares et al., 2007; Barros et al., 2007a e 2007b; Instituto Brasileiro de Geografia e Estatística, 2008a; Chedieg, 2012; Furtado, 2013; Montali, 2014; Souza e Osório, 2013). Nesse aspecto, a conjuntura brasileira até 2014 foi marcada por uma realidade de crescimento real do salário mínimo, de estabilidade da economia e de incremento de benefícios da Previdência Social, colocando-se a necessidade de identificar possíveis contribuições do BF e de outros programas de transferência de renda para a melhoria do quadro recente da situação social no Brasil. Reafirmando o declínio da pobreza, da extrema pobreza e da desigualdade no Brasil nos anos recentes, notícias divulgadas no *site* do MDS, sob o título: "Um país menos desigual: pobreza extrema cai a 2,8% da população", com base em dados da PNAD 2014, indica que a pobreza extrema caiu a 2,8% em 2014, quase a terça parte do percentual da população que vivia nessa condição em 2004 (7,6%), início da implementação do BF (Um País..., 2015). Nesse período de dez anos, a queda da extrema pobreza foi mais acentuada em crianças de até cinco anos de idade, caindo de mais de 14% para cerca de 5%, população essa considerada prioritária para o BSM. Igualmente, a taxa de pobreza manteve a tendência de queda no país, alcançando 7,3% da população, em 2014, o que representou uma queda de quase 70% em relação a 2004 (Instituto Brasileiro de Geografia e Estatística, 2006, 2015).

Sobre a distribuição de renda no Brasil, medida pelo Índice de Gini, a mesma notícia, com base na PNAD 2014, informa que, considerando o conjunto dos rendimentos dos domicílios, esse indicador declinou de 0,535, em 2004, para 0,494 em 2014, tendo sido impactado pelo crescimento mais acentuado do rendimento dos mais pobres, já que a parcela dos 10% mais pobres da população teve um aumento de renda da ordem de 6,2%, representando quase três vezes a variação da renda dos 10% mais ricos, que foi de 2,1%. A PNAD 2014 também informou que a redução da extrema pobreza, da pobreza e da desigualdade foi acompanhada por melhorias de indicadores de educação (elevação de anos de estudo e da taxa de escolarização, principalmente na pré-escola) e acesso a serviços. Ademais, bens como geladeira, televisão e fogão praticamente foram universalizados, além de ter ocorrido a elevação do número de carros e celulares e do acesso à internet, que aumentou de 11%, em 2013, para 54,4% em 2014 (Instituto Brasileiro de Geografia e Estatística, 2015).

Estudos resenhados por Silva, Arregui e Yazbek (2014) permitiram concluir que os programas de transferência de renda, aliados ao crescimento econômico, à estabilidade monetária, à diminuição do desemprego, ao incremento da inserção de trabalhadores na Previdência Social, à elevação da renda do trabalho e, principalmente, ao reajuste do salário mínimo, acima da inflação, vêm contribuindo para redução dos índices de desigualdade e pobreza, principalmente para a redução da pobreza extrema[6] (Barros et al., 2006; Soares, S. et al., 2006 e 2007; Soares et al., 2006; Soares, Ribas e Osório, 2007; Instituto de Pesquisa Econômica Aplicada, 2008, 2009, 2010, 2011; Souza, 2013). Ademais, estudo de Souza e Osório (2013) destaca, na sua conclusão, que o estrato extremamente pobre apresenta poucas condições de se beneficiar da expansão do mercado de trabalho e dos aumentos do salário mínimo. Daí, o BF tornar-se altamente significativo para a população que vive na extrema pobreza, cuja principal contribuição fica limitada à eliminação da miséria causada pela incapacidade de conseguir trabalho. Todavia, alguns estudos evidenciaram

---

6. Ressalta-se que essa realidade vem sendo alterada no Brasil a partir de 2014, quando o PIB brasileiro só cresceu 0,02%, situação que ainda vem se acentuando em 2015 com o aumento da inflação e a repercussão negativa no emprego e na renda do trabalho, tendo-se iniciado forte processo de ajuste econômico que já vem restringindo as ações sociais desenvolvidas pelo governo federal.

que o BF, mesmo minorando as privações de vida das famílias beneficiárias, não é suficiente para tirá-las da pobreza, na maioria dos casos, sendo verificado que outros programas de transferência de renda com benefício de um salário mínimo[7] apresentam potencial de maior impacto na redução da pobreza, sendo que os programas massivos, como o BF, têm potencialidade de maior eficácia para redução da desigualdade.

Buscando a contribuição do AFAM-PE na redução da pobreza e da desigualdade no Uruguai, alguns estudos resenhados por Carballo e Vecinday (2014) consideraram que a importante ampliação da cobertura do Programa não tem se traduzido em impacto significativo sobre a incidência da indigência e menos ainda sobre a pobreza, dada a baixa magnitude das transferências monetárias. Porém, foi destacada a redução da brecha e da severidade da indigência, diminuindo a distância média dos domicílios em relação à linha de pobreza (Midaglia e Silveira, 2011; Uruguay, 2012b, 2013).

No que se refere à AUH da Argentina, segundo Fernández Soto e Escurra (2014), vários estudos avaliativos foram realizados ainda no primeiro ano de implementação do Programa, apresentando projeções positivas sobre indicadores de bem-estar social, tais como: pobreza, indigência, desigualdade e vulnerabilidade relativa, especialmente nas regiões mais carentes do país. Um destaque foi atribuído aos grupos populacionais historicamente mais vulneráveis (como crianças, mães solteiras ou famílias numerosas) que apresentaram menor probabilidade relativa de indigência que o resto da população, embora com menor redução dos indicadores de pobreza, considerando que os programas assistenciais devem ser complementados com políticas massivas de emprego (Agis, Cañete e Panigo, 2010; Gasparini e Cruces, 2010; Bertranou, 2010). Por conseguinte, parece haver um consenso nos distintos estudos que destacaram os efeitos positivos

---

7. É o caso do BPC, destinado a pessoas idosas a partir de 65 anos de idade e pessoas com deficiência que impossibilite ao trabalho, desde que vivam em famílias com renda *per capita* familiar inferior a ¼ do salário mínimo, e do Seguro Social Rural destinado a pessoas que comprovem inserção como trabalhador rural.

sobre as rendas das famílias, na redução da pobreza e da indigência, registrando-se também críticas às conclusões otimistas, que muitas vezes se basearam em análises de projeções, indicando uma avaliação moderada dos resultados da implementação da AUH, com um impacto maior nas famílias situadas na pobreza extrema (Calvi, Cimillo e Chitarroni, 2011; Tuñon e Salvia, 2014).

Em termos comparativos, conclui-se que os diversos estudos sobre possíveis impactos na redução de indicadores de pobreza e desigualdade social conduzem a um consenso: os três programas em foco têm contribuído para significativa redução das situações extremas de indigência de sua população beneficiária, com menor repercussão sobre a pobreza e com poucas indicações sobre a redução da desigualdade social. Isso permite concluir que esses programas aliviam situações extremas, mas são, por si, incapazes de romper com a preconizada pobreza intergeracional, que se constitui em objetivo estratégico desses programas.

10.4.2 Pontuando e comparando possíveis impactos em indicadores de capacidade humana: educação, saúde e segurança alimentar e nutricional

Os possíveis impactos em indicadores de capacidade humana: educação, saúde e segurança alimentar e nutricional guardam estreita relação com a fixação das condicionalidades colocadas como responsabilidades a serem assumidas pelas famílias beneficiárias.[8] As condicionalidades fixadas são voltadas à formação de capital social, como condição para que os beneficiários dos programas se capacitem e rompam com traços culturais que os limitam como sujeitos responsabilizados individualmente pela superação de sua pobreza.

---

8. Sobre condicionalidades, veja o capítulo 5: Bentura et al. Exigência de condicionalidades: significados, alcances e controvérsias no debate.

Buscando identificar os possíveis impactos no campo da educação, em síntese, diversos estudos resenhados por Silva, Arregui e Yazbek (2014), sobre o BF (Brasil, 2008, 2009a e 2012a; Soares, Ribas e Osório, 2007; Faustino et al., 2012; Oliveira e Soares, 2012; Cecchini e Madariaga, 2011) indicaram impactos positivos sobre a frequência à escola e sobre a evasão escolar, pouco explicitando a contribuição do Programa para a aprendizagem e a elevação da qualidade do sistema de educação.

Sobre o AFAM-PE do Uruguai, estudos resenhados por Carballo e Vecinday (2014) indicam já existir alta cobertura da educação primária no país. Assim, os efeitos sobre a matrícula e a frequência escolar foram mais observados no ensino médio ou secundário. Todavia, não ocorreram registros de efeitos no desempenho escolar, o que significa que os programas de transferência de renda são suficientes para manter os adolescentes no sistema de ensino, mas são insuficientes para que estes alcancem maior desempenho (Uruguay, 2013; Machado, 2012).

Sobre os possíveis impactos da AUH da Argentina na educação da população beneficiária, Fernández Soto e Escurra (2014) apontaram, como ocorre no Uruguai, a prioridade atribuída no país para a conclusão da escola secundária, sob a orientação de uma visão *assistencial-punitiva* e *produtivista*, com a imposição de condicionalidades. Estudos referenciados pelos autores (Filmus, 2011 apud Fernández Soto e Escurra, 2014; Gluz e Rodríguez Moyano, 2012; Pautassi, Arcidiácono e Straschnoy, 2013; Argentina, 2011c) permitem destacar os seguintes impactos da AUH na população beneficiária: maior nível de presença à escola; melhora das condições de vida com incremento do consumo, rebatendo positivamente no âmbito escolar; acesso ou recuperação da possibilidade de recreação e consumos culturais e menor evasão escolar por motivos econômicos; revalorização da educação pública e institucionalização de direitos sociais.

Numa comparação entre os programas do Brasil, Uruguai e Argentina, parece poder-se apontar para uma conclusão aproximada: os estudos referenciados não apresentaram informações conclusivas em relação aos objetivos finais de desenvolvimento humano como aprendizagem, sendo os efeitos na educação concentrados no aumento da matrícula escolar e na manutenção de elevada frequência e baixa evasão das escolas, aspectos diretamente decorrentes das condicionalidades da educação.

Um aspecto importante apontado pelos PTRC do Uruguai e da Argentina é o direcionamento da contribuição dos programas para o ensino de nível secundário e a indicação de que a melhoria de condições de vida das famílias, propiciada pela transferência de renda recebida e a adoção da condicionalidade de frequência à escola, podem vir contribuindo para a revalorização da educação.

Sobre possíveis impactos dos PTRC na saúde como indicador de capacidade humana, moldando também um grupo de condicionalidades desses programas, estudo de Silva, Arregui e Yazbek (2014) sobre o BF concluiu que não foram registrados aspectos conclusivos sobre possíveis impactos nos seus beneficiários. Segundo as autoras, existe dificuldade para dimensionar efeitos do BF na saúde da população beneficiária, visto que, em relação à vacinação, o governo brasileiro realiza periodicamente campanhas maciças, não separando as crianças do BF das crianças em geral. Em relação ao pré-natal, este foi significativamente ampliado com a expansão da Estratégia Saúde da Família (ESF),[9] direcionada para toda a população, não diferenciando a população beneficiária do BF para o acesso aos serviços de atendimento básico à saúde, de modo geral. Por conseguinte, em relação à melhoria da saúde, o que se pode considerar é a possibilidade de a transferência monetária recebida pelas famílias do BF propiciar melhor alimentação, com rebatimentos positivos na saúde dos seus membros, com registros da diminuição da mortalidade infantil e da desnutrição (Brasil, 2007 e 2012b; Suárez e Libardoni, 2007; Fundação de Apoio a Pesquisa e Extensão/Universidade Federal da Bahia, 2006; Rasella et al., 2013).

Em relação ao AFAM-PE do Uruguai, o texto base (Carballo e Vecinday, 2014), referenciado no Informe MIDES: Uruguai (2013) e

---

9. A ESF é um programa do governo federal voltado para atendimento massivo da população em ações básicas de saúde, implementado em quase todos os municípios brasileiros.

Amarante e Vigorito (2011), apresentou poucas informações sobre possíveis efeitos do Programa na saúde de seus beneficiários, destacando, porém, que, como na educação, na saúde também não se observaram efeitos conclusivos do AFAM-PE sobre a população beneficiária em geral. O realce foi atribuído à saúde das crianças de zero a quatro anos, com efeitos positivos sobre a realização de consultas médicas, sem que, de fato, possa ter ocorrido assimilação do significado da prevenção e do controle da saúde. Assim, Fernández Soto e Escurra (2014) consideraram que a assistência aos controles estaria influenciada, majoritariamente, pela exigência das condicionalidades da saúde, o que provavelmente não se manteria na ausência da transferência monetária. Já no texto base sobre a AUH da Argentina (Fernández Soto e Escurra, 2014) não foram registrados possíveis impactos do Programa sobre a saúde da população beneficiária.

Em termos comparativos, o que podemos destacar é a não identificação, de modo conclusivo, de possíveis impactos dos três PTRC na saúde dos beneficiários, a menos que se considere que a melhoria na alimentação, propiciada pela transferência monetária, possa estar contribuindo para diminuição da mortalidade infantil e da desnutrição das crianças. Esse aspecto pode ser mais bem explicitado quando se buscam os possíveis impactos na segurança alimentar e nutricional em decorrência do acesso aos benefícios monetários dos três PTRC em foco.

No caso do BF do Brasil, Silva, Arregui e Yazbek (2014) referenciaram vários estudos que dimensionaram possíveis impactos sobre a segurança alimentar e nutricional das famílias beneficiárias. Nesse aspecto, é importante considerar o consenso registrado que a maior proporção das transferências monetárias feitas pelo BF é destinada ao consumo de alimentos, seguido de itens de educação e vestuário infantil. É importante considerar-se também que a regularidade no repasse do benefício pelo BF permite o planejamento de gastos com modificação do padrão de consumo, ocorrendo o aumento na quantidade e na variedade dos alimentos.

Em resumo, as conclusões dos estudos resenhados destacaram que o BF está transferindo parcela expressiva da população brasileira para a área da segurança alimentar, embora seja registrado que famílias pobres ainda convivam com a condição de insegurança alimentar, com resultados mais significativos na proporção em que se eleva a faixa do valor monetário recebido (Brasil, 2007, 2008; Instituto Brasileiro de Análises Sociais e Econômicas, 2008; Silva et al., 2007; Priore, 2011; Florêncio, 2011; Instituto Brasileiro de Geografia e Estatística, 2010). Conclui-se que essa deficiência demanda uma política de crescimento econômico, geração de emprego e renda e redistribuição da riqueza socialmente produzida para que ocorra maior impacto nas condições de vida da população.

Sobre o Programa AFAM-PE do Uruguai, o texto base utilizado para esse estudo comparado (Carballo e Vecinday, 2014) não registrou informações sobre possíveis impactos na segurança alimentar e nutricional de sua população beneficiária. Já em relação ao texto base da AUH da Argentina (Fernández Soto e Escurra, 2014), referenciando-se em Tuñon e Salvia (2014), a única informação registrada foi sobre uma redução modesta na taxa média de insegurança alimentar nas crianças beneficiárias.

Por conseguinte, em termos de comparação sobre possíveis impactos na segurança alimentar e nutricional da população beneficiária dos três PTRC em estudo, registrou-se um consenso em torno de possíveis contribuições para elevação de índices de segurança alimentar e nutricional, em decorrência da regularidade e da maior aplicação das transferências monetárias recebidas em alimentação, não significando, porém, ainda, a superação da insegurança alimentar no conjunto dos beneficiários dos programas.

10.4.3 Pontuando e comparando possíveis impactos sobre o trabalho de adultos e trabalho infantil

Outro indicador relevante considerado em relação a possíveis impactos dos PTRC BF, AFAM-PE e AUH nas respectivas populações beneficiárias situa-se no campo do trabalho de adultos e do trabalho infantil.

No caso do BF do Brasil, estudos resenhados por Silva, Arregui e Yazbek (2014) apresentaram como principal conclusão que, embora os beneficiários de programas de transferência de renda apresentassem inserção aproximada no mercado de trabalho em relação aos outros trabalhadores, em termos relativos essa inserção era principalmente em trabalho precário, instável, de baixos salários e sem carteira assinada (Instituto Brasileiro de Geografia e Estatística, 2006, 2008b; Brasil, 2012b). Outra conclusão foi de que os programas de transferência de renda focalizados não apresentavam desmotivação ao trabalho (Oliveira e Soares, 2012), reafirmando, todavia, a tendência de inserção em ocupações precárias, instáveis e de baixa remuneração, em decorrência de limites do nível de instrução, de baixa qualificação profissional e da heterogeneidade da estrutura do mercado de trabalho, o que tem contribuído para que a ausência de trabalho fixo com renda suficiente para garantir o sustento da família seja o principal determinante para recorrer a um programa social. Nesse aspecto, o BF tem sido visto como uma alternativa viável de acesso a uma renda mínima para uma estabilidade mínima. Outra conclusão destacada foi de que esses programas não incentivavam a informalidade e de que a possível tendência entre os beneficiários do BF de ocupar postos de trabalho informais não era uma preferência, mas, muitas vezes, a única possibilidade de inserção laboral. Ademais, foi considerado que o acesso a uma renda mínima pode criar condições de busca de emprego e deslocamento para o local de trabalho; maior poder de negociação em relação aos salários e mais possibilidade de investir em atividades produtivas (Araújo, 2009; Cecchini, 2013).

Sobre o trabalho infantil, embora relatório sobre os Indicadores do Desenvolvimento Brasileiro registre um declínio significativo nesse tipo de trabalho nas últimas décadas (Chedieg, 2012), os estudos não registraram contribuição do BF no declínio direto do trabalho de crianças, embora possa se considerar que a obrigatoriedade de a criança frequentar a escola e não desenvolver trabalho possa estar contribuindo nesta direção.

Em relação a possíveis impactos do AFAM-PE e da AUH sobre o trabalho de adultos e crianças beneficiárias, foram registrados nos textos bases (Fernández Soto e Escurra, 2014; Carballo e Vecinday, 2014) poucos estudos, sendo que no Uruguai foi admitido que as taxas de atividade e emprego não têm sido afetadas pelo Programa, embora tenha sido concluído que os beneficiários do AFAM-PE apresentavam menos probabilidade de obter um emprego formal do que os não beneficiários de outros domicílios com características similares, confirmando a pouca vinculação do Programa com o setor formal da economia (Arim, Cruces e Vigorito, 2009; Uruguay, 2012a, 2013). No caso da AUH da Argentina, o Programa já é direcionado só para trabalhadores que se encontrem fora do mercado de trabalho formal e para os desocupados, sendo que o texto de referência para o estudo comparado, elaborado pela equipe da Argentina (Fernández Soto e Escurra, 2014,) não destacou resultados de qualquer avaliação de impacto que evidenciasse alteração nas condições de trabalho do grupo populacional beneficiário. Sobre o trabalho infantil, Fernández Soto e Escurra (2014), referenciando-se em Tuñon e Salvia (2014), limitaram-se a registrar que a AUH pouco também tem contribuído para a redução do trabalho infantil.

Em termos comparativos, os estudos referenciados registraram similaridade quanto a possíveis impactos dos três PTRC sobre o trabalho de adultos e crianças, destacando como principal conclusão que os beneficiários do BF apresentaram inserção no mercado de trabalho aproximada, em termos relativos, quando comparados com outros trabalhadores. Todavia, essa inserção tem marcas mais intensas do trabalho precário, instável, de baixos salários e sem carteira assinada. Isso, entretanto, não significa que o trabalho informal e precário seja uma escolha ou preferência do público beneficiário dos três programas, mas possivelmente esta seja para eles a única chance de inserção no mercado de trabalho.

Quanto ao trabalho infantil, não encontramos indicações sobre contribuições diretas para redução dos seus índices em decorrência de inserção nos três programas. No caso do Brasil, pesquisas nacionais, como as PNAD desenvolvidas anualmente pelo IBGE, têm registrado significativas reduções dos índices do trabalho infantil nos últimos anos, embora não se tenham dados para dimensionar a contribuição específica do BF nesse aspecto, sendo apenas possível considerar que o maior tempo dedicado à escola possa diminuir a disponibilidade das crianças para o trabalho.

10.4.4 Pontuando e comparando possíveis impactos sobre a autonomia das mulheres

Sobre possíveis impactos na autonomia das mulheres, para os PTRC em implementação na América Latina, via de regra, a mulher é considerada a responsável legal preferencial pelas famílias beneficiárias, por ser vista como o membro da família que tende a fazer melhor uso da renda, direcionando-a em prol do bem-estar do núcleo familiar, principalmente das crianças (Suárez e Teixeira, 2006). Nesse aspecto, estudos resenhados por Silva, Arregui e Yazbek (2014) têm demonstrado que a titularidade dos recursos atribuída à mulher tem contribuído para seu *empoderamento*, para sua maior autonomia decisória na família e maior visibilidade na comunidade, ou seja, a administração dos recursos recebidos pela mulher tem sido relacionada com questões de gênero no interior das famílias beneficiárias (Medeiros, Britto e Soares, 2007; Suárez e Teixeira, 2006; Fundação de Apoio a Pesquisa e Extensão/Universidade Federal da Bahia, 2006; Instituto Brasileiro de Análises Sociais e Econômicas, 2008; Rêgo e Pinzani, 2013). Ademais, alguns estudos realizados a respeito de possíveis impactos do BF sobre a mulher, como representante legal do Programa, têm destacado as seguintes conclusões: maior visibilidade das beneficiárias como consumidoras, por deter maior poder de compra, atribuindo-lhes maior acesso ao crédito. Nesse aspecto, a possibilidade de consumir foi associada a *status* e ao acesso a uma renda mínima, atribuindo um significado de ascensão social, ao permitir a participação no mercado local e a realização de pequenos projetos, com a afirmação da autoridade das mulheres no espaço doméstico; mudanças da percepção das beneficiárias sobre si mesmas, com elevação de sua autoestima e sua autopercepção como cidadãs. Ademais, o acesso a uma transferência monetária foi visto como favorecendo o exercício do cuidado da educação e da saúde dos filhos. Em resumo, foi destacado que a renda monetária recebida do BF pode criar e ampliar os espaços pessoais de liberdade, com mais possibilidade de autonomização da vida em geral.

Todavia, no caso do BF, nenhum estudo indicou a possibilidade do aumento de responsabilidades atribuídas à mulher na família, no cumprimento das condicionalidades de educação e de saúde impostas a crianças e adolescentes, significando sobrecarga e sua responsabilização pelos êxitos e fracassos do grupo familiar.

Sobre o AFAM-PE, o Programa, segundo Carballo e Vecinday (2014), também estabeleceu que a titular do benefício seja preferentemente a mulher, com a suposição de beneficiar mais os membros da família. Todavia, as autoras registraram uma pequena quantidade de estudos desenvolvidos a respeito de possíveis impactos do Programa sobre a mulher, sendo apontada maior probabilidade de nas famílias beneficiárias as mulheres assumirem a administração do gasto em comparação com famílias nas mesmas condições, mas não beneficiárias (Uruguay, 2013). Contudo, no caso uruguaio, não foram suficientemente identificados possíveis impactos sobre a mulher representante legal da família junto às AFAM-PE em razão de assumirem a administração das transferências recebidas, embora sejam mencionadas duas hipóteses: possibilidade de efeito positivo dessas transferências sobre a mulher, que muitas vezes não maneja recursos próprios, com incremento de seu poder de negociação dentro da família; a outra hipótese é de que a exigência do cumprimento das condicionalidades se converte em uma sobrecarga para as mulheres (Amarante e Vigorito, 2010).

Em termos gerais, não é possível estabelecer comparações entre os três PTRC em análise, pelas poucas informações apresentadas no texto base sobre o AFAM-PE (Carballo e Vecinday, 2014) e por não terem sido registrados estudos a respeito de possíveis impactos sobre a mulher no texto base sobre a AUH da Argentina (Fernández Soto e

Escurra, 2014). Lembramos, porém, que os estudos referentes ao BF destacaram maior autonomia da mulher no contexto familiar, sua maior visibilidade social, principalmente como consumidora, elevação de sua autoestima e de sua percepção como cidadã, não representando, porém, alterações nas relações de gênero, além do favorecimento ao exercício do papel protetor sobre o crescimento e a saúde dos filhos, com expansão das condições de melhor desempenho do papel de cuidar das crianças. Ademais, tanto estudos sobre o BF como sobre o AFAM-PE destacaram possíveis impactos negativos em decorrência da sobrecarga e da responsabilização da mulher pelo cumprimento das condicionalidades de educação e saúde atribuídas a crianças e adolescentes da família.

10.4.5 Pontuando e comparando possíveis impactos na dinâmica econômica e social dos municípios

Quando considerados possíveis impactos na dinâmica econômica e social dos municípios, verificamos que os PTRC na América Latina e, especificamente, os três programas considerados no presente estudo comparado, embora sejam federais, são implementados de modo descentralizado nos municípios. Em razão do caráter massivo e de esses programas terem por benefício uma transferência monetária direta aos beneficiários, apresentam especificidades e um potencial para extrapolar seus possíveis impactos para além da população beneficiária. Todavia, nesse aspecto, somente o texto base referente ao BF (Silva, Arregui e Yazbek, 2014) apresentou estudos que demonstraram um conjunto de possíveis impactos do Programa nos municípios brasileiros, cujos resultados conclusivos destacaram a importância do BF, pela abrangência da cobertura geográfica e populacional com maior concentração de atendimento na população da região Nordeste, a mais pobre do país, tendência essa mantida durante todo o processo de implementação do BF. Foi ainda verificada a importância dos recursos transferidos para os municípios brasileiros através do Programa em comparação com o Imposto sobre Circulação de Mercadorias e Prestação de Serviços (ICMS), Fundo de Participação dos Municípios (FPM) e transferências para implementação de ações de saúde do Sistema Único de Saúde (SUS), recursos estes transferidos para os municípios pelos estados e governo federal. Nesse aspecto, Marques (2005) e Marques et al. (2006) destacaram que quanto menor o nível de desenvolvimento e menor a receita disponível no município, maior é a importância relativa dos recursos transferidos pelo BF, contribuindo com boa parte da dinamização das atividades econômicas locais.

Especificamente sobre a dinamização das economias locais, são indicados os seguintes impactos: incremento nas vendas do comércio local após a implantação do BF com aumento do número de clientes, maior variedade e quantidade de produtos comercializados, conformação de uma nova clientela, proveniente da zona rural, ocorrendo aumento das vendas nas datas do pagamento do benefício; mudanças no funcionamento dos negócios para atender à nova clientela, como ampliação do número de funcionários; criação de mecanismos de crédito pessoal; incremento do consumo, com tendência de os recursos recebidos pela população beneficiária ficarem no município, particularmente no pequeno comércio de alimentos, material escolar e vestuário infantil; crescimento de pequenos comércios, principalmente do setor varejista, em que os beneficiários do BF buscam satisfazer a maioria de suas necessidades, com geração de postos de trabalho; consequente elevação do PIB dos municípios e ocorrência de alteração de estilos de vida das pessoas, provocando o surgimento de novas demandas sociais por saúde, educação, habitação etc.; e alteração no ciclo migratório da população em direção aos centros urbanos dos municípios, onde se concentram o comércio varejista e as maiores oportunidades de trabalho (Fundação de Apoio a Pesquisa e Extensão/Universidade Federal da Bahia, 2006; Jesus, 2011).

Para além dos impactos econômicos, foram também destacados alguns impactos de ordem social, pontuando questões polêmicas relativas ao trabalho, cuja tendência foi de os beneficiários considerarem que o emprego com carteira assinada implicaria a perda do benefício, situando o trabalho informal, precário e instável como critério para inserção no programa. Essa visão pode contribuir para o falseamento ou omissão de informação quando do registro das pessoas da família no CadÚnico de programas sociais do governo federal. Os beneficiários também expressaram insegurança em relação ao mercado de trabalho pela falta de qualificação profissional que limita seu acesso a subempregos precários e instáveis (Jesus, 2011).

Outro aspecto gerador de possíveis impactos do BF foi identificado no âmbito político, sendo considerado que a grande maioria dos municípios brasileiros é de pequeno e médio portes, tendendo a expressar uma cultura política tradicional, marcada por relações locais clientelistas, coronelistas, patrimonialistas e personalistas, além de participação social frágil, predominando o favorecimento como componente natural da política. Todavia, mesmo com a prevalência dessa cultura, na maior parte dos municípios brasileiros foi considerado que, em razão de o benefício monetário ser transferido diretamente para a conta bancária do representante legal junto ao Programa, esse desenho do BF atribui maior autonomia às famílias beneficiárias que ficam menos vulneráveis ao controle das instâncias locais, desestimulando práticas clientelistas tradicionais. Em termos negativos, um impacto de ordem política apontado foi a fragilidade do controle social, na maioria dos municípios, sob a responsabilidade dos Conselhos Municipais de Assistência Social (CMAS) que assumem também o controle social do BF nos municípios, que terminam ficando sobrecarregados, além dos vícios que permeiam esses conselhos, como a indicação dos seus membros com influência do poder político local, a falta de condições de trabalho, as interferências nos trabalhos e nas decisões e a falta de qualificação da maioria dos integrantes (Id., ibid.).

Em termos conclusivos, as reflexões desenvolvidas permitiram compreender a estreita relação entre as dimensões gestão, implementação e impactos dos PTRC, sendo que, no geral, os estudos resenhados sobre os três programas destacaram alterações nas condições imediatas de vida do público beneficiário, sem, contudo, modificar substancialmente as condições de pobreza em que vivem, o que é demonstrado na restrição dos maiores impactos aos índices de indigência e na manutenção dos trabalhadores beneficiários em trabalhos precários, instáveis e de baixos salários. Sobre a educação, saúde e segurança alimentar, os estudos destacaram não existir resultados conclusivos significativos na qualidade educacional e na melhoria de hábitos e condições no atendimento básico à saúde. A diversificação e a ampliação do consumo das famílias foram, possivelmente, os aspectos com impactos mais significativos, sobretudo na melhoria da alimentação e no acesso a itens básicos de atendimento às necessidades das crianças. O BF demonstrou, também, importantes impactos na dinâmica econômica e social dos municípios, mas os três programas, embora tenham apontado o fortalecimento da figura da mulher no âmbito da família, por passar a manejar recursos financeiros, não destacaram alterações que possam ter contribuído para modificar as relações de gênero.

Em resumo, o que se verificou foi uma incidência relativamente baixa dos programas no alcance dos seus objetivos, mesmo os imediatos: permanência na escola, em particular a secundária; controle de saúde das crianças menores de cinco anos e melhora nas rendas das famílias pobres. Ademais, os possíveis impactos identificados revelaram não se registrarem resultados significativos quanto ao alcance dos objetivos estratégicos anunciados pelos PTRC na América Latina. Fica, por conseguinte, desmistificada a *ilusão econômica* forjada e difundida pelo discurso da inversão em capital humano, que sustenta que indivíduos sadios, mais bem alimentados e escolarizados poderão integrar-se ao mercado de trabalho, desconsiderando a insuficiência das políticas econômicas convencionais para gerar empregos estáveis e de qualidade e para redistribuir renda.

Referências

AGIS, E.; CAÑETE C.; PANIGO, D. *El impacto de la Asignación Universal por Hijo en Argentina*. [S. l.: s. n.], 2010. Documento de trabajo CEIL-Piette Conicet. Disponível em: <http://www.ceil-piette.gov.ar/docpub/documentos/AUH_en_Argentina.pdf>. Acesso em: 23 abr. 2015.

AGUILAR, M. J.; ANDER-EGG, E. *Avaliação de serviços e programas sociais.* Tradução de Jaime A. Clasen, Lúcia Mathilde E. Orth. Petrópolis: Vozes, 1994.

AMARANTE, V.; VIGORITO, A. Pobreza, desigualdad y programas de transferencias condicionadas: la experiencia reciente de Uruguay. In: SERNA, M. (Coord.). *Pobreza y (des)igualdad en Uruguay*: una relación en debate. Montevideo: CLACSO, Departamento de Sociología/Facultad de Ciencias Sociales, 2010.

_____; _____. A. *Los efectos e impactos del PANES.* Montevideo: MIDES, 2011. Disponível em: <http://www.mides.gub.uy/innovaportal/v/2784/3/innova.front/documentos_de_evaluacion_y_monitoreo>. Acesso em: 23 abr. 2015.

ARAÚJO, C. C. et al. Relação entre pobreza e trabalho no Brasil: expressão de seus dilemas na Política de Assistência Social. In: JORNADA INTERNACIONAL DE POLÍTICAS PÚBLICAS, 4., *Anais...*, São Luís: PPGPP/UFMA, 2009.

ARGENTINA. Administración Nacional de la Seguridad Social. *Asignación Universal por Hijo para Protección Social*: una política de inclusión para los más vulnerables. Buenos Aires, 2011a. Equipo de Trabajo Gerencia Estudios de la Seguridad Social, Gerente Estudios de la Seguridad Social: Vanesa D'Elia. Grupo de Trabajo: Sergio Rottenschweiler, Alejandro Calabria, Analía Calero, Julio Gaiada. Observatorio de la Seguridad Social.

_____. Observatorio de la Seguridad Social. *La inclusión social como transformación*: políticas públicas para todos. Buenos Aires, 2011b.

_____. Presidencia de la Nación. Ministerio de Educación. *Análisis y evaluación de los aspectos educativos de la Asignación Universal por Hijo (AUH).* Buenos Aires, 2011c. Informe elaborado por el Ministerio de Educación en base a los estudios realizados por universidades nacionales.

ARIM, R.; CRUCES, R.; VIGORITO, A. *Programas sociales y transferencias de ingresos en Uruguay*: los beneficios no contributivos y las alternativas para su extensión. Santiago de Chile: CEPAL, 2009. (Serie Políticas Sociales, n. 146.)

BAKER, J. *Evaluating the impact of development projets of poverty*: a handbook for practioners. Washington, DC: World Bank, 2000.

BANCO MUNDIAL. *Las políticas de transferencia de ingresos en Uruguay*: cerrando las brechas de cobertura para aumentar el bienestar. Buenos Aires: Oficina Regional para América Latina y el Caribe, 2007.

BARROS, R. P. de et al. *Uma análise das principais causas da queda recente na desigualdade de renda brasileira*. Rio de Janeiro, ago. 2006. (Texto para Discussão, n. 1.203.) Disponível em: <www.ipea.gov.br>. Acesso em: 10 jun. 2013.

_____ et al. *A importância da queda recente da desigualdade na redução da pobreza*. Rio de Janeiro, jan. 2007a. (Texto para Discussão, n. 1.256.) Disponível em: <www.ipea.gov.br>. Acesso em: 10 jun. 2013.

_____ et al. *A queda recente da desigualdade de renda no Brasil*. Rio de Janeiro, jan. 2007b. (Texto para Discussão, n. 1.258.) Disponível em: <www.ipea.gov.br>. Acesso em: 10 jun. 2013.

BENTURA, P.; VECINDAY, L. La evaluación tautológica de los programas de transferencia de renta condicionada. *Revista de Políticas Públicas*, São Luís, v. 17, n. 1, p. 139-48, 2013.

BERTRANOU, F. *Aportes para la construcción de un piso de protección social en Argentina*: el caso de las asignaciones familiares. Buenos Aires: OIT, 2010. Disponível em: <http://www.social-protection.org/gimi/gess/RessourceP-DF.action;jsessionid=LjG2XzrQsTSzV7TmG69TshxLJ793ZmKMwhhrS-Qm6Q6cGMTbfGfvG!-239231028?ressource.ressourceId=18994>. Acesso em: 23 mar. 2012.

BOSCHETTI, I. S. Avaliação de políticas, programas e projetos sociais. In: _____. *Serviço social*: direitos sociais e competências profissionais. Brasília: CFESS/ABEPSS, 2009.

BRASIL. Ministério de Desenvolvimento Social e Combate à Fome. *Perfil das famílias beneficiárias do Programa Bolsa Família*. Brasília, 2006. (Mimeo.)

_____. Ministério de Desenvolvimento Social e Combate à Fome. Secretaria de Avaliação e Gestão da Informação. *Avaliação de impacto do Bolsa Família*. Brasília, 2007.

_____. Ministério de Desenvolvimento Social e Combate à Fome. *Pesquisa de avaliação de implementação do Programa Bolsa Família*. Belo Horizonte: FUNDEP/UFMG/MDS, 2008. Disponível em: <http://aplicacoes.mds.gov.br/sagi/PainelPEI/Publicacoes/PesquisaAvaliaçaodaImplementação doProgramaBolsa-Familia.pdf>. Acesso em: 23 jun. 2013.

_____. Ministério de Desenvolvimento Social e Combate à Fome. Datamétrica Consultoria, Pesquisa e Telemarketing. *Pesquisa para avaliação do impacto dos programas sociais administrados pelo MDS no Vale do Jequitinhonha — MG*.

Brasília, 2009a. (Sumário Executivo.) Disponível em: <http://aplicacoes.mds.gov.br/sagirmps/simulacao/sum_executivo/pg_principal.php?url=programa_new>. Acesso em: 10 jun. 2013.

BRASIL. Ministério de Desenvolvimento Social e Combate à Fome. *Perfil das famílias beneficiadas pelo Programa Bolsa Família*. Brasília, 2009b. (Mimeo.)

_____. Ministério de Desenvolvimento Social e Combate à Fome. *Relatório de informações sociais*: Bolsa Família e Cadastro Único. Brasília, 2011. Disponível em: <www.mds.gov.br>. Acesso em: 1º nov. 2011.

_____. Ministério de Desenvolvimento Social e Combate à Fome. *Caderno de orientações e legislação do Programa Bolsa Família e Cadastro Único*. Brasília, 2012a.

_____. Ministério de Desenvolvimento Social e Combate à Fome. Secretaria de Avaliação e Gestão da Informação. *Avaliação de impacto do Programa Bolsa Família — 2ª Rodada (AIBF II)*: ficha sumário executivo. Brasília, 2012b. Disponível em: <http://aplicacoes.mds.gov.br/sagirmps/simulacao/sum_executivo/pg_principal.php?url=programa_new>. Acesso em: 10 jun. 2013.

_____. Ministério de Desenvolvimento Social e Combate à Fome. *Relatório de informações sociais*: Bolsa Família e Cadastro Único. Brasília, 2014. Disponível em: <www.mds.gov.br>. Acesso em: 25 mar. 2014.

_____. Um país menos desigual: pobreza extrema cai a 2,8% da população. *Portal Brasil*, Brasília, 2015. Disponível em: <www.mds.gov.br>. Acesso em: 19 nov. 2015.

CALVI, G.; CIMILLO E.; CHITARRONI, H. Alcances y límites de la AUH en los primeros meses de su implementación. In: CONGRESO NACIONAL DE ESTUDIOS DEL TRABAJO: PENSAR UN MEJOR TRABAJO, 10., *Anais...*, Buenos Aires: Acuerdos Controversias y Propuestas, 2011.

CAMARGO, C. F. et al. Perfil socioeconômico dos beneficiários do Programa Bolsa Família: o que o Cadastro Único revela? In: CAMPELLO, T.; NERI, M. C. (Orgs.). *Programa Bolsa Família*: uma década de inclusão e cidadania. Brasília: IPEA, 2013. p. 15-24.

CARBALLO, Y.; VECINDAY, L. Mapeamento y análisis de posibles impactos de las AFAM-PE. In: BENTURA, P. et al. *Nuevo Régimen de Assignaciones Familiares*: caracterización de sus dimensiones configurativas. Montevideo, 2014. (Mimeo.)

CASTRO, H. C. de O. de et al. Percepções sobre o Programa Bolsa Família na sociedade brasileira. *Opinião Pública*, Campinas, v. 15, n. 2, p. 333-55, nov. 2009.

CECCHINI, S. Transferências condicionadas na América Latina e Caribe: da inovação à consolidação. In: CAMPELO, T.; NERI, M. C. (Orgs.). *Programa Bolsa Família*: uma década de inclusão e cidadania. Brasília: IPEA, 2013. p. 369-96.

_____; MADARIAGA, Aldo. *Programas de Transferencias Condicionadas*: balance de la experiencia reciente en América Latina y el Caribe. Santiago: Naciones Unidas, 2011. (Cuadernos de la CEPAL, v. 95.)

CHEDIEG, J. *Relatório indicadores de desenvolvimento brasileiro*. Brasília: PNUD Brasil, 2012. Disponível em: <https://www.mds.gov.br>. Acesso em: 23 jun. 2013.

COHEN, E.; FRANCO, R. *Avaliação de projetos sociais*. Petrópolis: Vozes, 1993.

DRAIBE, S. M. Avaliação de implementação: esboço de uma metodologia de trabalho em políticas públicas. In: BARREIRA, M. C. R. N.; CARVALHO, M. do C. B. de (Orgs.). *Tendências e perspectivas na avaliação de políticas e programas sociais*. São Paulo: IEE/PUC-SP, 2001.

FAUSTINO, R. C. et al. *O impacto do Programa Bolsa Família (PBF) na melhoria do acesso à educação e aprendizagem em comunidades indígenas Kaingang e Guarani no Paraná*. Brasília: SAGI/MDS, 2012. (Ficha Técnica.) Disponível em: <http://aplicacoes.mds.gov.br/sagirmps/simulacao/sum_executivo/pg_principal.php?url=programa_new>. Acesso em: 10 jun. 2013.

FERNÁNDEZ SOTO, S. Procesos de formación profesional y dimensiones ético-políticas: apuestas a una perspectiva de formación crítica en el marco de la actual "cuestión social". In: SEMINÁRIO LATINOAMERICANO DE ESCUELAS DE TRABAJO SOCIAL, 18., Anais..., San José: ALAETS, 2004.

_____; ESCURRA, M. Impactos en la población beneficiaria de la AUH y en la sociedad. In: FERNÁNDEZ SOTO, S. et al. *Caracterización y problematización de las dimensiones constitutivas de la AUH*. Buenos Aires, 2014. (Mimeo.)

FLORÊNCIO, T. M. de M. T. (Coord.). *Perfil nutricional de beneficiários do Programa Bolsa Família moradores de favelas em Maceió — AL*. Brasília: SAGI/MDS, 2011. (Ficha Técnica.) Disponível em: <http://aplicacoes.mds.gov.br/sagirmps/simulacao/sum_executivo/pg_principal.php?url=programa_new>. Acesso em: 10 jun. 2013.

FUNDAÇÃO DE APOIO A PESQUISA E EXTENSÃO/UNIVERSIDADE FEDERAL DA BAHIA. Escola de Nutrição. *Avaliação do impacto epidemiológico e social do Programa Bolsa Família em município baiano*: sumário executivo. Brasília: SAGI, abr./out. 2006.

FURTADO, B. A. Índice de vulnerabilidade das famílias 2000-2010: resultados. *Texto para Discussão*, Brasília, n. 1.835, maio 2013. Disponível em: <www.ipea.gov.br>. Acesso em: 10 jun. 2013.

GASPARINI, L.; CRUCES, G. *Las asignaciones universales por hijo*: impacto, discusión y alternativas. La Plata: Universidad de la Plata/Centro de Estudios Distributivos, Laborales y Sociales, 2010. (Documento de trabajo, n. 102.)

GLUZ, N.; RODRÍGUEZ MOYANO, I. Lo que la escuela no mira, la AUH "non presta": experiencia escolar de jóvenes en condición de vulnerabilidad social. In: JORNADAS DE SOCIOLOGÍA, 7., Buenos Aires, 2012. *Actas...* Buenos Aires: UNLP-FAHCE, 2012. Disponível em: <http://jornadassociologia.fahce.unlp.edu.ar/actas>. Acesso em: 23 abr. 2015.

INSTITUTO BRASILEIRO DE ANÁLISES SOCIAIS E ECONÔMICAS. *Repercussões do Programa Bolsa Família na segurança alimentar e nutricional das famílias beneficiadas*: documento síntese. Rio de Janeiro, jun. 2008.

INSTITUTO BRASILEIRO DE GEOGRAFIA E ESTATÍSTICA. *Pesquisa Nacional por Amostra de Domicílios 2004*: aspectos complementares de educação e transferência de renda de programas sociais. Rio de Janeiro, 2006.

_____. *Pesquisa Nacional por Amostra de Domicílios 2007*. Rio de Janeiro, 2008a. Disponível em: <http://www.ibge.gov.br>. Acesso em: 10 jun. 2013.

_____. *Pesquisa Nacional por Amostra de Domicílios 2006*: acesso à transferência de renda de programas sociais. Rio de Janeiro, 2008b.

_____. *Pesquisa de Orçamentos Familiares 2008-2009*: despesas, rendimentos e condições de vida. Rio de Janeiro, 2010.

_____. *Pesquisa Nacional de Amostra por Domicílios 2014*: síntese de indicadores. Rio de Janeiro, 2015.

INSTITUTO DE PESQUISA ECONÔMICA APLICADA. Pobreza e riqueza no Brasil metropolitano. *Comunicação da Presidência*, Brasília, n. 7, ago. 2008.

_____. Desigualdade e pobreza no Brasil metropolitano durante a crise internacional: primeiros resultados. *Comunicação da Presidência*, Brasília, n. 25, ago. 2009.

INSTITUTO DE PESQUISA ECONÔMICA APLICADA. Previdência e assistência social: efeitos no rendimento familiar e sua dimensão nos estados. *Comunicado da Presidência,* Brasília, n. 58, 2010. Disponível em: <http//:www.ipea.gov.br>. Acesso em: 10 jul. 2010.

_____. Mudanças recentes na pobreza brasileira. *Comunicados do IPEA,* Brasília, n. 111, set. 2011.

JESUS, A. C. S. de. *O Programa Bolsa Família*: impactos econômicos, socioculturais e políticos em pequenos e médios municípios do Rio Grande do Norte/Brasil. 2011. 231 f. Tese (Doutorado em Políticas Públicas) — Programa de Pós-Graduação em Políticas Públicas, Universidade Federal do Maranhão, São Luís.

LIMA, K. de S. Análise do Programa Bolsa Família: o caso de Maracanaú. In: JORNADA INTERNACIONAL DE POLÍTICAS PÚBLICAS, 3., 2007, São Luís. *Anais...* São Luís: PPGPP/UFMA, 2007.

LIMA, V. F. S de A. Tendências da avaliação no âmbito das políticas públicas: desafios e perspectivas. In: ARCOVERDE, A. C. B. (Org.). *Avaliação de políticas, programas e projetos sociais*: modelos, metodologias e experiências de avaliação. Recife: Ed. da UFPE, 2011.

_____. Qualificação e emprego: uma avaliação de impactos do Planfor no Maranhão. In: SILVA, M. O. da S. e. (Coord.). *Pesquisa avaliativa*: aspectos teórico-metodológicos. São Paulo: Veras; São Luís: GAEPP, 2013.

MACHADO, A. (Coord). *El Nuevo Régimen de Asignaciones Familiares*: su impacto en la participación y permanencia en el ciclo básico de educación media. Montevideo: Ministerio de Desarrollo Social — Facultad de Ciencias Económicas y de Administración. Dirección Nacional de Evaluación y Monitoreo; Dirección Nacional Infamilia; Instituto de Economía. Marzo, ANII — Investigación de Alto Impacto Social, 2012. [Material não publicado.]

MARQUES, R. M. A importância do Bolsa Família nos municípios brasileiros. *Cadernos de Estudos Desenvolvimento Social em Debate,* Brasília, n. 1, 2005.

_____ et al. *O Bolsa Família e o BPC*: cobertura e importância nos municípios. Brasília: MDS, 2006. (Mimeo.)

_____ et al. *Discutindo o papel do Programa Bolsa Família na decisão das eleições presidenciais brasileiras de 2006.* São Paulo: Núcleo em Pesquisa para o Desenvolvimento Humano do Programa de Estudos Pós-Graduados em Economia Política/PUC-SP, 2007. (Mimeo.)

MEDEIROS, M.; BRITTO, T.; SOARES, F. *Programas focalizados de transferência de renda no Brasil*: contribuições para o debate. Brasília, jun. 2007. (Texto para discussão, n. 1.283.) Disponível em: <www.ipea.gov.br>. Acesso em: 10 jun. 2013.

MIDAGLIA, C.; SILVEIRA, M. Políticas sociales para enfrentar los desafíos de la cohesión social: los nuevos programas de transferencia condicionada de renta en Uruguay. In: SOLANO, C. B.; COHEN, N. (Coords.). *Perspectivas críticas sobre la cohesión social*: desigualdad y tentativas fallidas de integración social en América Latina. Buenos Aires: CLACSO, 2011.

MONTALI, L. T. (Coord.). Desigualdade e pobreza nas famílias metropolitanas: diagnóstico e recomendações para a redução das desigualdades. Ficha Técnica. In: JANUZZI, P.; QUIROGA, J. Síntese das pesquisas de avaliação de programas sociais do MDS 2011-2014. *Cadernos de Estudo Desenvolvimento Social em Debate*, Brasília, n. 16, p. 315-317, 2014. Disponível em: <https://issuu.com/sagi_mds/docs/caderno_de_estudo_n.16>. Acesso em: 4 out. 2016.

MOURA, A. B. de. *Avaliação da eficácia do Programa de Transferência de Renda*: Bolsa Família na cidade de Pelotas/RS. Dissertação (Mestrado em Política Social) — Universidade Católica de Pelotas, Pelotas, 2009.

MUÑIZ, A. P. *Evaluación del impacto social*: el valor de lo humano ante la crisis y el ajuste. Buenos Aires: Lumen Hvmanitas, 1997.

NEMES, M. I. B. *Avaliação em saúde*: questões para os programas de DST/Aids no Brasil. Rio de Janeiro: Associação de Brasileira Interdisciplinar de Aids, 2001. (Col. ABIA: Fundamentos de Avaliação, n. 1.)

OLIVEIRA, L. F. B. de; SOARES, S. S. D. O que se sabe sobre os efeitos das transferências de renda sobre a oferta de trabalho. *Texto para Discussão*, Rio de Janeiro, n. 1.738, maio 2012. Disponível em: <www.ipea.gov.br>. Acesso em: 10 jun. 2013.

PAUTASSI, L.; ARCIDIÁCONO, P.; STRASCHNOY, M. *Asignación Universal por Hijo para Protección Social de la Argentina*: entre la satisfacción de necesidades y el reconocimiento de derechos. Santiago de Chile: Cepal/Unicef, 2013. (Serie Políticas Sociales, n. 184.)

PRIORE, S. E. (Coord.). *Capacidade preditiva na Escala Brasileira de Insegurança Alimentar (EBIA) para identificar riscos de vulnerabilidade social e biológica do Programa Bolsa Família no município de Viçosa/MG*. Brasília: SAGI/MDS, 2011.

(Ficha Técnica.) Disponível em: <http://aplicacoes.mds.gov.br/sagirmps/simulacao/sum_executivo/pg_principal.php?url=programa_new>. Acesso em: 10 jun. 2013.

RASELLA, D. et al. Effect of conditional cash transfer programme on childhood mortality: a nationwide analysis of Brazilian municipalities. *The Lancet*, Oxford, v. 382, n. 9.886, p. 57-64, jul. 2013.

RÊGO, W. D. L.; PINZANI, A. Liberdade, dinheiro e autonomia: o caso do Programa Bolsa Família. In: CAMPELO, T.; NERI, M. C. (Orgs.). *Programa Bolsa Família*: uma década de inclusão e cidadania. Brasília: IPEA, 2013. p. 359-66.

RIELLA A. et al. *Informe de resultados de la Encuesta de Seguimiento del PANES*: segunda medición. [S. l.: s. n.], 2008. Disponível em: <http://www.mides.gub.uy/innovaportal/v/2784/3/innova.front/documentos_de_evaluacion_y_monitoreo>. Acesso em: 23 abr. 2015.

ROCHE, C. *Avaliação de impacto dos trabalhos de ONGs*: aprendendo a valorizar as mudanças. São Paulo: Cortez/Oxfam, 2000.

SHADISH, W.; COOK, T.; LEVITON, L. *Foundations of program evaluation*: theories of practice. California: Sage, 1995.

SILVA, M. C. M. da et al. Programa Bolsa Família e segurança alimentar das famílias beneficiárias: resultados para o Brasil e regiões. In: VAITSMAN, J.; PAES-SOUSA, R. (Orgs.). *Avaliação de políticas e programas do MDS*: resultados — Bolsa Família e assistência social. Brasília: MDS/SAGI, 2007. v. 2. p. 69-96.

SILVA, M. O. da S. e (Org.). *Avaliação de políticas e programas sociais*: teoria e prática. São Paulo: Veras, 2001.

_____. Avaliação de políticas e programas sociais: uma reflexão sobre o conteúdo teórico e metodológico da pesquisa avaliativa. In: _____ (Coord.). *Pesquisa avaliativa*: aspectos teórico-metodológicos. 2. ed. São Paulo: Veras, 2013.

_____; ARREGUI, C.; YAZBEK, M. C. Mapeando a analisando possíveis impactos do Bolsa Família. In: SILVA, M. O. da S. e et al. *Caracterizando e problematizando o Bolsa Família*. São Luís, 2014. (Mimeo.)

SOARES, F. V. et al. *Programas de Transferência de Renda no Brasil*: impactos sobre a desigualdade e a pobreza. Brasília, 2006. (Texto para Discussão, n. 1.228.) Disponível em: <www.ipea.gov.br>. Acesso em: 10 maio 2013.

SOARES, F. V.; RIBAS, R. P.; OSÓRIO, R. G. Avaliando o Impacto do Programa Bolsa Família: uma comparação com programas de transferência condicionada de renda de outros países. *IPCevaluationnote*, Brasília, n. 1, dez. 2007.

SOARES, S. et al. *Distribuição de Renda no Brasil de 1976 a 2004 com ênfase no período 2001 e 2004*. Brasília, 2006. (Texto para Discussão, n. 1.166.) Disponível em: <www.ipea.gov.br>. Acesso em: 10 jun. 2013.

_____ et al. *Programas de Transferência Condicionada de Renda no Brasil, Chile e México*: impacto sobre a desigualdade. Brasília, 2007. (Texto para Discussão, n. 1.293.) Disponível em: <www.ipea.gov.br>. Acesso em: 10 maio 2013.

SOUZA, P. H. G. F. de. *As causas imediatas do crescimento da renda, da redução da desigualdade e da queda da extrema pobreza na Bahia, no nordeste e no Brasil, entre 2003 e 2011*. Brasília, mar. 2013. (Texto para Discussão, n. 1.816.) Disponível em: <www.ipea.gov.br>. Acesso em: 10 jun. 2013.

_____; OSÓRIO, R. G. O perfil da pobreza no Brasil e as mudanças entre 2003 e 2011. In: CAMPELO, T.; NERI, M. C. (Orgs.). *Programa Bolsa Família*: uma década de inclusão e cidadania. Brasília: IPEA, 2013. p. 137-56.

SUÁREZ, M.; LIBARDONI, M. O impacto do Programa Bolsa Família: mudanças e continuidades na condição social das mulheres. In: VAITSMAN, J.; PAES-SOUSA, R. *Avaliação de políticas e programas do MDS*: resultados. Brasília: MDS/SAGI, 2007. v. 2: Bolsa Família e Assistência Social.

_____; TEIXEIRA, M. (Coords.). *O Programa Bolsa Família e o enfrentamento das desigualdades de gênero*: o desafio de promover o reordenamento do espaço doméstico e o acesso das mulheres ao espaço público. Brasília: AGENDE/ NEPEM/UNB, 2006. Disponível em: <http://aplicacoes.mds.gov.br/sagirmps/simulacao/sum_executivo/pg_principal.php?url=programa_new>. Acesso em: 10 jun. 2013.

TUÑÓN, I.; SALVIA, A. *Evaluación de impacto de la asignación universal por hijo en los ingresos familiares e indicadores de desarrollo humano. Encuesta de la deuda social argentina*: 2010, 2011 y 2012. Buenos Aires: Observatorio Deuda Social Argentina, 2014.

URUGUAY. Ministerio de Desarrollo Social. Dirección Nacional de Evaluación y Monitoreo. *Evaluación y seguimiento de programas 2009-2010*. Montevideo, 2011. [Informe não publicado.]

URUGUAY. Ministerio de Desarrollo Social. Dirección Nacional de Evaluación y Monitoreo. El acceso a programas de transferencias de ingreso de la población de menores recursos en Uruguay: un análisis en base a la encuesta de panel INE-MIDES-Udelar-Instituto de Economía-FCCEEA. In: JORNADA DE DISCUSIÓN, Montevideo, 2012. *Desafíos de los programas de transferencias en la matriz de protección social.* Montevideo: FCS-UdelaR, 2012a. [Informe não publicado.]

_____. Ministerio de Desarrollo Social. Dirección Nacional de Evaluación y Monitoreo. El nuevo régimen de AFAM, su impacto en la participación y permanencia en el ciclo básico de educación media. In: JORNADA DE DISCUSIÓN, Montevideo, 2012. *Desafíos de los programas de transferencias en la matriz de protección social.* Montevideo: FCS-UdelaR, 2012b. [Informe não publicado.]

_____. Ministerio de Desarrollo Social. Dirección Nacional de Evaluación y Monitoreo. *Informe MIDES*: seguimiento y evaluación de actividades y programas (2011-2012). Montevideo, 2013. Disponível em: <http://medios.presidencia.gub.uy/jm_portal/2013/noticias/NO_L723/Informe%20MIDES%202011-2012.pdf>. Acesso em: 10 jun. 2013.

VALE, A. M. B. do. *Programa Bolsa Família e saúde*: estudo qualitativo sobre a experiência das famílias beneficiárias. Dissertação (Mestrado Acadêmico em Saúde Pública) — Universidade Estadual do Ceará, Fortaleza, 2009.

11

O baixo custo da transferência de renda como mecanismo de redistribuição da riqueza social

Maria Ozanira da Silva e Silva
Valéria Ferreira Santos de Almada Lima

O presente texto tem como objeto de discussão e problematização os orçamentos dos PTRC: BF, AFAM-PE e AUH, considerados na perspectiva de seu desenvolvimento histórico, desde a criação dos programas até o ano de 2015.[1] Inicia-se essa abordagem apresentando as categorias teóricas fundo público e orçamento, assumidas como referências para as análises apresentadas no decorrer do texto. Segue--se com a apresentação e análise dos orçamentos dos três programas,

---

1. Todas as tabelas referentes ao BF estão atualizadas com dados de 2015, todavia algumas tabelas das AFAM-PE do Uruguai e da AUH da Argentina não acompanharam a mesma atualização por não disponibilização de informações.

destacando-se: a evolução do financiamento público social em relação ao PIB de cada país; a evolução do financiamento de setores sociais específicos como saúde, previdência social e assistência social, em cujo contexto é também apresentada a evolução do financiamento específico do BF, do AFAM-PE e da AUH. O texto é então concluído procurando-se estabelecer uma perspectiva de comparação da dinâmica histórica dos orçamentos dos PTRC BF, AFAM-PE e AUH, desde a criação dos programas até o ano de 2015.

11.1 As categorias teóricas fundo público e orçamento como referências para análise dos orçamentos do BF, AFAM-PE e AUH

Para efeito do presente estudo, entendemos que, ao longo do desenvolvimento das sociedades capitalistas e no bojo do processo de complexificação estatal, se vai construindo um padrão de financiamento público da economia capitalista, cabendo aqui destacar o papel estratégico desempenhado pelas crises no direcionamento assumido pela regulação do capital em diferentes contextos históricos.

De fato, de acordo com Bentura e Mariatti (2014), uma análise histórica das crises permite visualizar de que forma, nos marcos do capitalismo, estas desencadearam distintas modalidades de intervenção sobre o mercado, observando-se em determinados momentos intervenções repressivas e, em outros, uma intervenção política e uma regulação pautadas no desenvolvimento das políticas sociais.

Se, no século XIX, a revolução era reprimida a sangue e fogo, no século XX começa a procura pela conciliação e pela reforma, na busca do consenso e da hegemonia. Portanto, a relação entre crises e políticas sociais é própria do século XX, atingindo seu ápice no segundo pós-guerra com a emergência e desenvolvimento dos Estados de Bem-estar Social, os quais, resguardadas as particularidades de cada formação social, se constituíram no denominador comum dos países do Ocidente (Id., ibid.).

Esse é um contexto histórico marcado por transformações nas condições técnicas e sociais do processo de trabalho, com a passagem da mais-valia absoluta para a mais-valia relativa, na transição do capitalismo concorrencial para o monopolista. Essas transformações na base produtiva conduziram a um extraordinário incremento da produtividade, com consequente redução do custo das mercadorias, diminuindo também o valor da reprodução da força de trabalho. Assim, há, de um lado, a redução do salário relativo, de outro, a ampliação do mercado de consumo para absorver o aumento da produção. Esse é um contexto de socialização da política, favorecendo a criação dos partidos políticos de massa, a ampliação do Estado e o surgimento de um sindicalismo de negociação, favorecendo o que Castel (1997) denominou *sociedade salarial*.

Assim, motivado pela necessidade de valoração do capital e pelas exigências de legitimação da ordem burguesa, o capital monopolista capturou o Estado e o transformou organicamente para sua nova funcionalidade, com intervenção ativa sobre os mercados. Ao mesmo tempo, a dinâmica dos conflitos sociais se reconfigurou, possibilitando que as demandas das classes subalternas passassem a ter uma nova receptividade (Bentura e Mariatti, 2014).

É nesse contexto histórico que se situa o aumento do gasto público, com incremento do orçamento para a proteção social, constituindo-se, segundo Bentura e Mariatti (2014), em uma característica dos Estados modernos do século XX e em um componente fundamental de um processo de construção da cidadania. Cidadania entendida como a capacidade conquistada por alguns indivíduos, ou, no caso de uma democracia efetiva, por todos os indivíduos. "[...] Cidadania como resultado de uma luta permanente [...] já que [...] os direitos são fenômenos sociais, são resultado da história" (Coutinho, 1997, p. 146-65).

Portanto, segundo Silva et al. (2014), falar sobre a categoria *fundo público* no contexto sócio-histórico que se instaurou sob o capitalismo após a crise de 1930 remete ao reconhecimento da existência de um modo de regulação com base, conceitualmente, no princípio da solidariedade, isto é, na crença de que riscos sociais e bens coletivamente produzidos devem ser compartilhados entre trabalhadores e empresários mediante a capacidade de renúncia fiscal.

Para demonstrar a relevância assumida pelo fundo público em tal contexto sócio-histórico, Silva et al. (2014) se fundamentam em Oliveira (1988), o qual argumenta que essa instituição se tornou um *componente estrutural insubstituível* desse modo de produção já que, em oposição ao caráter *ex post* do capitalismo concorrencial, passou a se constituir em um mecanismo *ex ante* das condições de reprodução do capital e da força de trabalho, sendo a reprodução desta última assegurada mediante as despesas com saúde, educação, pensões, entre outras.

Trata-se, portanto, de instituição que provocou, na visão do autor, uma verdadeira *revolução copernicana*, ao possibilitar, a partir de solidariedade sistêmica, que se corrijam as distorções do mercado, favorecendo a justiça social. Ainda segundo o autor, o padrão de financiamento que garante a constituição do fundo público possibilitou a criação de uma esfera pública e a substituição da competição anárquica, própria do capitalismo concorrencial, por uma competição segmentada, o que tornou as normas de reprodução previsíveis, propiciando certa estabilidade à economia.[2]

Cumpre ressaltar que todo esse processo foi perpassado por interesses de classe e mediatizado por condicionantes próprios da dinâmica de cada formação social. Por conseguinte, o processo de redistribuição de renda e de níveis de consumo, promovido pelos distintos Estados de Bem-estar Social, é marcado pela contradição entre legitimação da ordem capitalista e os interesses da classe traba-

---

2. É importante destacar que, em debates e escritos mais recentes, Chico de Oliveira vem argumentando que o conceito de fundo público, trabalhado no artigo "Surgimento do antivalor", desaparece no atual contexto de hegemonia neoliberal. Ele não é mais aquele componente socialmente pactuado, e, portanto, o uso desse conceito é inapropriado para descrever o uso de recursos estatais na atual fase de privatização da coisa pública (Oliveira, 1996).

lhadora, conquistados no confronto com o capital como direitos legítimos de cidadania (Fernández Soto, Tripiana e Rodriguez, 2014).

É nesse contexto que se desenvolve um sistema público de manutenção da força de trabalho que contempla duas dinâmicas: transferências em forma monetária, permitindo o acesso a consumos mercantilizados que o salário não permitia; e oferta direta de valores de uso, como forma não mercantilizada de satisfação das necessidades, permitindo a constituição de um processo desmercantilizador (Id., ibid.).

O financiamento público de bens e serviços sociais extensivos ao conjunto da população implicou, portanto, o período do pós-guerra numa participação crescente do salário indireto no salário total. "Esses bens e serviços funcionaram, na verdade, como antimercadorias sociais, pois sua finalidade não é a de gerar lucros, nem mediante sua ação se dá a extração da mais-valia" (Oliveira, 1998, p. 29).

Portanto, a concretização dos diferentes formatos de proteção social decorre de uma multiplicidade de determinações econômicas, sociais e políticas. De modo que a expansão e o conteúdo das prestações sociais guardam relação, entre outros fatores, com a força desempenhada pelos movimentos sociais e as lutas políticas de cada país (Fernández Soto, Tripiana e Rodriguez, 2014).

Nesse sentido, como resultado das lutas políticas, mesmo com as mudanças ocorridas no padrão de regulação do capitalismo a partir do final da década de 1970, o fundo público passou a condicionar a economia dos países capitalistas, sustentando a produção e a reprodução social, através de mecanismos como transferências monetárias, isenção de impostos e prestação de serviços sociais, criando ondas de expectativas permanentes direcionadas ao Estado (Silva et al., 2014).

Em formações sociais concretas, o Fundo Público se materializa em peças orçamentárias. Salvador (2010, 2012) lembra que o orçamento público é um espaço de luta política, em que as diferentes forças da sociedade buscam inserir seus interesses. Concretiza, assim, o esforço de organização do fundo público que, por sua vez,

[...] envolve toda a capacidade de mobilização de recursos que o Estado tem para intervir na economia, além do próprio orçamento, as empresas estatais, a política monetária comandada pelo Banco Central para socorrer as instituições financeiras [...] (Salvador, 2010, p. 2).

Importa, portanto, ressaltar o caráter contraditório do orçamento público, o qual se modifica tanto em relação ao processo de valorização capitalista, como ao processo de organização e luta da classe trabalhadora em seu conjunto. Isso implica mudanças em suas pautas de seletividade estrutural, ampliando ou restringindo o reconhecimento de necessidades de reprodução da classe trabalhadora (Fernández Soto, Tripiana e Rodriguez, 2014).

Considerando esse quadro de referências, cumpre, a seguir, analisar e contextualizar a evolução dos orçamentos dos três PTRC objetos do presente estudo, situando-os em relação ao Gasto Público Social (GPS), ao PIB e ao salário mínimo dos países em análise.

11.2 Apresentação e análise dos orçamentos dos PTRC: BF, AUH e AFAM-PE

Considerando a apresentação e análise dos orçamentos dos três programas, iniciamos esse percurso com o BF do Brasil, apresentando, inicialmente, a evolução do Financiamento Público Social (FPS) em valores constantes e em relação ao PIB, no período de 1995 a 2015, conforme evidencia a Tabela 8 a seguir.

Analisando-se os dados apresentados na Tabela 8, observa-se que, ao longo do período considerado, o FPS vem crescendo sistematicamente, esboçando taxas de crescimento real anual superiores às taxas de crescimento do PIB em quase todos os anos da série, o que resultou em um aumento da participação do FPS no PIB brasileiro de 11,6% em 1995 para 15,7% em 2015. Vale ressaltar que, mesmo com a

Tabela 8. Evolução do Financiamento Público Social no Brasil, valores constantes em R$ bilhão e em % do PIB — 1995 a 2015

Ano	Financiamento Público Social	% do PIB
1995	296,15	11,6
1996	317,41	11,4
1997	337,86	11,5
1998	375,66	12,5
1999	381,75	12,7
2000	399,98	12,7
2001	425,23	13,0
2002	431,35	13,1
2003	449,09	13,0
2004	487,71	13,3
2005	534,54	13,9
2006	591,61	14,3
2007	640,31	14,3
2008	677,44	14,0
2009	747,44	15,1
2010	815,27	14,9
2011	858,14	14,9
2012	887,02	15,1
2013	930,09	15,3
2014	965,42	15,8
2015	932,27	15,7

Fonte: Elaboração das autoras, com base nos dados da Secretaria de Orçamento Federal (SOF) e do IBGE.

Nota: FPS compreende os gastos com: benefícios a servidores; saúde; assistência social; previdência social; habitação e urbanismo; educação e cultura; e trabalho. Valores constantes, inflacionados pelo IPCA acumulado até 2015.

política de ajuste fiscal implementada em 2015, o percentual de participação do FPS no PIB se manteve praticamente inalterado em relação ao ano de 2014 (15,8%). Isso significa que, apesar da queda do valor absoluto verificada entre 2014 e 2015, esta guardou proporcionalidade com a queda do PIB, em um ano marcado por uma forte recessão econômica. Esses dados são complementados com a Tabela 9 a seguir, que destaca a especificidade do financiamento da Saúde, da Previdência Social e da Assistência Social em valores absolutos e em percentuais do PIB no período de 1995 a 2015.

Centrando o olhar especificamente no orçamento da Seguridade Social, a qual compreende as Políticas de Saúde, Previdência e Assistência Social, os dados da Tabela 9 demonstram um comportamento oscilante em relação ao financiamento da Saúde na série histórica de 1995 a 2015, não chegando a atingir 2,0% do PIB em nenhum dos anos considerados, tendo, inclusive, experimentado um ligeiro decréscimo de 1,9%, em 1995, para 1,7% do PIB, em 2015. Já o financiamento da Previdência Social evidencia um crescimento contínuo no período de 1998 a 2003, atingindo 8,7% do PIB neste último ano e voltando a crescer entre 2004 e 2006, quando alcançou 9,1% do PIB. A partir de então, apresenta comportamento oscilante, registrando, porém, o nível máximo da série em 2015, correspondente a 9,3% do PIB. Em relação à Política de Assistência Social, os dados evidenciam um comportamento oscilante entre 1995 e 2002, registrando-se os menores percentuais em relação ao PIB nos anos 1995, 1996, 1997 e 2000. Entretanto, a partir de 2003, observa-se uma clara tendência de crescimento, tendo alcançado em 2010 a marca de 1,0% do PIB. Mas foi em 2013 e 2014 que o financiamento da Política de Assistência Social registrou o maior percentual da série em relação ao PIB, equivalente a 1,3% nos dois anos consecutivos, caindo, contudo, em 2015, ao nível de 1,2% do PIB.

Buscando a especificidade do financiamento do BF e do BPC no contexto da Assistência Social, a Tabela 10 destaca a sua evolução no período de 1995 a 2015.

Tabela 9. Evolução do Financiamento da Saúde, da Previdência Social e da Assistência Social, valores constantes em R$ bilhão e em % do PIB — 1995 a 2015

Ano	Financiamento da Saúde	% do PIB	Financiamento da Previdência Social	% do PIB	Financiamento da Assistência Social	% do PIB
1995	49,51	1,9	181,47	7,1	2,85	0,1
1996	45,03	1,6	201,47	7,2	4,18	0,2
1997	49,07	1,7	211,27	7,2	6,68	0,2
1998	47,56	1,6	234,85	7,8	9,56	0,3
1999	51,13	1,7	239,24	7,9	10,86	0,4
2000	53,55	1,7	256,17	8,1	7,84	0,2
2001	58,00	1,8	273,62	8,4	9,08	0,3
2002	55,39	1,7	278,05	8,5	10,58	0,3
2003	54,06	1,6	300,38	8,7	12,99	0,4
2004	60,99	1,7	320,14	8,7	22,49	0,6
2005	63,95	1,7	345,81	9,0	24,81	0,6
2006	68,89	1,7	378,23	9,1	33,76	0,8
2007	74,36	1,7	398,47	8,9	37,48	0,8
2008	77,08	1,6	414,14	8,6	41,81	0,9
2009	85,84	1,7	447,02	9,0	46,83	0,9
2010	85,92	1,6	473,33	8,7	52,31	1,0
2011	94,33	1,6	486,22	8,4	60,55	1,0
2012	98,71	1,7	509,40	8,7	71,02	1,2
2013	99,41	1,6	535,83	8,8	76,59	1,3
2014	103,12	1,7	559,75	9,2	78,80	1,3
2015	101,24	1,7	552,48	9,3	74,03	1,2

Fonte: Elaboração das autoras, com base nos dados da SOF e do IBGE.
Nota: Valores constantes, inflacionados pelo IPCA acumulado até 2015.

Tabela 10. Evolução do Financiamento da Assistência Social, do Bolsa Família e do BPC, valores constantes em R$ bilhão e em % do PIB — 1995 a 2015

Ano	Financiamento da Assistência Social	% do PIB	Financiamento do Bolsa Família	% do PIB	Financiamento do BPC	% do PIB
1995	2,85	0,11	—	—	—	—
1996	4,18	0,15	—	—	0,57	0,02
1997	6,68	0,23	—	—	2,41	0,08
1998	9,56	0,32	—	—	3,49	0,12
1999	10,86	0,36	—	—	4,34	0,14
2000	7,84	0,25	—	—	5,34	0,17
2001	9,08	0,28	—	—	6,68	0,20
2002	10,58	0,32	—	—	7,55	0,23
2003	12,99	0,37	—	—	9,14	0,26
2004	22,49	0,61	7,10	0,19	10,89	0,30
2005	24,81	0,64	10,09	0,26	13,33	0,35
2006	33,76	0,82	12,93	0,31	16,70	0,40
2007	37,48	0,84	14,75	0,33	18,99	0,42
2008	41,81	0,87	16,47	0,34	21,41	0,44
2009	46,83	0,95	18,54	0,37	25,10	0,51
2010	52,31	0,96	20,21	0,37	28,26	0,52
2011	60,55	1,05	22,92	0,40	30,17	0,52
2012	71,02	1,21	26,39	0,45	34,22	0,58
2013	76,59	1,26	29,31	0,48	36,99	0,61
2014	78,80	1,29	30,09	0,49	38,89	0,64
2015	74,03	1,25	27,65	0,47	36,34	0,61

Fonte: Elaboração das autoras, com base nos dados da SOF e do Ministério do Desenvolvimento Social e Combate à Fome (MDS).
Nota: Valores constantes, inflacionados pelo IPCA acumulado até 2015.

Adentrando especificamente no financiamento da Política de Assistência Social, com destaque aos dois principais Programas de Transferência de Renda em implementação no Brasil, observa-se, pelo exame da Tabela 10, que os recursos destinados ao financiamento do BF têm experimentado um crescimento contínuo desde o primeiro ano (2004) de sua efetiva implementação, até o ano de 2014, tendo decrescido, porém, em 2015, acompanhando tendência observada no orçamento geral da Assistência Social e nos gastos com o BPC, certamente em decorrência da recessão e do ajuste fiscal. Inclusive, vale ressaltar que os três orçamentos (Assistência social, BF e BPC) caíram mais que proporcionalmente em relação ao PIB, de tal forma que as suas participações neste último, que vinham crescendo desde 2004, sofreram um decréscimo entre 2014 e 2015 de 1,29% para 1,25% no caso do orçamento da Assistência Social, de 0,49% para 0,47% em se tratando do orçamento de BF e 0,64% para 0,61% no que tange ao orçamento do BPC. Ademais, o crescimento registrado nos gastos com o BF entre 2004 e 2015 (3,89 vezes) foi proporcionalmente superior ao registrado no orçamento total da Assistência Social (3,29 vezes) e no financiamento do BPC (3,34 vezes) no mesmo período, apesar de os recursos destinados ao BPC terem sofrido o impacto da valorização real do salário mínimo, política adotada desde 2003. A propósito, cumpre destacar que o benefício mensal do BPC é de um salário mínimo por beneficiário e o benefício médio do BF por família beneficiária só alcançou, em 2015, o valor médio de R$ 163,06, enquanto o salário mínimo era de R$ 788,00. Por conseguinte, mesmo atendendo a um público quantitativo bem menor que o BF, em valores absolutos e em percentual do PIB, o volume de recursos gastos com o BPC supera o destinado ao BF em todos os anos considerados.

A Tabela 11 apresenta a seguir dados da evolução do orçamento do Bolsa Família em relação ao crescimento do número de famílias atendidas no período de 2004 a 2015.

Tabela 11. Bolsa Família: total de famílias atendidas e recursos orçamentários — 2004 a 2015

Ano	2004	2005	2006	2007	2008	2009	2010	2011	2012	2013	2014	2015	Cresc. (a.a.)
Famílias (milhão)	6,6	8,7	11	11	10,6	12,4	12,8	13,4	13,9	14,1	14,0	13,9	7,0
Valor (bilhão)	7,1	10	12,9	14,7	16,5	18,5	20,2	22,9	26,4	29,3	30,1	27,7	13,2

Fonte: Elaboração das autoras, com base nos dados do MDS.
Nota: Valores constantes, inflacionados pelo IPCA acumulado até 2015.

Os dados expostos na Tabela 11 evidenciam que o orçamento destinado ao BF tem crescido mais que proporcionalmente em relação à sua cobertura. Isso permite concluir que o volume de recursos gastos por famílias atendidas experimentou um incremento não desprezível entre 2004 e 2015, já que, enquanto o orçamento cresceu a uma taxa média anual de 13,2%, o número de famílias atendidas aumentou em média 7,0% ao ano no período considerado.

Comparando-se esses dados com os relativos ao BPC, apresentados na Tabela 12 a seguir, verifica-se um crescimento menor tanto nos gastos quanto na cobertura ao longo da série, visto que o orçamento destinado a esse Programa cresceu a uma taxa média anual de 11,6%, enquanto o número de pessoas atendidas experimentou um incremento médio anual de 6,6%. Em termos proporcionais, convém advertir que, mesmo sendo o valor do benefício individual do BPC atrelado ao salário mínimo, o crescimento médio anual do orçamento do BF em relação ao crescimento médio anual do número de famílias beneficiárias foi proporcionalmente maior do que o observado para o BPC. De fato, para o BF tal proporção correspondeu a 1,89 vez, enquanto para o BPC representou 1,76 vez.

Os dados das tabelas anteriormente apresentadas nos levam a concluir que, apesar da significativa elevação dos recursos orçamentários destinados às Políticas de Seguridade Social e, mais especifica-

Tabela 12. Benefício de Prestação Continuada: total de famílias atendidas e recursos orçamentários — 2004 a 2015

Ano	2004	2005	2006	2007	2008	2009	2010	2011	2012	2013	2014	2015	Cresc. (a.a.)
Famílias (milhão)	2,1	2,3	2,5	2,7	2,9	3,2	3,4	3,6	3,8	4,0	4,1	4,2	6,6
Valor (bilhão)	11,0	13,3	16,7	19	21,4	25,1	28,3	30,2	34,2	37	38,9	36,3	11,6

Fonte: Elaboração das autoras com base nos dados do MDS.
Nota: Valores constantes, inflacionados pelo IPCA acumulado até 2015.

mente, à Política de Assistência Social e aos programas de transferência de renda no período 2004-2015, os recursos transferidos para a Assistência Social são ainda muito baixos, representando em 2015 somente 1,2% do PIB brasileiro. Ademais, o benefício monetário do BPC é ainda significativamente superior aos do BF, fazendo com que esse Programa ainda transfira montantes de recursos pouco significativos para impactar nas condições de vida das famílias beneficiárias.[3] De fato, os gastos com o BF, em 2015, não chegaram a alcançar 0,5% do PIB, enquanto o orçamento do BPC, embora ainda baixo, atingiu 0,61% do PIB, no mesmo ano considerado.

Se considerada a Lei de Diretrizes Orçamentárias (LDO) de 2016, verifica-se que a previsão orçamentária para o BF foi aprovada sem que fosse assegurado, como anteriormente previsto, o reajuste dos benefícios de acordo com o índice oficial de inflação, ou seja, não foi considerado que a inflação de 2015 chegou a 10,3%, o que significa

---

3. Considerando que as análises apresentadas sobre o orçamento do BF situam-se no período 2004-2015, é necessário destacar que a conjuntura econômica e social no Brasil vem sofrendo significativas alterações, registrando-se em 2015 um processo de elevado declínio dos indicadores econômicos e sociais com registro da previsão de uma recessão em torno de 3% em 2015, com forte rebatimento nos índices de desemprego que já vêm ultrapassando 8%. Consequentemente, este quadro, que deve se prolongar ainda em 2016, produzirá efeitos negativos com possível interrupção do processo ascendente que vem se registrando nas medidas de proteção social no Brasil.

um não desprezível declínio no financiamento dos programas sociais no Brasil, no contexto da crise econômica e política iniciada em 2014 e aprofundada em 2015 e sem perspectivas positivas para 2016.

Passando o foco da análise para o orçamento do PTRC AUH desenvolvido na Argentina, convém inicialmente situar o comportamento do GPS em relação ao Gasto Público Total (GPT) nas três últimas décadas, conforme apontam Fernández Soto, Tripiana e Rodriguez (2014), que registram uma tendência crescente da participação do GPS no GPT da Argentina a partir da década de 1980. Com efeito, essa participação saltou de 44,0% no ano de 1983 para aproximadamente 63,0% no final da primeira década do século XXI, tendo alcançado o valor máximo de 67,3% em plena crise em 2002.

Da mesma forma, se observado o comportamento do GPS em relação ao PIB, verifica-se uma tendência crescente. De fato, enquanto no início dos anos 1980 este representava cerca de 11,0% do PIB, na década de 1990 tal proporção passou a se situar em torno de 20,0%, tendo baixado ligeiramente para o patamar de aproximadamente 19,0% nos anos imediatamente posteriores à crise, entre 2002 e 2004.

Do ponto de vista da estrutura, o Gasto Público da Argentina está assim distribuído por ordem de prioridade: seguridade social; educação; ciência e tecnologia; investimento em infraestrutura econômica e social; saúde; promoção e assistência social; seguridade interior e sistema penal.

No orçamento destinado à seguridade social, as prestações e *asignaciones familiares* constituem o núcleo central dessa rubrica, considerando a previsão da mobilidade da aposentadoria nos termos fixados pela Lei n. 26.417, de 15 de outubro de 2008, que dispõe sobre o reajuste automático dos valores em março e setembro de cada ano, com base na evolução dos salários da economia e das rendas do SIPA.

A AUH, criada em outubro de 2009, se constitui em um subsistema não contributivo incorporado ao *Régimen de Asignaciones Familiares*. A Tabela 13 permite visualizar a participação do orçamento destinado a esse Programa no contexto do orçamento total da Seguridade Social.

Tabela 13. Participação do orçamento da AUH em relação ao orçamento total da seguridade social — 2011 a 2015

Seguridad Social	2011* Mill. $	2012 Mill. $	2013 Mill. $	2014 Mill. $	2015 Mill. $	Variación 2014/2015 Mill. $	%
Prestaciones de la Seguridad Social	146.418,10	198.203,50	241.722,70	329.235,70	444.090,30	99.824,80	29,00
Sistema Integrado Previsional Argentino	122.008,70	164.600,90	201.516,00	273.191,80	363.823,40	83.141,60	29,60
Pensiones no Contributivas	14.910,60	20.977,80	25.190,70	36.627,50	52.703,50	13.576,00	34,70
Otros	9.498,80	12.624,80	15.016,00	19.416,40	27.563,40	3.107,20	12,70
Asignaciones Familiares	21.504,80	24.471,70	29.032,80	39.786,50	53.348,90	9.062,40	20,05
Activos	10.598,00	10.479,40	12.511,60	17.612,00	23.310,60	2.506,10	12,00
Pasivos	1.870,20	2.046,30	2.424,90	3.288,30	4.094,20	805,90	24,50
Asignación Universal por Hijo	9.036,70	11.946,00	14.096,30	17.520,90	24.818,00	5.629,50	29,30
Sector Público Nacional (1)	—	—	—	1.365,30	1.126,10	120,80	12,00
Transferencias previsionales	1.446,40	2.800,60	2.997,30	1.984,90	2.472,90	488,00	24,60
Seguro de Desempleo	581,8	601,10	645,60	530,10	524,00	-6,20	-1,20
Otros Gastos	5.118,90	6.594,60	7.488,90	9.456,80	12.253,30	2.702,00	28,30
Total	175.070,10	232.671,60	281.887,30	380.994,10	512.689,40	112.071,00	28,00

Fonte: ARGENTINA. Presidencia de la Nación. Ministerio de Economia y Finanzas Públicas. Pressuposto resumen. Buenos Aires, 2013.

Nota: *Gasto devengado por la ANSES a través del sistema único de asignaciones familiares según el artículo 6 del Decreto n. 1.668, de 12 de septiembre de 2012.

Os dados apresentados demonstram que os recursos aplicados na AUH representavam apenas 5,16% do orçamento total da seguridade social em 2011, tendo caído continuamente para 5,13% em 2012, 5,00% em 2013 e 4,60% em 2014, elevando-se ligeiramente para 4,84% em 2015, embora sem recuperar a marca do início da série. Portanto, embora o volume de recursos destinados ao Programa venha crescendo em termos absolutos, tal crescimento não tem acompanhado, na mesma proporção, o incremento dos gastos totais com a seguridade social. De fato, somente entre 2011 e 2015, enquanto os gastos com o AUH se elevaram em 275%, o gasto total com a seguridade social cresceu nesse período 293%. Por outro lado, a rubrica Sistema Integrado Previsional Argentino superou esse percentual tendo experimentado um crescimento de 298% (Argentina, 2013).

A Tabela 14, a seguir, evidencia o comportamento dos gastos com a AUH em relação ao PIB e em relação ao GPS no período de 2010 a 2013.

Tabela 14. Gastos com a AUH em relação ao Produto Interno Bruto (PIB) e ao Gasto Público Social (GPS), em milhões de pesos — 2010 a 2013.

Ano	PIB	GPS (serviços sociais)	GPS % de PIB	AUH	AUH % do PIB	AUH % do GPS
2010	1.442.655	165.595	11,5%	6.339,9	0,44	3,82
2011	1.842.022	253.978	13,8%	9.036,7	0,49	3,55
2012	2.164.246	329.499	15,2%	11.946,0	0,55	3,62
2013	2.907.278	395.608	13,6%	14.096,3	0,48	3,56

Fonte: Elaboração das autoras, conforme dados do Instituto Nacional de Estadística y Censos (INDEC). Disponível em: <http://www.indec.gov.ar/principal.asp?id_tema=2551>. Acesso em: 21 jan. 2014.

Os dados anteriormente expostos indicam que houve um crescimento da participação do orçamento do AUH em relação ao PIB entre 2010 e 2012, passando de 0,44% para 0,55%. Por outro lado, verificou-se um recuo entre 2012 e 2013, quando esse percentual atingiu o patamar de 0,48%, inferior, portanto, ao alcançado em 2011 (0,49%). Já em relação ao GPS, a participação da AUH inicialmente declinou de 3,82% para 3,55% entre 2010 e 2011, posteriormente cresceu para 3,62% em 2012, sem, contudo, ter alcançado, sequer, o nível atingido em 2010 e voltando a cair em 2013 para 3,56%.

De qualquer forma, conforme ressaltam Fernández Soto, Tripiana e Rodriguez (2014), os recursos orçamentários destinados à AUH no marco da seguridade social indicam a institucionalização da política, ainda que tais recursos não provenham dos aportes patronais como as *asignaciones* que recebem os trabalhadores formais, mas das contribuições, impostos (principalmente o IVA), juros, rendas e transferências do tesouro e dos rendimentos anuais do Fundo de Garantia e Sustentabilidade do *Régimen Previsional Público de Reparto*.

Isso indica, ainda segundo Fernández Soto, Tripiana e Rodriguez (2014), um avanço em estabelecer compromissos orçamentários mínimos com um nível de institucionalização que supera os esquemas de financiamento de programas baseados no endividamento externo e privado, ainda que não implique transformações estruturais na redistribuição da renda social.[4]

Passando à análise do orçamento do PTRC AFAM-PE do Uruguai, convém destacar inicialmente que, de acordo com Bentura e Mariatti (2014), o GPS nesse país evoluiu de um quinto para dois terços do GPT ao longo do século XX. Ademais, entre 1910 e 2005, o GPS por habitante se multiplicou por 9, passando de 2.293 a 20.199 a pesos de 1997 (Azar et al., 2010).

Ainda segundo Azar et al. (2010), inclusive na década de 1990, popularizada como a década do neoliberalismo, o GPS experimentou um expressivo crescimento, apesar das reformas estruturais de

---

4. De acordo com Danani e Hintze (2010), 40,0% dos fundos que financiam a AUH provêm de fontes como o IVA, o qual recai centralmente no consumo popular.

corte neoliberal, promotoras da minimização do papel do Estado. Esse aparente paradoxo se explicaria, conforme os autores, por uma mudança qualitativa das políticas sociais, do universalismo para a focalização.

Quanto à participação do GPS no PIB do Uruguai, esta era de 12,1% no ano de 1980, tendo se mantido estável entre 1998 e 2001 e caindo para 7,0% durante a crise de 2002, após ter atingido o patamar de 24,1% na democracia. A partir de 2005, tal participação se recupera atingindo os níveis anteriores à crise (Midaglia e Antía, 2007)

Comparando-se o GPS com o GPT, observa-se que, enquanto no ano de 2003 (ano que se segue à crise) o primeiro representava 57,1% do segundo, em 2008 tal participação alcançou 75,4%, em um contexto de crescimento sustentado da economia nacional.

Em termos de sua estrutura, o GPS do Uruguai apresentava em 2013 a seguinte composição em termos percentuais: seguridade social e assistência, 51,0%; saúde, 21,0%; educação, 17,0%; habitação e serviços comunitários, 7,0%; GPS não convencional, 3,0%; e direções gerais, 1,0% (Uruguay, 2010).

Centrando o foco especificamente no orçamento do AFAM-PE, a Tabela 15 a seguir apresenta o comportamento de suas participações no PIB, no GPT e no GPS, no período de 2008 a 2014.

Tabela 15. Relação do gasto em AFAM-PE com o Produto Interno Bruto, o Gasto Público Total e o Gasto Público Social — 2008 a 2014

	2008	2009	2010	2011	2012	2013	2014
% PIB	0,39	0,40	0,39	0,37	0,36	0,33	0,32
% en GPT	1,43	1,49	1,42	1,30	1,26	1,03	1,02
% en GPS	1,81	1,90	1,85	1,74			

Fonte: Elaboração das autoras, com base em dados administrativos do MIDES no Observatório Social, do BPS, do portal Uruguay XXI, do Banco Mundial (BM) e do portal Datos Marco.

Os dados demonstram que as participações do gasto com o AFAM-PE no PIB, no GPT, após crescerem inicialmente entre 2008 e 2009, experimentaram um declínio a partir de então, alcançando, em 2014, as marcas de 0,32% e 1,02%, respectivamente, valores estes inferiores aos registrados no ano de 2008. Em relação ao GPS, o gasto com o AFAM-PE, também após um incremento experimentado entre 2008 e 2009, sofreu um contínuo declínio, a partir de então atingindo o percentual de 1,74% em 2011, inferior portanto ao alcançado no início da série.

Refletindo sobre o orçamento destinado aos PTRC, Bentura e Mariatti (2014) afirmam que tais programas são a expressão de uma mudança de paradigma que abandona a aspiração ao bem-estar e aborda como única exigência do Estado a busca de enquadramento social e garantia da reprodução biológica da população. Os autores concluem destacando que é significativa a diferença entre um Estado que vivia a exigência de garantir o pleno emprego e o bem-estar da população em períodos de crise e um Estado que cumpre a exigência minimalista, em termos tanto dos seus objetivos como de seu orçamento, de garantir a sobrevivência biológica e social das populações assistidas por esses programas que não superam do ponto de vista orçamentário 0,40% do PIB.

11.3 Estabelecendo uma perspectiva comparada do desenvolvimento histórico dos orçamentos dos PTRC BF, AFAM-PE e AUH: da criação dos programas a 2015

Nesta seção, o objetivo é procurar estabelecer comparações sobre a realidade e a potencialidade dos três PTRC em foco no que se refere ao seu financiamento público social, determinando comparações com o PIB dos respectivos países, buscando problematizar a possibilidade de alcance do objetivo estratégico preconizado: redução da pobreza denominada intergeracional.

11.3.1 Composição e evolução do Financiamento Público Social

No Brasil, o FPS compreende os gastos com benefícios a servidores; saúde; assistência social; previdência social; habitação e urbanismo; educação e cultura; e trabalho. Segundo dados da SOF e do IBGE, no período 1995 a 2015, o FPS cresceu sistematicamente, com taxas de crescimento real anual superiores às do PIB em quase todos os anos da série, resultando em um aumento da participação do FPS no PIB brasileiro de 11,3% em 1995 para 15,7% em 2015.

No Uruguai, a estrutura do GPS apresenta a seguinte composição em termos percentuais: seguridade social e assistência (51,0%); saúde (21,0%); educação (17,0%); habitação e serviços comunitários (7,0%); GPS não convencional (3,0%); e direções gerais (1,0%) (Uruguay, 2010).

Quanto à sua evolução, o GPS cresceu, no Uruguai, de um quinto para dois terços do GPT ao longo do século XX. Ademais, entre 1910 e 2005, o GPS por habitante se multiplicou por 9 (Azar et al., 2010). Segundo os mesmos autores, na década de 1990, apesar das reformas estruturais de corte neoliberal, o GPS teve um expressivo crescimento, o que é explicado por uma mudança qualitativa das políticas sociais, do universalismo para a focalização.

Sobre a participação do GPS no PIB do Uruguai, em 1980, era de 12,1%, mantendo-se estável entre 1998 e 2001 e caindo para 7,0% durante a crise de 2002, após ter atingido o patamar de 24,1% no período democrático. A partir de 2005, tal participação se recuperou atingindo os níveis anteriores à crise (Midaglia e Antía, 2007). Ademais, quando se compara o GPS com o GPT, em 2003 (ano que se segue à crise), o primeiro representava 57,1% do segundo, registrando um incremento significativo de modo que essa participação alcançou, em 2008, 75,4%, em um contexto de crescimento sustentado da economia nacional.

Na Argentina, a estrutura do GPS é distribuída por ordem de prioridade: seguridade social; educação; ciência e tecnologia; investimento em infraestrutura econômica e social; saúde; promoção e assistência social; seguridade interior e sistema penal. Como ocorreu com o Uruguai, foi registrada uma tendência crescente da participação do GPS no GPT da Argentina a partir dos anos 1980, saltando de 44,0%, em 1983, para 63,0% no final dos anos 1990, registrando o valor máximo de 67,3%, em plena crise no ano de 2002.

No que se refere ao comportamento do GPS em relação ao PIB, na Argentina, também foi registrada uma tendência crescente, representando no início dos anos 1980 11,0% do PIB e alcançando na década de 1990 a proporção de 20,0%, ocorrendo ligeiro declínio nos anos imediatamente posteriores à crise, entre 2002 e 2004, quando atingiu o patamar de 19,0%.

A síntese das informações anteriores sobre o financiamento ou GPS, no Brasil, Uruguai e Argentina permite identificar uma convergência em todos os aspectos considerados: crescimento do financiamento ou GPS; incremento da sua participação no GPT e no PIB dos três países. Essa situação de convergência ocorreu mesmo em contextos de crises econômicas e nos períodos de reformas estruturais neoliberais. Supomos que o contexto de rechaço de políticas sociais universais e a opção prioritária por políticas sociais focalizadas para enfrentamento da pobreza e para compensar os efeitos perversos da busca, a qualquer custo, da inserção das economias nacionais no processo de mundialização do capital possam representar uma explicação relevante.

11.3.2 Evolução do financiamento dos programas BF, AFAM-PE e AUH e sua relação com o PIB

No que se refere à evolução do financiamento dos três programas em foco, no Brasil, os recursos destinados ao BF têm crescido de modo contínuo desde o primeiro ano de sua efetiva implementação (2004) até 2014, tendo, contudo, experimentado o primeiro declínio ao longo da série no ano de 2015, como consequência do agravamento da crise do ajuste fiscal. Ademais, o crescimento registrado até 2014 foi proporcionalmente superior ao do orçamento total da Política de Assistência Social, embora o valor médio do benefício seja ainda muito baixo, R$ 161,8, em 2014. De fato, o crescimento real do financiamento do BF, de 2004 a 2014, foi em torno de 4,23 vezes, enquanto o financiamento total da Assistência Social experimentou um incremento real de 3,50 vezes. Outro dado é que o orçamento destinado ao BF tem crescido mais que proporcionalmente em relação à sua cobertura. Enquanto o volume de recursos gastos, entre 2004 e 2015, aumentou a uma taxa média anual de 13,2%, o número de famílias atendidas cresceu em média 7,0% ao ano no período considerado.

Em relação à AUH da Argentina, Fernández Soto, Tripiana e Rodriguez (2014) apresentaram dados que demonstram que os recursos destinados ao programa não acompanharam o crescimento do orçamento total da seguridade social, representando, em 2011, apenas 5,16% de tal orçamento, tendo caído continuamente para 5,13% em 2012, 5,00% em 2013 e 4,60% em 2014, elevando-se ligeiramente para 4,84% em 2015. Igualmente, foi registrada uma defasagem do crescimento dos gastos da AUH em relação ao GPS, tendo a participação da AUH declinado de 3,82% para 3,55% entre 2010 e 2011, crescendo em 2012 para 3,62%, sem, contudo, ter alcançado, sequer, o nível atingido em 2010, voltando a cair em 2013 para 3,56%.

Em termos comparativos, os dados apresentados demonstraram que o BF não só apresentou um crescimento contínuo nos recursos destinados ao seu financiamento, como também vivenciou, de 2004 a 2014, um incremento de recursos superior à Política de Assistência Social em que se situa; também apresentou um crescimento proporcionalmente superior à cobertura das famílias inseridas no Programa, no mesmo período. Já a AUH da Argentina vivenciou um crescimento dos recursos destinados ao seu financiamento entre 2011 e 2015, situando-se, todavia, tal crescimento num patamar inferior ao experimentado pelos recursos destinados à seguridade social e ao GPS.

Para aprofundar o conhecimento sobre a realidade do financiamento dos PTRC do Brasil, Uruguai e Argentina, buscamos identificar a representatividade dos recursos destinados ao financiamento dos programas em relação ao PIB de cada país.

Conforme dados do MDS, do IBGE, da Secretaria do Tesouro Nacional (STN) e do BCB, os gastos com o BF mais que dobraram a sua participação no PIB desde o início de sua implementação, passando de 0,19% em 2004 para 0,47% em 2015. Já no AFAM-PE, os dados apresentados por Bentura e Mariatti (2014) registraram que a participação do gasto com o programa no PIB do Uruguai, após crescer, entre 2008 e 2009, experimentou um declínio a partir de então, alcançando, em 2011, 0,37%, nível este inferior ao registrado no ano de 2008. Quando considerada a AUH da Argentina, dados apresentados por Fernández Soto, Tripiana e Rodriguez (2014) registram um crescimento da participação do orçamento do AUH em relação ao PIB entre 2010 e 2012, passando de 0,44% para 0,55%. Por outro lado, verificou-se um recuo entre 2012 e 2013, quando esse percentual atingiu o patamar de 0,48%, inferior, portanto, ao alcançado em 2011 (0,49%).

No que pese a evolução do financiamento social público da seguridade social e dos Programas de Transferência de Renda objeto do presente estudo comparado (BF, AUH e AFAM-PE), podemos verificar que, mesmo representando o eixo da proteção social prevalente para enfrentamento da pobreza na América Latina, os valores orçamentários são insuficientes para alcançarem o objetivo estratégico de interrupção do ciclo vicioso de reprodução da pobreza intergeracional. O financiamento desses programas não chega a alcançar, nos três países, meio por cento do PIB. Isso ajuda a explicar por que esses programas se limitam a contribuir somente para produzir impactos em termos de melhorias imediatas das condições de vida dos pobres e dos extremamente pobres.[5]

---

5. Sobre impactos, veja o capítulo 10 de Maria Ozanira da Silva e Silva e Valéria Ferreira Santos de Almada Lima, intitulado "Avaliação e impactos dos Programas de Transferência de Renda: alcances, percursos e dimensões ainda pouco exploradas", que integra este mesmo estudo comparado.

Referências

ARGENTINA. Presidencia de la Nación. Ministerio de Economia y Finanzas Públicas. *Pressuposto resumen*. Buenos Aires, 2013.

AZAR, P. et. al. Evolución de la seguridad social y gasto público social en el Uruguay (1910-2005). In: JORNADAS DE INVESTIGACIÓN DE LA FACULTAD DE CIENCIAS SOCIALES, 9., *Anais...*, Montevideo: UdelaR, 2010.

BENTURA, P.; MARIATTI, A. El presuposto de las AFAM-PE en el contexto del gasto público de Uruguay. In: BENTURA, P. et al. *Nuevo Régimen de Asignaciones Familiares*: caracterización de sus dimensiones configurativas. Montevideo, 2014. (Mimeo.)

CASTEL, R. *Las metamorfosis de la cuestión social*: una crónica del salariado. Buenos Aires: Paidos, 1997.

COUTINHO, C. N. Notas sobre ciudadanía y modernidad. *Praia Vermelha*, Rio de Janeiro, v. 1, n. 1, 1997.

DANANI, C.; HINTZE, S. Reformas y contrarreformas de la protección social: la seguridad social en la Argentina en la primera década del siglo. *Reflexión Política*, Bucaramanga, v. 12, n. 24, p. 18-29, 2010.

FERNÁNDEZ SOTO, S.; TRIPIANA, J.; RODRIGUEZ, P. Presuposto público y AUH. In: FERNÁNDEZ SOTO, S. et al. *Caracterización y problematización de las dimensiones constitutivas de la AUH*. Buenos Aires, 2014. (Mimeo.)

MIDAGLIA, C.; ANTÍA, F. ¿Una nueva síntesis?: la agenda social de la izquierda uruguaya a dos años de gobierno. *Caderno CRH*, Salvador, v. 20, n. 51, p. 463-78, 2007.

OLIVEIRA, F. de. Surgimento do antivalor: capital, força de trabalho e fundo público. *Novos Estudos CEBRAP*, São Paulo, n. 22, p. 9-28, out. 1988.

_____. Entrevista. *Ensaios FEE*, Porto Alegre, v. 17, n. 2, p. 50-4, 1996. Disponível em: <http://revistas.fee.tche.br/index.php/ensaios/article/viewFile/1856/2226>. Acesso em: 21 jan. 2014.

SALVADOR, E. Fundo público e políticas sociais na crise do capitalismo. *Serviço Social & Sociedade*, São Paulo, n. 104, p. 605-31, out./dez. 2010.

SALVADOR, E. Financiamento tributário da política social no pós-real. In: _____ et al. (Orgs.). *Financeirização, fundo público e política social*. São Paulo: Cortez, 2012.

SILVA, M. O. da S. e. et al. Orçamento do Bolsa Família no contexto do fundo público brasileiro. In: _____ et al. *Caracterizando e problematizando o Bolsa Família*. São Luís, 2014. (Mimeo.)

URUGUAY. Ministerio de Desarrollo Social. Unidad de Información y Comunicación. Gasto público social 2008: confirmación de tendências y prioridades. *Contexto*, Montevideo, n. 2, jun. 2010. Observatório Social de Programas e Indicadores. Disponível em: <http://www.mides.gub.uy/innovaportal/file/9132/1/contexto2.pdf>. Acesso em: 21 jan. 2014.

12

Conclusão

Maria Ozanira da Silva e Silva
Valéria Ferreira Santos de Almada Lima
Raquel Raichelis
Carola Carbajal Arregui

Com base nos textos apresentados, direcionados para análise e problematização dos dez eixos temáticos definidos para desenvolvimento de um estudo comparado entre os PTRC do Brasil (BF), do Uruguai (AFAM-PE) e da Argentina (AUH), procuramos destacar nesta conclusão os elementos que consideramos de maior relevância em termos de ideias centrais de caracterização, de convergência, de divergência e de similaridade entre os programas em foco.

Em primeiro lugar, como mencionamos anteriormente, precisamos considerar que estamos tratando de realidades distintas e específicas em termos do continente latino-americano e das formações sociais dos três países. Temos o Brasil, com uma área geográfica de 8.516.000 km², uma população estimada pelo IBGE para 2016 de 206.373.218

habitantes, com o Programa BF criado em 2003, pela Medida Provisória n. 132, de 20 de outubro de 2003, transformada na Lei n. 10.836, de 9 de janeiro de 2004, atendendo, conforme dados oficiais, em torno de 14 milhões de famílias[1] em todos os 5.570 municípios brasileiros. A Argentina, com uma área geográfica de 3.761.274 km², uma população estimada em 2016 de 43.590.368 (Instituto Nacional de Estadística y Censos, 2010), com o Programa AUH criado em 2009, atendendo a 3.798.494 beneficiários, sendo 1.865.749 do sexo feminino e 1.932.744 do sexo masculino, envolvendo 2.121.210 famílias[2] distribuídas nas 23 províncias argentinas e na cidade autônoma de Buenos Aires, sendo que em nível nacional são registrados 2.279 governos locais. Enquanto isso, o Uruguai, com área geográfica de 318.418 km e com uma população total de 3.286.314 pessoas, conforme Censo realizado em 2011,[3] teve o Programa AFAM-PE criado em 2008, pela Lei n. 18.227/2008, atendendo, conforme dados do BPS de 2014, a 43% das pessoas menores de 18 anos no país, correspondendo a um total de 387.199 beneficiários, sendo o público beneficiário distribuído em 21 departamentos.[4] Em dezembro de 2015 o total de beneficiários foram 375.712 pessoas envolvendo 182.212 famílias.[5]

Sobre as caracterizações mais gerais, merecem destaque: os três programas têm abrangência nacional; a vinculação institucional da AUH é junto à ANSES, enquanto a do BF, até 11 de maio de 2016, foi junto ao MDS, transformado, em 12 de maio de 2016, em Ministério

---

1. Dados divulgados pelo IBGE em 28/8/2016.

2. Os beneficiários da AUH são indivíduos e não famílias.

3. Não foi identificada projeção da população do Uruguai para anos mais recentes.

4. Os dados demonstram que o Uruguai é um país geograficamente bem menor do que o Brasil e a Argentina. É um país que apresenta uma história de desenvolvimento de proteção social com marcas de universalização pela inserção no trabalho, mas na atualidade seu Sistema de Proteção Social é basicamente centralizado no primeiro nível de governo, não apresentando expressão no nível municipal (local), de modo que a desagregação mais significativa ocorre em nível da unidade geográfica denominada Departamento, o que corresponde ao nível estadual. As 91 unidades locais (municípios) foram instituídas pela Lei n. 18.567/2009, Descentralización y Participacion Ciudadana.

5. Semelhantemente ao programa da Argentina, as AFAM-PE também são direcionadas a pessoas e não a famílias. Os dados são da DINEM do MIDES.

de Desenvolvimento Social e Agrário (MDSA), e as AFAM-PE são vinculadas institucionalmente ao MIDES. Por conseguinte, a AUH vincula-se ao Sistema de Seguridade Social, tendo como fundamento a extensão da seguridade social para incluir o setor da população que não é incluído através do mercado formal de trabalho, enquanto o BF e as AFAM-PE, ao se vincularem ao Sistema de Assistência Social, têm como fundamento a expansão da assistência social para o combate à pobreza. Todavia, os três programas apresentam pontos comuns quanto à focalização do público, situando-se no campo das políticas sociais não contributivas direcionadas para o combate à pobreza, elegendo como público-alvo pobres, extremamente pobres e vulneráveis, sobretudo desempregados e trabalhadores inseridos no mercado informal de trabalho. Embora a família seja a unidade básica de atenção do BF, os três programas focam no atendimento de crianças e adolescentes até 18 anos de idade e mulheres gestantes. A AUH e as AFAM-PE têm também como público-alvo pessoas com deficiências, privilegiando essa população por não fixarem limite de idade nem quantidade de pessoas a serem atendidas e por definirem o benefício monetário para esse público em valores bem superiores aos dos demais grupos de beneficiários. Os três programas apresentam como principal benefício uma transferência monetária, geralmente associada à prestação de determinados serviços, principalmente nos campos da saúde e da educação, serviços esses considerados em apoio às condicionalidades como exigências dos três programas para acesso e permanência das famílias aos benefícios monetários, consideradas estratégias voltadas para formação de capital humano, cujo objetivo é a superação da pobreza intergeracional. Outra marca comum aos três programas é a preferência pela mulher, mãe ou responsável pela família para receber o benefício monetário, administrá-lo e se tornar a principal responsável pelo cumprimento das condicionalidades indicadas para as crianças, em termos de matrícula e frequência à escola e atendimento a ações básicas de saúde. Enfim, o acesso e permanência das famílias nos três programas dependem de atenderem a certos critérios, principalmente a um determinado corte de renda e ao cumprimento de condicionalidades fixadas por cada programa, o que é acompanhado por sistemas informatizados e de controle e acompanhamento das famílias.

Buscando indicar elementos de construção mais gerais sobre os eixos temáticos selecionados para o estudo comparado dos três PTRC, temos a destacar:

12.1 Eixo temático contextualização e antecedentes dos PTRC

Sobre a *contextualização e os antecedentes* do BF do Brasil, da AUH da Argentina e das AFAM-PE do Uruguai, pode-se concluir que é no processo global de redimensionamento dos Sistemas de Proteção Social dos diferentes países da região e, em particular, dos países analisados, nos marcos do *ajuste estrutural*, de inspiração neoliberal, que se inscrevem a emergência e a ampliação de tais programas, que, em termos gerais, estão associadas a dois processos combinados. De um lado, o direcionamento da intervenção social do Estado para a pobreza e a concomitante expansão da assistência, em atendimento ao princípio da focalização, em conformidade com o padrão vigente de regulação social que caracteriza o atual estágio de desenvolvimento capitalista. De outro, a busca de respostas por parte do Estado, dos Organismos Internacionais e, em particular, dos governos eleitos nos três países analisados, predominantemente de tendências progressistas, à crescente conflitividade e questionamento social às políticas de ajuste neoliberal e seus rebatimentos negativos nos indicadores sociais, no sentido de reconstruir a estratégia de legitimação.

Nos casos analisados do Brasil, Argentina e Uruguai, o processo de institucionalização dos PTRC envolveu, em cada país, dinâmicas particulares, estabelecendo-se arranjos institucionais específicos em cada experiência nacional, em função de suas trajetórias históricas.

Assim, no Brasil a institucionalização do Programa BF resultou da unificação de programas municipais, estaduais e federais, desenvolvidos a partir da década de 1990, nos marcos do ajuste estrutural.

Já o AFAM-PE do Uruguai e a AUH da Argentina, embora também tenham como antecedentes programas pontuais e de emergência desenvolvidos em contextos de crise aguda, no seu formato atual, se institucionalizaram como frutos da extensão da cobertura de clássicos instrumentos já inscritos nos Sistemas de Proteção Social desses países gestados desde a primeira metade do século XX e redimencionados no início do século XXI.

No caso do Uruguai, no lugar de estender os benefícios e as prestações diferenciadas aos que não contavam com capacidade contributiva criando sistemas assistenciais paralelos, se expandiu a cobertura da proteção social de base contributiva mediante a incorporação dos grupos tradicionalmente excluídos, consolidando-se, dessa forma, no Sistema de Proteção Social uruguaio, a lógica da proteção mínima não contributiva, condicionada e individualizada, mediada pela demonstração das carências.

Na Argentina, a emergência e a institucionalização da AUH incorporam a experiência regional dos PTRC e implicam uma extensão da cobertura das *asignaciones familiares*, definidas historicamente sob um esquema contributivo, vigente de modo precedente somente para os trabalhadores empregados em relação de dependência, aos trabalhadores informais ou desempregados, mediante um esquema assistencial não contributivo, articulando, assim, instituições e lógicas diferentes de política social.

12.2 Eixo temático categoria teórica pobreza e sua expressão nos PTRC

Sobre a *pobreza* como categoria teórica e de fundamentação da proposta e da implementação dos três PTRC em foco, todo o estudo desenvolvido apresentou reveladora convergência, demonstrando clara filiação das concepções de pobreza que orientam as propostas e a implementação dos PTRC analisados às formulações de Amarty

Sen. Ficou demonstrado, conforme o texto específico que trata do eixo temático pobreza, que esta é qualificada, no âmbito dos programas, na sua complexidade multidimensional, com destaque à insuficiência de renda, à privação de necessidades sociais e de bem-estar e à incapacidade inerente aos pobres de usarem a sua liberdade para apropriação das oportunidades, mesmo quando disponibilizadas de modo limitado na sociedade. Com essa compreensão, a pobreza intergeracional termina por ser naturalizada e vista como uma condição inerente às sociedades humanas, como mera decorrência do déficit de liberdades e de oportunidades. Para ser reduzida de forma sustentável, demanda a criação de oportunidades que sejam capazes de elevar os recursos dos pobres para que possam desenvolver suas capacidades e, assim, inserirem-se no mercado de trabalho, única forma de integração social. Essa é uma visão que pressupõe que o pobre precisa ter a possibilidade de participar de ações de formação de capital humano, gerando um discurso muito associado aos PTRC na América Latina. Como consequência, os PTRC no continente passam a se constituir em resposta recorrente de política social não contributiva do *Estado Motivador*, *Estado Incentivador*, *Estado Promotor* para mitigar as necessidades imediatas dos pobres, com a instituição de mínimos mediante transferências monetárias e para criar oportunidades para desenvolvimento de capacidades (formação de capital humano), a médio e longo prazo, por meio da oferta de serviços de educação, saúde, nutrição e outros, o que denominamos benefícios não monetários. Essa é a perspectiva teórica sobre pobreza que instrumentaliza os PTRC na América Latina que se propõem a superar a pobreza intergeracional. Embora destaque o caráter multidimensional da pobreza, apresenta uma concepção individualizante e perversa na medida em que responsabiliza os pobres pela sua situação de pobreza e pela sua superação. Isso porque a pobreza é desenraizada das suas determinações estruturais. Situada nos indivíduos e em suas famílias, é, portanto, descontextualizada, escamoteando-se as próprias características do modo de produção capitalista, geradoras tanto da pobreza como do seu polo oposto, a riqueza.

12.3 Eixo temático focalização e universalização

Sobre a *focalização* como qualificador fundamental dos PTRC na América Latina, o estudo desenvolvido situa esse eixo temático em articulação com o eixo temático pobreza. Identifica nos três programas a indicação de que foi no contexto do neoliberalismo nos anos 1970/1980 que se aprofundou o confronto entre focalização e universalização, como dois princípios que têm permeado não só o debate, mas também a implementação de políticas sociais na América Latina. Trata-se de um processo tenso e não consensual, orientado por concepções teóricas e projetos de sociedade diferentes, recebendo significativa influência de agências multilaterais de desenvolvimento com atuação na América Latina. Segundo os estudos desenvolvidos, foram identificadas duas concepções de focalização: uma situada numa perspectiva liberal e outra, numa perspectiva dita progressista, distributivista. A focalização estritamente liberal, desenvolvida no âmbito do neoliberalismo, tem como referência teórica o liberalismo econômico e a matriz teórica conservadora. Despolitiza e reduz a focalização a uma questão meramente instrumental, técnica. Objetiva separar, selecionar e priorizar os segmentos marginalizados do mercado de trabalho que serão focalizados pelos PTRC. Orienta-se meramente pela busca da eficiência, transformando as políticas sociais em residuais e compensatórias. A concepção de focalização, qualificada como progressista, distributivista, segundo os estudos desenvolvidos, encontra-se presente no discurso oficial dos PTRC BF (Brasil), AFAM-PE (Uruguai) e AUH (Argentina) e em formulações acadêmicas independentes. Todavia, no discurso oficial dos programas, o que se identificou foi uma certa confusão entre focalização e universalização. Isso porque os programas tendem a preconizar o caráter universal que consideram subjacente aos seus desenhos e formulações, na medida em que dizem objetivar incluir o cidadão que está marginalizado, contribuindo para a igualdade social. O discurso da universalização também se encontra presente nos documentos oficiais, discursos e textos legais dos programas.

É na contribuição acadêmica de Silva (2014) que é apresentada uma explícita concepção progressista/redistributivista de focalização, quando a autora articula a focalização às categorias teóricas pobreza e universalização e formula uma concepção de focalização residualista orientada pela justiça de mercado e uma concepção progressista de focalização orientada pela justiça social, não contrapondo a focalização à universalização, mas situando-a numa perspectiva de universalização relativa, quando desenvolvida sob a responsabilidade do Estado, orientada por necessidades sociais e não pela rentabilidade econômica; articulando a Política Social e a Política Econômica; com ampla cobertura do público-alvo; com oferta de serviços de boa qualidade; adequadas estruturas institucionais e pessoal qualificado (Silva, 2001). Todavia, buscando a realidade da focalização nos PTRC do Uruguai, Brasil e Argentina, os estudos desenvolvidos concluíram, em termos comparativos, que os três programas são orientados pela focalização em famílias pobres, extremamente pobres e vulneráveis. Cada programa implementa o critério da focalização de forma específica. O que apresentam em comum é que todos articulam a focalização com condicionalidades. Os três programas desenvolvem sistemas nacionais de informação para seleção, registro e controle do público atendido. No Brasil, tem-se o CadÚnico para programas sociais do governo federal, que inclui todas as famílias com renda *per capita* familiar de até três salários mínimos. É um banco de dados centralizado para ser utilizado pelos programas sociais do governo federal, entre os quais o BF. Já na Argentina, tem-se a Base Única de Pessoas da Seguridade Social (ADP) de crianças e adolescentes menores de 18 anos, junto com a correspondente identificação de seu grupo familiar e sua história de trabalho, base de informação centralizada, utilizada para determinar o acesso aos benefícios da seguridade social, entre estes a AUH. O Uruguai utiliza o ICC para selecionar os segmentos vulneráveis para atendimento pelas ações assistenciais, entre as quais o AFAM-PE. Nesse contexto, merece especial atenção o elevado nível de sofisticação tecnológica adotada pelo AFAM-PE do Uruguai, aproximando ainda mais esse programa de uma concepção neoliberal e conservadora de focalização. Por outro lado, a AUH da Argentina parece apresentar uma aproximação maior com a concepção de focalização numa perspectiva progressista/redistributivista, numa tentativa de superar a focalização restrita e conservadora de cunho neoliberal, enquanto o BF, embora alcance um nível elevado de focalização nas famílias pobres e extremamente pobres do Brasil, tanto em termos geográficos como no quantitativo massivo de famílias atendidas, ainda apresenta constrangimentos que limitam a adoção de uma focalização que possa se aproximar de uma perspectiva progressista/redistributiva, principalmente pela adoção do critério de acesso limitado à renda da família.

12.4 Eixo temático condicionalidades

Uma análise sobre as *condicionalidades*, numa primeira aproximação comparativa entre os três programas objetos do estudo, permitiu verificar similaridades entre os tipos de condicionalidades exigidas, visto que o BF do Brasil, a AUH da Argentina e as AFAM-PE do Uruguai apresentam condicionalidades como exigências a serem cumpridas por crianças e adolescentes das famílias e pelas mães nas áreas da educação e da saúde. Já sobre o acompanhamento e controle das condicionalidades, cada programa tem sistemática própria. Nas AFAM-PE, as formas de controle sobre o cumprimento das condicionalidades educativas são claras e sistemáticas. Entretanto, não há um trabalho sistemático de acompanhamento familiar em casos de descumprimento. Em termos das sanções adotadas por descumprimento das condicionalidades estabelecidas pelas AFAM-PE, os beneficiários têm seu benefício monetário automaticamente suspenso, podendo ainda pagar o que receberam indevidamente. O BF, por sua vez, desenvolve um complexo sistema de acompanhamento das condicionalidades tanto de educação como de saúde, bem como de acompanhamento das famílias que se encontram em descumprimento das condicionalidades, desenvolvendo um complexo sistema de identificação dos motivos do descumprimento e ativação de sistemas de apoio institucional para aquelas famílias vulneráveis, cujo objetivo é reduzir a saída destas do programa. Para desligamento das famílias, no BF, são adotados vários passos antes da perda do benefício monetário, iniciando-se com advertência, seguindo-se de suspensões até seu desligamento. O caso da AUH da Argentina é peculiar. A certificação do cumprimento da condicionalidade é de responsabilidade do beneficiário, que anualmente deve apresentar documentação comprobatória das instituições de educação e de saúde junto ao programa; o descumprimento de condicionalidade só interfere em 20% do valor total do benefício que é recolhido durante um ano, só sendo liberado com a comprovação do cumprimento das condicionalidades. Em resumo, quanto às condicionalidades, o que há de comum nos três programas é a exigência de condicionalidades educativas e sanitárias. O único programa que apresenta um sistema sistemático de acompanhamento das condicionalidades e das famílias em descumprimento é o BF. Entretanto, os três programas consideram o descumprimento das condicionalidades como condição para desligamento do programa, sendo que a forma utilizada pelo BF segue um processo planejado.

12.5 Eixo temático família

Sobre a *família*, o estudo do BF do Brasil, das AFAM-PE do Uruguai e da AUH da Argentina ressalta que, embora a maioria dos PTRC implementados na América Latina esteja dirigida à infância e à adolescência, é através da família que se efetiva a transferência dos benefícios monetários concedidos pelos programas. Portanto, invoca--se a centralidade da família no âmbito dos programas com destaque ao papel atribuído à mulher como titular do benefício, como administradora da transferência e como responsável pelo cumprimento das condicionalidades. Menção frequente é atribuída ao caráter preceptor da mulher-mãe e sua capacidade de administração, beneficiando crianças e adolescentes, naturalizando e reduzindo a mulher à sua função materna e tornando-a uma *aliada* essencial na luta contra a reprodução intergeracional da pobreza. Em consequência, o *empoderamento* da mulher decorre das atribuições que assume, ampliando suas responsabilidades como mãe e administradora dos benefícios dos programas e responsável pelo cumprimento de condicionalidades. Assim, nos PTRC analisados, as mulheres são colocadas em um lugar central, porém não por sua condição de mulheres, mas por sua condição de mães. A maternidade é idealizada e naturalizada, ao mesmo tempo que é destacado seu papel econômico e sua capacidade de transferir capital social a seus filhos e, nesse processo, ela mesma se enriquece e valoriza sua autoimagem, segundo o discurso dos que fazem os programas. Nesse sentido, podemos entender que a preferência pela mulher como preceptora a *empodera*, mas contraditoriamente contribui para reproduzir tão somente o lugar socialmente atribuído a ela como mãe, retornando-lhe ao passado, podendo até dificultar conquistas e avanços como mulher cidadã.

12.6 Eixo temático benefícios monetários e benefícios não monetários

Em relação aos *benefícios monetários* e aos *benefícios não monetários*, os estudos desenvolvidos sobre os três programas em foco revelaram que constituem dois eixos qualificadores fundamentais dos PTRC implementados na América Latina. Os primeiros são transferências monetárias diretas às famílias ou às pessoas beneficiárias, de caráter não contributivo e destinam-se ao atendimento de suas necessidades imediatas; os benefícios não monetários propõem-se à superação de vulnerabilidades das famílias mediante a oferta de ações e programas complementares.

Buscando os aspectos comparativos entre os três programas, sobre os benefícios monetários, podemos destacar, em relação aos pontos comuns: a regularidade das transferências mensais, muitas vezes a única fonte de renda *estável* e *previsível* de acesso dessas famílias; utilização da rede bancária mediante cartão magnético de débito e sustentação de sistemas nacionais informatizados, constituindo significativa tecnificação do campo assistencial para seleção, acompanhamento e controle de seu público beneficiário e incremento significativo dos valores dos benefícios monetários dos três programas desde a sua criação até 2015. Em relação a especificidades dos benefícios monetários, foi verificada grande variedade na denominação dos benefícios de cada programa, nos tipos e nos valores dos benefícios. A atualização dos valores monetários dos benefícios das AFAM-PE e da AUH ocorre de forma regular anualmente, seguindo legislação específica, enquanto o BF não adota mecanismo periódico sistemático de atualização dos seus benefícios monetários, sendo atualizados por decretos presidenciais. Quanto aos benefícios não monetários, as análises dos três PTRC indicam especificidades, destacando no BF ampla variedade de ações e programas complementares que são direcionados especificamente para famílias beneficiárias do programa e outras ações e programas que, embora não sejam particularmente criados para os beneficiários do BF, os incluem como público-alvo prioritário. Já as AFAM-PE do Uruguai e a AUH da Argentina, embora não disponibilizem diretamente programas e ações complementares para os beneficiários desses programas, desenvolvem vários programas e ações assistenciais dirigidos a grupos e a populações pobres e que terminam por incluir e até priorizar seus beneficiários. Em termos gerais, o ponto comum articulador dos benefícios não monetários dos três programas é eles serem instituídos como mecanismos de política social destinados à formação do capital humano com vista à superação da denominada pobreza intergeracional.

12.7 Eixo temático gestão

Em relação à *gestão*, o estudo comparado entre os três programas permite apontar tendências comuns apesar das particularidades históricas e específicas de cada país. Chamam a atenção as relações postas por cada processo de implementação, em função da forma de organização do Estado e dos marcos institucionais e político-administrativos que regulam a presença dos diferentes níveis de governo na execução das políticas sociais, que colocam em tensão a experiência de descentralização em cada país e os impulsos centralizadores nas formas de operação dos programas de transferência de renda condicionada. De outro lado, a racionalidade e as formas de organização dos programas estudados não podem desconsiderar os processos operados, durante a década de 1990, de reformas do papel do Estado e de adoção dos princípios de organização e estruturação característicos do Estado neoliberal, que teve como fundamento a aplicação dos princípios gerenciais do setor empresarial privado no setor público e que derivou na flexibilização e terceirização da provisão de serviços sociais e na adoção de novas práticas, competências e instrumentos de gestão, erguidos a partir das novas tecnologias da informação. Tendências que assumem uma materialização específica nos processos de gestão do BF do Brasil, das AFAM-PE do Uruguai e da AUH da Argentina ao dimensionar formas de controle dos beneficiários, propor sofisticados sistemas de gerenciamento das informações e produzir processo crescente de tecnificação nos processos de trabalho dos profissionais e equipes sociais.

12.8 Eixo temático trabalho

Os resultados da pesquisa sobre o *trabalho profissional* nos três programas — BF do Brasil, das AFAM-PE do Uruguai e da AUH da Argentina — revelam nítidas tendências comuns, mesmo considerando as particularidades históricas do capitalismo na formação social, política, econômica e cultural em cada um dos países. Isso ocorre porque o que está em foco não são apenas questões relacionadas à gestão do trabalho nesses programas, mas também à lógica que estrutura as relações de trabalho e as condições em que este se realiza, no contexto da restruturação produtiva do capital e do trabalho a partir da década de 1990, cujos efeitos sobre o agravamento da questão social nos países estudados são visíveis e se aprofundam nas primeiras décadas dos anos 2000. São transformações que expressam a precarização estrutural do trabalho nas sociedades capitalistas submetidas às políticas de corte neoliberal, que resultam na atual segmentação e polarização da classe trabalhadora composta, de um lado, por um reduzido conjunto de trabalhadores assalariados com maior estabilidade relativa no emprego e proteção trabalhista; e, de outro, um amplo e heterogêneo grupo de trabalhadores com vínculos precários e sem acesso aos benefícios e garantias legais de proteção laboral. É esse contexto que explica o crescimento dos PTRC na América Latina e Caribe e, em particular, nos países estudados. O que chama a atenção no estudo do trabalho profissional nos três programas é que as características gerais do mercado de trabalho e do trabalho assalariado — flexibilizado, intensificado, precarizado e alienado — também se reproduzem no âmbito das instituições estatais em que se insere o trabalho social das equipes profissionais. Em termos gerais, foi possível constatar a crescente tecnificação dos PTRC decorrente da administração gerencial do Estado e da Política de Assistência Social, que supõe novas formas de organização, gestão e controle direto do trabalho social e dos trabalhadores. As relações de trabalho a que estão submetidas as equipes técnicas reproduzem: múltiplas segmentações entre as tarefas de concepção e execução; hierarquizações e novas relações de poder entre as diferentes profissões; definição rígida de metas a serem cumpridas; sofisticados esquemas de controle, padronização dos métodos e dos processos de trabalho; prescrição minuciosa das tarefas por meio de sistemas informatizados cada vez mais sofisticados, que buscam aumentar a eficácia dos controles, tanto dos *beneficiários* quanto do trabalho técnico e dos trabalhadores assalariados, estreitando as margens de interferência dos profissionais. Em termos de vínculos contratuais, ao longo do período analisado, verifica-se a presença de trabalhadores sociais com contratos temporários e precários se sobrepondo ao estatuto jurídico do funcionalismo público nos três países, aprofundando a insegurança laboral, o desenvolvimento e a progressão das carreiras profissionais, fragilizando a organização coletiva e as atividades de caráter sindical. Observa-se, assim, o aprofundamento da disjunção entre as requisições institucionais dos contratantes estatais e as prerrogativas das equipes profissionais. Em outros termos, expressam-se as contradições entre trabalho assalariado e autonomia, ainda que relativa, do projeto profissional, as quais reconfiguram o cotidiano institucional e fragilizam a capacidade de respostas qualificadas às necessidades sociais dos grupos subalternos, que revertam efetivamente o contexto de pobreza e desigualdade social a que estão submetidos.

12.9 Eixo temático impactos

A identificação de possíveis *impactos* dos três programas focalizados no estudo comparado desenvolvido considerou o campo da diversidade dos países e da realidade dos programas, buscando, todavia, estabelecer comparações em indicadores de pobreza e de desigualdade; indicadores de educação, saúde, nutrição e segurança alimentar; de trabalho de adultos e trabalho infantil; de autonomia das mulheres e da dinâmica econômica e social dos municípios.

Sobre os primeiros indicadores, em termos comparativos, concluímos que os diversos estudos sobre possíveis impactos na redução de indicadores de pobreza e desigualdade social conduziram a um consenso, evidenciando que os três programas em foco têm contribuído para significativa redução das situações extremas de indigência de sua população beneficiária, todavia apresentaram menor repercussão sobre a pobreza e menores impactos ainda sobre a redução da desigualdade social. A conclusão, nesse campo, portanto é de que esses programas aliviam situações extremas, mas não são capazes de erradicar a denominada pobreza intergeracional, apresentada como objetivo estratégico deles.

Quanto aos indicadores de *capacidade humana*, os estudos resenhados sobre impactos na educação não apresentaram informações conclusivas sobre aprendizagem, limitando os efeitos na educação ao aumento da matrícula e da frequência e à redução da evasão escolar, aspectos estes diretamente decorrentes das condicionalidades. Importa ressaltar que os programas do Uruguai e da Argentina apresentaram contribuição direcionada para o ensino de nível secundário. Sobre possíveis impactos na saúde, os estudos também não foram conclusivos, registrando, todavia, consenso em torno de possíveis impactos para elevação de índices de segurança alimentar e nutricional, o que foi atribuído à regularidade da transferência monetária recebida pelas famílias pela maior aplicação das transferências monetárias recebidas em alimentação. Essa melhoria não significa, ainda, a superação da insegurança alimentar no conjunto dos beneficiários dos programas, mas vem contribuindo para diminuição da mortalidade infantil.

Sobre o trabalho dos adultos, os estudos registraram similaridade nos possíveis impactos identificados nos três PTRC, destacando como principal conclusão que os beneficiários, na sua maioria, são trabalhadores, mas sua inserção no mercado de trabalho ou, largamente, no mercado informal de trabalho, tem as marcas do trabalho precário, instável, de baixos salários e sem carteira assinada. Todavia, o trabalho informal e precário não é uma escolha ou preferência dos beneficiários dos três programas, mas antes de tudo é a única possibilidade de inserção laboral, sendo aliás critério para acesso e permanência nos programas. Quanto ao trabalho infantil, os estudos sobre os três programas não apresentaram indicações de contribuições diretas para redução dos seus índices em decorrência de inserção nos programas, embora se possa concluir que a exigência de frequência à escola contribua para reduzir o trabalho infantil, como vem ocorrendo significativamente no Brasil.

Em relação a possíveis impactos sobre a mulher, não foi possível estabelecer comparações entre os três PTRC em análise, pelas poucas informações apresentadas pelos programas do Uruguai e da Argentina, sendo que os vários estudos sobre o BF destacaram: maior autonomia da mulher na família; sua maior visibilidade social, principalmente como consumidora; elevação da autoestima e de sua percepção como cidadã, sem, porém alterar as relações tradicionais de gênero; favorecimento do exercício do seu papel protetor sobre o crescimento e a saúde dos filhos, sendo que os estudos do BF e das AFAM-PE destacaram possíveis impactos negativos em decorrência da sobrecarga e da responsabilização da mulher pelo cumprimento das condicionalidades de educação e saúde atribuídas às crianças e adolescentes da família.

O último indicador considerado para identificação de possíveis impactos no estudo comparado dos PTRC do Brasil (BF), do Uruguai (AFAM-PE) e da Argentina (AUH) foi a dinâmica econômica e social dos municípios. Todavia, só foram identificados estudos referentes ao BF, o que impediu a realização de comparações entre os três programas. De qualquer modo, merecem ser mencionados os impactos econômicos e sociais indicados: incremento nas vendas do comércio local, maior variedade e quantidade de produtos comercializados; aumento de empregados no comércio; conformação de uma nova clientela, proveniente da zona rural; criação de mecanismos de crédito pessoal; incremento do consumo, com tendência de os recursos recebidos pela população beneficiária ficarem no município, particularmente no pequeno comércio de alimentos, material escolar e vestuário infantil; crescimento de pequenos comércios; elevação do Produto Interno Bruto dos municípios e alteração de estilos de vida das pessoas, com surgimento de novas demandas sociais por saúde, educação, habitação etc.; e alteração no ciclo migratório da população em direção aos centros urbanos dos municípios, onde se concentra o comércio varejista e as maiores oportunidades de trabalho.

12.10 Eixo temático orçamento

Os estudos desenvolvidos sobre o orçamento do BF evidenciaram que, no período 2004, primeiro ano de sua efetiva implementação, a 2014, esse Programa teve financiamento crescente contínuo, superando o crescimento relativo dos recursos destinados à Política de Assistência Social, que também vivenciou contínuo incremento no mesmo período. Ademais, o crescimento orçamentário do BF, no período considerado, foi superior, em termos relativos, ao crescimento da cobertura das famílias inseridas no Programa. A AUH da Argentina também vivenciou crescimento dos recursos destinados ao seu financiamento entre 2011 e 2015, todavia em nível inferior aos recursos destinados à seguridade social e ao GPS.

No que se refere à representatividade dos recursos destinados ao financiamento dos programas em relação ao PIB de cada país, conforme dados do MDS, do IBGE, da STN e do BCB, os gastos com o BF mais que dobraram a sua participação no PIB desde o início de sua implementação, passando de 0,19% em 2004 para 0,47% em 2015. Já no AFAM-PE, os dados apresentados por Bentura e Mariatti (2014) registraram que a participação do gasto com o programa no PIB do Uruguai, após crescer, entre 2008 e 2009, experimentou um declínio a partir de então, alcançando, em 2011, 0,37%, nível este inferior ao registrado no ano de 2008. Quando considerada a AUH da Argentina, dados apresentados por Fernández Soto, Tripiana e Rodriguez (2014) registraram um crescimento da participação do orçamento do programa em relação ao PIB entre 2010 e 2012, passando de 0,44% para 0,55%. Por outro lado, verificou-se um recuo entre 2012 e 2013, quando este percentual atingiu o patamar de 0,48%, inferior, portanto, ao alcançado em 2011 (0,49%).

Um aspecto de conclusão relevante sobre o financiamento dos Programas de Transferência de Renda no presente estudo comparado (BF, AUH e AFAM-PE) é que, mesmo registrando evolução no financiamento social público da Seguridade Social e dos Programas de Transferência de Renda, considerando o significado atribuído a esses programas no contexto da proteção social na América Latina, os valores orçamentares a eles destinados são muito baixos. Os valores transferidos ainda não alcançaram 0,5% do PIB desses países, portanto, insuficientes para desenvolver ações estruturais capazes de contribuir efetivamente para interrupção da pobreza intergeracional, como indicado pelos seus objetivos estratégicos.

Referências

BENTURA, P.; MARIATTI, A. El presuposto de las AFAM-PE en el contexto del gasto público de Uruguay. In: BENTURA, P. et al. *Nuevo Régimen de Asignaciones Familiares*: caracterización de sus dimensiones configurativas. Montevideo, 2014. (Mimeo.)

CAIXA ECONÔMICA FEDERAL. *O que é o Bolsa Família.* [S. l.: s. n.], [20--?]. Disponível em: <www.caixa.gov.br/programas-sociais/bolsa-familia/Paginas/default/aspx>. Acesso em: 8 jun. 2016.

FERNÁNDEZ SOTO, S.; TRIPIANA, J.; RODRIGUEZ, P. Presuposto público y AUH. In: FERNÁNDEZ SOTO, S. et al. *Caracterización y problematización de las dimensiones constitutivas de la AUH*. Buenos Aires, 2014. (Mimeo.)

INSTITUTO NACIONAL DE ESTADÍSTICA Y CENSOS. *Estimaciones y proyecciones de población 2010-2040*: total del país. Buenos Aires, 2010. Disponível em: <http://www.indec.mecon.ar/nuevaweb/cuadros/2/proyeccionesyestimaciones_nac_2010_2040.pdf>. Acesso em: 2 jun. 2016.

SILVA, M. O. da S. e (Coord.). *O Comunidade Solidária*: o não enfrentamento da pobreza no Brasil. São Paulo: Cortez, 2001.

_____. Focalização X Universalização no Bolsa Família. In: _____ et al. *Caracterizando e problematizando o Bolsa Família*. São Luís, 2014. (Mimeo.)

SOBRE OS AUTORES

ALEJANDRO MARIATTI — Mestre em Serviço Social pela Universidad de la República (Uruguai); professor e pesquisador do Departamento de Trabajo Social de la Facultad de Ciencias Sociales de la Universidad de la República e doutorando em Ciências Sociais na mesma universidade. Autor do livro *La inclusión de la exclusión* e autor de artigos nas revistas: *Fronteras*; *Trabajo Social Eppal*; *Textos & Contextos*; *Trabajo Social Colombia*; e *Revista Katálysis*.

ANA LAURA CAFARO — Mestre em Serviço Social pela Faculdade de Ciências Sociais da Universidad de la República (Uruguai); é professora e pesquisadora do Departamento de Trabajo Social de la Facultad de Ciencias Sociales de la Universidad de la República e doutorando em Ciências Sociais na mesma universidade, com área de concentração em Serviço Social. Seu trabalho profissional vincula-se à área de infância, família e gênero, desenvolvendo trabalhos em ONG e no Instituto del Niño y Adolescente del Uruguai (INAU). Além de docente, é assistente social no Município F (Intendência de Montevideo).

ANALÉ BARRERA — Assistente social pela Universidad Nacional del Centro de la Provincia de Buenos Aires (UNCPBA); mestranda em Ciências Sociais pela Faculdade de Ciências Humanas (FCH) da Universidad Nacional del Centro de la Provincia de Buenos Aires (UNCPBA). Autora e coautora de artigos em Ciências Sociais. Membro pesquisadora do Núcleo de Actividades Científico-Tecnológicas del Programa de Investigación y Estudio Estado y Sociedad (PROIEPS — <http://proieps.fch.unicen.edu.ar>).

BERENICE ROJAS COUTO — Assistente social. Doutora em Serviço Social pela PUC-RS, com pós-doutorado pela Universidade de Coimbra. Professora Titular da Graduação e Pós-Graduação da Faculdade de Serviço Social da PUC-RS, na área das Políticas Sociais. Coordenadora do Núcleo de Estudos em Política e Economia Social (NEPES). Autora do livro *O direito social e a assistência social na sociedade brasileira: uma equação possível?*, pela Cortez Editora, e de vários artigos e capítulos de livros sobre o tema da Assistência Social.

CAROLA CARBAJAL ARREGUI — Assistente social. Doutora em Serviço Social pela Pontifícia Universidade Católica de São Paulo, com pós-doutorado em Economia pela Universidade Pierre Mendès-France em Grenoble/França. É pesquisadora da Coordenadoria de Desenvolvimento e Estudos de Projetos Especiais da Pontifícia Universidade Católica de São Paulo. Autora de estudos, capítulos de livros e artigos relacionados ao tema avaliação, gestão e indicadores sociais, entre os quais destaca o artigo "O debate sobre a produção de indicadores sociais alternativos: demandas por novas formas de quantificação" (*Serviço Social & Sociedade*, v. 111, 2012).

FÁTIMA OTORMÍN — Mestre em Serviço Social pela Universidad de la República/Universidade Federal do Rio de Janeiro. Docente pesquisadora do Departamento de Trabajo Social da Facultad de Ciencias Sociales de la Universidad de la República (Uruguai). Tem algumas publicações especializadas em revistas nacionais e internacionais.

JORGE DANIEL TRIPIANA — Licenciado em História pela Universidad Nacional del Centro da Provincia de Buenos Aires (UNCPBA) e mestre em Investigação Social pela Facultad de Ciencias Sociales de la Universidad de Buenos Aires, Argentina. Professor na Facultad de Ciencias Sociales de la Universidad de Buenos Aires e Vice-decano na Facultad de Arte, UNCPBA, onde também é professor adjunto ordinário exclusivo e codirector do Núcleo de Actividades Científico-tecnológicas del Programa de Investigación y Estudio Estado y Sociedad (PROIEPS — <http://proieps.fch.unicen.edu.ar>). É doutorando em História na Universidad Nacional de La Plata e autor do capítulo "Contextualização socioeconômica e política dos PTRC na América Latina e Caribe", do livro de Maria Ozanira da Silva e Silva *Programas de Transferência de Renda na América Latina e Caribe*, pela Cortez Editora. É co-organizador do livro *Políticas sociales, trabajo y trabajadores en el capitalismo actual. Aportes teóricos y empíricos para una estrategia de emancipación*, pela Editorial Espacio (Buenos Aires).

José Pablo Bentura — Doutor em Ciências Sociais pela Facultad Latinoamericana de Ciencias Sociales. Desenvolveu estágio pós-doutoral junto ao Programa de Pós-Graduação em Políticas Públicas da Universidade Federal do Maranhão (UFMA). É professor e pesquisador do Departamento de Trabajo Social da Facultad de Ciencias Sociales de la Universidad de la República (Uruguay). Atualmente é diretor do Departamento de Trabajo Social. Autor de vários artigos especializados publicados no Uruguai, Argentina, Brasil, Colômbia, México e Espanha, destacando-se: "Programas de Transferencia de Renta Condicionada. ¿Qué propuesta de transformación humana proponen?" en *Revista Peruana de Psicología y Trabajo Social* (Lima, 2013); "Anotaciones sobre la significación político-ideológica de los Programas de Transferencia de Renta Condicionada" en *Revista Escenarios*. La Plata, 2014); "Los Programas de Transferencia de Renta Condicionadas como gestión neoliberal de la cuestión social" *Serviço Social & Sociedade* (São Paulo, 2014); "¿Dinero o especies? Los usos del dinero en las estrategias de 'combate' a la pobreza" en *Actas oficiales de la Red Española de Políticas Sociales* (Barcelona, 2015. En coautoría)

Laura Paulo Bevilacqua — Doutoranda pelo Programa de Doctorado en Ciencias Sociales de la Facultad de Ciencias Sociales (Universidad de la República — Uruguai). Professora e pesquisadora do Departamento de Trabajo Social de la Facultad de Ciencias Sociales (Universidad de la República). Destaca as seguintes publicações em autoria ou coautoria: *Para una lectura alternativa de la categoría pobreza en los programas de transferencia de renta condicionada*. Fronteras (Montevideo), v. 8, p. 75-87, 2015; *Las trayectorias de inclusión como estrategias de integración social*, Cuadernos de Ciencias Sociales y Políticas Sociales, v. 2, p. 752, 2015; *Las rutas de irradiación de los programas de transferencias condicionadas*, en: Transformaciones en los marcos políticos-institucionales a escala regional, Universidad de la República/Regional Norte, 2013; *Lo debatido y lo debatible en políticas sociales*, en: Debates y proposiciones de Trabajo Social en el marco del Bicentenario. v. 1a, p. 53-57, 2013.

MARIA CARMELITA YAZBEK — Doutora em Serviço Social pela Pontifícia Universidade Católica de São Paulo (PUC-SP), com pós-doutoramento no Instituto de Estudos Avançados da Universidade de São Paulo (USP). É professora do Programa de Pós-Graduação em Serviço Social da PUC-SP. Membro do Conselho Científico e Acadêmico da Faculdade de Serviço Social da UNLP-Argentina e pesquisadora 1A do CNPq. Docente de várias universidades em Portugal, Argentina e África. Principais livros organizados e publicados: *Classes subalternas e assistência social*; *Assistência na trajetória das políticas sociais brasileiras: uma questão em análise* (em coautoria com Sposati e colaboradores); *Políticas públicas de trabalho e renda no Brasil contemporâneo* (organizadora em coautoria com Maria Ozanira da Silva e Silva); *A política social brasileira no século XXI: a prevalência dos programas de transferência de renda* (em coautoria com Maria Ozanira da Silva e Silva e Geraldo Di Giovanni), todos pela Cortez Editora; e *Estudos do Serviço Social Brasil e Portugal* (organizadora em parceria com Aldaíza Sposati e colaboradores), pela Educ. Autora de capítulos de livros e de artigos em revistas especializadas na área do Serviço Social.

MARIA LAURA VECINDAY GARRIDO — Doutora em Ciências Sociais pela Facultad Latinoamericana de Ciencias Sociales (Flacso, Argentina), com estágio pós-doutoral no Programa de Pós-Graduação em Políticas Públicas da Universidade Federal do Maranhão (UFMA). Pesquisadora Nível 1 do Sistema Nacional de Investigadores da Agencia Nacional de Investigación e Innovación (ANII). É professora do Departamento de Trabajo Social da Facultad de Ciencias Sociales da Universidad de la República de Uruguay. Coordenadora do Programa de Doutorado em Ciências Sociais com área de concentração em Trabalho Social. Cocoordenadora do grupo de estudos sobre Sistemas de Protección Social, Prácticas Institucionales e Professionales. Autora e coautora de diversos trabalhos abordando as temáticas: *transformações institucionais e tecnológicas do esquema de proteção social; proteção social dos pobres no Uruguai; reconfiguração do campo assistencial, o caso do Plan de Equidad do Uruguai; o enfoque de risco como dispositivo individualizador no campo social* e *programas de transferência de renda*.

MARIA OZANIRA DA SILVA E SILVA — Doutora em Serviço Social pela Pontifícia Universidade Católica de São Paulo (PUC-SP), com estágio pós-doutoral no Núcleo de Estudos de Políticas Públicas da Universidade Estadual de Campinas (Unicamp). Pesquisadora Nível IA do CNPq. É professora do Programa de Pós-Graduação em Políticas Públicas da Universidade Federal do Maranhão (UFMA) e coordenadora do Grupo de Avaliação e Estudo da Pobreza e de Políticas Direcionadas à Pobreza (GAEPP — <www.gaepp.ufma.br>). É autora, coautora e/ou coordenadora de vários livros, entre os quais: *O Serviço Social e o popular*; *Política social brasileira no século XXI: prevalência dos programas de transferência de renda*; *O sistema único de assistência social no Brasil: uma realidade em movimento*; *O Bolsa Família no enfrentamento à pobreza no Maranhão e Piauí*; *Avaliando o Bolsa Família: unificação, focalização e impactos*; *Os Programas de Transferência de Renda na América Latina e Caribe*, todos pela Cortez Editora; *Avaliação de políticas e programas sociais: teoria e prática*; e *Pesquisa avaliativa: aspectos teórico-metodológicos*, pela Editora Veras; e *Políticas públicas de enfrentamento à pobreza*, pela EDUFMA.

XIMENA BARÁIBAR RIBEIRO — Mestre em Serviço Social pela Universidade de la República/Universidade Federal do Rio de Janeiro e doutoranda em Ciências Sociais pela Universidad de la República. Professora e pesquisadora do Departamento de Trabajo Social da Facultad de Ciencias Sociales de la Universidad de la República (Uruguai). Pesquisadora nível inicial do Sistema Nacional de Investigadores da Agencia Nacional de Investigación e Innovación (ANII). Tem publicações especializadas em revistas nacionais e internacionais, com destaque aos seguintes artigos: "Más que la nada y menos que algo: transferencias condicionadas y educación" en *Revista Ser Social* volumen 13, Brasília, 2011); "Programas de Transferencias Condicionadas y superación de la pobreza" en *Revista Escenarios* fascículo (La Plata, 2012); "¿Pidiendo peras al olmo? Inseguridad, protección social y programas de transferencias" en *Revista Trabajo Social* número 16 (Bogotá 2014); "Lo que el tiempo nos dejó: política asistencial e integración social" en *Revista Políticas Públicas* volumen 19 (São Luís/ Maranhão, 2015).

MARIELA PEREIRA — É mestranda em Serviço Social na Universidade de la República (UDELAR), Uruguai, cujo projeto de dissertação aborda a emergência e o desenvolvimento histórico das "Asignaciones Familiares" no Uruguai: do seguro social ao combate à pobreza (1943-2014). Tem especialização em Políticas Sociais, desde quando vem pesquisando sobre Programas de Transferência de Renda no Uruguai. É professora temporária no Departamento de Trabajo Social, Facultad de Ciencias Sociales, UDELAR, e chefe da Oficina Articuladora de Políticas Sociais no Ministério de Desarrollo Social.

PAULA IGNACIA RODRIGUEZ TRAIANI — Assistente social; mestranda em Ciências Sociais na Faculdade de Ciências Humanas (FCH) da Universidad Nacional del Centro de la Provincia de Buenos Aires (UNCPBA); pesquisadora do Núcleo de Actividades Científico-Tecnológicas del Programa de Investigación y Estudio Estado y Sociedad (PROIEPS — <http://proieps.fch.unicen.edu.ar>). Autora e coautora de artigos em Ciências Sociais e coautora do livro *Características, prácticas y representaciones de las organizaciones sociales locales de la sociedad civil de Tandil* (PROIEPS — Foro Social — UNCPBA — REUN. Edit. Fogaba, mar. 2005).

RAQUEL RAICHELIS — Doutora em Serviço Social pela Pontifícia Universidade Católica de São Paulo (PUC-SP), com pós-doutorado pelo Departamento de Sociologia da Universidade Autônoma de Barcelona. É pesquisadora bolsista de produtividade do CNPq, professora do Programa de Estudos Pós-Graduados em Serviço Social da PUC-SP, coordenadora do Núcleo de Estudos e Pesquisas Trabalho e Profissão, além de pesquisadora da Coordenadoria de Estudos e Desenvolvimento de Projetos Especiais da PUC-SP. Autora e co-organizadora de livros, entre os quais: *Gestão social: uma questão em debate*, pela Educ/IEE-PUC-SP; *Esfera pública e Conselhos de Assistência Social: caminhos da construção democrática*; e *O Sistema Único de Assistência Social no Brasil: uma realidade em movimento*, pela Cortez Editora. Autora de capítulos de livros e de artigos em revistas especializadas nas áreas de Serviço Social e Ciências Sociais.

SALVIANA DE MARIA PASTOR SANTOS SOUSA — É doutora em Políticas Públicas pela Universidade Federal do Maranhão (UFMA). Professora titular com exercício no Departamento de Serviço Social e no Programa de Pós-Graduação em Políticas Públicas da UFMA. Pesquisadora Nível II do CNPq e do Grupo de Avaliação e Estudo da Pobreza e de Políticas Direcionadas à Pobreza (GAEPP — <www.gaepp.ufma.br>). Coordena pesquisa sobre o Fundo de Combate e Erradicação da Pobreza no Brasil e no Maranhão. É autora de artigos publicados em periódicos especializados e coautora de capítulos nos seguintes livros publicados pela Cortez Editora: *Políticas públicas de trabalho e renda no Brasil contemporâneo*; *O Sistema Único de Assistência Social no Brasil: uma realidade em movimento*; pela Editora Veras: *Avaliação de políticas e programas sociais: teoria e prática*; *Pesquisa avaliativa: aspectos teórico-metodológicos*; e no livro *Pobreza e políticas públicas de enfrentamento à pobreza*, pela EDUFMA.

SILVIA FERNÁNDEZ SOTO — Doutora em Serviço Social pela Pontifícia Universidade Católica de São Paulo (PUC-SP), com estágio pós-doutoral na Universidade de Granada, Espanha, e na Pontifícia Universidade Católica do Rio Grande do Sul (PUC-RS); pesquisadora do

Consejo Nacional de Investigaciones Científicas y Técnicas (CONICET), professora titular ordinária da Faculdad de Ciencias Humanas da UNCPBA e também professora de pós-graduação em outras universidades da Argentina e universidades do exterior. Diretora do Núcleo de Actividades Científico-tecnológicas del Programa de Investigación y Estudio Estado y Sociedad (PROIEPS — <http://proieps.fch.unicen.edu.ar>). Representante da Faculdad de Ciencias Humanas da UNICEN no Conselho da Infância do Sistema de Promoção e Proteção de Direitos de Tandil; integrante do Foro de Direitos da Criança de Tandil e do Centro Social e Cultural La Via. É autora e coautora de diversas publicações nas temáticas do Estado, políticas sociais, trabalho e capitalismo atual. Entre suas publicações, destacam-se: *Políticas sociales, trabajo y trabajadores en el capitalismo actual. Aportes teóricos y empíricos para una estrategia de emancipación* (Editorial Espacio); *Trabajo social y cuestión social. Crisis, movimientos sociales y ciudadanía* (UNICEN/Editorial Espacio); *Características, prácticas y representaciones de las organizaciones sociales locales. Resultados del censo de las organizaciones de la sociedad civil de Tandil* (PROIEPS — Foro Social — UNCPBA — REUN. Edit Fogaba, mar. 2005).

VALÉRIA FERREIRA SANTOS DE ALMADA LIMA — Doutora em Políticas Públicas pela Universidade Federal do Maranhão (UFMA). Professora do Departamento de Economia e coordenadora do Programa de Pós-Graduação em Políticas Públicas da UFMA. Pesquisadora Nível II do CNPq e do Grupo de Avaliação e Estudo da Pobreza e de Políticas Direcionadas à Pobreza (GAEPP — <www.gaepp.ufma.br>). É coautora dos livros publicados pela Cortez Editora: *Comunidade solidária: o não enfrentamento da pobreza no Brasil*; *Políticas públicas de trabalho e renda no Brasil contemporâneo*; *O Bolsa Família no enfrentamento à pobreza no Maranhão e Piauí*; *Avaliando o Bolsa Família: unificação, focalização e impactos*. É também coautora dos seguintes livros publicados pela Editora Veras: *Avaliação de políticas e programas sociais: teoria e prática*; e *Pesquisa avaliativa: aspectos teórico-metodológicos*; e pela EDUFMA: *Políticas públicas de enfrentramento à pobreza*.

YOANA CARBALLO — Mestre em Serviço Social pela Universidad de la República. Professora de graduação e pesquisadora do Departamento de Trabajo Social da Facultad de Ciências Sociais da mesma Universidade, tendo como área de investigação: políticas de assistência social e proteção social. Tem em coautoria as seguintes publicações: Reflexiones en torno al "Trabajo Promovido" en el marco del Plan de Equidad en Uruguay. *Revista Eleuthera*, Colombia. Universidad de Caldas, Facultad de Ciencias Jurídicas y Sociales, Departamento de Desarrollo Humano, volumen n. 6, p. 189-205, 2012. ISSN 2011-4532.; Notas sobre Trabajo Social en el campo socio-asistencial: expresiones sobre el ejercicio del oficio. Trabajo presentado en las XV Jornadas de Investigación de la Facultad de Ciencias Sociales-UdelaR. Montevideo, 2016; Activación y Capital Humano: ¿Círculo virtuoso para combatir la pobreza? Trabajo presentado en las XIV Jornadas de Investigación de la Facultad de Ciencias Sociales-UdelaR. Montevideo, 2015.

LEIA TAMBÉM

PROGRAMAS DE TRANSFERÊNCIA DE RENDA NA AMÉRICA LATINA E CARIBE

Maria Ozanira da Silva e Silva
(Coord.)

1ª edição (2014)

248 páginas

ISBN 978-85-249-2305-0

Os Programas de Transferência de Renda Condicionada (PTRC) na América Latina e Caribe compõem-se de duas dimensões: transferências monetárias e ações complementares. São o principal mecanismo para combater a pobreza intergeracional na região. Os PTRC precisam ser desvendados nos seus significados implícitos e nas contradições reveladoras de limites e potencialidades. Esta é a proposta deste livro.

LEIA TAMBÉM

O SISTEMA ÚNICO DE ASSISTÊNCIA SOCIAL NO BRASIL
uma realidade em movimento

Berenice Rojas Couto
Maria Carmelita Yazbek
Maria Ozanira da Silva e Silva
Raquel Raichelis
(Orgs.)

4ª edição - 2ª reimp. (2015)

328 páginas

ISBN 978-85-249-2227-5

Trata-se de uma obra que reúne de maneira instigante um belo e amplo observatório da política pública de assistência social hoje. Ao examinar tema tão relevante, expondo a difícil dialética de sua da sua realidade em movimento, a equipe de autoras nos presenteia com uma feliz oportunidade de preparar melhor o estudo e intervenção profissional nesta complexa, fundamental, e não poucas vezes mal compreendida, política social.

Impressão e acabamento
Imprensa da Fé